LA VIE ET LES ŒUVRES

DE

CHARLES SOREL

SIEUR DE SOUVIGNY

(1602-1674)

THÈSE

PRÉSENTÉE A LA FACULTÉ DES LETTRES DE PARIS

PAR

EMILE ROY

ANCIEN ÉLÈVE DE L'ÉCOLE NORMALE SUPÉRIEURE
PROFESSEUR AU LYCÉE DE NANCY

PARIS
LIBRAIRIE HACHETTE ET Cie
79, BOULEVARD SAINT-GERMAIN, 79

1891

A Monsieur J. Durandeau

Hommage et remerciements bien sincères.

E. R.

M. LASNE, del. et sculpt.

CHARLES SOREL

LA VIE ET LES ŒUVRES

DE

CHARLES SOREL

SIEUR DE SOUVIGNY

(1602-1674)

THÈSE

PRÉSENTÉE A LA FACULTÉ DES LETTRES DE PARIS

PAR

EMILE ROY

ANCIEN ÉLÈVE DE L'ÉCOLE NORMALE SUPÉRIEURE

PROFESSEUR AU LYCÉE DE NANCY

PARIS

LIBRAIRIE HACHETTE ET Cie

79, BOULEVARD SAINT-GERMAIN, 79

1891

A Monsieur L. CROUSLÉ

Professeur à la Faculté des Lettres de Paris

HOMMAGE DE RESPECTUEUSE GRATITUDE

AVANT-PROPOS

Charles Sorel n'est pas tout à fait un inconnu. Son *Histoire comique de Francion*, le premier en date des romans de mœurs français, a été tirée de l'oubli, il y a une quarantaine d'années, par M. Eugène Maron, réimprimée avec une notice par M. Emile Colombey, analysée enfin par MM. Demogeot et Fournel dans leurs Études sur le dix-septième siècle. Mais Sorel a écrit beaucoup d'autres livres, qui n'ont guère été étudiés jusqu'ici ; il nous a semblé qu'il valait la peine de les replacer, avec le *Francion* lui-même, dans leur cadre naturel, c'est-à-dire dans la vie de l'auteur, et de retracer ainsi l'histoire d'un esprit incomplet peut-être, mais vigoureux et fécond.

Le Père Niceron a énuméré trente-neuf ouvrages différents de Sorel, la plupart peu communs et disséminés aujourd'hui dans diverses bibliothèques. A cette liste il convient d'ajouter une vingtaine d'ouvrages plus ou moins connus, tels que le *Jugement du Cid par un bourgeois de Paris, marguillier de sa paroisse*, la *Comédie de Chansons*, les *Lois de la galanterie*, etc. Encore sommes-nous loin, malgré ces additions, de savoir au juste tout ce que Sorel a publié. De ces œuvres si nombreuses quelques-unes seulement méritent d'être examinées en détail, mais nous n'en avons passé aucune sous silence, parce qu'il n'en est aucune qui ne contienne quelque renseignement utile pour l'histoire des mœurs, des lettres et de la langue au dix-septième siècle. Elles ont toutes d'ailleurs un mérite commun. Les idées de cet auteur oublié valent mieux que son style ; elles ont été souvent reprises ou imitées, quelquefois par des écrivains de génie. Nous avons essayé d'indiquer toutes ces imitations, qui offrent aujourd'hui un intérêt plus général que les œuvres mêmes de Sorel ; nous avons insisté en particulier sur les emprunts très nombreux que lui a faits Molière. Quelques-uns seulement de ces emprunts avaient été relevés jusqu'ici par les divers commentateurs.

Il nous reste maintenant à remercier tous ceux qui ont facilité nos recherches. Nous ne saurions assez dire ce que nous devons aux conseils de M. Tamizey de Larroque, qui nous a indiqué plusieurs manuscrits utiles ; de M. Emile Picot, qui a bien voulu nous communiquer la première édition du *Francion* retrouvée par lui ; de M. Ch.-L. Livet, qui nous a fait profiter non-seulement de sa riche bibliothèque, mais encore de son érudition aussi obligeante qu'étendue. Nous leur exprimons ici toute notre reconnaissance, et nous remercions aussi les bibliothécaires et les amis dévoués qui ont mis à notre disposition leur savoir et leur temps.

PREMIÈRE PARTIE

———

SOREL ROMANCIER

CHAPITRE PREMIER

La famille de Charles Sorel et ses prétentions nobiliaires. — La légende d'Agnès Sorel au XVIIe siècle. — Comment Charles Sorel savait falsifier les textes. — Il descendait en réalité d'une famille de petits magistrats champenois. — L'homme et l'écrivain. — Variété de son œuvre. — Divisions de cette étude.

La vie de Charles Sorel, sieur de Souvigny, est mal connue. Pour ses contemporains comme pour nous, il était déjà l'auteur du *Francion*, l'homme d'un seul livre qu'il désavouait. Son nom est rarement cité par les auteurs du XVIIe siècle. Cependant son ami Guy Patin et son ennemi Furetière ne sont pas les seuls qui nous aient parlé de lui, comme l'a dit le Père Niceron. Aussi sera-t-il prudent de recueillir les témoignages de tous, amis, ennemis ou indifférents, car les assertions de Sorel lui-même sur sa famille, sa fortune, ses ancêtres, sont si vagues et si confuses, qu'elles gênent plutôt qu'elles n'aident les recherches. Peut-être le voulait-il ainsi. Pourquoi ne pas signaler tout de suite ce trait de son caractère ? Il aimait le mystère, il était passé maître en fait de supercheries généalogiques ou littéraires, et il abusait, pour les faire, de connaissances très réelles. Bref, à n'interroger que ses œuvres, l'histoire de ce romancier et de sa famille est un roman moitié héroïque, moitié bourgeois, dont il est malaisé de trouver la clef sans recourir aux actes notariés [1].

(1) Cabinet des titres. — *Dossiers* des Sorel de Paris (n° 60,481), des Bernard, Parmentier et Riencourt.

Le grand-père de Charles Sorel était magistrat dans une petite ville de Picardie. Son père, après avoir servi dans les troupes de la Ligue, vint s'établir à Paris, où il acheta une étude de procureur en parlement, et épousa une sœur de Charles Bernard, lecteur de Louis XIII et premier historiographe de France. Il eut deux enfants, un fils, Charles Sorel, né en 1602, et une fille, Françoise Sorel, qui fut mariée à M. Parmentier, avocat en parlement et substitut du procureur général. Sans être riche, cette famille avait de bonnes terres, des rentes sur l'Hôtel-de-Ville et sur les particuliers, une maison des champs, entourée de grands bois, baignée d'eaux vives, que Charles Sorel nous a décrite quelque part en propriétaire, presque en poète [1]. Ils habitaient tous à deux pas du Louvre, rue Saint-Germain l'Auxerrois, n° 16, une grande maison qui, à la mort des parents très âgés, resta indivise entre le frère et la sœur. Ils ne la quittèrent point, ils y vécurent en famille, heureux et considérés dans tout leur quartier. « Dans sa basse jeunesse, » de 1621 à 1626, Sorel suivit la cour, où il essaya inutilement de s'avancer par la protection du comte de Cramail et d'autres grands seigneurs [2] ; bientôt, indépendant de fortune et de caractère, il reprit sa liberté, acheta la charge de son oncle l'historiographe, et revint vivre parmi les siens. Il s'entendait à merveille avec son beau-frère, le substitut Parmentier, capitaine du quartier Saint-Eustache, grand

---

(1) Dans la *Solitude et l'amour philosophique de Cléomède*, 1640.
(2) En 1621, Sorel était secrétaire ou « domestique » du comte de Cramail ; en 1622, il s'attacha au comte de Marcilly, et plus tard au comte de Baradaz. Il a représenté dans son *Francion* tous ses différents protecteurs sous les traits du grand seigneur Clérante. S'il eut peu à se louer du comte de Marcilly, il conserva de meilleures relations avec le comte de Cramail, et collabora avec lui à divers petits ouvrages. Voir l'Appendice, N° III.

politique[1], grand frondeur et bon père de famille. Furetière a oublié un instant sa méchanceté habituelle pour dépeindre cet honnête intérieur. Le souper est fini, la conversation se prolonge entre les grandes personnes. Elle eût duré longtemps, « si elle n'eût été interrompue par un grand bruit de cinq petits enfants, qui, restant au bout de la table, rangés comme les tuyaux d'un sifflet de chaudronnier, vinrent crier de toute leur force *Laus Deo*, *Pax vivis*, et firent un piaillement semblable à celui des canes ou des oisons qu'on effarouche. Chacun fit silence et joignit les mains, puis la mère prit le plus petit des enfants sur ses genoux pour l'amignotter. Lambertin (le père) accostant sa tête sur son fauteuil se mit à dormir, et Charroselles (l'oncle), homme d'étude, monta en son cabinet [2]. »

Une de ces fillettes avait la permission de venir l'y déranger. Il la maria plus tard à M. Simon de Riencourt, issu d'une bonne famille picarde, correcteur à la Cour des Comptes de Paris, et transmit à celui-ci ses livres, ses notes, ses documents historiques, sans pouvoir lui donner en même temps ses rares qualités d'historien. Les ouvrages historiques de M. de Riencourt le couvrirent de ridicule; son fils Charles montra plus de talent, et entra à l'Académie de Inscriptions.

Tous ces petits faits nous donnent l'idée d'une famille de

(1) Parmentier figure au premier rang dans cet étrange complot, organisé à la Bastille par un vieillard, le comte de Cramail, déjà cité, qui veut venger ses calembours peu goûtés de Richelieu, et par un jouvenceau, l'abbé de Retz, impatient de jouer la conspiration de Fiesque, après l'avoir écrite. (*Mémoires* de Retz, édit. Feillet, année 1641, p. 164, 165.) — Plus tard on retrouve encore Parmentier mêlé aux troubles de la Fronde. (*Registres de l'Hôtel-de-Ville*, éd. Le Roux de Lincy, t. II, p. p. 257, t. III, p. 131 et 453.
(2) Pseudonymes de Parmentier et de Charles Sorel dans le *Roman bourgeois*, éd. E. Fournier, livre II, p. 237.

bourgeois comme il y en avait tant, laborieux, aisés, instruits, frondeurs. Cependant les Sorel de Paris se piquaient d'appartenir à la plus vieille noblesse du royaume ; ils se rattachaient à l'ancienne famille picarde des Sorel d'Ugny, laquelle se rattachait elle-même au Shorel du comté de Kildar[1], et comptait à la fois parmi ses illustrations les anciens rois de l'Angleterre, et Agnès Sorel, la Dame de Beauté. Charles Sorel nous a exposé ces prétentions dans un long ouvrage intitulé *la Solitude et l'Amour philosophique de Cléomède* ; son ami Guy Patin les a confirmées dans quelques pages de joli latin, inconnues sinon inédites. Le plus simple serait de les constater poliment ; mais comme cette généalogie touche à plusieurs points d'histoire ou d'histoire littéraire, il faut bien l'examiner.

Charles Sorel prétend donc descendre des anciens rois d'Angleterre. Sur les bords de la Stower, dans les brouillards, se dressent encore les ruines de leur château de Montsorel ; l'un de ces rois s'ennuyant au logis, et dégoûté de la barbarie de ses sujets, renonça à la couronne et vint s'établir dans les Pays-Bas, d'où ses descendants se répandirent dans les contrées voisines et fondèrent les villes de *Sorel, Soreaumont, Consolré*, etc. Ils gardèrent du reste les armoiries des anciens Saxons décrites par Fauchet, les roses d'or sur champ d'azur[2], ainsi que le surnom de *de l'Isle* ou *des Isles*, qui rappelait leur origine ; Charles Sorel lui-même signa ainsi plusieurs de ses ouvrages. Les vers de l'*Ecole des Femmes* vous reviennent à l'esprit :

(1) Camden, cité par Sorel, *Britannia*, Amsterdam, 1617, in-8°, p. 649.
(2) Il y a dans le dossier des Sorel d'Ugny en Picardie, Cabinet des titres, n° 60,483, quelques armoiries avec des *besants*, que Sorel a pris pour des *roses*. « Colar de Sorel *brise d'un lambel d'azur besants d'or*. » (Pièce n° 20, note écrite par Gaignières.)

Je sais un paysan qu'on appelait Gros-Pierre,
Qui n'ayant pour tout bien qu'un seul quartier de terre,
Y fit tout à l'entour faire un fossé bourbeux,
Et de Monsieur de l'Isle en prit le nom pompeux [1].

Est-ce de Thomas Corneille qu'il s'agit, comme l'a prétendu l'abbé d'Aubignac ? Mais ses parents lui ont donné ce nom de terre, dès l'enfance, pour le distinguer de son frère ; ses amis appellent tous les jours ainsi « le spirituel Isole [2]. » En quoi De l'Isle serait-il plus ridicule que Despréaux ? Alors c'est de Charles Sorel, au dire du Père Niceron. Mais en 1663 il était bien oublié du public, le trait n'eût pas porté. Les vers cités critiquent simplement un travers bien ancien, mais surtout répandu à partir du XVIe siècle. Depuis que, dans la confusion des guerres civiles, bourgeois et manants s'anoblissent à l'envi, qu'on voit des compagnies entières de paysans enrôlés par force prendre de ces noms rustiques [3], qu'on rencontre partout M. du Pré, M. du Val, M. du Buisson, les familles anciennes éprouvent le besoin de se vieillir et de reculer leurs origines. « Il n'y a si petit écuyer qui ne se croie fils de quelque roi d'outre-mer, » écrit Montaigne, lui-même sujet à caution. C'est toujours à l'Angleterre qu'on se rattache, à moins que ce ne soit à l'antiquité classique, preuve visible de l'influence de la Pléiade. Dans les *Sept livres* de ses *honnêtes loisirs* le seigneur de la Motte-

---

(1) *Œuvres de Molière*, édition de MM. Eugène Despois et Paul Mesnard, t. III, p. 171. — Au seizième siècle, ce nom de de l'Isle, porté par un avocat, François de l'Isle, et traduit par lui en Insulanus, excite déjà la verve d'E. Pasquier (*Œuvres*, in-folio, Trévoux, 1723, tome II, p. 1192) :
  Insula seu rapidis includitur æquoris undis,
   Seu domus est, nam vox unica utrumque sonat,
  Debueras aliud sortiri nomen, etc.
(2) Par ex. dans le *Panégyrique de l'École des femmes*, Paris, Sercy, 1663.
(3) Les *Bigarrures* de Tabourot des Accords, édit. de 1662, in-12, p. 339, 455, 457.

Messemé en Anjou, François le Poulchre, raconte gravement qu'il descend d'Appius Claudius Pulcher ; du reste il se trouve en bonne compagnie, et tous ses voisins sont Romains, eux aussi : Rome n'est plus dans Rome. Les Sorel ont préféré choisir des ancêtres en Angleterre [1] ; il est inutile de les contredire.

Si Charles Sorel lui-même ne tient pas trop aux rois d'Angleterre, il a d'autres homonymes plus connus, dont il se réclame énergiquement. C'est Estor de Sorel (cité par Olivier de la Marche), qui a renouvelé le dévouement de Nisus pour Euryale, et qui, plus heureux, a épousé la cousine de son ami ; c'est surtout Agnès Sorel, la Dame de Beauté. Notre auteur a fait de longues recherches sur la famille de son héroïne, il a réuni tous les textes se rapportant à son histoire, il est même allé jusqu'à Loches recueillir les inscriptions latines de son tombeau, qu'il est le premier à citer ; enfin il a eu entre les mains l'album de Mme de Boisy, où, suivant la tradition, François Ier écrivit de sa main le quatrain fameux à la gentille Agnès. Est-il besoin d'ajouter que Sorel soutient une opinion aujourd'hui discréditée, et qu'il nous montre Agnès Sorel excitant le courage de Charles VII, le menaçant, s'il n'est pas assez brave pour reconquérir son royaume, d'aller rejoindre le roi d'Angleterre ? S'il s'est trompé, c'est en compagnie de nombreux historiens, et il n'a fait, pour son compte, que recueillir les traditions conservées par la famille des Sorel d'Ugny [2].

---

(1) Cette manie persistait encore au XVIIe siècle. Ex.: le président Bailleul qui se rattachait aux Baliol, les rois d'Ecosse, au dire de Tallemant ; le ministre Colbert, qui avait des prétentions analogues ; la famille des Poquelin elle-même, qu'un commentateur du XVIIIe siècle voulait rattacher à un officier des gardes écossaises sous Charles VII.

(2) Sur les Sorel d'Ugny, et sur la légende d'Agnès Sorel, voir un texte nouveau à l'Appendice, N° IV.

Ici la vérité se laisse entrevoir. Il est bien probable qu'entre les parents d'Agnès Sorel, et les Sorel d'Ugny, qui portaient le même nom, qui habitaient dès le XVe siècle le même canton de la Picardie, il existait quelque lien de parenté. En tout cas les Sorel d'Ugny n'ont pas cessé de revendiquer cette parenté, quand ils pouvaient citer d'autres alliances illustres avec les Rouvroy de Saint-Simon et les Montmorency. Au XVIIe siècle cette famille était représentée par plusieurs vaillants soldats, dont Charles Sorel a pris plaisir à enregistrer les exploits[1]. Les dames, instruites, lettrées, étaient heureuses d'avoir un correspondant parisien[2]. Voilà donc les cousins et les cousines de notre romancier retrouvés. Mais sont-ils bien authentiques ? On peut en douter. Suivant toute vraisemblance, le grand-père de Charles Sorel, le petit magistrat de Picardie, aura profité de son nom pour s'introduire chez les Sorel d'Ugny, s'approprier leurs prétentions, et les rapporter à son frère Pierre Sorel, seigneur de la Neuville, qui va nous donner le mot de l'énigme. Celui-ci est « la gloire de la famille, » et sa biographie nous a été racontée par son petit-neveu[3], dans les moindres détails.

Nous le trouvons d'abord à la cour des Valois. Valet de chambre du roi, il est lié avec tous les poètes de la Pléiade, avec Ronsard, avec Desportes, avec Louis d'Orléans, avec Baïf surtout, qui lui adresse une pièce de vers célèbre en l'honneur d'Agnès Sorel, son illustre parente. Plus

(1 et 2) Charles Sorel, *Histoire de Louis XIII*, p. 372, 373. — Avertissement de la *Science universelle* (1647), p. 379 et suivantes. — *Œuvres diverses*, 1663, p. 207 et 477. *Lettre à Mesdemoiselles de Sorel*.

(3) Voir l'avertissement de la *Fortune de la cour*, 1642 ; la *Science universelle*, 1647, tome I, p. 379, et la Biographie latine composée par Guy Patin : *Elogium Nicolai Sorelli, Urbis Sexanniensis praefecti, auctore G. P. B. D. M. P.* — Cet éloge fait partie des poésies latines de Nicolas Sorel publiées par Charles Sorel.

tard, ami de Bussy d'Amboise et du duc d'Alençon, il les suivit dans l'expédition de Flandre, et reçut en récompense de ses services la prévôté de Sézanne, où il mourut dans la retraite. Pierre Sorel laissait « un assez gros volume d'Œuvres poétiques, imprimé en 1586, » et des Mémoires qui ne furent publiés qu'en 1640, sous le titre de *la Fortune de la Cour*, par les soins de son fils Nicolas Sorel, et de son petit-neveu, Charles Sorel, historiographe de France.

Rien de plus exact au premier abord que toutes ces assertions. Les deux sonnets adressés par Ronsard [1] et par Desportes à M. Pierre Soreau, valet de chambre du roi, nous reportent à la même année que la pièce de Baïf, en 1573 ; le seigneur de la Neuville figure dès 1576 sur les Etats du duc d'Alençon [2], et le même nom se retrouve un peu plus tard dans les comptes de la ville de Sézanne. Si l'on y regarde de plus près, on s'aperçoit que Sorel a fondu en un seul cinq ou six personnages différents. Le gros volume d'Œuvres poétiques (imprimé en 1566 et non en 1586) appartient à un Pierre Sorel, de Chartres, mort vers l'année 1568 [3]. Les vers de Baïf peuvent et doivent avoir été adressés à un Sorel d'Ugny. Le Pierre Soreau, ami de Ronsard et de Desportes, est un Parisien, issu d'une famille de robe qu'on peut suivre jusqu'au milieu du XVIIe siècle [4].

---

(1) *Ronsard*, édit. Blanchemain, t. V, p. 346. — *Desportes*, éd. Michiels, p. 473. — *Baïf*, éd. Marty-Laveaux, t. II. p. 92.

(2) *État des gages des seigneurs de la maison de Monsieur frère du roi*, transcrits dans les *Mémoires du duc de Nevers*, in-folio, t. I, p. 578.

(3) *Les Œuvres poétiques* de P. Sorel, Chartrain, 1566, in-4°, Paris, Buon. — Ce P. Sorel séjourna, lui aussi, à la cour des Valois, comme en témoigne une pièce expressive, dédié à M. Archambault, secrétaire et *maître des deniers* de la Chambre de la Majesté du Roi.

(4) Contrat de mariage de Pierre, ou Claude Soreau, valet de chambre ordinaire du roi, avec Jeanne de Loynes, du 10 juin 1568. Ce contrat, conservé dans l'étude de M[e] L'Huillier, notaire à Paris, nous a été indiqué par M. E. Picot. — Ledit Pierre Soreau a des parents magistrats

Le seigneur de la Neuville, conseiller du duc d'Alençon, s'appelle de son vrai nom Louis de Hacqueville[1], et les prétendus mémoires du même, acceptés comme tels par des historiens de profession[2], ne sont autre chose qu'un ouvrage assez rare du XVIe siècle, le *Bonheur de la Cour*, de Pierre de Dampmartin[3], revu, corrigé, et considérablement augmenté par Charles Sorel. Reste un sieur de la Neuville, Pierre Sorel[4], prévôt de la petite ville de Sézanne où sa famille est établie depuis des années, pour ne pas dire des siècles[5]. C'est aux environs de Sézanne dans

qui figurent dans les poésies manuscrites de Louis d'Orléans, *Manuscrits fr.* 863, p. 623. 630, 631 et dans les Dossiers du Cabinet des titres, n° 60,479 et 60,480. Un de ses descendants, Antoine Soreau, avocat au parlement, cité par Sorel (*Bibliothèque française*, p. 203), publie en 1661, à Paris, une traduction des *Lettres de Brutus et de Cicéron*.

(1) Pierre de Dampmartin, dans les ouvrages moraux où il a dépeint la cour du duc d'Alençon, met toujours en scène un vieux seigneur de la Neuville, sans autre désignation. C'est ce fait qui a permis à Charles Sorel de copier le *Bonheur de la Cour* dudit Dampmartin, en l'attribuant à son oncle Pierre Sorel de la Neuville. Le seigneur de la Neuville, mis en scène par Pierre de Dampmartin, s'appelait de son vrai nom Louis de Hacqueville, sieur de la Neuville. Voir la pièce que lui a dédiée Jean de la Gessée dans les *Discours de temps, de fortune, et de la mort*. Bibl. nationale. Y, 4675.

(2) Par ex. par Colomiès, *Bibliothèque choisie*, p. 246. Le mauvais texte de Sorel a encore été réimprimé, comme plus complet, par T. Godefroy à la suite de son édition des *Mémoires de la Reine Marguerite*. Bruxelles, 1713, in-12, t. II. — Les additions sont d'une rare naïveté.

(3) Dampmartin, (*Bonheur de la Cour*, 1592, in-12, p. 137), fait un réquisitoire contre les favorites en général. Sorel, (*Fortune de la Cour*, p. 157-164,) introduit une exception pour Agnès Sorel.

(4) Cabinet des titres, Dossier 60,483, n° 3. Quittance de 1599 de dame Marie Champy, veuve de feu noble homme M. Pierre Sorel, vivant prévôt dudit Sézanne, et fille du procureur Jean Champy, de la même ville. (Registres conservés à la mairie de Sézanne).

(5) Chevillard, *Dictionnaire des anoblissements*, t. II. p. 177, cite Guy Sorel, dit de Pleurre, bailli de Sézanne et sa postérité, anoblis en 1361. — Cette postérité fort nombreuse figure dans la liasse 1075 des Archives judiciaires de l'Aube, liasse dont M. A. Babeau a déjà tiré plusieurs intéressants articles. (*L'armement des nobles et des bourgeois au XVIIe siècle dans la Champagne, Revue historique*, 1884.) Une branche des Sorel de Sézanne s'établit à Troyes, vers le milieu du XVIe siècle,

la jolie vallée du Morin, que Charles Sorel a placé la scène du plus agréable de ses romans, le *Berger extravagant*; c'est là que se trouvait le petit domaine de Souvigny ou de Soigny [1], où il venait souvent renouer avec ses cousins, prévôts, avocats, médecins, apothicaires, tous braves gens hantés des mêmes visions nobiliaires. Voilà ses vrais parents et sa véritable patrie.

Si mince que soit le résultat de longues recherches, il ne nous déplaît pas de savoir que notre romancier satirique se rattache à une province malicieuse entre toutes, et qu'il est Champenois « pour tout potage. » Rendons-lui cette justice que s'il partageait les prétentions de tous les siens, il n'en était pas dupe. Au temps même où il suivait la cour, il tenait plus, le *Francion* en témoigne, à sa bonne bourgeoisie qu'à sa prétendue noblesse. Dans un autre de ses ouvrages, il a pris le titre de « bourgeois de Paris, marguillier de sa paroisse [2]; » dans une Gazette comique de 1632, il s'est exprimé ainsi : « Pour retrancher les querelles qui arrivent journellement touchant l'antiquité des races, a été ordonné que l'on ne pourrait tirer l'origine de son extraction plus avant que trois mille ans devant le déluge, sauf à ceux qui en auront des titres authentiques, passés devant notaire royal et non autres. » Pourquoi donc défendait-il les siens avec une telle opiniâtreté? Ce petit bourgeois, qui a si souvent exercé sa verve

et la fille de M⁰ Sébastien Sorel, apothicaire, épousa le D⁰ Belin, correspondant de Guy Patin, ami et parent éloigné de Charles Sorel. — *Lettres* de Guy Patin, (Rotterdam, 1725 t. IV. p. 154,) au D⁰ Belin, de Troyes: « M. Sorel, le comique, historiographe et Parisien, m'a ici rapporté le long récit que vous et M. Allen lui aviez fait de moi. »

(1) Quoique Sorel ait quelquefois signé de Souvigny, le privilège de son livre *Les Droits du roi*, 1666, l'appelle sieur de Soigny. — Soigny-aux-Bois, Marne, canton de Montmirail, 78 hab. Ce Soigny dépend du doyenné de Sézanne. Comp. le *Répertoire archéologique de l'Aube*, par M. d'Arbois de Jubainville, p. 22 et suivantes à 179.

(2) Voir le chapitre XII et l'Appendice, N° III.

aux dépens des nobles, voulait qu'on sût qu'il avait des parchemins à revendre: « Grands qui vous enorgueillissez de votre illustre naissance, du sang qui coule dans vos veines, lisez la généalogie du pauvre hère, que vous regardez avec cette morgue insultante que le noble montre toujours au roturier. On a soigneusement conservé ce précieux titre dans sa famille, et c'y fut une inviolable loi que chaque descendant inscrivît son nom sur l'antique rouleau de vélin, où étaient ceux de ses ancêtres, lequel était roulé sur un cylindre de buis, enfermé dans un coffret bien ciré de bois de noyer[1]. » De qui sont ces lignes ? Encore de Charles Sorel ? Non, d'un autre romancier réaliste, de Restif de la Bretonne, qui descend de l'empereur Pertinax. Décidément, c'est une manie : à deux siècles de distance, la même vanité ramène le même ridicule.

Celle de Charles Sorel n'était pas petite, comme il arrive pour les auteurs précoces. Il pensait peu de bien des autres, beaucoup de lui-même, et il le disait comme il le pensait, souvent, dans le monde et dans ses livres. Ouvrez le premier venu parmi ceux-ci, vous verrez avec quelle coquetterie naïve il se rajeunit, avec quelle admiration attendrie il se considère. Il aime surtout à rappeler sa jeunesse, quand il était dans la force et la joie du talent. A quoi l'a-t-il employé ce talent ? A tout : il a fait des vers dont nous ne parlerons pas, et pour cause, des romans romanesques, des romans satiriques et encore des romans romanesques, de petites pièces pour les ruelles bourgeoises, des recueils de jeux de société, des journaux comiques, des ouvrages d'histoire, de bibliographie, de critique, de médecine, de sciences,

---

(1) Restif de la Bretonne, les *Contemporaines*, éd. Assézat, t. I. p. 35.

d'éducation, de morale et de piété, le tout un peu mêle-mèle, et sans beaucoup d'ordre ni de méthode. Quand on voit rangés devant soi tous ces vieux livres reliés en veau brun, presque tous de grandeur raisonnable, compacts, d'une impression serrée, on ne peut se défendre d'un légitime effroi, et l'on se dit qu'ils sont trop. N'aurions-nous donc affaire qu'à un de ces brouillons dont l'originalité est vite épuisée, et qui n'ont plus pour génie qu'une longue impatience ?

A la lecture, à la réflexion, l'ordre se fait : à travers cette masse d'ouvrages, un même esprit circule, facile à reconnaître, c'est l'esprit gaulois, le bon sens railleur. Si cet esprit s'allie à des qualités plus hautes, il produit les œuvres les plus achevées de notre littérature. S'il est seul, il suffit encore pour rendre intéressants des livres comme ceux de Sorel. Qu'à ses contemporains épris de sentiments faux ou convenus, Sorel offre des romans satiriques ; qu'il nargue les écrivains à la mode, raffinés ou pompeux, d'Urfé ou Balzac ; qu'il se raille des précieuses, tout en partageant leurs plaisirs, en parlant au besoin leur jargon; qu'il critique les fables, les mensonges de l'histoire officielle : c'est partout le même homme, la même malice un peu grosse, quelquefois grossière, toujours juste. Cette malice perce jusque dans ses ouvrages de sciences. Au milieu d'une discussion abstruse sur le mouvement de la terre, on rencontre des passages comme celui-ci : « Il y en a qui ont si peur qu'il ne se brise quelque chose dans le tournoiement de la terre, que si tôt que quelqu'un en a écrit, ils font vitement quelque traité contre cela, comme si c'était un clou, qu'ils y fichassent promptement pour la raffermir. »

A l'auteur comparons l'homme. Ce portrait, fait de lui

en quelques lignes par son ami Guy Patin, est vivant, il vaut mieux encore que la gravure de Michel Lasne : « Je puis bien vous dire des nouvelles de M. Sorel, puisqu'il y a trente-cinq ans qu'il est mon bon ami. C'est un petit homme grasset, avec un grand nez aigu, qui regarde de près, qui paraît fort mélancolique et ne l'est point. Il n'y a guère que moi qui le fasse parler et avec qui il aime à s'entretenir. Il est fort délicat, je l'ai vu souvent malade ; néanmoins il vit commodément, parce qu'il est fort sobre... ». — « Il est homme de fort bon sens et taciturne, point bigot ni Mazarin¹. »

On les connaît, ils sont nombreux dans notre histoire littéraire, ces rieurs mélancoliques, ces observateurs taciturnes, gens d'étude, de robe ou d'église, au regard narquois, aux lèvres minces, toujours prêtes à décocher une médisance. S'ils se rencontrent, car ils s'attirent et se connaissent, s'ils se réunissent chez l'un d'entre eux, dans quelque belle bibliothèque (presque tous sont érudits, d'une curiosité insatiable), alors les masques tombent, les langues se délient, chacun apporte ses observations, ses plaisanteries ; et quelquefois ces conversations deviennent des livres, des pamphlets, des lettres, des romans. Parmi ceux-là, les ouvrages de Sorel ne feront pas trop mauvaise figure.

Comme on connaît les qualités de cette famille d'esprits, on sait aussi d'avance leurs défauts et leurs lacunes. Leur bon sens est judicieux, mais un peu court ; dans les livres comme dans les hommes, ils voient plutôt les taches que les qualités ; beaucoup de choses leur échappent, qu'ils ne comprennent pas ou qu'ils estiment peu, l'enthousiasme,

---

(1) Guy Patin, *Lettres*, édition Réveillé-Parise, tome III, p. 17, lettre à Falconet du 25 nov. 1653 ; *Ibid.*, tome II, p. 83, lettre à Charles Spon.

la sensibilité, la grâce, la délicatesse des sentiments et du style. Le monde du présent et de la réalité leur appartient ; ils regardent de près, suivant l'expression de Guy Patin, ils excellent à rendre le relief apparent des choses, ils ont une abondance, une sûreté de renseignements et de détails qu'on chercherait vainement ailleurs ; mais un autre monde, aussi vrai que le premier, celui de la fiction et de la poésie, leur est fermé ; ils n'y entrent que par accident et se hâtent d'en sortir, par crainte de s'y ennuyer. Ils confondent volontiers les vers et la versification ; le souci du style leur paraît un enfantillage, l'antiquité une curiosité, quelquefois une vieillerie. Ils ont plus d'érudition que de goût, plus de verve que de décence : de là chez eux le manque de sobriété et de mesure, de là aussi les incorrections, les vulgarités, les grossièretés et les obscénités.

Ces défauts qui déparent tant d'œuvres curieuses et les rendent insupportables aux délicats, sont aussi ceux de Sorel; ils suffiraient, à la rigueur, pour expliquer l'oubli où il est tombé. Et si l'on en ajoute un autre, particulier à l'auteur, l'indécision, on le connaîtra presque tout entier. Il ne marche pas droit devant lui, il revient souvent sur ses pas, il est à la fois aventureux et timide, capricieux et résolu. En consultant la liste et les dates de ses ouvrages, on s'aperçoit qu'il a été romancier, historien, critique, plutôt successivement que simultanément; mais cet ordre est souvent dérangé : Sorel passe à chaque instant d'une étude à une autre, et préfère être écolier partout que maître quelque part. Ajoutons, pour être juste, que cette mobilité capricieuse n'est pas uniquement de son fait. S'il n'avait pas été distrait de sa principale ambition, s'il avait été libre d'écrire l'histoire de France, comme il le voulait, peut-être n'aurait-il pas écrit au hasard sur tous les sujets. Tel un arbre mal taillé pousse en tous sens des rameaux vigoureux, mais ne porte point de fruits.

Ces réserves faites, nous pouvons l'écouter se jugeant lui-même et essayant de prouver, dans l'Avertissement de la *Science universelle* (1635), que l'ordre chronologique de ses livres en est l'ordre logique : « J'ai premièrement composé des poésies et des histoires feintes, et puis je suis venu à écrire des histoires véritables, j'ai fait des discours de galanterie, et puis j'ai fait des discours moraux, et après des politiques et enfin des théologiques. J'ai commencé à montrer les fautes des poètes et après celles des historiens, et je suis venu ensuite à montrer celles des philosophes. Ainsi, des choses de plaisir je suis venu à celles qui sont utiles selon l'ordre du monde, et j'ai traité les choses de sciences et d'étude avec la meilleure méthode que j'ai pu trouver entre les vulgaires ; mais enfin voulant monter à un degré encore plus haut, j'ai entrepris de chercher tout ce qui se peut savoir selon la nature, sans être préoccupé des autorités anciennes. »

Sorel nous indique donc lui-même la marche à suivre pour l'étudier en détail. Nous commencerons par ses meilleurs titres littéraires, par ses romans, qui nous font connaître la littérature et la société du règne de Louis XIII ; il nous introduira ensuite chez les précieuses, nous dira leurs jeux, leurs plaisirs et leur langage ; enfin, nous le suivrons dans sa bibliothèque si confuse, mais si riche, et nous essaierons de recueillir les idées heureuses dispersées dans ses ouvrages d'histoire, de sciences et de morale. Mais, même ainsi tracée d'avance, la route ne sera pas toujours aussi droite, aussi courte qu'on l'aurait voulu. Sorel n'est pas seulement un auteur original, c'est aussi un curieux, un témoin ; il apporte à l'histoire littéraire des renseignements de toute sorte, qu'on ne peut négliger ni accepter sans discussion. Son originalité même, comment la faire sentir, sinon en le comparant à ceux qui l'ont précédé, entouré, suivi, imité ? Si parmi ces imitateurs nous rencontrons au premier rang un grand nom, si Molière a pris dans ces romans nombre des scènes les plus gaies et les plus dramatiques de son théâtre, les pages médiocres, mais presque inconnues de Sorel auront un attrait singulier. Nous savons d'avance comment Molière transforme tout ce qu'il touche ; mais constater ses moindres emprunts, ce sera une manière de le mieux connaître, d'étudier les procédés « du grand et habile picoreur, » comme l'appelait La Monnoye. Si tant de gens, attachés à ses traces, le suivent de ville en ville, d'étape en étape, avec une opiniâtreté méritoire, il y a plus d'intérêt, peut-être, à noter les voyages de son esprit et à relever ses lectures. Cette question des imitations et des sources nous entraînera donc à bien des excursions, inégalement fructueuses. Peut-être était-il malaisé de les éviter, avec un auteur comme Sorel, ami des digressions, des parenthèses et des anecdotes, qui tient par divers fils à toute la société de son temps, et qui, c'est son défaut et son mérite, a touché à tout et à tous.

CHAPITRE II

Comment Sorel est devenu romancier sur les bancs du collège. — La vie de collège au commencement du XVIIe siècle, d'après les ouvrages de Sorel. — Le collège de Lisieux, les écoliers, les correspondants, les régents. — L'enseignement des lettres. — Du rôle joué par les Recueils de citations. — Ce que sont devenues quelques-unes des citations classiques. — L'enseignement de la philosophie et des sciences. — Les goûts et les plaisirs des écoliers ; la passion du théâtre et des romans.

Sorel a commencé par faire des romans, et il a fini par écrire des traités de pédagogie ; romans et traités s'expliquent, comme nous le verrons, par l'éducation qu'il avait reçue. Laissons-le donc nous raconter ses années de collège dans l'Histoire comique de Francion, qui est presque toujours la sienne. Les romanciers picaresques, qui lui ont servi de modèles, décrivaient longuement l'enfance de leurs personnages, gueux et fils de gueux[1] : lui, par raillerie, prend son héros au berceau, et n'oublie aucune de ses malices enfantines ; mais, après quelques pages un peu lourdes, le récit s'accélère.

Dès que Francion a appris tout le latin du curé de son village, son père l'emmène à Paris, lui choisit un correspondant et le présente à un régent du collège de Lisieux, rue Saint-Étienne des Grès ; les portes se referment, il

---

Comparer aux livres III et IV du *Francion* les scènes de la vie de collège dans *Guzman d'Alfarache*, partie II, livre III, chap. 4. — it. *l'Aventurier Buscon*, chap. 1 à 5. — Sorel imite encore le roman de Rabelais, les *Contes d'Eutrapel*, chap. XXV, de Noël du Fail, l'*Euphormion* de Barclay, et malgré toutes ces imitations, il reste original.

est pris, il est à bonne école. Si les élèves du collège de Montaigu sont toujours les plus pauvres de Paris, ceux de Lisieux sont restés les plus polissons, s'il faut en croire le *Légat testamentaire du Prince des Sots* (1615.) C'est là qu'ont commencé les émeutes contre les réformes de Henri IV ; c'est là que les censeurs royaux ont été reçus à coups de pierres. Les régents se rendent dans leurs classes, à neuf heures du matin, en bâillant, « à pas de tortue [1], » et consacrent six mois à expliquer une satire de Juvénal, la plus courte. Etranges explications du reste, que celles de Juvénal et de Virgile, quand le maître agite son portefeuille, pour représenter le bouclier d'Enée ou bien le char entraînant Hector vaincu [2]. A cette vue, toute la classe trépigne et frappe les bancs en cadence. Notre Francion tiendra bientôt sa partie dans ce concert ; le voici, « la toque plate, le pourpoint sans boutons, attaché avec des épingles ou des aiguillettes, la robe toute délabrée, le collet noir et les souliers blancs, toutes choses qui conviennent bien à un vrai *poste* [3] d'écolier ; et qui lui parle de propreté se déclare son ennemi. » En revanche, il est devenu de fer pour les coups ; le martinet infatigable du cuistre ou du « tire-gigots » n'a plus de prise sur lui, et il résiste à toutes les privations.

Au-dessus de la porte du réfectoire, Monsieur le régent Hortensius a fait graver cette inscription : « *Ne quid nimis* ; » la bouche pleine, il répète sans cesse « qu'il faut manger pour vivre et non pas vivre pour manger. » Les pensionnaires n'ont que trop souvent l'occasion de

[1] Expression de Richer citée par M. Lantoine (*Histoire de l'Enseignement secondaire au XVII° siècle*, p. 45.)
[2] Remarques sur le VI° livre du *Berger extravagant*, p. 165, édition de Rouen, 1646.
[3] *Curiosités françaises* d'Antoine Oudin, 1640, p. 443 ; « *un poste*, idiotisme, un débauché. »

méditer sur cet adage, le soir, quand ils prennent place autour d'une maigre éclanche de veau, ou le matin, à l'heure du déjeuner, quand le cuistre se cache par ordre, avec son panier de petits pains, « avec les bises, toutes creuses, où l'on ne trouve rien dedans que du vent au lieu de mie. » Il n'est pas de petits profits, et l'avare Hortensius a besoin de beaucoup d'argent, surtout depuis qu'à force de lire les romans confisqués à ses élèves, il s'est monté la tête, et s'est épris d'une belle passion pour la coquette Frémonde, la fille du correspondant de Francion. Il la comble de cadeaux, il la reçoit la nuit au collège, avec ses amis des deux sexes, il la traite magnifiquement et lui donne le bal et la collation. Attiré par le bruit, le principal qui fait sa ronde avec une lanterne de voleur, descend, et très grave et très bon, reconduit le professeur ivre à son lit. Le principal en entend bien d'autres, dans ces chambres éloignées du collège, que le besoin d'argent l'oblige à louer à des industries interlopes.

On le voit, cette description faite par un écolier est complète ; mal élevé, mal nourri, Francion n'a pas plus la reconnaissance du cœur que celle de l'estomac. Il serait facile de confirmer son témoignage par celui de ses maîtres, de comparer au roman les rapports officiels des censeurs ou des principaux, Richer, Jean Morel[1], Grangier, Nicolas Bourbon ; mais il vaut mieux entendre une autre cloche et faire dans tous ces récits la part de la satire. Tous les régents ne sont pas des Hortensius ; tous les correspondants ne ressemblent pas à celui du *Francion*, qui envoie sa fille au parloir agacer les vieux pédants. Sorel n'aurait eu qu'à regarder autour de lui, à voir comment son ami

---

(1) Jean Morel, *De præsenti statu Academiae Parisiensis carmen*, 1605. — Grangier, *De l'Etat présent du collège de Dormans*, 1628. — Nicolas Bourbon, œuvres, éd. de 1654, p. 79 : *Scholasticus Parisiensis*.

Guy Patin, devait plus tard, malgré son âge et ses occupations, accepter cette charge. Comme il s'intéresse au petit bonhomme qu'on lui a confié! Il le soigne, il le saigne comme ses propres enfants; le dimanche, il l'emmène manger des cerises à sa belle ferme de Cormeil, ou bien il le conduit, place de Grève, aux exécutions des voleurs, et lui adresse un beau sermon. Chemin faisant il lui signale les inscriptions anciennes, comme celle du Cadran de l'Horloge, à noter sur son cahier. Par les gros froids, il l'installe à ses côtés dans son beau cabinet de travail, et s'il lui fait traduire par manière de récréation la Matrone d'Ephèse, c'est sans penser à mal, et en le prévenant que c'est une de ces histoires, « dont il ne convient pas de parler aux dames [1]. »

De même, si nous nous sommes apitoyés sur les écoliers, leurs maîtres sont-ils si heureux, ne faut-il pas écouter aussi leurs plaintes, leurs griefs? Ils les ont exprimés souvent, mais nulle part aussi bien que dans cette petite pièce intitulée : « *Réponse d'un étudiant en l'Université de Paris, à un sien ami qui se plaignait du dérèglement qu'il disait être dans les collèges d'icelle Université* (1616). » Elle semble, malgré la date, une réplique au *Francion*. Ce régent décrit par Sorel, qui fait affront à ses élèves et leur réclame leur rétribution avec de lourdes plaisanteries tirées du rudiment de Despautère [2], comment fera-t-il s'il ne touche pas les six écus fixés par le règlement, pour payer les bancs, les chandelles, les rideaux des classes, les affiches et les costumes des représentations théâtrales, sans compter tous les menus

---

(1) *Lettres* de Guy Patin à Falconet et aux Belin, passim.
(2) *Francion*, livre III, p. 133. Le jeu de mots sur la règle de Despautère « *Hic dator* » est classique; on le retrouve dans les *Bigarrures* de Tabourot des Accords et dans le *Pédant joué*.

frais ? Si pour accroître ses maigres revenus, il prend quelques écoliers en pension, ses ennuis augmentent plutôt que ses ressources. Les familles se donnent le mot pour ne pas le payer. Quand les messagers arrivent de province, on voit les régents se précipiter à leur auberge, les « caresser et amadouer » pour toucher leur dû, ou du moins un acompte ; souvent ces messagers retirent les enfants du collège sans prendre congé, ce qui amène des procès interminables. Le régent est encore à la merci de son principal, « puisque selon la pratique de notre Université, chacun peut faire d'an en an à la Saint-Remy, monde neuf et nouvel ami ; » il est obligé de payer son suppléant s'il tombe malade, « et quant aux livres, il aura été trente ans en l'Université qu'il n'aura pas eu moyen d'en avoir pour cent écus, et ne fait ses leçons qu'à grand'force et âpreté de lectures et d'études. » Ceux qui se retirent comme Hortensius, dans le *Francion*, « avec trois mille écus gagnés en rognant la portion, » sont de vrais héros de roman.

La misère de ces pauvres gens doit nous rendre indulgents pour leur enseignement, mais franchement il est bien mauvais et ne vaut pas mieux que celui de leurs rivaux du Collège de Clermont. Quel profit tirer des étymologies bizarres apprises par cœur, comme celle de *luna* qui vient de *luce quasi lucens alienâ*, ou bien des rébus de Picardie, des belles images allégoriques dessinées au tableau, et qu'il faut interpréter vaille que vaille ? Voici une jeune femme, vêtue d'une robe d'écarlate, chamarrée de lignes vertes ; à ses côtés deux troupes, l'une de suppliants qu'elle dédaigne, l'autre de gens qui la méprisent et qu'elle regarde d'un œil doux. C'est la jurisprudence, dit un écolier ; non, dit un autre, c'est la science qui ne recueille que des mépris. « Alors le jeune homme qui proposait le tableau en découvrit le sujet avec une gentille harangue, car cette dame était une feuillette de vin, entourée de pampres, laquelle méprisait ses amis, parce qu'elle périssait par leur amitié, et chérissait ses ennemis parce que leur haine la faisait durer [1]. »

Les allégories de cette espèce, les citations pillées de droite et de gauche, les comparaisons mythologiques vont remplir les compositions des jeunes écoliers, « vraie capilotade à la pédantesque, » dit Francion. Ces devoirs sont rarement des narrations ou bien des discours, où l'histoire aide les élèves, leur suggère des faits expliqués et connus. L'enseignement de l'histoire lui-même n'existe pas, car on ne peut donner ce nom à quelques notes dictées à propos de la traduction des auteurs, ni à quelques conférences extraordinaires faites par les professeurs en renom [2]. C'est une exception, un exercice de parade, quand un maître aventureux comme Pierre Valens, distribue quelques sujets de discours, corrige les copies des meilleurs élèves, les leur fait réciter en costume antique, devant une assistance choisie, puis imprime cette prose, et compose ainsi un *Scipion*, un *Annibal* et même

---

(1) Barclay, l'*Euphormion*, traduit par Nau, livre II, chap. IV; it. *Francion*, livre IV, p. 138.

(2) *La chasse au vieil grognard d'antiquité*, 1622, réimprimée dans les *Variétés historiques et littéraires* d'E. Fournier, t. III, p. 27, rappelle « les harangues publiques faites par ce docte Mauricius Bressius, principal du collège de Lisieux, qui, sans hésiter, en trois heures, d'un latin égal à celui de Cicéron, disait en abrégé tout ce qui était contenu dans l'impression de quatre cents doctes livres, disait les mœurs et façons de vivre de toutes les nations du monde, la forme de leurs vêtements, de leurs combats, de leurs religions, et de tout ce qui s'est passé depuis Adam jusqu'à notre temps, ce qu'il a montré en huit jours, et en huit assemblées en présence des plus doctes de Paris, qui l'admiraient. »

un *Télémaque* [1], qui ne vaut pas celui de Fénelon, on s'en doute. Les devoirs courants sont les *chries* ou dissertations ; on demande des idées générales à ceux qui n'ont ni l'âge, ni le temps d'en recueillir. Aussi les prennent-ils toutes faites dans des dictionnaires commodes. En vain les nouveaux statuts de l'Université proscrivent les manuels et recommandent l'explication des textes classiques ; les vrais maîtres, les seuls livres importants pour les professeurs, les élèves et les parents, sont toujours les dictionnaires de Ravisius Textor, avec les *Cornucopia*, les *Polyanthea* et les *Amalthea*, grands noms que le vulgaire prend quelquefois pour des noms d'hommes [2], et qui désignent simplement des Recueils d'emblèmes ou de citations. Outre ces Recueils imprimés, l'écolier en a d'autres qu'il a remplis en classe sous la dictée. Ces cahiers sont l'instrument, le bouclier qu'il ne doit jamais quitter, comme l'explique le professeur de rhétorique de Lisieux, Critton, qui les compare au Bouclier d'Achille [3].

Aussi les résultats sont curieux. L'habitude des citations, prise au collège, explique le mauvais goût des avocats, des prédicateurs et des historiens du temps. Pour faire l'éloge de Louis XIII, Sorel copiera le *Panégyrique de Trajan*, en l'enjolivant de traits empruntés à Pline l'Ancien et à Plutarque. Le roi de France sera comparé « à ce fameux arbre Coco » dont tout est bon, les feuilles, le bois, la sève et les fruits [4]. La comparaison est clas-

(1) *Telemachus, sive de profectu in virtute et sapientia, ad Principem Condæum*, Parisiis, 1609, in-8°. Parmi les auteurs du *Télémaque*, figure le jeune Claude Barbin, de Melun, lequel devint plus tard le libraire fameux.
(2) Sorel, *Polyandre*, t. I, livre II, p. 301 et suivantes.
(3) *De clipei Becodiani textu et cœlatura, oratio habita in Becodiano, Kal. Octobr. cum in Aspipodaciam præfaretur*, Parisiis, 1599, in-8°.
(4) Sorel, *Les Vertus du roi*, p. 41. — *Le Pédant joué*, acte III, scène 3.

sique, car on la retrouve dans le *Pédant joué* de Cyrano de Bergerac. D'autres ont des fortunes encore plus singulières ; elles sont à toutes fins et servent aussi bien dans les dédicaces de livres que dans les déclarations d'amour des jeunes étudiants, « nouveaux venus de l'Université [1]. » Lorsque Thomas Diafoirus vient faire sa cour à Angélique, il lui débite tranquillement deux vieilles comparaisons, celle de Memnon [2] et celle de l'héliotrope [3], que Sorel a depuis longtemps tournées en ridicule, et que leur banalité même a désignées à l'attention de Molière. C'est aussi à Sorel que l'intendant Valère a pris le fameux dicton : « Il faut manger pour vivre, et non pas vivre pour manger. » En face de cette sentence, Sorel se rappelait avoir vu dans son dictionnaire un renvoi à la *Rhétorique à Herennius* ; il nous a montré ailleurs [4] Cicéron, l'auteur responsable de la maxime, protestant contre l'abus qu'on en fait, et il a prêté au Père de la Patrie et des écoliers une belle harangue sur l'avarice des régents. Est-ce à dire que les pensées des anciens avaient toujours des applications aussi burlesques? S'il fallait en croire Sorel, le beau vers de Racine,

J'embrasse mon rival, mais c'est pour l'étouffer,

(1) Corneille, la *Veuve*, acte I, scène III.
(2) Comparer Sorel, le *Berger extravagant* (1628), livre IV, p. 270. Dans les *Remarques*, p. 137, Sorel ajoute ironiquement : « Je montrerai plus de douze livres de bon compte où, dans l'épître dédicatoire, vous voyez cette comparaison. » — Quelques-uns de ces livres sont indiqués dans l'édition de *Molière* de M. P. Mesnard, tome IX, p. 351.
(3) *Francion*, édition Colombey, p. 47 et p. 363, 364, cité par M. V. Fournel. — L'identité des expression prouve que c'est bien dans Sorel que Molière a pris cette comparaison, qui se retrouve dans une foule de livres du XVIe et du XVIIe siècle. (*Œuvres* d'Estienne Pasquier, tome II, p. 813. — Dédicace du *Martyre de la fidélité* de Jean d'Intras. 1609. — *Lettres amoureuses des beaux esprits de ce temps*, cinquième édition, p. 14. — Dédicace de l'*Euphormion*, traduit par Nau, 1625. — Le *Campagnard*, de Gillet de la Tessonnerie, 1657, acte I, scène II.)
(4) Sorel, les *Visions admirables du Pèlerin de Parnasse*, 1635, p. 7, 17.

serait encore une citation ridicule de collège [1], aussi bien que la comparaison de la sphère de Pascal [2], et la Pensée célèbre sur le plaisir de la chasse. Ces exemples montrent pourtant qu'il n'y a pas de banalités dont un grand écrivain ne puisse tirer parti. Les cahiers mêmes de citations, dont l'auteur du *Francion* se moque si fort, auraient pu rendre quelques services dans l'enseignement [3], si les écoliers les avaient composés eux-mêmes, avec des extraits de leurs lectures personnelles, au lieu de les écrire sous la dictée. Mais il paraît bien que cet exercice, mal dirigé, n'a jamais laissé aux jeunes gens qu'une impression de ridicule et d'ennui.

Si l'enseignement des lettres ne s'attache qu'à la forme, la philosophie n'enseigne que la dispute. Assis dans sa chaire, le régent est entouré de sacs, comme un procureur; il en tire successivement les syllogismes qu'il propose aux élèves; quand les sacs sont vides, un domestique lui en cherche d'autres [4]. Presque toujours le même professeur est chargé d'enseigner la philosophie, la physique et les mathématiques ; presque toujours il ignore

(1) Elle était si commune dès 1627, que seuls les pédants, comme Balzac, osent encore l'employer et se l'entendent reprocher dans la *Comédie des Comédies* (1628), acte III, scène II. Sorel la met dans la bouche d'un cuistre, qui a retenu par cœur quelques lieux communs (*Berger extravagant*, livre IV, p. 270). Le Père Le Moyne l'applique à l'Amour (Préface des *Peintures morales*, 1643, in-4·), et le graveur populaire Laigniel (*Recueil des plus illustres proverbes*, 1663), aux embrassades des courtisans.

(2) La Sphère figure en effet dans les dédicaces de livres, tels que la *Courtisane solitaire* par Lourdelot, 1622, in-8·; la comparaison du lièvre (*Pascal*, éd. Havet, t. I. p. 49) se trouve déjà dans les *Nouvelles françaises*, 1623, de Sorel, et dans la *Clarice* de Rotrou, acte I, scène I:
    Un cerf ne plairait pas qu'on aurait pris sans peine......

(3) Sur ces extraits de pensées saillantes, qu'il ne faut pas confondre avec nos « *cahiers d'expressions*, » voir les *Principes de composition et de style* par M. Deltour, 1884, p. 340, 352.

(4) Vigneul-Marville, *Mélanges de littérature*, tome II, p. 308.

l'une ou les autres, et sacrifie ce qu'il ne sait pas. Sorel nous parle de ces régents, prolongeant à dessein le cours de logique pour escamoter la morale, ou bien insistant sur la géométrie, pour n'avoir pas à parler de physique. Et de quelle physique ? De la vieille physique d'Aristote. Longtemps encore, les grandes découvertes qui sont faites ou qui vont se faire, resteront ignorées dans les collèges ; les régents se fâchent contre les novateurs qui les obligent à modifier leurs cahiers ; le plus grand nombre garde un silence prudent, et le public a raison de dire que « l'Université n'est pas universelle [1]. »

Les condisciples de Sorel s'ennuient pendant les classes ; où donc se rattrape leur attention, quand donc s'amusent-ils ? Les jours de sorties ordinaires et extraordinaires. Les portiers des collèges sont de vrais portiers de comédie ; tous ces petits jeunes gens ne manquent pas un des spectacles de la rue : ils vont voir piller la maison du maréchal d'Ancre, et conduire au baptême en grande pompe, les six Topinambous, filleuls du roi ; ils se pressent aux carrousels et aux feux d'artifice de la Saint-Louis [2]. Surtout, eux et leurs maîtres sont passionnés pour le théâtre. L'Université a conservé les représentations dramatiques d'autrefois ; il se trouve toujours des régents désireux de faire jouer leurs pièces par leurs élèves, quittes à être joués par eux ; ils se disputent entre eux les bons acteurs. Et ce goût du théâtre est attaché au métier. Tel pauvre musicien qui, après maintes aventures, est venu tenir les petites écoles à Orléac, dans la Haute Auvergne, se croit obligé à la fin de l'année de monter une tragédie [3]. A son dam, du reste, car il lui arrive

(1) Sorel, *La Science universelle*, passim.
(2) *Mémoires* de l'abbé de Marolles, in-12, 1755, t. I, p. 40, 45, 51, 58.
(3) *Histoires comiques* de du Souhait, 1612, 5ᵉ histoire. — It. *Bigarrures* de Tabourot, p. 129.

malheur pendant la représentation, et pour le consoler de ses mésaventures conjugales, le juge ne trouve qu'une citation classique : « Mieux vaut être *Cornelius Tacitus* que *Publius Cornelius*. » La citation sera commentée par un personnage de Molière :

« Sganarelle est un nom qu'on ne me dira plus,
Et l'on va m'appeler seigneur Cornelius[1]. »

Sans doute les représentations de l'Université sont moins luxueuses qu'ailleurs ; point de glaces, point de confitures pour les invités, pauvres décors: « Jamais, nous dit Sorel, vous ne vîtes rien de si mal ordonné que notre théâtre. Pour représenter une fontaine, on avait mis celle de la cuisine sans la cacher de toile ni de branches, et l'on avait attaché les arbres au ciel, parmi les nues. Nos habits étaient très mal assortis, car il y avait le sacrificateur d'un temple de païens, qui était vêtu, comme un prêtre chrétien, d'une aube blanche, et avait par dessus la chape dont l'on se servait à dire la messe en notre chapelle. » Mais depuis quand les beaux décors sont-ils nécessaires pour prendre du plaisir ? Sorel a beau jeu de se moquer à distance de ces acteurs « qui tenaient chacun un beau mouchoir à la main par faute d'autre contenance, et prononçaient les vers en les chantant, et faisant souvent un éclat de voix plus fort que les autres ; » gageons qu'il s'est amusé avec eux, ne serait-ce que, lorsque jouant le rôle d'une Furie armée d'une torche, il vint mettre le feu à la barbe de son professeur.

Il n'a pas le droit du reste d'être si difficile. N'a-t-il pas vu, ne nous a-t-il pas décrit ailleurs les vrais comédiens, « les comédiens à trois sous, » qui viennent jouer en cachette à la foire ou dans quelque tripot découvert ?

---

[1] *Sganarelle*, scène VI.

« Apollon et Mercure paraissaient en chausses et en pourpoint. Mais pourquoi ne les eût-on pas habillés à la française ? N'y a-t-il pas eu un Hercule gaulois ? Cet Hercule, se voulant faire remarquer, avait seulement les bras retroussés comme un cuisinier qui est en faction, et tenait une petite bûche sur son épaule pour sa massue, de telle sorte qu'en cet équipage l'on l'eût pris encore pour un gagne-denier qui demande à fendre du bois. Pour Apollon, il avait derrière sa tête une grande plaque jaune, prise de quelque armoirie, pour contrefaire le soleil, et tous les autres dieux n'étaient pas mieux atournés. Jugez donc ce qui pouvait être des mortels [1]. »

Sont-ils « mieux atournés » les grands comédiens, les acteurs de l'Hôtel de Bourgogne, qui louent leurs costumes à la friperie, et qui remplacent économiquement les figurants par des toiles peintes [2] ? Lorsqu'ils veulent produire le demi-jour sur la scène éclairée par de mauvaises chandelles, lorsqu'une Ombre doit apparaître, une de ces Ombres chargées de faire le Prologue dans les tragédies de Hardy [3], « on tire force pétards à l'entrée de la porte, » et l'Ombre, « brandissant un flambeau de poix-résine, » se détache blafarde au milieu d'une lumière fumeuse [4]. Décidément le théâtre de collège n'est point inférieur au vrai théâtre, et l'art des enfants ressemble singulièrement à l'enfance de l'art.

---

(1) Sorel, *Maison des Jeux*, 1642, t. I, p. 454. — Le graveur Laigniet, (*Recueil des plus illustres proverbes, livre des gueux*) a encore représenté plusieurs de ces comédiens de la foire dans les rôles d'Hercule, de Rodomont, etc.

(2) Sorel, la *Prudence*, 1673, p. 152. — Cet usage des toiles peintes a subsisté longtemps. Sorel proposa en vain aux comédiens de remplacer ces toiles par des figures en relief, comme on en voit aujourd'hui dans les Panoramas.

(3) *Frères Parfaict*, t. IV, p. 105, la *Mort d'Achille* ; — it. le *Berger extravagant*, livre IV, p. 262.

On pourrait même étendre cette comparaison aux répertoires. Tandis qu'en province, dans les villes et surtout dans les villages, les garçons et les filles élèvent encore tous les ans « un échafaudage plus haut que le toit des maisons, » où ils continuent naïvement la tradition des Mystères, et jouent l'Histoire de Nabuchodonosor et celle de Lazare et du Mauvais Riche [1], à Paris, les collégiens plus avisés, se piquent de représenter des tragédies antiques et des pastorales, aussi bien que les acteurs de Hardy. Du temps de Sorel, et un peu plus tard, on ne voit plus au théâtre que bergers enrubannés, et que bergères à la bouche de cerise qui filent le parfait amour. Les écoliers suivent la mode, et jouent et composent à l'envi des pastorales, à commencer par le jeune Laffemas, qui, avant de devenir un des plus cruels agents de Richelieu, écrit l'*Instabilité des félicités amoureuses*, *ou la tragi-pastorale des Amours infortunés de Thélanan et Gaillargeste* (1605). Dans tous les collèges on trouve les décors et les accessoires de la pastorale, des masques de Satyres, des trousses de Cupidon, des chapelets et des barbes d'ermites [2]. Les parents sont enchantés quand leurs enfants viennent, au dessert, leur réciter la *Sylvie* de Mairet [3]. Pas tous cependant ; témoin ce mercier de la rue Saint-Denis que Sorel nous a décrit dans un de ses romans, et dont le pupille est devenu fou à force de voir jouer des bergeries. Il prend des poses langoureuses, appuyé sur son aune comme sur une

---

(1) Sorel, la *Maison des Jeux*, 1642, t. I, p. 465 et suivantes, décrit une de ces représentations naïves du festin du Mauvais Riche : devant le public, la troupe mange une soupe aux choux, un cochon de lait, une tarte grande comme une roue de moulin. — Comparer *Les comédiens au moyen âge* de M. Petit de Julleville, chap. IX.

(2) Le *Pédant joué*, passim.

(3) Perrault, *Dialogues parallèles*, t. III, p. 194.

houlette, et veut s'offrir à toutes les troupes pour jouer les Belleroses[1]. Ne nous moquons pas trop de lui ; il se trouvera bientôt un autre fils de marchand, qui, lui aussi, sera passionné pour la comédie, et qui sortira des bancs de l'Ecole pour se faire acteur. Il s'appelle J. B. Poquelin, et il a rendu son nom de théâtre immortel.

De fait, les représentations de collège ont eu des résultats inattendus. Dans la pensée des maîtres, ce théâtre en miniature devait détourner les élèves du vrai théâtre, c'était une manière de « purger cette passion. » Mais voici qu'aux jours de sorties, tous les écoliers, les futurs hommes de loi, et les soldats, et les petits abbés à bénéfices, qui à douze ans récitent déjà leur bréviaire, tous se précipitent vers le tripot du Marais ou vers l'Hôtel de Bourgogne[2] ; le plus riche paye pour les autres, et quand le plus riche n'a rien, le portier ne laisse pas de leur ouvrir la porte, ils l'enfonceraient. Et comment l'envie ne prendrait-elle pas à cette jeunesse de monter sur les planches et de composer à son tour de vraies pièces ? Tel, comme Mairet, arrive de sa province à dix-sept ans avec une *Chryséide* ; tel autre à treize ans, a déjà fait sa comédie tirée de l'espagnol[3]. Si, pour être partis trop vite, beaucoup de ces auteurs imberbes se sont arrêtés en chemin, leurs camarades, leurs auditeurs ont pris du moins avec eux le goût d'une distraction littéraire, qu'ils garderont toute leur vie ; ils formeront ce public du XVIIe siècle, si passionné pour le théâtre ; rappelons-le, pour excuser les goûts trop précoces de Sorel et de ses jeunes amis.

Le théâtre n'est pas un plaisir de tous les jours ; les romans pénètrent partout, en classe, en étude. Que de

---

(1) *Le Berger extravagant*, liv. I, p. 17.
(2) *Mémoires* de l'abbé Marolles, t. I, p. 58.
(3) *Le Curieux impertinent* par de Brosse. (*Frères Parfaict*, t. VI, p. 408.)

romans on a dû lire dans les petites chambres tapissées de thèses[1] ! L'évêque Camus nous montre dans l'Avertissement de la *Pieuse Julie* (1625), les enfants « aussi âpres à dévorer les romans qu'à sucer des dragées. » Les préférés sont naturellement les romans d'aventures, de duels et d'enlèvements, qu'on mettra plus tard en pratique. Les auteurs de ces livres sont aussi braves, aussi admirés des écoliers, que leurs héros. Le moyen de ne pas être touché quand on lit dans la préface des *Amours de Lysandre et de Caliste*, qui se passent en grande partie au quartier latin : « Lecteur, ayant commencé cette pièce depuis six mois, j'en ai demeuré les trois et demi, blessé de huit coups d'épée..... sans compter le déplaisir d'avoir été volé, quinze jours après un assassinat qui m'avait réduit à l'extrémité. » Voilà les livres qui passionnent la jeunesse, avec les romans du moyen âge. *Morgant le géant, Mellusine, Robert le Diable, les quatre fils Aymont, la belle Maguelonne, le Roman de la Rose*[3], *le Roman du Renard*, toutes les réimpressions du quinzième et du seizième siècle, gisent dédaignées sur les quais, accessibles à la petite bourse des écoliers, qui n'ont pour concurrents qu'un ou deux curieux comme le peintre Du Moustier[2]. Ils achètent donc ces livres, ils les lisent et s'en souviennent. Chapelain a pris au collège le goût de nos vieux romans qu'il défendra si bien plus tard contre son ami Ménage, et qu'il trouvera toujours beaux dans leur rudesse naïve, merveilleux comme les chants d'Homère,

---

(1) Vigneul-Marville, *Mélanges de littérature*, tome II.

(2) Tous ces livres sont cités par Francion dans les livres III et IV de l'*Histoire comique* ; ils reparaissent, avec beaucoup d'autres, dans l'inventaire de la bibliothèque du poète Livet, ridiculisé par l'abbé Cotin dans ses *Œuvres galantes*, 1665, p. 358. — La Bibliothèque de l'Arsenal possède la plus rare de ces réimpressions, l'*Histoire plaisante* de Renard ou de *Reinier*, Lyon, Rigaud, 1625, in-8°.

(3) Comparer Naudé, *Mascurat*, p. 215.

témoins de la langue et des mœurs, dignes d'être appelés, le « grand coutumier de France¹. »

A côté d'eux viennent les *Amadis*. Les écoliers en raffollent, et s'amusent à en faire des pastiches en vieux langage. Ecoutez plutôt le jeune Francion qui, lorsqu'il vient de fermer un de ces romans, trouve aussi facile « de couper un homme d'un seul coup par la moitié, qu'une pomme. » « Un chaplis horrible de géants déchiquetés menu comme chair à pâté » le met en joie. « Le sang qui ruisselle de leurs corps à grand randon fait un fleuve d'eau de rose où il se baigne fort délicieusement, et quelquefois il lui vient en l'imagination qu'il est ce même damoisel, qui baise une gorgiade infante qui a les yeux verts comme un faucon². »

Plus douce, plus paisible, l'*Astrée* a d'abord eu plus de mal à séduire les jeunes lecteurs³; mais elle n'a rien perdu pour attendre; les régents ont fort à faire pour confisquer tous les exemplaires apportés par les *galoches* ou les externes. Le roman nouveau fait le sujet de toutes les conversations, et tel de ces jouvenceaux ira bientôt visiter d'Urfé en Italie, pour lui demander comme à un oracle, la clef de ces belles aventures⁴. « J'étais, nous dit un personnage de Sorel, d'une compagnie où les garçons et les filles prenaient tous les noms de l'*Astrée*⁵. » On pourrait croire à une plaisanterie si ces noms de roman n'avaient été réel-

---

(1) Le *Dialogue* de Chapelain avec Ménage et Sarrasin, *sur la lecture des vieux romans*, est cité avec éloge par Lacurne de Sainte-Palaye, *Mémoires de l'Académie des Inscriptions*, tome XVII, p. 790.

(2) *Francion*, livre III, p. 128. — Ce pastiche nous servira plus tard à retrouver les auteurs du *Tombeau des Romans*. (Voir le chapitre du *Francion*, p. 70, 112; it. l'Appendice, N° III.)

(3) Scarron, *Roman comique*, 1ʳᵉ partie, chap. XIII.

(4) Patru, *Eclaircissement sur l'Astrée*; et Huet, *Dissertation sur l'Astrée*.

(5) Le *Berger extravagant* de Sorel s'appelle Lysis.

lement portés par le petit bourgeois Tallemant des Réaux et par ses jeunes amis[1]. Bref, ils étaient bien rares, ceux qui pouvaient dire comme Pellisson : « On me présentait je ne sais combien de romans et d'autres pièces nouvelles dont, tout jeune et tout enfant que j'étais, je ne laissais pas de me moquer, revenant toujours à mon Cicéron et à mon Térence, que je trouvais bien plus raisonnables[2]. » Cet écolier-là était un politique avisé qui devait faire son chemin ; Sorel ne fera jamais que des romans, par esprit d'imitation d'abord, et plus tard par vocation.

(1) Tallemant des Réaux, *Historiettes,* troisième édition, in-8°, par MM. Monmerqué et Paulin Paris, tome VI, p. 325: les *Amours de l'auteur*. — Tallemant s'appelle le Chevalier, « parce qu'il était fou de l'*Amadis* ; » ses parents portent les noms de Lysis, Tirsis, Lygdamon, etc. — Suivant la tradition, une société de grands seigneurs allemands fonda une petite Académie semblable, dont elle offrit la présidence à Honoré d'Urfé.

(2) Pellisson, *Histoire de l'Académie française,* Notice de J. Sirmond.

CHAPITRE III

Les premières œuvres de Sorel, les Romans romanesques et les Nouvelles. — *Les Amours de Cléagénor et de Doristée*, imitées par Rotrou. — *Le Palais d'Angélie*. — La Nouvelle de Charis — Charis et Célimène. — Analogie de la Nouvelle d'Olynthe et de l'*Amour médecin* de Molière. — Cette analogie s'explique, si l'on admet que la troupe italienne de J. B. Andreini jouait, dès 1621, des canevas semblables au *Médecin volant* et à l'*Amour médecin*. — Preuves à l'appui de cette conjecture. — Les emprunts de Molière aux Italiens, à Cyrano de Bergerac et à Sorel. — *Les Nouvelles françaises* de Sorel. — *La Maison des Jeux*. — Une version perdue du *Vilain mire*. — La Nouvelle de Drogon et *Georges Dandin*. — La Nouvelle des deux sœurs et l'*École des Maris*. — Les protecteurs et les amis de Sorel. — Les premiers cercles rivaux de l'Hôtel de Rambouillet.

« Rien de meilleur que les romans, disait de Gomberville, pour former le style d'un enfant, qui veut commencer à marcher tout seul [1]. » Sorel suivit le conseil et débuta par des œuvres romanesques [2], qui sont quelquefois puériles, mais jamais banales, car toutes ont quelque chose à nous apprendre, soit sur l'auteur lui-même, soit sur son temps.

La première, intitulée les *Amours de Cléagénor et de Doristée*, ne nous arrêtera pas longtemps. L'héroïne du livre, Doristée, passe cinq cents pages à changer de

---

(1) Argument du roman de la *Caritée*.
(2) De la liste des romans ordinairement attribués à Sorel, il faut en retrancher deux, les *Amours de Floris* et les *Agréables diversités d'amour*, pour les rendre à Moulinet, sieur du Parc. Voir l'Appendice, n° V.

costume : tantôt, sous celui de son sexe, elle inspire des passions furieuses à tous les cavaliers de France et d'Italie ; tantôt, déguisée en homme, réduite à la condition de domestique, elle est obligée de résister à toutes ses maîtresses. Au milieu de ces extravagances banales, Sorel montre déjà les premiers traits de son talent dans quelques paysanneries assez agréables, qu'il reproduira plus tard sans grands changements dans ses *Nouvelles françaises* et dans son *Francion*[1]. Il prend plaisir à observer, comme Noël du Fail ou comme Béroalde de Verville, les noces et les danses de village, et les petites gens, les scènes familières l'intéressent plus que les héros de roman. Mais c'était par ses défauts plutôt que par ses qualités que l'histoire de Doristée devait plaire à l'esprit brouillon des contemporains ; elle était si confuse et si surchargée d'incidents, que Rotrou s'en empara et la transporta sur la scène, avec un grand succès. Le jeune romancier fut très fier d'avoir inspiré une des pièces les plus populaires de son temps[1] ; de longues années plus tard, il rappelait encore ses droits d'auteur[2] dans sa *Bibliothèque française*[3]. Rotrou avait eu le tort de ne pas nommer Sorel dans la préface, où il se plaignait que sa pièce de *Doristée* lui était dérobée par tous les comédiens de campagne.

Dès l'année suivante, Sorel dédiait un nouveau livre, le *Palais d'Angélie*, à Madame, sœur du Roi. Le cadre n'a rien de neuf. Des jeunes gens et des jeunes filles, réunis

---

(1) *Nouvelles françaises*, 1623 ; Les Amours des personnes de basse condition.— *Francion*, livre VII, p. 263 : Ces paysanneries sont agréables, mais rappellent trop celles de Noël du Fail. C'est dans le *Berger extravagant* que Sorel a le mieux attrapé la physionomie des paysans.

(2) Voir l'*Ouverture des jours gras ou l'Entretien du carnaval*, 1635, in-8°.

(3) Sorel, *Bibliothèque française*, 1664, p. 354.

à la campagne, passent leurs loisirs à faire des vers et de la musique, et à raconter des histoires d'amour. Toutes ces histoires, c'est la singularité du livre, commencent, continuent ou finissent par un enlèvement. Sorel, par une attention délicate, a mis des enlèvements partout. N'est-ce pas le temps où une conspiration s'est formée, au vu et au su de tout Paris, pour enlever la sœur du Roi, celle même à qui le *Palais d'Angélie* est dédié? le temps où la reine Anne d'Autriche écrit à Louis XIII : « Je ne mène Madame que dans les rues de la ville, et quand je sors du Louvre, je laisse en sa chambre quatre des gardes que vous m'avez donnés, mais ce nombre ne serait pas assez grand si l'on se résolvait à l'enlever au Louvre [1]. » A plus forte raison, les petites bourgeoises ne sont-elles pas à l'abri des folles entreprises. Sorel a le droit d'écrire dans sa préface : « Je me suis éloigné du tout de ces histoires monstrueuses qui n'ont aucune vraisemblance.... Je ne raconte que des actions qui se peuvent faire selon le temps. » Malgré quelques exagérations voulues, ce livre est un curieux tableau des mœurs violentes et raffinées de l'époque.

Suivons Charis [2], en fraîche toilette printanière, tandis qu'elle visite avec ses amis et ses admirateurs la maison des champs d'un riche partisan. A peine la curieuse a-t-elle pénétré dans une grotte tapissée de mousse et de stalactites, qu'un de ses soupirants dédaignés ferme la porte, pousse du pied un ressort à fleur de terre, et mille jets d'eau de jaillir, de ces jets d'eau appelés *burladores* ou plaisanteries, plaisanteries très froides. Et pourquoi cette vengeance? Charis s'est moquée d'Azilan, comme il tombait de cheval. « Toute l'eau, lui dit-il, qui va tomber

---

(1) Cité par M. d'Avenel, *Richelieu et la monarchie absolue*, t. I, p. 314.
(2) *Palais d'Angélie*, troisième journée, p. 560.

sur vous ne sera pas capable de laver l'offense que vous m'avez faite. » On voit bien que Mme de Rambouillet n'est pas encore venue « débrutaliser la cour [1], » qui, du reste, ne devait qu'à moitié profiter de ses leçons. Trente ans plus tard, dans une partie de campagne, Mlle de Montpensier était encore ravie de voir les *burladores* faire leur office sur une princesse allemande septuagénaire.

La jolie Charis n'est qu'une coquette. A l'un, elle fait une déclaration fort tendre, à l'autre, « elle donne un nœud de taffetas de dessus son sein, pour entrelacer sa longue moustache ; » un autre fait de la musique avec elle, et reçoit un bracelet en cheveux, avec un chiffre gravé sur le fermoir. S'il l'avait bien examiné ce bracelet, et il l'examinera quelque jour, il aurait reconnu tout de suite les initiales d'un rival ; le cadeau s'est trompé d'adresse. Charis n'en fait jamais d'autres ; l'étourdie ne revoit pas ses lettres avant de les cacheter, change leur destination, et donne des rendez-vous au hasard. Trois de ses galants se connaissent ; deux mettent l'épée à la main sous ses fenêtres, le troisième les sépare. Le lendemain les deux adversaires viennent trouver la coquette, lui montrent les gages qu'ils ont reçus d'elle, et la somment de faire son choix ; elle, pour n'humilier personne, demande, obtient un délai de plusieurs mois, et continue à recevoir leurs sérénades respectives. Mais le troisième est moins endurant. Une nuit que Charis assistait à un bal dans l'hôtel d'un grand prince, Azilan pénètre dans la salle avec une suite de jeunes gens, portant des girouettes à leurs bonnets, en guise de panaches. Tous, entourant la jeune fille, dansent un ballet burlesque, et font voler dans l'assemblée des vers satiriques à son adresse.

(1) *Mémoires* de Mme de Montpensier, *Collect. Michaud*, année 1656, p. 210.

Charis, humiliée, cherche quelqu'un qui la venge d'Azilan et qui le provoque en duel ; à peine a-t-elle trouvé ce vengeur, qu'elle se réconcilie avec son ennemi. Tous les galants qu'elle a trompés et perdus lui reviennent l'un après l'autre, et elle se joue d'eux comme par le passé. A la fin sa mère, lasse de ses équipées, lui propose un vieux seigneur riche, et se hâte de la marier avant qu'elle ait pu se raviser.

Molière n'a jamais lu le *Palais d'Angélie*, et il n'est pas question de comparer l'ébauche d'un débutant avec un chef-d'œuvre. Charis, une étourdie, une enfant gâtée, n'est pas de force à se mesurer avec Célimène, la grande coquette. Mais n'y-a-t-il pas dans la Nouvelle que nous venons de résumer plus d'une scène heureuse et pittoresque? La conclusion est-elle aussi faible qu'elle le paraît à première vue? Charis ou Célimène, mettons que ce soit tout un, a été humiliée, insultée ; mais a-t-elle rien perdu de sa grâce ? Tous les petits marquis ne reviendront-ils pas tôt ou tard papillonner autour d'elle ? Ils retourneront tous, soyez en sûrs, tous, sauf Alceste, frapper à cette porte qu'ils ont si bruyamment fermée derrière eux ; leur vanité ne saurait se passer de Célimène, pas plus que Célimène ne saurait se passer de leurs hommages. Le dénouement de Molière est plus moral et plus dramatique, celui de Sorel est plus vrai.

Des mœurs curieuses, des passions fortes, des situations tour à tour comiques ou pathétiques, et aussi des longueurs, des puérilités, des histoires de brigands, on trouvera tout cela dans la Nouvelle suivante qu'il est bien difficile de résumer. Essayons pourtant, elle en vaut la peine [1].

---

(1) Dans le *Palais d'Angélie*, la Nouvelle d'Olynthe commence à la page 305, s'arrête à la page 462, et reprend p. 758.

La jeune Olynthe vit seule avec son père Théliaste, un riche huguenot. Léonil, un seigneur catholique, qui l'a vue soulever son masque à la foire Saint-Germain, en est devenu amoureux fou ; mais il ignore son nom, sa famille, sa demeure, il croit bien ne jamais la revoir, et quand ce bonheur lui arrive, il s'évanouit de joie, en pleine rue, devant la jeune fille étonnée. Ses amis le transportent chez Briséide, « une honnête veuve, qui loge en chambres garnies, » en face de la maison de Théliaste.» Cette femme consent à servir ses amours. Sous prétexte de montrer à Olynthe une tapisserie achetée depuis peu, elle l'attire chez elle, et Léonil, caché dans un cabinet, peut l'entendre et l'admirer à loisir. « Briséide disait à Olynthe, que si cette tenture lui plaisait, elle lui en enverrait une toute pareille. » Théliaste sera fort aise de l'acheter à sa fille « pour les premiers meubles qu'il doit lui donner en mariage, » car Briséide le sait, il veut l'unir à un gentilhomme de sa religion, appelé Spimandre. Mais Olynthe « secoue la tête sans répondre, » et finit par déclarer que ce Spimandre est l'homme qu'elle déteste le plus au monde. Alors c'est qu'elle en aime un autre ? — Non, elle n'aime personne et personne ne l'aime. Ici Briséide proteste, et lui rappelle ce jeune cavalier qui s'est évanoui dernièrement sous ses yeux: « Hé quoi, ne connûtes-vous pas que votre beauté en était la seule cause ? Il n'avait point d'autre mal que celui que vos yeux lui ont donné [1]. » Et elle la prêche, l'étourdit, lui démontre qu'elle n'est pas tenue d'obéir à son père, qu'une si « mignarde rose comme elle » n'est

---

(1) Molière a trouvé le même trait dans la *Précaution inutile* de Scarron et l'a reproduit dans l'*Ecole des femmes*. Briséide disant à la jeune Olynthe que sa beauté « a blessé » un jeune homme, lui dit presque une vérité, tant les amours de ce temps sont violentes ; en 1660, elle ne dira plus qu'une métaphore, et si banale, qu'il faut toute la naïveté d'Agnès, pour s'y laisser prendre.

pas faite pour ce vilain Spimandre ; en même temps elle lui remet en main une lettre de Léonil et finit par obtenir pour lui une entrevue. Olynthe regrette aussitôt sa faiblesse, mais d'un autre côté Spimandre lui déplaît si fort, tant de gens la poussent à la résistance, elle-même a promis à sa mère mourante de quitter à la première occasion la religion réformée! Ce trait reviendra à diverses reprises dans le récit de Sorel, qui cherche à excuser de son mieux les équipées de son héroïne.

Olynthe voit d'abord Léonil chez Briséide, jusqu'au jour où Spimandre, aussi rusé qu'il est gros et commun, découvre l'intrigue, et presse Théliaste de conclure son mariage. Celui-ci mande sa fille, lui rappelle ses devoirs, lui vante la fortune et la piété du mari qu'il a choisi pour elle [1], bref la sermonne si bien que la pauvre Olynthe ne trouve rien à répliquer, et court s'enfermer dans sa chambre avec une violente migraine. Elle n'a plus d'espoir que dans sa servante Alcidée, et se décide à lui confier ses amours. La malicieuse Alcidée trouve bien cette confidence un peu tardive, mais elle promet son aide et se charge de prévenir Léonil. Rendez-vous est pris pour le dimanche suivant, dans une auberge, au retour du prêche de Charenton.

Pour éprouver Léonil, Olynthe feint d'être résignée à son sort. Le jeune homme éclate d'abord en reproches, et finit par la supplier de se laisser enlever ; personne ne la blâmera si c'est pour elle un moyen de rentrer dans la vraie foi. Olynthe céderait peut-être, mais l'entrevue a trop duré, en dépit d'Alcidée qui pressait sans cesse les jeunes gens. Spimandre et Théliaste les surprennent, la partie est perdue, le jour des noces fixé.

Deux nouvelles tentatives d'évasion n'auront pas plus de

---

(1) Comparer *Tartuffe*, acte, II, scène I.

succès. Quand Léonil, muni d'un passe-partout, vient chercher Olynthe la nuit, il ne réussit qu'à réveiller le père, lequel saisit son trousseau de clefs, descend et se heurte dans l'obscurité contre sa fille, réduite à s'évanouir. Quand Olynthe elle-même, conduite au Palais pour quelques emplettes, tâche d'échapper à Spimandre, aux premiers pas de sa course, elle est arrêtée par la foule des Conseillers qui sortent de leurs Chambres, reprise et ramenée au logis[1]. Cette fois, elle tombe malade sérieusement, elle est presque folle de désespoir.

Briséide, que Léonil envoie aux nouvelles, trouve la malheureuse sur son lit, maudissant Spimandre et ne cessant d'appeler son ami. « Quatre médecins sont venus, et réunis en consultation, ont déclaré à Théliaste que sa fille n'avait point la fièvre chaude, mais une pure folie inguérissable. Ils ont fondé une partie de ce jugement sur ce qu'il leur avait dit qu'elle a toujours eu un esprit vif, une forte imagination, et une grande inclination à lire toutes sortes de livres et apprendre toutes sortes de sciences. » Théliaste désolé ne compte plus que sur un opérateur italien, que Briséide a promis de lui envoyer, dès qu'il sera de retour de Rouen, dans une dizaine de jours ; mais Briséide elle-même n'assure pas qu'il sauvera la malade. Dans ce cas, comme le lui fait observer un ami, Léonil ne risque rien de remplacer l'opérateur. Une robe noire achetée à la friperie, une grosse chaîne d'or au col, quelques mots d'un baragouin moitié italien, moitié français, voilà la métamorphose faite. Il se présente à la tombée de la nuit chez Théliaste, « qui l'ayant remercié

---

(1) La fuite d'Olynthe rappelle celle d'Isabelle, dans l'*Ecole des Maris*. Remplacez le père par un tuteur doublé d'un prétendant ridicule, la scène sera moins choquante. C'est ainsi que Molière l'a faite. Le hasard suffit pour expliquer les rapprochements précédents, il ne suffit pas pour ceux qui suivront.

de la peine qu'il avait prise, lui conte premièrement toutes les humeurs d'Olynthe, » toutes les particularités de sa maladie, et finit par le faire monter dans la chambre de sa fille.

La malade était endormie; elle se réveille souriante, reconnaît à demi Léonil dans le délire de la fièvre, et déclare qu'elle veut l'épouser. Vingt fois, aux paroles de la jeune fille, Léonil est sur le point de se trahir ; enfin, ne pouvant rien pour elle, il se retire en laissant une ordonnance aussi savante qu'inoffensive. Briséide prévenue, envoie à son tour le véritable opérateur, le premier n'étant qu'un subalterne destiné à faire prendre patience à Théliaste. L'Italien confirme les prescriptions de son confrère d'aventure, mais il ordonne tant de précautions, que Théliaste se décide à emmener sa fille à la campagne, chez une vieille tante qui habite près de la Rochelle. Et Léonil les suit, comptant bien enlever sa cliente en route. En effet Olynthe réussit à se faire passer pour morte ; elle rejoint Léonil et voyage avec lui par des chemins détournés. Spimandre, altéré de vengeance, finit par les retrouver. Il a appris un jour que son rival doit sortir seul, et rentrer à la nuit ; il se déguise en ermite, va se poster sur son chemin, et le somme au nom du ciel d'aller faire pénitence dans un couvent, et d'abandonner une maîtresse huguenote et coquette. Ses valets, déguisés en diables flamboyants, lui répètent la même leçon, et Léonil, frappé par toute cette fantasmagorie, écrit à Olynthe une lettre de rupture. Blessée par ces soupçons, abandonnée seule dans une auberge de village, la jeune fille s'enfuit de son côté. Sorel a beaucoup de mal à la rattraper et à la marier définitivement à son héros.

Il s'en faut que cette Nouvelle soit courte : elle occupe

plus de trois cents pages dans l'original ; elle a bien des défauts, mais elle n'est point banale. La foire Saint-Germain, le prêche de Charenton, la Galerie du Palais, la vieille maison bourgeoise avec sa porte massive, et cet énorme trousseau de clefs que le père de famille emporte chaque soir à son chevet, autant de détails vrais, qui nous changent des romans à la mode, où des personnages absurdes s'agitent sur une scène invraisemblable. Les héros de Sorel sont plus naturels, ce sont des contemporains curieusement observés. Si nous sommes choqués de voir la religion mêlée à leurs passions, si le huguenot Spimandre n'est pas plus sympathique que le catholique Léonil, qui veut à la fois convertir et séduire Olynthe, faire la conquête d'une âme et celle d'une maîtresse, il faut nous rappeler que l'auteur écrit à la veille de la dernière guerre de religion.

Cette Nouvelle qui porte si bien sa date, contient en outre de curieux rapprochements avec le théâtre de Molière. Bornons-nous à comparer les Amours d'Olynthe et l'*Amour médecin*. Certes, il y a des différences notables: le vrai sujet de Molière, c'est la satire des médecins pédants, barbares, insensibles à tout sinon au gain. Ce sujet assez triste, il l'a enveloppé dans une intrigue charmante ; la folie de Lucinde est une courte folie, une folie pour rire, et celle d'Olynthe est souvent ennuyeuse. Mais oubliez un instant la couleur romanesque et sentimentale de la Nouvelle, supprimez les épisodes parasites, les longueurs, les répétitions, les rôles inutiles ou doublés, et vous aurez bien le cadre de Molière. Cette passion d'un beau jeune homme inconnu, l'entêtement égoïste du père resté veuf, le mutisme de la jeune fille qui secoue la tête sans répondre devant cette belle tenture de tapisserie, sa conduite, quand, après le sermon paternel, elle court s'enfermer dans sa chambre et se jette sur son lit, prise d'un grand mal de tête, l'intervention de la rieuse servante qui s'étonne de ne pas avoir été mise plus tôt dans la confidence de sa maîtresse, la maladie, la consultation des quatre médecins, l'opérateur ou plutôt les deux opérateurs qui leur succèdent, les moindres traits semblent identiques : Sorel a presque deviné la petite intrigue de Molière.

De ces rapprochements nous pouvons déjà déduire une première conclusion. On a dit souvent que Molière a tiré l'*Amour médecin* d'une pièce de Lope de Vega, de l'*Acier de Madrid*. Comment cette assertion serait-elle vraie, puisque l'*Amour médecin* ressemble beaucoup moins à la pièce espagnole qu'à la Nouvelle de Sorel, que Molière n'a jamais lue ? Sorel et Molière ont-ils donc eu sous les yeux, à des années d'intervalle, un même original aujourd'hui perdu ? Sur ce point nous sommes réduits à des conjectures qu'il faut essayer de rendre aussi vraisemblables que possible.

Et d'abord il est très probable que Sorel, qui suivait assidûment les représentations de la troupe italienne de J. B. Andreini[1], a vu jouer dès 1621 des canevas semblables au *Médecin volant*, repris plus tard par Molière. Dans l'*Histoire comique*, le héros Francion s'introduit en qualité d'opérateur chez sa maîtresse Joconde, un nom bien italien. Plus loin, il nous décrit les tours d'adresse d'un acteur, qui excelle, comme Sganarelle dans le *Médecin volant*, à jouer successivement ou simultané-

(1) Ainsi Sorel a imité la *Ferinda* (1622) d'Andreini dans la *Comédie de chansons*. (Voir le *Francion*, livre XI, p. 472, et l'Appendice, N° III.) — Sorel a aussi souvent parlé des comédiens italiens dans la *Maison des Jeux*, tome I, p. 446, et dans ses autres ouvrages.

ment plusieurs personnages à l'aide de bâtons, de bonnets, et de robes de rechange[1]. Ces allusions semblent bien indiquer que le canevas du *Médecin volant* italien a passé sous les yeux de Sorel.

Mais à côté du *Médecin volant,* les Italiens avaient un autre canevas du même genre, également très populaire[2], et souvent reproduit sous des formes et des titres divers, le canevas de la *Folle supposée.* Le fonds commun de toutes les pièces composées sur ce thème, depuis la *Finta pazza* de Flaminio Scala, jusqu'à la *Pèlerine amoureuse* de Rotrou, et jusqu'aux *Folies amoureuses* de Regnard, c'est que non-seulement la jeune amoureuse reçoit la visite d'un faux médecin, mais qu'elle contrefait la folie pour échapper à un mariage odieux. Telle est aussi l'intrigue de la Nouvelle d'Olynthe, qui se rapproche encore davantage de l'*Amour médecin* de Molière. Nous croirions donc volontiers que, de même que Molière s'est servi d'un canevas italien pour son *Médecin volant*[3], de même il a pu voir un autre canevas, analogue à la *Folle supposée,* un *Amour médecin* italien lequel avait déjà inspiré Sorel et d'autres de ses contemporains. Ainsi s'expliquerait peut-être le titre de cette pièce perdue de Pierre de Sainte-Marthe, l'*Amour médecin,* reporté par les frères Parfaict à l'année 1618[4] ; ainsi s'expliqueraient surtout les ressemblances entre la Nouvelle de Sorel et la

(1) *Francion*, livre X, p. 391 — Ibid. Livre XII, p. 476 et suivantes.

(2) C'est probablement par suite de l'influence de la comédie italienne que les scènes de folie sont si populaires sur le théâtre français, au commencement du XVII° siècle, et restent, comme le dit encore Corneille, *Examen de Mélite*, « un ornement qui ne manque jamais de plaire. » — Comparer les titres des pièces perdues de Hardy, la *Folie d'Isabelle*, la *Folie de Turlupin*, la *Folie de Clidamant* ; it. la *Folie de Silène*, (et non la *Folie du Silence*, comme le dit Léris), anonyme, Paris, in-8°, 1625.

(3) Comparer *Molière et la comédie italienne*, par M. Moland, p. 173, 246, 297 et passim.

(4) *Histoire du Théâtre français*, tome IV, p. 285.

pièce de Molière. Qu'était au juste ce canevas italien ? il est impossible de le dire. Sorel l'a probablement suivi de près, tout en le transformant en mélodrame ; Molière, au contraire, n'a emprunté aux Italiens qu'une trame légère, sur laquelle il a jeté d'autres imitations, comme on peut facilement s'en assurer.

Dans la Nouvelle d'Olynthe, la jeune malade est amenée à la campagne, pour qu'elle puisse prendre l'air et la fuite; ce dénouement, qui reparaît dans le *Médecin volant* de Molière, vient évidemment des Italiens. Le dénouement de l'*Amour médecin* de Molière, un mariage comique devenant une réalité, est plus compliqué : Molière l'a emprunté, comme on le sait, à Cyrano de Bergerac[1], mais avec d'heureux changements. Le pédant Grangier met vraiment trop de bonne volonté à signer le contrat de son fils, qui est son rival. Sganarelle, qui n'a jamais vu l'amoureux de sa fille, se prête de meilleure grâce à l'intrigue et se laisse jouer le mieux du monde. En même temps ce dénouement suffit, à lui seul, pour amener et pour expliquer raisonnablement la folie de Lucinde. Il faut que Sganarelle croie sa fille bien folle, pour qu'il signe le papier qu'on lui présente, et pour qu'il ne mette pas à la porte ce notaire musicien qui vient instrumenter chez lui. Tel est son aveuglement, que tous les commentateurs, y compris Littré, lui ont appliqué sans hésitation les mots du texte: « bécasse bridée, » qui en réalité font allusion au mariage de Lucinde[2].

---

(1) Cet emprunt, depuis longtemps signalé, n'est pas aussi insignifiant que le dit M. Paul Mesnard, *Molière*, t. V, p. 285, puisqu'il influe sur toute la fin de la pièce.

(2) *Amour médecin*, acte III, scène VIII: « *Lisette*. Ils sont allés achever le reste du mariage.— *Sganarelle*. Comment le mariage ?— *Lisette*. Ma foi! Monsieur, la bécasse est bridée, et vous avez cru faire un jeu qui demeure une vérité. »— Voir les *Curiosités françaises* de Oudin, 1640, p. 63, *la bécasse était bridée*, idiotisme, le mariage contracté ; la femme engagée.

C'est ainsi que la scène de folie, tirée du théâtre italien, a été modifiée par un autre emprunt à Cyrano de Bergerac[1] ; elle est devenue plus naturelle et mieux liée à l'action. Dans tout le reste de la pièce, on pourrait constater les mêmes imitations multiples, entrecroisées, pour ainsi dire. La grande scène de la consultation devait déjà figurer dans les canevas italiens, puisqu'elle est indiquée dans la Nouvelle d'Olynthe ; Molière l'a renouvelée, en y introduisant des médecins connus de son temps. Plus loin il a imité Térence, plus loin Tirso de Molina [2]; ailleurs il a fait des emprunts directs à un roman de Sorel. Nous retrouverons plus tard ce roman de *Polyandre* qui n'a paru qu'en 1648, mais nous pouvons tout de suite en détacher les scènes qui se rapportent à l'*Amour médecin*.

Néophile, le fils d'un riche partisan, vient pour la première fois en visite dans la maison d'Aurélie, une jeune veuve qu'il courtise. Myope, il croit reconnaître sa belle dans une ruelle obscure, se jette à genoux et adresse

(1) Molière a-t-il pu connaître le *Pédant joué* dès 1641, lorsqu'il se rencontrait avec Cyrano de Bergerac chez L'huillier ? Cette assertion de M. Paul Mesnard, (*Biog. de Molière*, t. X, p. 51), ne nous paraît pas fondée. Le *Pédant joué* est lui-même imité d'une petite pièce de Lope de Vega, l'*Enlèvement d'Hélène*, dont voici le résumé. Un médecin, plus avare encore que le principal Grangier, est père d'une jolie fille, aimée de l'étudiant Paëz. Il permet aux deux amoureux de représenter devant lui, le jour de sa fête, une comédie, l'*Enlèvement d'Hélène*. Paëz-Pâris invite sa partenaire à le suivre sur son vaisseau ; comme Hélène préfère une voiture, il en ramène une de chez le loueur, y monte avec elle, et se sauve avec la caisse du médecin. Celui-ci les rattrape dans une auberge, et accepte en maugréant les faits accomplis. L'*Enlèvement d'Hélène* fait partie du Recueil de Lope de Vega intitulé : *Fiestas del Santissimo Sacramento en doce autos sacramentales con sus Loas y Entremeses*, imprimé à Madrid en 1644. Le *Pédant joué* n'a donc pu être composé à Paris qu'en 1645, date confirmé par l'allusion, souvent signalée, au mariage de la duchesse Marie de Gonzague avec le roi de Pologne (acte II, scène IV). La 1re édition de la pièce est de 1654, mais Sorel nous apprend dans le *Parasite Mormon* (1650), édition de Sallengre, 1715, tome II, p. 283, qu'elle était achevée en 1650.

(2) Sur ces imitations déjà connues, voir l'édition de *Molière* de M. P. Mesnard, t. V, p. 284 et 321.

une déclaration du dernier galant à une vieille folle, qui lui saute aux cheveux. Au même instant, Aurélie sort d'une chambre voisine avec quelques amis, comme pour jouir de sa confusion ; lui, croyant à un coup monté, refuse toute explication, et court, comme un fou, rejoindre son carrosse au Luxembourg[1]. Quatre personnes, qui s'intéressent à son malheur, montent avec lui. En route, chacun de le plaindre, et de lui indiquer un moyen de réussir en amour. Ayez un poète à vos gages, qui fasse des vers pour vous, lui dit le poète; faites de l'or vous-même, lui dit le souffleur ou l'alchimiste ; faites des folies, apprenez de moi le véritable art d'aimer, lui dit une sorte de fou qui s'intitule fièrement l'Amoureux Universel. Mais le quatrième, plus sage, l'intrigant Polyandre, lui débite un long sermon : « A ce que je reconnais, l'on peut conclure que tous les trois personnages que nous avons ouïs, vous ont donné de parfaitement bons conseils sur vos amours, *chacun selon leur métier*[2]. » Polyandre continue. Ses réflexions sur les hommes qui exploitent la sottise d'autrui, et leur vendent l'espérance ou la flatterie, sont entrées dans la harangue de M. Filerin[3]; elles sont venues s'ajouter au chapitre de Montaigne sur les médecins, si souvent utilisé par Molière[4]. Celui-ci ne prend pas la peine de cacher ses emprunts : un peu plus loin il fait allusion à la querelle de deux médecins, Théophraste et Artéphius[5] ; ce sont encore les noms de deux charlatans associés dans le roman de Sorel, et qui finissent par se brouiller.

La même aventure de Néophile a déjà servi à Molière

(1) *Polyandre*, t. I, p. 48 et suivantes.
(2) *Polyandre*, p. 166.
(3) *L'Amour médecin*, acte III, scène I.
(4) *Essais*, livre II, chap. 37, cité par Auger.
(5) *Polyandre*, tome II, livre V, p. 338. — *L'Amour médecin*, acte II, scène III: Molière dit *Artémius*.

pour ses *Fâcheux* [1]. Eraste prend d'abord le « donneur d'avis » pour un alchimiste, et murmure à part lui :

Voici quelque souffleur, de ces gens qui n'ont rien.

En tout cas c'est un mendiant :

Si vous voulez, Monsieur, me prêter deux pistoles
Que vous reprendriez sur le droit de l'avis ?

De même, le souffleur qui rencontre Néophile au Luxembourg, le prie de faire arrêter son carrosse et l'entraîne dans une allée retirée ; il veut lui communiquer son secret, et lui emprunter douze pistoles sur les bénéfices à venir. Douze pistoles, une somme ! le fâcheux de Molière est moins exigeant, partant plus naturel. L'imitation est évidente, mais on voit aussi comment Molière a tout transformé dans les *Fâcheux* et dans l'*Amour médecin*.

Polyandre est bien froid, bien désintéressé, quand il parle de la sottise des hommes. Filerin n'en rit pas puisqu'il en vit ; il se fâche contre les jeunes confrères, qui vont gâter le métier avec leurs sottes querelles. Sganarelle n'a pas d'aventures extravagantes chez les précieuses ; c'est un brave bourgeois, qui cause volontiers de ses petites affaires, et qui demande conseil à des marchands comme lui, à sa nièce, à sa voisine, et non pas à des fous, à des « originaux », comme les appelle Sorel, c'est-à-dire à des exceptions. Et Sganarelle n'a pas besoin non plus d'être guidé, pour deviner le jeu des donneurs de conseils ; son bon sens lui suffit, il n'est ni aveugle, ni sourd, excepté quand il ne veut pas entendre. En un mot, Molière procède toujours avec goût et réflexion : il rend comique ce qui n'était que bouffon, et comme chez lui la raison est toujours plaisante, la plaisanterie est toujours

---

[1] C'est le plus ancien emprunt que Molière ait fait au *Polyandre* qu'il mettra plusieurs fois à profit. — *Les Fâcheux*, acte III, scène III.

raisonnable. Si banale que soit la remarque, Sorel nous aura permis de la refaire avec de nouveaux détails : d'une part il nous a laissé entrevoir, derrière l'*Amour médecin*, des canevas italiens que Molière a certainement connus, et de l'autre, il nous a obligés à examiner de plus près la composition de cette pièce.

Les *Nouvelles françaises*, qu'il publie quelques mois après le *Palais d'Angélie*, n'ont pas le même intérêt. Sans doute il faut de l'audace pour écrire des *Nouvelles françaises*, dans un temps où tous les nouvellistes cherchent leurs sujets à l'étranger, et donnent invariablement à leurs héros des noms grecs ou latins [1]. Sorel est très fier de ne pas « quitter Paris, la plus belle ville du monde », très fier d'introduire dans ses récits un baron de Saint-Amour ou un vicomte de l'Estang. Malheureusement son audace se borne à ces minuties, et il dépense tout son esprit dans sa préface. Les courtes Nouvelles, qu'il insérera un peu plus tard dans la *Maison des Jeux* [2], seront mieux écrites et auront encore l'avantage de nous ramener à des comédies connues.

Au dire d'un éditeur instruit du XVIIIe siècle, de Bruzen de la Martinière [3], Molière aurait conçu l'idée de son *Médecin malgré lui*, en entendant raconter à la cour une anecdote semblable, où le roi François Ier jouait son rôle. Bruzen se trompait à moitié ; la joyeuse comédie doit

---

(1) Tels sont les préjugés du public, que Sorel lui-même sera obligé de revenir aux noms grecs et latins. Cette question des noms à donner aux héros de roman ou de théâtre a été souvent agitée par les auteurs du XVIIe siècle : (Voir les *Nouvelles* de Segrais, la *Lettre* de Boursault, t. II, p. 251, à la marquise de B..., sur l'indigence du théâtre, et la préface de la *Fausse Clélie*, par de Subligny).

(2) *La Maison des Jeux*, composée vers 1630, n'est imprimée qu'en 1643 ; nous en détachons de suite les Nouvelles isolées.

(3) *Bruzen de la Martinière*, édition de Molière, Amsterdam, 1725, in-12, T. 1, p. 70.

avoir une tout autre origine : c'est une nouvelle épreuve de cette farce perdue du *Fagotier*, que Molière avait probablement empruntée aux Italiens[1]. Quoiqu'il en soit, il faut savoir gré à Sorel de nous avoir conservé une version du *Vilain mire*[2], que les auteurs de l'*Histoire littéraire de la France* ont recherchée sans succès, et qui est évidemment celle indiquée par l'allusion de Bruzen. Un cavalier français s'est épris, durant les guerres d'Italie, d'une belle Génoise, d'une de ces « sœurs d'alliance » qui donnaient tant d'inquiétudes aux Françaises. Il l'aime et est aimé d'elle ; mais l'étrangère, se défiant de son inconstance, lui demande, comme preuve d'amour, de rester muet jusqu'à nouvel ordre. Le jeune homme obéit, et s'en retourne à la cour de France, où son infirmité excite la compassion de bien des dames. Le roi, sur leur prière, fait venir les plus fameux médecins qui y perdent tous leur latin. Enfin il s'en présente un, qui demande à tenter la cure ; c'est la belle Aurélie déguisée en opérateur ; elle

(1) La conjecture est de M. Paul Mesnard, *Molière*, tome VI, p. 17. Elle est très vraisemblable, parce qu'aucune des nombreuses versions qu'on a conservées du *Vilain mire*, ne rappelle exactement le *Médecin malgré lui*. On a souvent remarqué les traits communs du *Médecin volant*, de l'*Amour médecin*, du *Médecin malgré lui* et du *Malade imaginaire*. Sous nos yeux une simple parade se modifie, s'élargit et devient presque une comédie de caractère, mais la dernière version rappelle toujours la première et les métamorphoses rapides de Toinette font encore penser à celles de Sganarelle. Voici comment on pourrait expliquer cette succession de pièces analogues et différentes : le *Médecin volant* est sorti d'un canevas italien, qu'on jouait peut-être à Paris dès 1620; la *Nouvelle d'Angélie* nous a laissé entrevoir un canevas différent, origine probable de l'*Amour médecin* ; le *Médecin malgré lui* est sorti du *Fagotier*, encore emprunté aux Italiens ; enfin le *Malade imaginaire* est une dernière épreuve du *Médecin volant*, combiné avec le *Mari malade*, de l'acteur Raisin cadet, pièce perdue, mais résumée dans le tome VI, p. 436, de l'édition de Molière, donnée par Petitot, Paris, 1823.

(2) Sorel, *Maison des Jeux*, tome II, p. 200. — *Histoire littéraire de la France*, XXIII, p. 197.

rend la parole à son fidèle serviteur, lui donne sa main, et les bonnes âmes en sont pour leurs frais de compassion.

Autant cette version du *Vilain mire* est gracieuse, autant le récit suivant est grossier. Il est curieux de voir ce que devient, entre des mains novices, la nouvelle italienne qui, ajoutée à *la Jalousie du Barbouillé*, donnera plus tard *Georges Dandin*.[1] Sorel conserve, aggrave même des détails de l'original, que Molière a résolument supprimés, parce qu'aucun public français ne les aurait supportés. Ainsi, le mari trompé de Boccace s'arme d'un grand coutelas, et coupe la chevelure de la servante, complice de sa femme ; il est plus cruel dans la *Maison des Jeux,* il défigure la malheureuse et la réduit à s'acheter un nez d'argent. D'autres changements sont plus heureux. Le mari italien n'hésitait pas à poursuivre l'amant, l'épée à la main ; il croisait le fer avec lui, il était courageux et presque sympathique, ce mari. Sorel a imaginé un plaisant contraste entre la couardise de l'un et les fanfaronnades de l'autre, contraste que Molière ne trouvera pas du premier coup. Valère, le rival du Barbouillé, est un amoureux quelconque ; mais Clitandre, l'ennemi de Georges Dandin, deviendra un aimable bretteur, semblable « au jeune espadassin » de la *Maison des Jeux*. Il ne faudrait pas pousser plus loin la comparaison ; Sorel n'a pas su, comme Molière, ajouter à ses plaisanteries quelques traits d'observation, ni rendre, comme lui, l'amusant dédain de la noblesse pour la bourgeoisie enrichie ; il n'a fait qu'une farce, mais qui a son mérite.

La dernière Nouvelle[2], la plus intéressante, rappelle

---

(1) Boccace, *Décaméron*, Journée VII, Nouvelle 8. — Sorel, *Maison des Jeux*, t. II, p. 214, Nouvelle de Drogon.
(2) Sorel, *Maison des Jeux*, tome I, p. 333 à 345.

l'*Ecole des Maris*. C'est l'histoire de deux sœurs « des plus apparentes de Dijon ». Charide, la cadette, aime les vers, les romans, les comédies et les assemblées, « souffre civilement l'entretien des jeunes hommes, joue avec eux à toutes sortes de jeux de récréation », et même quand le jeu l'exige, un baiser à recevoir ou à donner n'est pas pour l'effrayer. Herpinie, l'aînée, « eût cru commettre un péché mortel si elle eût lu l'Astrée ou le Cid ; elle n'entre dans son cabinet que pour faire des lectures extatiques ». Les jeux d'esprit et de conversation ne sont à ses yeux « que des niaiseries et des propos oisifs, où il y a beaucoup d'offense ». Donnez-lui des cartes, à la bonne heure, « ses yeux brillent comme des escarboucles », elle ramasse avidement ses gains, pour s'acheter des colifichets, et jure à la moindre perte. Les deux sœurs se marient en même temps. Charide donne sa main « à un brave homme, d'âge sortable », dont les qualités solides lui offrent toute sécurité, et dont la fortune encore modeste ne manquera pas d'augmenter. Pour Herpinie, elle choisit un mari selon son humeur, très riche ou passant pour tel, hypocrite, gourmé. Ce mari, « fourni d'un certain poil châtaigné roux, qui n'est pas sujet à blanchir de sitôt », ce mari est vieux, usé, pauvre par dessus le marché ; il l'a trompée de toutes les manières ; Herpinie le lui rend avec usure et jette le masque d'une dévotion inutile.

Tout ce récit est bien conduit, les caractères sont vivement esquissés, mais attribuer leur contraste uniquement aux petits jeux, le procédé est par trop simple. Sorel a oublié d'apprendre l'art des préparations chez Térence, il n'a point l'expérience indulgente d'Ariste, ni son éloquence insinuante de futur mari. Du moins a-t-il entrevu un sujet intéressant, et c'est sur cette impression que nous voulons rester en quittant les Nouvelles, ses œuvres de jeunesse. S'il nous a fallu sans cesse le rapprocher de Molière, il a perdu forcément à cette comparaison, honorable mais dangereuse. Du moins lui reste-t-il le mérite d'avoir su choisir parmi tant de situations banales qui traînaient autour de lui : il a deviné quelquefois celles qui devaient être reprises par un maître.

Intéressants par eux-mêmes, ces premiers ouvrages de Sorel ont encore le mérite de nous fournir quelques renseignements sur sa biographie, son caractère et ses relations. Il faut oublier le Sorel traditionnel, décrit par les dictionnaires, cet écrivain aussi pauvre qu'orgueilleux, vivant en dehors de toutes les coteries, ignorant l'art des dédicaces. Ces traits ne sont pas les siens, du moins dans la première partie de sa vie. Le *Palais d'Angélie*, dédié à Madame, sœur du roi, est signé Marzilly [1]. C'est, à une lettre près, le nom d'un courtisan peu scrupuleux, à qui le jeune auteur avait sans doute donné son livre pour qu'il s'en fît honneur, et qui oublia de le récompenser. Quarante ans plus tard, il se souvenait encore de cette mésaventure, lorsqu'il écrivait dans le *Chemin de la Fortune* : « Les hommes de cour exploitent tous ceux qui les approchent : si ce sont des auteurs, ils s'attribuent les poèmes ou les discours qu'ils ont composés, ou bien si ces nouveaux venus veulent dédier un livre à un prince, ils lui font croire que c'est eux qui ont donné l'invention de ces choses, et qu'ils les ont été rechercher pour leur procurer de l'honneur et du divertissement [2] ». La leçon ne servit pas à Sorel, qui va dédier encore un nouveau roman

---

(1) Charles de Marcilly, comte de Cypière, écuyer du roi, a l'habitude de tricher au jeu et de ne pas payer ses dettes, suivant *l'Inventaire des livres de Maître Guillaume*, 1620, et les *Mémoires* de Bassompierre.

(2) Sorel, *Chemin de la fortune*, p. 266.

à un grand seigneur champenois, M. de Baradaz ; mauvaise inspiration, car la fortune du favori de Louis XIII, aussi courte qu'éclatante, donna naissance à un proverbe : Fortune de Baradaz. Les dames ne sont pas non plus oubliées dans ses dédicaces ; il offre la *Vraie Suite de la Polyxène* à Mademoiselle de Tresmes, et les *Nouvelles Françaises* « à toutes les dames de Paris ». Sorel est devenu tout à fait galant, depuis qu'il s'est attaché au service du maître de toutes les élégances, du comte de Cramail, dont il copie les manières, le style et même quelquefois les pseudonymes [1]. En même temps, nous le voyons présider un cercle de jeunes gens [2], analogue sans doute à celui du romancier d'Audiguier, qui faisait jurer à ses amis « de se battre, de penser et d'aimer » ; il écrit des vers pour les Ballets de cour, c'est-à-dire qu'il fréquente tous les poètes du temps, Théophile, du Vivier, Bordier, Boisrobert, Racan, Malherbe, et Porchères l'Augier qui, prenant son rôle au sérieux, s'intitule « l'intendant des plaisirs nocturnes », et Saint-Amant qui mérite déjà cet éloge d'un de ses admirateurs :

Toi qui, comme Bacchus, as bu par tout le monde.

Avec quelle joie mêlée d'orgueil, Sorel a pénétré à son tour, pour la première fois, dans la salle du Petit-Bourbon, portant sous le bras, soigneusement pliés, les livrets qu'il aura l'honneur d'offrir aux dames ! Comme il se rit intérieurement des sottes questions des grands seigneurs, et de l'insolence des musiciens qui prennent son dos pour un pupitre ! Il faut bien souffrir un peu pour arriver

---

(1) Sorel a plusieurs fois repris le pseudonyme d'*Erophile* souvent adopté par le comte de Cramail dans ses œuvres galantes ; il fut pendant quelque temps le secrétaire du comte.

(2) *Francion*, livre VI, p. 221.

à la gloire. Et déjà le vieux duc de Nemours est venu délivrer son nouveau protégé, le vieux duc Géropole du *Francion*, celui qu'on voyait tout à l'heure faire bonne garde à la porte du Petit-Bourbon, « sans chapeau, avec une calotte de satin sur la tête, un trousseau de clefs à une main, aussi gros que celui du geôlier de la Conciergerie, et un mouchoir en l'autre pour essuyer la sueur de son front [1] ». Le duc de Nemours est l'âme de toutes ces fêtes, ou plutôt il est le ballet incarné ; quand la goutte le tient, il imagine des ballets de goutteux où il figure encore, assis dans un fauteuil et battant la mesure avec sa canne. Chez lui, autour de grands registres où sont peintes toutes les Entrées, il réunit de véritables conférences de gens de lettres, pour discuter sur toutes les parties de son art favori.

A côté de ces relations, Sorel en a d'autres plus agréables. Voici en quels termes un de ses contemporains appréciait dès 1614 l'art nouveau de la conversation : « La conversation civile est un des principaux effets de la conservation humaine, et la fréquentation des bonnes compagnies sert d'une lime pour polir nos imperfections. C'est la trompette de notre renommée, le livre sur les exemples visibles duquel se réforment nos plus mauvaises habitudes, le lieu où la vertu se fait paraître en son lustre, principalement si elle fait rencontre de volontés disposées pour l'admirer [2] ». Ces bonnes volontés ne manquaient pas au commencement du XVIIe siècle ; nul doute qu'il n'y ait eu de bonne heure bien des cercles dont nous connaissons à peine les noms, tant l'hôtel de Rambouillet

---

(1) *Francion*, livre V, p. 199 à 205.
(2) Dédicace du *Manuel d'amour, mis en forme de lieux communs*, dédié à Mlle de la Fons, par A. T., Paris, 1614, in-8°.

a éclipsé tous ses rivaux. C'est là, c'est dans ces réunions de l'aristocratie et de la très riche bourgeoisie [1], que Sorel aime à déployer tous ses talents. Tantôt il vient avec son maître, le comte de Cramail, proposer aux dames des thèses d'amour [2]; tantôt il donne la réplique à un contradicteur et soutient « que ce n'est pas manquer de magnanimité que de se laisser vaincre aux charmes d'un bel œil [3] », presque le vers de *Polyeucte* ; tantôt, moins galant, il défend le divorce [4]. La science ne lui est pas non plus étrangère, mais la science galante et coquette. Il est prêt à rendre compte des ouvrages nouveaux, comme de ces *Nouvelles pensées sur les causes de la lumière, du débordement du Nil, et de l'amour d'inclination* [5]; il pose des questions comme celle-ci : « En quelle saison le monde a-t-il été créé ? » et il prouve doctement que c'est en automne [6]. Du reste, les grands seigneurs eux-mêmes ne dédaignent pas d'aborder ces matières. Chez la princesse

---

(1) *La chasse au vieil grognard d'antiquité*, 1622, représente les bourgeois se rendant au Cours, en carrosse, comme les nobles, et parlant des livres nouveaux pour se rendre agréables aux compagnies. Quant à leurs femmes, « cela leur est commun, à aucunes la diversité des langues, à toutes la dignité du maintien. » *Le Pasquil de la cour*, 1622, décrit comment ces mêmes bourgeoises stylent leurs petites bonnes de province à bien recevoir les visiteurs. En 1617 on réimprime encore la traduction d'un petit livre italien (*Questions diverses et réponses d'icelles divisées en trois livres, savoir : Questions d'amour, naturelles, morales et politiques*, Rouen, 1617, in-12), destiné aux beaux esprits des nouvelles ruelles.

(2) *Les thèses ou conclusions amoureuses portées aux dames, en guise de momon, par le bachelier Erophile, avec les réponses par le docteur Philarète*, Paris, 1621, in-12, réimprimées dans les *Pensées du Solitaire*.

(3) Sorel, *Palais d'Angélie*, p. 1056.

(4) *Orphyse de Chrysante*, 1626, livre IV.

(5) Cet ouvrage de Cureau de la Chambre est de 1634. Nous avons forcé un peu la date.

(6) *Maison des Jeux*, tome I, p. 194. C'est une des thèses soutenues par l'abbé de Retz pour le baccalauréat en théologie, en 1631. Œuvres du cardinal de Retz, t. IX, p. 73.

de Conti, le maréchal de Bassompierre fait des conférences sur le Soleil, « ce bel œil du monde 1 », et ne manque pas, chaque fois, de finir par un compliment aux dames 1. Et l'ami de Bassompierre, le comte de Cramail, veut-il expliquer le crépuscule, il montre la Nuit, une beauté brune fuyant éternellement devant le Jour qui l'atteint quelquefois. 2 C'est déjà du Fontenelle, à moins que ce ne soit du Trissotin. Il est bon que, dans ces réunions galantes, une plaisanterie de corps de garde 3 éclate de temps à autre, pour nous rappeler les dates et la grossièreté persistante des mœurs.

Telles sont les diverses sociétés où Sorel passe sa jeunesse. Ses brillantes relations l'ont rendu très fier ; il accepte en souriant l'anagramme latin que son ami Guy Patin a trouvé dans son nom, « *Clarus sol ero* » :

Sorel comme un soleil en nos ans paraîtra.

En vain l'oncle Charles Bernard, le premier historiographe de France, le rappelle aux occupations sérieuses, à l'étude des sciences et de l'histoire ; sa voix ne sera pas écoutée de sitôt ; pour le moment, son neveu est tout aux lettres et aux plaisirs. Mais parfois le bon sens du petit bourgeois reprend le dessus ; il se sent dépaysé dans un monde qui n'est pas le sien ; il est fatigué des petits vers,

---

(1) Biblioth. Nat. Manuscrits français, n° 19197. La conférence est suivie de plusieurs autres dans le même goût.

(2) *Les amours du Jour et de la Nuit* furent plus tard données par le comte de Cramail à l'abbé Cotin et réimprimées dans les *Œuvres galantes* de ce dernier, p. 317.

(3) Ces plaisanteries abondent dans les *Jeux de l'Inconnu* du même comte de Cramail. — Malherbe et Racan s'escriment à mettre en vers une épigramme obscène ; ils n'y réussissent pas, mais pour ne point la perdre, ils vont la lire chez une Madame de Lacroix (*Œuvres* de Racan, *Bibl. elzévirienne*, t. I, p. 343), aussi pédante sans doute que la vicomtesse d'Auchy et que Mlle de Saint-Nectaire.

du roman. Celle-ci ne fut retrouvée qu'en 1633, dans les papiers d'un certain Nicolas Moulinet, sieur du Parc, gentilhomme lorrain mort depuis des années. La notice consacrée par Sorel à ce Moulinet était si bien faite[1], si bourrée de faits et de citations, qu'elle devait tromper plus ou moins tous les bibliographes[2]. Tandis que Dom Calmet inscrivait consciencieusement le prétendu gentilhomme lorrain dans sa *Bibliothèque lorraine*, d'autres crurent qu'il n'avait jamais existé, d'autres qu'il était vraiment l'auteur de la première partie du *Francion*, et que Sorel s'était borné à compléter l'œuvre d'un autre. En réalité, le sieur Moulinet, bon normand, avocat de son métier et plus tard comédien, a composé des romans ennuyeux et des facéties joyeuses, mais n'a jamais mis la main au *Francion*[3]. Ce roman appartient tout entier à Sorel ; ses amis et ses ennemis, Guy Patin, Tallemant des Réaux, Ménage, Sauval, Furetière, tous les contemporains le lui attribuent ; lui-même eût été bien fâché d'être pris au mot, quand il le reniait, et jamais il ne put s'empêcher de parler avec tendresse « d'un livre qui avait eu plus de soixante éditions, à Paris, à Rouen, à Troyes et ailleurs[4], » sans compter les traductions en allemand, en anglais et en quelques autres langues.

Il faut bien examiner toutes ces éditions, puisqu'elles ont leur légende. On lit partout que le *Francion* a grandi en marchant et qu'il n'a cessé de se modifier entre les

---

(1) C'est l'*Avis aux lecteurs* de l'édition du *Francion* de 1633, réimprimée par M. Émile Colombey. Toutes nos citations sont prises dans cette édition de M. Colombey, la plus facile à trouver.

(2) Brunet, Barbier, Quérard, E. Colombey, etc.

(3) Voir la Bibliographie détaillée de Moulinet, à l'Appendice.

(4) *Bibliothèque française*, 1664, p. 174. Sorel parle encore du *Francion* dans l'avertissement de la *Science universelle*, 1641, t. I, p. 362 et dans bien d'autres passages.

mains de ses éditeurs, toujours occupés à le retoucher et à renouveler les anecdotes vieillies. A ce compte, ce roman serait un véritable journal des ridicules du siècle, et tous les exemplaires varieraient, suivant les lieux et les dates de l'impression. Les faits ont été singulièrement exagérés. La première édition du *Francion* a failli disparaître, comme d'autres ouvrages de la même époque, et de plus célèbres, comme l'*Astrée* de 1607 dont on ne connaît plus qu'un exemplaire, et comme les *Lettres* de Balzac de 1624. Cette édition est si rare que tous les grands bibliophiles du siècle dernier, Le Duchat, le duc de la Vallière, le marquis de Paulmy, l'ont cherchée vainement, mais elle ne diffère pas sensiblement, nous avons pu le constater, des éditions suivantes.

Dès 1623, le héros, Francion, est ce qu'il restera, un fils de famille qui passe par toutes les conditions pour les railler toutes. Le but du livre est déjà clairement indiqué par le sous-titre; ce « *Fléau des vicieux* » prétend les corriger en les amusant, il veut être gai comme un roman et grave comme un sermon. L'ouvrage s'arrête au milieu du VIIIe livre actuel, quand Francion part pour l'Italie à la conquête d'une riche héritière ; il attendait naturellement une suite, qui parut dès 1624. A ce moment Sorel ajoute à son roman quatre livres, où il développe sa propre histoire, attaque Balzac, et marie son héros en promettant de ne pas le perdre de vue. En 1633, pour ajouter un douzième livre, il supprime deux pages de la conclusion précédente, et recule le mariage de Francion par de nouveaux incidents. La composition du roman rappelle donc celle du *Gil-Blas*, ou mieux encore celle du *Baron de Fœneste*. D'Aubigné en prenait plus à son aise encore que Sorel avec le lecteur, et se contentait, comme conclusion, d'une phrase telle que celle-ci : « Adieu, jusqu'à une matière qui puisse servir de cinquième livre à Fæneste ».

Ainsi allongé à deux reprises le texte du *Francion* n'a été revu et corrigé qu'une fois, en 1624. Les expressions archaïques, les jurons trop expressifs ont disparu dans la seconde édition [1] ; quelques longueurs, quelques pages grossières ont été supprimées [2], mais il en reste ; les moralités, au commencement et à la fin de chaque livre, ont reçu plus de développements et l'ordre de quelques passages a été interverti [3] ; en somme, rien à relever que des minuties. Tels sont, à peu de chose près, tous les changements que le *Francion* a subis dans la forme et dans le fond ; tous y ont été introduits par Sorel lui-même, en 1624 et en 1633, et seulement à ces deux dates. A partir de 1633, l'ouvrage est toujours réimprimé textuellement, malgré les annonces menteuses de quelques libraires. Dès lors toutes les éditions se valent, et l'on peut, sans inconvénient, lire le *Francion* dans une réimpression moderne.

Si le roman est trop connu pour qu'on l'analyse, il ne sera pas inutile de rechercher dans quelles circonstances il a été écrit et à quelles sources Sorel a puisé. En France, le réalisme a toujours été une manière de réaction contre la littérature à la mode. Quelle est cette littérature en

---

(1) Donnons quelques exemples de ces changements. Dans le *Francion* de 1623, p. 536, on lit : « Depuis que je m'étais vu bien en *conche* » ; dans l'édition Colombey, p. 220. « Depuis que je m'étais vu vu bien vêtu. » Dans l'édition de 1623, Clérante dit à Francion : « *Vertu nom de Dieu*, en dépit de tous les hommes vivons tout au contraire d'eux ; édition Colombey, p. 260 : « En dépit de tous les hommes vivons tout au contraire d'eux ».

(2) Ainsi le récit du songe, édit. Colombey, p. 96 à 109, est beaucoup plus long et plus grossier dans l'édition de 1623.

(3) Ainsi l'*Avertissement d'importance*, de l'édition de 1623, a été coupé en deux : une partie de cet Avertissement sert d'introduction au livre VIII, p. 301 à 304 ; l'autre a été reportée dans le livre XI, p. 448 et suivantes.

1623, et que sont ses héros ? Tous capitans ou bergers. Le goût de la grandeur et de la délicatesse a expulsé du théâtre et du livre tous les autres sentiments. Cet idéal est bien beau, trop beau même, pour les bourgeois railleurs dont Sorel fait partie, quoi qu'il dise. C'est leur opinion qu'il exprime dans la première phrase du *Francion :* « Nous avons assez d'histoires tragiques qui ne font que nous attrister »; et il demande la permission de rire, de comparer la réalité aux peintures arrangées des livres. Aux chevaliers de roman il opposera les vrais courtisans du Louvre; aux bergers, les types vulgaires de la rue et de la campagne. Mais ces vulgarités et ces laideurs figuraient déjà dans une autre littérature, jadis emphatique et maniérée comme la nôtre. L'esprit satirique avait triomphé en Espagne, et les Amadis, les chevaliers guindés sur leurs grands sentiments, avaient dû céder la place aux *picaros*, aux gens de sac et de corde. L'intrigue folle et décousue, les mœurs étranges des romans d'aventures espagnols, ne les avaient pas empêchés d'être compris et goûtés dans toute l'Europe, parce que partout il y avait des aventures et des aventuriers. Nulle part ces livres nouveaux n'étaient aussi appréciés qu'en France. Tout le monde les lisait, depuis la grande dame à qui Jean de Luna venait de dédier la seconde partie du *Lazarille de Tormes*, imprimée à Paris, depuis Arnauld d'Andilly, qui couvrait de notes son exemplaire du *Guzman d'Alfarache*[1], jusqu'au pauvre diable de comédien qui n'avait point d'autres lectures[2]. Sorel imite donc les

---

(1) Bibliothèque nationale, Y₂ 1205.
(2) Dédicace de la comédie du *Poëte Basque* de Raymond Poisson, 1668. « Enfin je voulais à toute force faire le grand auteur, moi qui ne sais presque pas lire, et qui n'ai étudié que *Lazarille de Tormes, Buscon* et *Fortunatus.* »

romans picaresques. Francion, cet ancêtre lointain de Gil Blas, nous est venu, comme lui, d'Espagne, et il est comme lui bien français. Le jeune romancier rompt en visière à d'Urfé ; il veut remonter, non pas à Rabelais (le temps des fictions grandioses est passé et lui-même n'a guère la tête épique), mais à ses disciples minuscules, aux vieux conteurs gaulois, à Noël du Fail, à Bouchet, à Béroalde de Verville et aux farceurs du Pont-Neuf. Comment a-t-il combiné l'imitation de tous ces livres étrangers ou français avec ses souvenirs personnels ? essayons de nous en rendre compte pour juger le *Francion*.

Tout d'abord on est frappé de voir à quel point Sorel ressemble à ses modèles espagnols. Les romans picaresques ont leurs personnages et leurs épisodes obligés comme une tragédie classique ; presque tous nous conduisent au collège et au théâtre ; l'un d'eux, le plus oublié, décrit même une représentation du *Saint-Genest* de Lope de Vega, imité par Rotrou [1]. Les descriptions de ce genre se retrouvent chez Sorel comme chez Lesage. Si les juges et les voleurs sont de tous les pays [2], la courtisane est originaire de l'Espagne et de l'Italie ; depuis longtemps nos satiriques se plaisaient à raconter ses faits et gestes, et à donner des sœurs à Célestine et à Macette. L'Agathe de Sorel n'est point indigne de ses devancières: « Pour ne vous point mentir, il n'y avait aucun scrupule en elle, ni aucune superstition ; elle vivait si rondement, que je m'imagine que si ce qu'on dit de l'autre monde est

---

(1) *Alonso moço de muchos*, Madrid, 1625 in-12, par Yanez de Rivera, p. 142.
(2) Dans *Guzman d'Alfarache*, livre IV, chap. III, la justice de Sienne manque de faire arrêter Guzman, parce qu'il a été volé. Sorel se moque de même des juges italiens dans les livres IX et XII du *Francion*.

vrai, les autres âmes jouent maintenant à la boule de la sienne. Elle ne savait non plus ce que c'était des cas de conscience qu'un Topinambou, parce qu'elle disait que, si l'on lui en avait appris autrefois quelque peu, elle l'avait oublié, comme une chose qui ne sert qu'à troubler le repos. Souvent elle m'avait dit que les biens de la terre sont si communs qu'ils ne doivent être non plus à une personne qu'à l'autre, et que c'est très sagement fait de les ravir, quand l'on peut, des mains d'autrui. Car, disait-elle, je suis venue toute nue en ce monde, et nue je m'en retournerai : les biens que j'ai pris d'autrui, je ne les emporterai point ; que l'on aille les chercher où ils sont et que l'on les prenne, je n'en ai que faire [1] ». D'où est sortie cette aimable personne ? de quelque Nouvelle espagnole, à coup sûr, aussi bien que la digne compagne de l'*Hypocrite* de Scarron. C'est aussi aux Espagnols que Sorel a emprunté cet épisode sentimental, qui s'accorde assez mal avec le reste du livre. Naïs, la belle Italienne, qui voyage avec son cortège de soupirants, et dont le portrait suffit à enflammer Francion, ressemble fort à « la Dame aux beaux yeux » du *Guzman d'Alfarache*.

Ce ne sont pas seulement les détails et l'intrigue du roman qui viennent de l'étranger, mais aussi le ton provocant des préfaces et la manie des longs sermons. Nos voisins les avaient toujours beaucoup aimés, et l'un des auteurs de la *Célestine* avait soin de prévenir que son œuvre contenait plus de deux mille maximes de sagesse. Il n'y en avait guère moins dans les romans picaresques, et les traducteurs français du XVIIe siècle se gardaient bien de supprimer ces moralités ; ils auraient déconcerté leurs lecteurs. C'était une tradition établie, une théorie :

---

[1] *Francion*, livre II, p. 81. C'est la gouvernante d'Agathe qui parle.

la description du vice pouvait, devait être aussi cynique que le vice lui-même, afin d'en mieux inspirer le mépris, mais la morale n'y perdait rien.

Tels sont aussi les procédés de Sorel dans le *Francion*; il a soin de placer de belles réflexions à la fin des épisodes les plus scabreux. Plus tard même, avec la belle logique de la jeunesse, il devait reprendre une vieille théorie des stoïciens [1], et écrire, de sang froid, un roman obscène, les *Aventures de Florinde*, où les termes propres, mal propres plutôt, étaient employés à dessein pour mieux dégoûter du vice. Presque aussitôt il regrettait, et avec raison, d'avoir écrit de la sorte; le *Francion* était déjà assez cru, en dépit de ses réflexions d'une gravité toute castillane.

Cependant le romancier français n'imite pas toujours ses modèles étrangers d'aussi près; il leur laisse en particulier ces vieilles plaisanteries à l'adresse des moines ou même de la religion, qui paraissaient toujours nouvelles à un peuple dévot. En vain l'Inquisition faisait expurger le *Lazarille de Tormes*, les Espagnols continuaient à lire le bon texte dans les contrefaçons d'Anvers [2]. Sorel, au contraire, respecte toujours les prêtres, et ne les tourne jamais en ridicule. Un convive aviné du *Francion* commence quelque part « une drôlesse d'histoire de curé [3] », aussitôt l'auteur l'interrompt et saisit l'occasion de placer une belle invective contre Boccace, Marot, Rabelais, la reine de Navarre et tous les anciens conteurs [4]. Cette exception ne laisse

---

(1) Sorel a exposé cette théorie dans l'Avertissement *des Aventures de Florinde*. — Comparer Bayle, *Dict. historique*, 1715, tome II, p. 1021, IV Eclaircissement *sur les obscénités*.

(2) Préface de la traduction française du *Lazarille de Tormes*, par M. Morel-Fatio.

(3) *Francion*, livre VII, p. 313.

(4) *Francion*, ibid. et *Remarques* sur le XII° livre du *Berger extravagant*, p. 501.

pas de surprendre chez un écrivain comique, et à cette date. Mais Sorel n'a jamais voulu écouter les amis du poète Théophile; les libertins, ceux qui ne connaissent d'autre Dieu que le plaisir, l'effraient, comme les raisonneurs et les exaltés, comme Vanini[1] « pauvre papillon venu d'Italie, pour se brûler au feu du Languedoc[2] ». Sorel, lui, n'a rien du papillon; il possède les convictions solides d'un bon bourgeois, et il fera même plus tard des ouvrages de piété.

L'ami des prêtres se dédommage aux dépens des grands. On l'a dit souvent, les auteurs picaresques ne se moquent que des petites gens, des vrais gueux, et ménagent toujours la noblesse; même le vieux seigneur du *Lazarille de Tormes*, qui se fait entretenir par son valet, inspire le respect, tant il est brave, poli, mince et long comme son épée. Mais lisez à la première page du *Francion* cette épître *Aux grands*: « Ce n'est pas pour vous dédier ce livre que je fais cette épître, mais pour vous apprendre que je ne vous le dédie point. Vous me répondrez que ce ne serait pas un grand présent que le récit d'un tas de sottes actions que j'ai remarquées, mais que ne me donnez-vous sujet d'en raconter de belles, et pourquoi ne sera-t-il pas permis de dire des choses que l'on ose bien faire ? Vous semble-t-il que je doive m'humilier devant une infinité de gens qui sont tenus de rendre grâces à la fortune de ce qu'elle leur a donné des richesses pour couvrir leurs défauts ? Il vous faut apprendre que je ne regarde le monde que comme une comédie, et que je ne fais état des hommes qu'en tant qu'ils s'acquittent

---

(1) *Francion*, livre V, p. 191.
(2) Expression du Père Garasse, la *Doctrine curieuse des beaux esprits de ce temps*, p. 43.

bien du personnage qui leur a été baillé. Celui qui est paysan, et qui vit fort bien en paysan, me semble plus louable que celui qui est né gentilhomme et n'en fait pas les actions... [1] ». Des déclamations de ce genre ne viennent pas de Madrid, mais de Paris.

Il y a plus. La littérature picaresque est si particulière, elle a une saveur de terroir si forte, qu'elle répugne souvent aux étrangers : on y trouve une cohue amusante, des haillons pittoresques, rarement un caractère ou un sentiment humains. Le Sage l'avait bien compris quand il donna pour parents à Gil-Blas non plus un bandit, un galérien et une mère assortie, mais un vieux soldat et une petite bourgeoise [2]. Sorel l'avait compris avant lui ; il dit bien haut que son héros n'est pas un gueux, mais un gentilhomme de notre pays et il insiste à diverses reprises sur cette distinction [3] qui apparaît jusque dans le nom de Francion, longuement expliqué par le pédant Hortensius. « Il s'appelle Francion parce qu'il est le plus brave de tous les Français. Son histoire vaut bien la *Franciade* de Ronsard, car si Francion, fils d'Hector, est le père commun des Français, le Francion de ce siècle est leur protecteur et se montre capable de leur donner d'excellents conseils ». Les étrangers ne s'y sont pas trompés, et le libraire hollandais qui traduisait *Francion* par « *le joyeux petit Français* », voyait plus juste que l'érudit Lacurne

---

(1) *Francion*, édition Colombey, livre XI, p. 451. Cette épître a longtemps figuré en tête du *Francion* et a fini par être remplacée par une dédicace à Francion lui-même, p. 11, édit. Colombey.

(2) Voir l'étude de M. Brunetière sur Le Sage (*Revue des Deux Mondes*, 15 mai 1883).

(3) Sorel, *Bibliothèque française*, 1664, p. 176. — *Francion*, Livre XI, p. 445.

de Sainte-Palaye, qui cherchait les origines de ce roman dans les *Amadis* de Gaule [1].

C'est donc un livre français. Si l'on y regarde de près, on constate même que Sorel doit plus à ses compatriotes qu'aux étrangers, car il est bien rare qu'un genre nouveau apparaisse sans être précédé de tentatives isolées. Dès 1617, d'Aubigné avait peint, dans son *Baron de Fœneste,* la noblesse besogneuse venue au Louvre avec Henri IV. En 1623, Théophile de Viau avait pris à partie, dans son *Histoire comique,* le pédant, le plastron de la vieille comédie. De 1619 à 1622, les d'Auvray, les d'Esternod, les Courval-Sonnet publiaient leurs satires et continuaient la tradition de Régnier. L'observation des mœurs populaires et bourgeoises avait déjà tenté aussi plus d'un malin magistrat. Tel d'entre eux n'avait pas dédaigné de recueillir les caquets des commères de la rue Saint-Denis, réunies dans la chambre d'une accouchée, et d'enregistrer leurs doléances sur l'irréligion du siècle, sur le luxe et sur la cherté croissante de la vie [2]. La contre partie se trouve dans un livret intitulé *La chasse au vieil grognard de l'antiquité,* qui célèbre avec enthousiasme les progrès du bien être et de la civilisation. Sorel y a pris un curieux portrait de la bourgeoise endimanchée d'autrefois, raide et vêtue de couleurs criardes « comme la Pucelle St-Georges [3] », comme la statue enluminée de la Cappadoce,

---

(1) Lacurne de Sainte Palaye, (*Recueil de notes manuscrites*, Bibl. de l'Arsenal, n° 5844), écrit au mot Sorel : « Francion, qui tint la terre du roi Uterpandragon, frère du roi Artus. Voir *Cabarentin de Cornouailles,* f. 42. — *Roman de Lancelot du Lac,* tome 3, f. 52, col. 2, et encore *Francion* qui est une œuvre de l'imitation des livres des *Amadis de Gaule.* » — L'érudit a attaché trop d'importance à un pastiche d'écolier (*Francion,* p. 128), que nous avons signalé au chap. II.

(2) *Recueil général des caquets de l'accouchée,* etc., 1623.

(3) *Francion,* livre V, p. 200. — *La Chasse au vieil grognard,* p. 39.

qui, dans les vieux bas-reliefs, accompagne toujours la statue du saint, son libérateur.

Non-seulement il a lu tous ces livres contemporains, mais il a remonté jusqu'au XVIe siècle, il connaît la rarissime *Histoire de Padre Miracle* [1] qui décrit comme le *Francion* un jeune poète servant les amours d'un grand seigneur ; il aime les paysanneries de Noël du Fail, la grosse gaîté de Béroalde de Verville n'a rien qui l'effarouche, et il fait son profit de tous les vieux contes gaulois. Tantôt il les reproduit sans changements [2], et ce ne sont pas les pages les moins grossières de son livre; tantôt il les combine entre eux et les arrange adroitement. C'est ainsi qu'il lui suffit de réunir bout à bout deux vieilles Nouvelles, pour obtenir un récit d'une bouffonnerie énorme, qui vaut les meilleurs de Scarron dans ce genre [3]. Quelquefois même il cite des fabliaux rares ou perdus [4].

Tous ces emprunts déterminent la marche du roman et limitent sa portée. Le héros, né en Bretagne, fait ses études et sa fortune à Paris, ses farces en Bourgogne, et son mariage en Italie ; seules, les descriptions de Paris méritent confiance et sont prises sur le vif. Ainsi le roman s'ouvre, comme une farce de la foire, par une série d'in-

---

(1) La petite *Histoire de Padre Miracle* fait partie du *Premier livre de la flamme d'amour* par Claude de Trellon, 1591. Dans la 1re édition du *Francion* (1623), p. 675, les aventures de Clérante et de Francion sont censées se passer sous le règne de Henri II, comme les aventures racontées par Trellon.

(2) Il cite souvent ces contes sans les modifier. Le conte du *Muletier* de Boccace et de La Fontaine se trouve dans le *Francion*, livre IX, p. 382 et livre X, p. 406; la 8e des *Cent Nouvelles nouvelles* est reproduite livre IX, p. 374 ; la 21e du même recueil, livre VIII, p. 308 et 318 ; la 24e, livre X, p. 424.

(3) *Francion*, livre VIII, p. 320-336. C'est la 72e des *Cent Nouvelles nouvelles* combinée avec la 71e Nouvelle de l'*Heptaméron* ; cette dernière avait déjà été imitée dans les *Contes d'Eutrapel*, chap. V, de la *Toux*.

(4) *Francion*, livre X, p. 408.

cidents grotesques. Nous sommes en Bourgogne, parce que la Bourgogne est le pays classique des bons vins et des contes salés, mais nous ne trouverons point ici de détails particuliers et précis, comme dans les *Ecraignes dijonnaises* de Tabourot des Accords. Lorsqu'un poète comique du temps, Gillet de la Tessonnerie, mettra le *Francion* au théâtre en 1642, il pourra transporter la scène à Bourg-la-Reine, sans le moindre inconvénient. De même, pourquoi le jeune Francion qui vient étudier le droit à Paris, et qui manque, au sortir du collège, de s'engager dans une bande de voleurs, pourquoi Francion est-il Breton ?[1] Probablement parce que Noël du Fail nous a montré un étudiant breton, rencontrant un camarade de son village, affilié à une bande de filous ; au XVIe siècle c'étaient les Anges de la Grève, en 1622 ce sera la bande des Rougets ou des Plumets. Sorel s'est contenté de rajeunir le récit de Noël du Fail qui avait déjà inspiré d'autres conteurs. Quant à la description de l'Italie, des plaisirs et des débauches de Rome, il l'a empruntée au roman de *Guzman d'Alfarache*, aux premières lettres de Balzac et aux récits des voyageurs : en ce temps là, presque tous les jeunes gens, grands seigneurs ou bourgeois, allaient en Italie compléter leur éducation, et « donner chez les dames romaines »[2].

Mais si Sorel ne connaît guère que Paris, comme il le connaît bien, comme il en aime, comme il en décrit tout jusqu'aux « verrues » ! Evidemment il a pris des notes et devancé les romanciers modernes ; ce n'est pas de mémoire qu'il a cité les trente ou quarante cabarets les

---

(1) *Francion*, livre II, p. 68. Comparer Noël du Fail, *Propos rustiques*, ch. VIII.

(2) *Les Femmes savantes*, acte II, scène II.

plus renommés de Paris, en indiquant les meilleurs crus et la clientèle spéciale de chacun [1]. Avec lui nous irons au Louvre et au Petit-Bourbon, à l'hôtel de Bourgogne et à la Pointe Saint-Eustache, sur le Pont-Neuf tout neuf, au quartier latin et au Marais ; il nous conduira partout, partout vous dis-je, libre à vous de lui fausser quelquefois compagnie.

C'est le Pont-Neuf qu'il préfère avec ses bouquinistes, ses marchands et ses farceurs de toute espèce. La source gauloise n'est point tarie, elle se répand encore en mille filets, elle égaie et anime tous ces livrets populaires, toutes ces joyeusetés et ces facéties qui se vendent sous le nom des comédiens et des charlatans en vogue. On se figure volontiers Sorel, comme l'Estoile, le roi des badauds ; il achète toutes ces plaquettes et les recueille précieusement dans son cabinet [2], en attendant qu'il les introduise dans son *Francion*. A lui donc les gravures [3], les chansons, les almanachs populaires, les réclames des charlatans et les répliques des dupes, comme la *Harangue de Turlupin le souffreteux* [4], de ce pauvre diable qui a consenti à se faire arracher une dent, sans douleur, pour avoir de quoi manger avec les autres. A lui le *Pont-Breton des Procureurs dédié aux Clercs du Palais*, et *l'Adieu du Plaideur à son argent*, dont tous les couplets commencent par ce refrain, immortalisé par Scapin : « Il faut de

---

(1) Sorel, les *Visions admirables du Pèlerin de Parnasse*, 1635, p. 245.
(2) Furetière le dit *(Roman bourgeois*, 2ᵉ partie, p. 243) et tous les ouvrages de Sorel le prouvent.
(3) *Francion*, livre V, p. 204. Allusions aux gravures populaires sur les Preneurs de lune et des Chercheurs de Midi à quatorze heures, reproduites par le graveur Laigniet. (*Recueil des plus illustres proverbes*, 1663).
(4) Sorel l'imite deux fois dans le *Francion* et dans le *Parasite mormon*.

l'argent[1]. » Le vieux procureur décrit dans le *Francion*, serait seul capable de réfuter ces arguments, et de ramener les clients découragés: « Vous qui êtes noble, il faut que vous montriez que vous avez du courage et que vous ne vous laisserez pas vaincre facilement. Le procès est une manière de combat où la palme est donnée à celui qui gagne, aussi bien qu'aux jeux olympiques. Voyez-vous, qui se fait brebis, le loup le mange, comme dit le proverbe : vous avez à vivre aux champs, parmi des villageois opiniâtres qui vous dénieraient ce qui vous serait dû, espérant de ne vous point payer, si vous vous étiez une fois laissé mener par le nez comme un buffle. Au reste, si vous plaidez en notre illustre cour, il vous adviendra des félicités incomparables : vous serez connu de tel qui n'entendrait jamais parler de vous, et, qui plus est, vous serez immortalisé, car les registres, que l'on garde éternellement, feront mention de vous. Davantage les héritiers que vous aurez, possédant le bien pour lequel vous prenez tant de peine maintenant, béniront votre ménage, et prieront Dieu pour vous tout le temps de leur vie [2] ». Ce n'est pas chez son père, le grave procureur de la rue Saint-Germain-l'Auxerrois, mais bien chez les farceurs du Pont-Neuf que Sorel a appris le secret de cette éloquence. Il ne dédaigne même pas les livrets les plus grossiers, la *Conférence des Servantes de Paris*, le *Caquet des bonnes Chambrières*, le *Watelet à tous métiers* [3] et tant d'autres plaquettes, dont la lec-

---

(1) *Les Fourberies de Scapin*, Acte II scène V. — Le rapprochement avec l'*Adieu du Plaideur*, a été signalé par E. Fournier.
(2) *Francion*, livre III, p. 112 et suiv.
(3) Il serait trop long d'énumérer tous les livrets populaires imités ou cités dans le *Francion*, nous nous sommes borné à indiquer les principaux. Presque tous ces livrets sont réimprimés dans les *Variétés hist. et litt.* d'E. Fournier.

ture nous rend doucement sceptiques à l'égard des bons serviteurs du temps passé. Le *Francion* se fait l'écho de toutes ces petites pièces, et répète avec esprit les plaintes alternées des domestiques et des maîtres [1].

Non-seulement Sorel aime cette littérature populaire, il en fait. En 1622, sous le pseudonyme du chevalier Rosandre, il a publié, en même temps que d'Aubigné, une satire de la noblesse intitulée : « La grande utilité des bottes », de ces bottes aux énormes éperons, qui donnent l'air cavalier aux piétons les plus besogneux, et qui les dispensent d'entretenir un cheval. Plus tard, reprenant son bien, il a reproduit textuellement ce petit écrit dans le *Francion* [2].

Il ne lui suffit pas de recueillir tous les livrets populaires; il veut encore imiter la langue du peuple et employer dans ses livres les expressions pittoresques des Halles et du Port-au-foin. « N'est-ce pas, dit-il, que c'est très agréable et très utile chose que le style comique et satirique. L'on y voit toutes les choses dans leur naïveté. Toutes les actions y paraissent sans dissimulation, au lieu que dans les livres sérieux il y a de certains respects qui empêchent de parler de cette sorte, et cela fait que les histoires sont imparfaites et plus remplies de mensonge que de vérité. Que si l'on est curieux de langage, comme en effet l'on le doit être, où le peut-on considérer mieux qu'ici ? Je pense que dedans ce livre on pourra trouver la langue française tout entière, et que je n'ai point oublié les mots dont use le vulgaire, ce qui ne se voit pas partout, car dans les ouvrages trop modestes l'on n'a pas la

---

(1) *Francion*, livre II, p. 58.
(2) *Francion*, livre X, p. 421-425 — d'Aubigné, *Baron de Fæneste*, livre I, ch. II. — Sur le livret de Sorel, voir la Bibliographie des ouvrages attribués à Sorel.

liberté de se plaire à cela, et cependant ces choses basses sont plus agréables que les plus relevées. [1] » Ce passage fait honneur à Sorel ; à part lui, à part le traducteur, quel qu'il soit, du *Guzman d'Alfarache* [2], avouant que la traduction des termes populaires lui a demandé plus de peines et de soucis que tout le reste, à part Saint-Amant, chargé de recueillir les termes grotesques pour le Dictionnaire de l'Académie, peu d'écrivains ont cette curiosité avant Molière et La Fontaine [3]. Elle a porté bonheur à Sorel, qui a toujours été consulté avec profit par les lexicographes. Sans parler des ouvrages spéciaux d'Antoine Oudin, de Richelet et de Leroux, on n'a qu'à feuilleter le Dictionnaire de Littré, pour y trouver, presque à chaque page, des citations du *Francion*, qui expliquent en détail soit un proverbe populaire, soit des expressions vieillies, telles que *courir un momon, donner de la tablature, un pain de chapitre*, etc.

Autant Sorel aime la langue populaire, autant il déteste le parler des courtisans et le style des romanciers à la mode qu'il ne se lasse pas de railler. En 1624, quand les élégantes ne portent plus que des jarretières à la Céladon et des robes à la Parthénice, voici déjà la critique de l'*Astrée*: « Les bergers y sont philosophes et font l'amour de la même sorte que le plus galant homme du monde. Pourquoi ne composerait-on pas un livre des chevaliers,

---

(1) *Francion*, livre X, p. 385.

(2) Avertissement de la Traduction française du *Guzman d'Alfarache*, Lyon, chez Simon Rigaud, 1630, attribuée quelquefois à Chapelain.

(3) Comparer Vaugelas, Préface des *Remarques*. « Le bon usage se trouvera de grande étendue, puisqu'il comprend tout le langage des honnêtes gens et tous les styles des bons écrivains, et que le mauvais usage est renfermé dans le Burlesque, dans le Comique en sa propre signification, comme nous avons dit, et le Satirique, qui sont trois genres où si peu de gens s'occupent, qu'il n'y a nulle proportion entre l'étendue de l'un et de l'autre. »

à qui l'on ferait parler le patois des paysans et faire des badineries de village [1] ? ». Le songe de Francion est la parodie des songes classiques, qui remplissent les tragédies de Hardy et les romans de Gombaud. A ces amis de la mythologie, Sorel signale un dieu oublié par Ovide, mais bien connu des courtisans, le *Cérophyte* ou le Dieu des cornes, cornes d'abondance, cornes d'or et d'argent, célébré par le comte de Cramail [2]. Il a d'autres allusions d'un caractère tout différent ; il ne se lasse pas de rappeler sous une forme comique ses lectures les plus sérieuses, et de citer Galilée, Giordano Bruno [3], Hermès Trismégiste [4] ; ce luxe d'érudition bizarre, que Sorel va étaler dans tous ses ouvrages, est dès à présent à noter.

Enfin et surtout, cette *Histoire comique de Francion* est une galerie de portraits ou de caricatures. Le grand seigneur anglais, grugé et battu par les courtisanes de Paris, est un de ceux qui faisaient partie de l'ambassade de lord Hay en 1621, et qui revinrent les années suivantes. Les courtisans français ne les aimaient guère, car ils avaient fait trop de ravages, ils avaient eu trop de succès, et en haut lieu. Quand le comte de Brienne leur rendit leur visite à Londres, il eut soin de rappeler le comte de Buckingham et ses compagnons à la modestie. « Les dames françaises, disait-il gravement, n'aiment pas les étrangers, ils ne sont regardés chez nous que comme des passe-volants ». Ces sentiments expliquent les bons tours joués

---

(1) *Francion*, livre X, p. 387 à 401.
(2) *Francion*, livre II, p. 103. La pièce du *Cérophyte* ne sera insérée qu'en 1630 dans les *Jeux de l'Inconnu* du comte de Cramail; Sorel la cite dès 1623.
(3) *Francion*, livre XI, passim. Nous reviendrons sur ces imitations dans le dernier chapitre.
(4) *Francion*, livre III, p. 99. La page la plus grossière du *Francion*, sur l'origine des âmes, est prise dans le *Pymander* d'Hermès Trismégiste *traduit et commenté*, Bordeaux 1574, in-8°.

au Mylord anglais dans le roman de Sorel; quant au jargon qu'il lui prête, il nous fait toujours rire [1].

Le plus souvent les allusions sont encore plus directes. Tous les originaux, tous les ridicules du temps défilent dans ces pages satiriques où Sorel ne ménage ni ses amis, ni ses ennemis. Sans doute les éditeurs du *Francion* ont eu tort de reconnaître Gaston d'Orléans sous le masque de Clérante, le type du grand seigneur débauché. En 1623, à quinze ans, Gaston d'Orléans reçoit encore le fouet; il n'est pas d'âge à imiter les promenades nocturnes de Néron [2], et il n'a pas encore institué son fameux conseil de Vaurienncrie. Mais le vieux tyran du Parnasse, « le grand sophi » des poètes, c'est bien Malherbe [3]; ce bègue, ce distrait, c'est Racan; ce pauvre diable qui donne à chaque pièce de son costume le nom du livre qui l'a payée, et qui marche enveloppé dans sa gloire littéraire, c'est Porchères l'Augier; ce fou, c'est tantôt Maillet, le bouffon de la reine Marguerite, et tantôt Neufgermain; ce cuistre, si envié de ses confrères, c'est Antoine Gaillard, le premier éditeur des farces Tabariniques, « livre de si bonne chance, qu'on en a vendu vingt mille exemplaires, au lieu que d'un bon livre à peine en peut-on vendre six cents » [4]; cet effronté, c'est Boisrobert [5], oublié dans la première édition du *Francion*, ridiculisé dans la seconde. Sorel a attendu que le

---

(1) *Francion*, livre II, p. 70-72. Ce jargon faisait déjà rire autrefois. Voir la *Mascarade du maître de l'Académie d'Irlande lequel récite des vers irlandais français*, mascarade improvisée par le duc de Nemours et réimprimée dans les *Ballets de cour*, édition Paul Lacroix, tome II, p. 164.

(2) *Francion*, livre VII, p. 272.

(3) Presque tous ces portraits satiriques sont dans le V° livre du *Francion*.

(4) *Francion*, livre XI, p. 439.

(5) L'histoire de Boisrobert ou de Mélibée a été ajoutée dans la seconde édition du *Francion*, livre V, p. 216.

malin abbé eût passé en Angleterre, pour raconter la manière originale dont il montait sa bibliothèque aux dépens des grands. Le tour est bon, et Scarron en use encore lorsqu'il écrit :

> Reine, ordonnez que quelque livre,
> De ceux qu'on fait pour le roi,
> Monsieur de Noyer me délivre,
> Il le fera comme je croi,
> La Sainte Bible ou les Conciles,
> En marroquin ou bien roussy.

En effet, plus ils sont gros, plus ils se revendent cher.

La collection des grotesques du *Francion* n'eût pas été complète sans Mlle de Gournay. Perchée très haut, avec sa gouvernante et sa chatte, la vieille demoiselle recevait souvent la visite des mauvais plaisants ; mais elle avait bec et ongles pour se défendre. Sorel l'a ménagée, et il a réservé toutes ses malices pour le pédant Hortensius, qui représente à la fois Balzac et la Mothe-le-Vayer.

Voilà bien des éléments divers ; nous avions trouvé un peu partout la peinture de telle ou telle classe de la société, mais il restait à réunir ces traits épars, à en faire un tableau animé, un livre vivant, et cela même n'était pas si facile. Plusieurs l'essayèrent sans succès. C'est qu'il ne suffit pas, pour écrire un roman d'aventures, d'être un aventurier comme Tristan l'Hermite[1] ; il ne suffit même pas de copier fidèlement Sorel, comme l'a fait Jean de Lannel. Le *Roman Satyrique* de Lannel, publié en 1624, nous représente comme l'*Histoire comique de Francion*, des personnages et des événements contemporains : Henri IV, Sully, d'Epernon, le financier Zamet, « qui a gagné plus

---

(1) Tristan l'Hermite, le *Page disgrâcié*, 1643, in-8

d'argent à porter les poulets, que son père à les piquer », le poète Aime-Dieu ou Théophile et bien d'autres y ont leur portrait ; le parlement, l'Université, la cour, les couvents, tout est matière à description. Et cependant qui lit Jean de Lannel, qui lit Tristan l'Hermite, sans le regretter ? Tandis qu'on ne regrette pas d'avoir lu Sorel, parce que, si mal qu'il écrive, il a un style à lui, parce que seul il a su comprendre et rendre un côté de son temps. Si, laissant à part les mœurs excentriques, nous ne lui demandons que de nous renseigner sur la cour et sur la ville, sur la noblesse et sur la bourgeoisie, il a de quoi nous instruire.

Voici d'abord la noblesse, les gens pille-hommes, comme il les appelle, les tire-soies [1] à côté des tire-laines. Les uns vivent d'expédients et de filouterie, associés aux escrocs et aux filles ; les autres volent pour rien, pour le plaisir. Il est de bon ton, après boire, d'aller s'embusquer sur le Pont-Neuf, pour débarrasser les passants attardés de leurs manteaux, pour rosser le guet ou pour brûler les auvents des boutiques. Quelle page de Saint-Amant, haute en couleur et vibrante encore du bruit des verres, quelle « crevaille » vaut cette scène d'orgie du *Francion*, tantôt immonde, crapuleuse, tantôt d'une tristesse passionnée ? Derrière les volets clos, sous les lustres allumés en plein jour, les jeunes gens et leurs maîtresses se pressent autour de la table du banquet ; ils ont lu leur Pétrone, ils ont placé au haut bout, une vieille courtisane pour exciter les convives « comme ferait un squelette » ; le son des flûtes, des hautbois et des violons se mêle aux cris et aux chants, « et les flambeaux mêmes, agités à cette heure là par je ne sais quel vent, semblent haleter comme des hommes [2] ».

---

(1) *Francion*, livre II, p. 69.
(2) *Francion*, livre VIII, p. 321.

On gagne vite à pareille fête « l'air mourant » qui sied dans les ruelles, car il y a déjà des ruelles, nous l'avons vu. Celle que Sorel décrit dans le *Francion* est fort ridicule. Sans doute que la maîtresse de maison, la belle Luce, aura oublié de faire briller le jeune écrivain, et de lui demander quelque beau discours ; elle aime moins la science que les compliments; aussi s'est-il vengé en la représentant comme une sotte entourée de sots. Rien de plus insipide que les conversations qu'on entend chez elle : « C'est une étrange chose, Mademoiselle, disait l'un en retroussant sa moustache, que le bon hasard et moi, nous sommes toujours en guerre, jamais il ne veut loger en ma compagnie : quand j'aurais tout l'argent que tiennent les trésoriers de l'épargne, je le perdrais au jeu en un jour. — Quel jugement faites-vous de mon habit ? disait l'autre, n'est-il pas de la plus belle étoffe pour qui l'on ait jamais payé la douane à Lyon ? Mon tailleur n'entend-il pas bien les modes ? C'est un homme d'esprit, je l'avancerai si je puis. Il y a tel bourgeois qui a un office aux finances qui ne le vaut pas. Mais que me direz-vous de mon chapeau ? cette forme vous plaît-elle ? — Hélas ! monsieur, continuait un autre, je trouve tout ce que vous avez extrêmement parfait... Seigneur Dieu, vous êtes un Adon ! Combien de Vénus soupirent pour vous ! que les charmes de votre rotonde sont puissants ! que cette dentelle si bien retroussée a d'appas pour meurtrir un cœur ! Toutefois, en voilà un côté qui a été froissé par votre chapeau dont les bords sont un peu trop grands; faites en rogner, je suis votre conseiller d'état en cette affaire ; je vous le dis en ami, ce n'est pas pour vous dépriser. Je sais fort bien que vous avez assez d'autres vertus, car vous avez des bottes les mieux faites du monde, et surtout vos cheveux sont si bien frisés, que je pense que les âmes qui y sont prises s'égarent dedans comme en un labyrinthe [1]. »

C'est ainsi que Sorel décrit, après Régnier et d'Aubigné, les jeunes courtisans, c'est ainsi qu'il trouve à son tour quelques traits dignes de Molière. Francion lui-même parle ce langage affecté que nous entendrons encore dans le *Berger extravagant* ; à chaque instant telle ou telle comparaison nous avertit que Sorel a voulu nous montrer un modèle de courtoisie, en amour comme en duel. Ecoutez plutôt comment Francion a ménagé dans une affaire d'honneur son adversaire dont le cheval s'est emporté : « Je le poursuivis de si près, que, si j'eusse voulu, je l'eusse tué ; mais je ne désirais pas le frapper par derrière [2]. » Pourquoi pas ? Cela se fait tous les jours, cela s'appelle « prendre son avantage ».

Les bourgeois valent-ils mieux que les nobles ? Sorel en est et il s'en vante, il représente à merveille ces Parisiens, fiers de leurs anciens privilèges, qui se souviennent de la Ligue et qui applaudissent aux prédications furieuses du père Garasse. Enfermés dans leurs tristes maisons, derrière leurs grands barreaux de fer, ils regardent de loin, avec dédain, avec colère, ce luxe et ces fêtes de la cour qu'ils paient sans en jouir [3]. Le titre de bourgeois est devenu une insulte dans la bouche des laquais du Louvre : « Infamie du siècle, s'écrie Sorel, que ces personnes plus abjectes que je ne saurais dire, abusent d'un nom qui a été autrefois et est encore en d'aucunes villes passionnément

---

(1) *Francion*, livre VI, p. 225-227.
(2) *Francion*, livre VII, p. 296.
(3) Comparer aux jugements du *Francion* sur la noblesse le petit pamphlet bourgeois intitulé *La promenade des bons hommes ou jugement de notre siècle*, 1623, in-8°.

envié. » Le bourgeois a bien la ressource de mépriser à son tour le marchand ; il dit couramment : « Il n'y a rien de plus marchand que ce procédé ». Et le marchand de son côté, devant une lésinerie, murmure : « Cela est un peu bourgeois » ; mais ils ont beau faire, jamais ils n'auront autant de mépris l'un pour l'autre, que la noblesse en a pour tous les deux.

Les bourgeois eux-mêmes cèdent aux vices du siècle et leurs femmes les ruinent en toilette. Quelles ruses, quelles caresses « pour tirer au mari la moelle de sa bourse [1] ! » et la bourse du mari ne suffit pas toujours, surtout s'il est coureur et s'il dépense de son côté en beaux habits. Car l'habit ne distingue plus les conditions. Il vient de la province, cet avocat qui se présente à la porte du Petit-Bourbon, vêtu d'une soutane de damas à ramages et accompagné de sa femme et de la nourrice qui porte un petit enfant, « cependant qu'un autre un peu plus grand la tient par la cotte [2] ». Le grand-maître des cérémonies, le duc de Nemours, reçoit ces intrus de la belle manière, tandis qu'il aurait laissé passer tout droit cet élégant « conseiller à l'eau de rose », qui daigne à peine faire un tour au Palais le matin, et qui se hâte d'aller revêtir l'habit de courtisan, le pourpoint de satin blanc, le manteau de velours amarante et la longue épée à la Miraumont [3]. Ni Furetière ni la Bruyère n'oublieront le conseiller « à l'eau de rose ».

Il faut de l'argent pour défrayer ces beaux fils ; mais l'argent ne coûte rien à leurs pères, marchands enjôleurs, avocats retors, procureurs avides, qui fixent par avance le nombre des rôles à remplir, « et après, il faut qu'ils les

---

(1) *Francion*, livre II, p. 60.
(2) *Francion*, livre V, p. 200.
(3) *Ibid.*, livre IV, p. 170, 173.

remplissent, ne serait-ce que d'une chanson ¹ ». Avec leur belle écriture majuscule, remplie de longs traits, « ils mettent deux mots en une ligne, et croyez qu'ils sont bien ennemis de ceux qui veulent que l'on écrive, comme l'on parle, et que l'on mette pied sans un *d* et devoir sans un *b*. » Mais le type le plus curieux, c'est le juge, collectionneur de belles étoffes et d'objets d'art. Un plaideur lui a offert une pièce de satin qu'il a acceptée en grondant ; l'adversaire arrive, et avisant dans l'antichambre un méchant tableau, il prie la femme du juge de le lui vendre, et lui en donne six fois le prix demandé : « la peine qu'elle a eue à l'acheter, et celle qu'elle aura à s'accoutumer à ne le voir plus, mérite bien cette somme-là ² ». Voilà comment Sorel transforme quelquefois les froides allégories de Noël du Fail sur la rapacité des gens de lois ³. On se demande pourquoi le grand praticien Lupolde des *Contes d'Eutrapel* a dans son antichambre « des tableaux attachés par ci, par là, où étaient dépeints entr'autres un relief d'appel, en l'autre fines aiguilles, et en plusieurs, l'invention Sainte-Croix » ou le moyen de gagner de l'argent. Impossible d'être plus maladroit ou plus effronté.

Les nobles sont braves, les bourgeois sont riches, les gens de lettres ne sont ni l'un ni l'autre. C'est à ses confrères que Sorel a réservé ses coups les plus rudes. Il les connaît tous en particulier, il a longtemps vécu au milieu d'eux, quand, jeune et sans argent, il s'est senti poète. Cependant, tout en partageant leurs plaisirs, il a conservé l'indépendance de son jugement ; il a vu et a dit ce qui manquait à la plupart des écrivains de ce temps : c'étaient

---

(1) *Ibid.*, livre III, p. 114.
(2) *Francion*, livre III, pages 112 et suivantes.
(3) *Francion*, livre III, p. 110. Comparer les *Contes d'Eutrapel* de Noël du Fail, chap. I.

le caractère et la dignité plutôt que le talent : « Encore que ces auteurs décrivissent les faits généreux de plusieurs grands personnages, ils ne s'enflammaient pas de générosité, et il ne partait d'eux aucune action recommandable [1]. » Sorel nous raconte en détail la gueuserie des gens de lettres, les vanités, les jalousies, les recettes pour fabriquer une réputation, les préfaces élogieuses qu'on demande aux amis ou qu'on se fait à soi-même, les discussions puériles sur la rime et sur l'orthographe, qui se terminent régulièrement au cabaret « par des mots de gueule ». Balzac surtout excite sa verve : c'est en son honneur qu'il a commencé et développé l'*Histoire comique de Francion* ; arrêtons-nous donc un instant à leur querelle.

Depuis quelques années les jeunes gens n'avaient plus d'autre ambition que d'écrire de belles lettres, et les petites Académies se multipliaient, où l'on s'adonnait principalement à cette étude [2]. Balzac lui-même s'y était exercé de bonne heure ; à dix-neuf ans il avait déjà écrit des pièces d'éloquence pour les Rois, les Reines et les Républiques [3] ;

---

(1) *Francion*, livre V, page 192.

(2) Sur ces petites Académies, voir Sorel, *Bibliothèque française*, 1664, p. 92 et suivantes. La plus célèbre est l'Académie de l'abbé de Marolles, ou l'*Académie des Puristes*. Plusieurs recueils de lettres de ce temps, tels que celui de l'abbé de Croisilles surnommé le *secrétaire de l'Aurore*, et celui de Rosset ont cinq ou six éditions en moins de deux ans ; ces faits et d'autres montrent combien le genre épistolaire était à la mode avant Balzac.

(3) Avant d'offrir sa plume aux États généraux de la Hollande en 1617, Balzac avait déjà cherché fortune à la Cour de France. Tous ses bibliographes ont omis de citer le plus ancien et probablement le premier de ses écrits, intitulé *Harangues panégyriques au Roi sur l'ouverture des États, et à la Reine sur l'heureux succès de sa Régence*, Paris, Toussaint du Bray, 1615, avec privilège du 3 décembre 1614. (Bibl. Nat. *Histoire* L b36 352). — Balzac, qui ne laissait rien perdre, a refondu plus tard ce petit écrit pour en tirer un nouveau *Discours sur la Régence d'Anne d'Autriche* en 1643.

mais ses premiers essais étaient complètement oubliés, quand, en 1624, il s'imposa tout à coup comme un maître par le prodigieux succès qu'obtint le premier recueil de ses Lettres. Ses amis ne parlèrent plus de lui que « comme du plus éloquent des hommes, ou plutôt du seul éloquent », du seul capable de balancer la gloire des orateurs de l'antiquité [1]. Les bizarreries de l'homme aidaient encore au succès de l'écrivain. Sous prétexte de soigner sa santé, il avait quitté Paris et la Cour, il s'était retiré dans la solitude, traînant après lui un incurable ennui, fatigué avant l'âge des grandeurs qu'il n'avait pas obtenues ; peut-être n'était-il allé si loin que pour ménager sa réputation, et pour se donner l'occasion d'envoyer des lettres partout. Avec quelle impatience on attendait à Paris ces chefs-d'œuvre de l'ermite de la Charente ! avec quelle joie les heureux correspondants s'empressaient d'aller les montrer à leurs confrères ! Sorel va nous introduire dans la librairie de la rue Saint-Jacques, « le bureau de ces petits Messieurs [2] » : « On lut alors, non pas cette lettre, mais cette merveille, qui était la plus extravagante et la plus impertinente que l'on puisse trouver. Celui qui la lisait proférait les mots avec un ton de comédie, et il semblait qu'il mordît à la grappe. Les auditeurs étaient à l'entour, qui allongeaient un col de grue les uns par dessus les autres ; et, à tous coups, avec une stupéfaction et un ravissement intrinsèques, roulaient les yeux en la tête comme un mouton qui est en colère. Et le plus apparent d'entre eux, à chaque période, disait d'un ton admiratif : Que voilà qui est bien ! Aussitôt un autre redisait la même parole, et puis un autre, jusqu'à moi, qui étais contraint de faire le même,

---

(1) *Œuvres* de Balzac, in-folio, 1665, t. II, p. 151.
(2) *Francion*, livre V, p. 188.

autant par moquerie que par complaisance ; si bien que, n'entendant presque dire autre chose que ces mots : Que voilà qui est bien ! que voilà qui est bien ! je m'imaginais être à cet écho de Charenton qui répète sept fois ce que l'on a dit. »

Si nous ouvrons maintenant les lettres de Balzac, tout s'éclaircit, les masques se soulèvent. Le correspondant ordinaire du grand épistolier, celui qui est chargé d'entretenir le zèle de ses admirateurs et de répondre aux critiques, c'est l'abbé de Boisrobert. L'abbé a fort à faire, car les critiques et les jaloux ne manquent pas, à commencer par le vieux Malherbe, qui disait, quand on lui offrait les fameuses Lettres : « J'ai eu autrefois l'idée de ces sottises, mais je les ai repoussées ». Malherbe a entraîné Colomby et Racan ; le professeur Nicolas Bourbon déblatère contre Balzac dans les collèges, et, pour une fois, les romanciers qui écrivent à la diable sont d'accord avec l'Université : tous regardent irrespectueusement ce style travaillé et applaudissent aux plaisanteries du jeune Sorel. Celui-ci ne se gêne guère pour rire à haute voix, et pour se moquer des fervents qui se proposent d'aller jusqu'en Saintonge contempler leur idole. Balzac s'est d'abord contenu ; il a pris la peine d'expliquer à l'ignorant Sorel telle ou telle expression de ses lettres, et de l'initier aux mystères de l'éloquence [1] ; mais il s'irrite de plus en plus, à la fin il éclate. Qui est-il donc ce petit auteur, assez infatué de son mérite pour ne pas admirer « l'homme qui a trouvé ce que quelques-uns cherchaient, un certain petit art d'arranger les mots ensemble et de les mettre en leur juste place », « l'homme qui a donné de l'esprit à toute la France » ? Et prenant directement à partie l'auteur des *Nouvelles françaises* et

---

(1) *Balzac*, t. I, p. 83, *ibid.* p. 92.

du *Francion*, Balzac ajoute: « Il faut avouer qu'il y a bien différence de remplir les oreilles de quelque son agréable et d'exprimer les pensées des artisans et des villageois selon les règles de la grammaire, ou de régner dans l'esprit des hommes par la force de la raison, et en partager le gouvernement avec les conquérants et les princes légitimes [1] ».

La réponse ne se fit pas attendre, et elle fut dure. Pour faire la charge des régents de Lisieux, Sorel avait introduit dans la première édition du *Francion* un type de la comédie italienne, le pédant Hortensius [2], grossier, avare et ignorant. Afin de renouveler quelque peu cette antique caricature, il avait relu le colloque classique d'Erasme « Sur la fausse noblesse », et avait ajouté à tous les vices d'Hortensius la manie des grandeurs. Quelques-uns de ces traits s'appliquaient assez bien à Balzac, aussi féru d'érudition que de noblesse. Quand vous tenez quelque pensée de Sénèque ou de César, lui écrivait son ancien professeur, le Père Garasse, il vous semble que vous êtes censeur ou empereur romain. D'autre part, Balzac, fils d'un petit, mais riche seigneur campagnard, Balzac parlait négligemment « des trois paroisses que la comtesse Alix avait données au bisaïeul de son trisaïeul » ;

---

(1) *Balzac*, t. I, p. 82. Lettre du 28 sept. 1623 à Boisrobert.
(2) Le pédant Hortensius reparaîtra souvent jusqu'au XVIIIe siècle, où on le retrouve encore dans les comédies de Regnard et dans celles de Marivaux. Sorel a emprunté ce type bouffon à la comédie italienne, comme il l'indique lui-même dans le *Francion*, liv. XI, p. 471. D'autre part, il est probable que c'est le succès du roman de *Francion*, qui décida les comédiens italiens à réserver ce nom d'*Hortensius* presque exclusivement aux pédants. Auparavant ce nom était porté indifféremment par toutes sortes d'acteurs. Ainsi, en 1623, il désigne l'amoureux dans une comédie de J.-B. Andreini *(Le duc comedie in comedia, suggetto stravagantissimo*, Venezia (1623) où le pédant s'appelle simplement Il pedante. Cette pièce est probablement le modèle de toutes ces *Comédies des comédiens* si nombreuses au XVIIe siècle, où les mêmes acteurs paraissaient dans plusieurs rôles différents.

il prenait le nom de sa terre de Balzac, ce qui était son droit, mais justement ce nom amenait la confusion avec la vieille famille des Balsac d'Entragues[1]. Sorel vit de suite comment la caricature d'Hortensius pouvait s'appliquer à l'orgueilleux écrivain ; dans quatre livres ajoutés à son roman, il mit le pédant au premier plan, et tout le monde reconnut en lui Balzac, on s'étonna même de ne l'avoir pas reconnu plus tôt.

D'autres traits nouveaux ajoutés au personnage plurent par leur exagération même. Balzac avait passé à Rome les meilleures années de sa jeunesse, dans une vie de plaisirs et de délices, dont il relatait les moindres détails, pour faire venir l'eau à la bouche des pauvres diables de Paris. Il ne leur avait fait grâce ni de ses melons, ni de ses maîtresses, ni de ses laquais, ni de son éventail. Ce mondain, ce raffiné qui, dans sa solitude de la Charente continuait de s'habiller à la dernière mode, et ne se montrait à ses hôtes que dans un déshabillé de couleur tendre (il en avait de toutes les couleurs), ne dut-il pas être piqué jusqu'au vif, quand Sorel jeta sur ses épaules la souquenille crasseuse du pédant, et l'associa à la Mothe-le-Vayer, l'ennemi de toutes les élégances[2] ?

Et ses belles lettres, chefs-d'œuvre de calligraphie, décorées pour les souverains de fleurs et de rubans, ces belles expressions qu'il tirait, comme il le disait, « du profond de son esprit comme les perles de la mer », il les retrouvait avilies dans la bouche d'un cuistre ! Car Sorel prit un malin plaisir à prêter à Hortensius toutes les plus belles phrases de Balzac. Non qu'il méconnût ses mérites, il le louera plus tard dans la *Bibliothèque française* ; mais il

---

(1) Sorel, *Connaissance des bons livres*, p. 26.
(2) *Francion*, livre X, p. 421.

voyait surtout ses défauts, et dans l'homme qui appelait un fagot ou une chandelle « le Soleil de la nuit [1] », il devinait le maître des précieuses ridicules, plutôt que le précurseur de nos grands écrivains. Tout le monde, les valets même, parlèrent Balzac dans l'*Histoire comique de Francion*, et ce parler se trouva être fort ridicule. Les procédés ambitieux de l'écrivain furent mis à nu, ses périphrases, ses hyperboles orgueilleuses furent percées à jour et plaisamment parodiées. Enfin quand la vanité pédante d'Hortensius se fut étalée à l'aise dans toute la suite du roman, quand elle se fut développée à ce point que rien ne dût plus paraître invraisemblable de sa part, elle fut confondue une dernière fois dans une suite de scènes d'une bouffonnerie énorme. Balzac avait écrit, nous l'avons vu, que la royauté de l'éloquence en valait une autre : Sorel, le prenant au mot, le fit roi de Pologne ; le froid rhéteur put haranguer les Scythes à son aise [2].

On lit encore avec plaisir les joyeuses aventures d'Hortensius, à qui de faux ambassadeurs de Pologne, des professeurs râpés (les vrais ambassadeurs polonais n'étaient

---

(1) *Balzac*, tome I, page 85. « Les parfums que je brûle et dont je suis aussi prodigue que si je tirais tribut de la terre qui les porte m'empêchent de trouver à dire à la saison des fleurs, et un grand feu qui est de la couleur de celles qui sont les plus belles et que j'appelle le Soleil de la Nuit et de mes jours, veille toujours dans ma chambre et éclaire mon repos aussi bien que mes études. » La périphrase est longuement parodiée à la fin du *Tombeau de l'Orateur français*, 1629, petit pamphlet dirigé contre Balzac, par le comte de Cramail assisté du sieur de Vaux et de Sorel.

(2) C'est l'épithète que l'on appliquait le plus souvent à Balzac. Comparer dans les *Lettres de Phyllarque*, t. I, p. 422, la lettre « sur la manière que les anciens ont appelée *froide*, qui est celle que Narcisse a principalement suivie. » — Sorel a joué sur le double sens du mot froid, en envoyant Balzac régner en Pologne ; il a repris cette plaisanterie dans la *Relation du Royaume de Frisquemore*, où il donne à des provinces couvertes de glaces et de neiges, les noms de personnes très ennuyeuses de sa connaissance.

souvent pas autre chose)[1], viennent offrir la couronne de leur pays. La plaisanterie était de bonne guerre si elle n'était pas neuve. A Rome même, où Balzac avait si longtemps vécu et où Sorel plaça la scène du couronnement, on avait déjà vu plus d'une mystification de ce genre. Jadis toute la cour de Léon X s'était égayée aux dépens d'un méchant poète qu'on fit monter au Capitole, couronné de lauriers et juché sur un éléphant[2]. Erasme raconte aussi comment la curie romaine envoya de fausses bulles d'évêque à un prêtre suffisant, qui se promena par toute la ville avec les insignes de sa dignité imaginaire[3]. L'anecdote fait partie d'un traité latin, dont le titre « *De Linguâ* » devait attirer l'attention de Sorel, en quête de plaisanteries contre un beau parleur tel que Balzac. Nul doute qu'il n'ait lu Erasme et qu'il ne l'ait imité, mais avec originalité ; il y avait loin d'un joli récit, net et sec, à ce couronnement d'Hortensius, d'une si plaisante extravagance. En attendant que ces scènes joyeuses soient un jour reprises par Molière, elles vont être citées dans tous les pamphlets qui seront bientôt lancés contre Balzac ; mais ceux là n'appartiennent plus à notre sujet, heureusement[4].

(1) *Tallemant*, t. IV, p. 390, *Historiette* du professeur Rsussel.
(2) Le triomphe est longuement décrit dans le II*e* *Factum* de Furetière, p. 275.
(3) *De linguâ*, tome IV, p. 712, des Œuvres complètes d'Erasme, in-fol. Leyde, 1703. L'anecdote a été imitée aussi par d'Aubigné qui n'en a tiré qu'un chapitre insignifiant, (*Baron de Fœneste*, livre IV, chap. V.)
(4) Nous n'en rappellerons qu'un, la *Comédie des comédies, traduite d'italien en langue de l'orateur français, par L. S. D. P.*, réimprimée par Jannet (*Ancien théâtre français*, Bibl. elzév., IX) et par E. Fournier (*Le Théâtre français, XVI*e *et XVII*e *siècles*), avec des notes inexactes.

L'idée même de ce centon vient du *Francion*, comme le constate l'auteur d'une Réplique intitulée *Le théâtre renversé ou la Comédie des comédies abattue*. On y voit le Paladin et le Docteur courtisant la belle Clorinde, personnification de l'Éloquence, avec des phrases tirées de Balzac, les mêmes qui ont déjà été parodiées par Sorel. Quant à

Il nous suffit d'avoir montré le rôle de Sorel dans une des plus célèbres querelles littéraires du XVIIe siècle ; de tous les critiques du grand rhéteur, il a été le plus gai, il a vu le plus loin et le plus juste, et, dans cette guerre retentissante, c'est lui qui a attaché le grelot.

Avec la variété de ses épisodes et la sûreté de ses informations, le roman de *Francion* nous apparaît donc comme un document précieux, non-seulement pour l'histoire des mœurs, mais encore pour l'histoire littéraire. Ses mérites ne font pourtant pas oublier ses défauts dont le plus choquant est la grossièreté. Il y a des scènes et des propos singulièrement libres dans « le plus modeste des livres facétieux du temps [1] », comme l'appelle son auteur. Le compliment que Sorel s'adresse à lui-même rappelle le privilège que Gaultier Garguille obtenait vers le même temps du pieux Louis XIII pour un recueil de chansons des plus risquées : « Notre cher et bien aimé Hugues Guérin dit Fléchelle, l'un de nos comédiens ordinaires, nous a fait remontrer qu'ayant composé un petit livre intitulé les

---

l'intrigue, c'est celle d'une comédie italienne de Sforza d'Oddi, la même dont Rotrou va tirer en 1641, *Clarice ou l'Amour constant*. Dans la pièce italienne et dans celle de Rotrou, le capitaine Rhinocéronte (a) donne des coups de bâton au docteur Hyppocrasse. Les rôles sont renversés dans la *Comédie des Comédies*, par allusion au Paladin Javerzac, le petit avocat saintongeois que Balzac fit cravacher par ses amis. — Sorel dit *(Bibliothèque française* de 1667, p. 126) que l'auteur de la *Comédie des Comédies* est le sieur Barry, gentilhomme auvergnat, neveu de l'historiographe Sirmond : c'est donc par erreur, que les bibliographes attribuent souvent cette pièce à un autre Bary, admirateur de Balzac, qui figure dans le *Dictionnaire des Précieuses* de Sermaize (Édit. Livet, tome I, p. 47).

(a) C'était le nom de théâtre d'un acteur italien, très brave et très pieux, mort à Paris en 1624. Sur cet acteur de son vrai nom Gavarini, voir la *Supplica, discorso familiare intorno alle comedie*, ch. X, (par Beltrame).

(1) Sorel, *Bibliothèque française*, de 1664, p. 174.

chansons de Gaultier Garguille, il le désirerait mettre en lumière, mais il craint qu'autres ne le contrefissent et n'ajoutassent quelques autres chansons plus dissolues que les siennes. » Ceci, ajoutons-le, eût été bien difficile.

Mais si Sorel se trouve modeste, et Gaultier Garguille pudique, si l'on peut ainsi mesurer par comparaison jusqu'où allait à cette époque la liberté des mœurs et du langage, c'est une explication et non une excuse pour certaines pages du *Francion*. Elles sont telles que bien des lecteurs n'ont sans doute jamais achevé de lire le livre. Ils avaient tort : il faut bien prendre ce roman tel qu'il est, quitte à tourner quelquefois les feuillets un peu vite.

D'autres défauts nous choquent dans le *Francion*, le manque de composition, les couleurs trop chargées, l'ironie lourde et perpétuelle. Peu nous importe que Sorel ait voulu imiter, comme il le dit, les satiriques de son temps, qui eux-mêmes croyaient devoir « imiter les Satyres [1] », et restaient plus fidèles à une étymologie de fantaisie qu'à la morale ; on ne fait pas des satires de six cents pages, et c'est ce que l'auteur du *Francion* nous a donné. Il ne choisit le plus souvent que des incidents grotesques et des ridicules énormes qui prêtent à la charge. Cette bourgeoisie à laquelle il appartenait ne comptait-elle donc que des avares, des prodigues et des sots ? Les mœurs simples, l'activité industrieuse, l'économie, l'ambition d'élever les enfants au-dessus de soi, tout cela n'était-ce pas aussi un sujet attachant qu'il aurait pu laisser entrevoir, le roman de ceux qui n'aiment pas les romans ? Ces gens-là n'ont jamais manqué dans notre pays, et nous savons en particulier quelle place ils ont

---

(1) Étymologie indiquée par Sorel, *Remarques sur le X° livre du Berger extravagant*, p. 379.

tenue au XVIIe siècle, dans « ce long règne de vile et crasse bourgeoisie[1] »; Sorel le savait mieux que nous, et il l'a dit ailleurs, dans un ouvrage de morale[2]; dans son roman comique il se moque des bourgeois comme des autres, et ne sait attirer sur personne la sympathie du lecteur.

Le héros même du roman, ce Francion que Sorel a fait à son image, a surtout ses défauts : il est pédant, il a toute l'âpreté de la jeunesse, plus d'orgueil que de fierté, et plus de vanité que d'orgueil; il ne vaut pas cet aimable Gil-Blas qui fait en souriant l'apprentissage de la vie, et qu'on écoute toujours avec plaisir parce qu'il prend sa part de ses propres conseils. Sans doute Sorel a des qualités qui ne sont pas à dédaigner; il amuse, quand il s'abandonne à sa verve bouffonne, et qu'il laisse trotter sa plume à travers les fantaisies les plus grotesques; il instruit, quand il décrit avec minutie les mœurs, les usages et les costumes de ses contemporains. Cette observation ne s'arrête même pas à la surface; elle atteint quelquefois les vérités d'expérience, vraies de tous les temps. Citons seulement ces réflexions d'un jeune homme pauvre : « Si je me rencontrais par hasard avec quelques personnes qui discourussent sur quelque sujet où j'avais moyen de faire paraître des fruits de mes études, j'étais bien infortuné, car je n'osais ouvrir la bouche, sachant bien que la mauvaise opinion que l'on avait déjà conçue de moi ferait mépriser tout ce que je dirais, ou bien, si je pensais entamer un propos, je n'étais pas écouté, et quelqu'un m'interrompait audacieusement[3]. » La pensée est juste, La Bruyère n'aura plus qu'à l'aiguiser en épigramme;

---

(1) Saint-Simon, *Mémoires*, édit. Chéruel.
(2) Ce passage de la *Prudence* de Sorel sera cité dans le dernier chapitre.
(3) *Francion*, livre IV, p. 178.

Sorel n'a pas pris cette peine. Sortez-le des descriptions, enlevez-lui les images et les expressions pittoresques, il est plat et diffus, il ne sait plus écrire. Mais à quoi bon insister sur les défauts du premier en date de nos romans de mœurs? Il vaut mieux rappeler ses mérites, et dire que dans ce livre toute une société revit, à la fois grossière et raffinée, encore féroce et déjà précieuse. Si l'*Astrée* nous montre ce qu'elle rêve, le *Francion* nous dit ce qu'elle est; il a donc son intérêt propre, sans parler de tous les emprunts que bien des auteurs lui ont faits.

S'il était vrai, et cela est, que Furetière a eu souvent recours à Sorel, ces emprunts n'ajouteraient pas beaucoup à la réputation de notre auteur: il suffira de les constater[1]. Nicodème, « l'amoureux universel » du *Roman Bourgeois*, « l'homme amphibie, » avocat le matin et courtisan le soir, et Javotte, la jolie quêteuse, qui trouve dans sa bourse

---

(1) Voici les principaux de ces emprunts faits au *Francion* et aux autres romans de Sorel:

FURETIÈRE	SOREL
Roman bourgeois, édit. E. Fournier. Nicodème, l'homme amphibie, p. 35;	*Francion*, IV, p. 173.
L'Amoureux universel, *ibid*.	Orilan, l'Amoureux universel du *Polyandre*.
La quête à l'église.	*Polyandre*, t. II, p. 548.
Nicodème disant à Mlle Javotte qu'il veut être son serviteur et l'autre répliquant qu'elle se sert elle-même.	*Polyandre*, t. II, p. 548.
Vollichon, le diseur de pointes.	Histoire du pointu, dans le *Parasite Mormon*.
Les équivoques empruntées à la langue du droit, dans *le Roman bourgeois* et dans la satire *des Joueurs de boules*.	*Francion*, livre VII, p. 343.
La coquette Lucrèce et sa manière de s'habiller au dépens des galants, p. 53.	*Le Berger extravagant*, liv. II, p. 85, Histoire de Genèvre.

autant de cœurs que de pistoles, et Lucrèce la Parisienne, qui n'a rien de la Romaine, et Bel-Astre, le poëte ridicule, et Vollichon le diseur de pointes, tous ceux là et bien d'autres sont autant de personnages et d'épisodes pris dans *l'Histoire comique de Francion* et dans les autres romans de Sorel. Furetière s'est approprié jusqu'aux inventions les plus bizarres, comme le catalogue des œuvres de Mythophylacte et le Traité des dédicaces ; il a ramassé jusqu'à des calembourgs. Le reste, la dédicace au Bourreau, la Nouvelle de l'Amour échappé, vient des Italiens. Bref, à examiner de près ce *Roman bourgeois*, étrangement surfait de nos jours, il ne reste presque rien en propre à Furetière que sa méchanceté. Ces emprunts ne nous arrêteront donc pas plus longtemps.

Il n'y aurait guère plus d'intérêt à constater que Cyrano de Bergerac, un autre demi-talent, a lui aussi imité Sorel,

FURETIÈRE	SOREL
Le marquis et sa manière de rattraper ses promesses de mariage.	*La Maison des Jeux* (1643), t. I, p. 37. id. *Polyandre*, t. I, p. 545.
Les joutes de bateliers, p. 46.	*Nouvelles françaises*. Les amours des personnes de basse condition.
L'Epître amoureuse à Mlle Javotte, p. 119.	*Francion*, livre IV, p. 147.
Charroselles, l'Auteur qui roule carrosse, p. 141.	*Polyandre*, t. I, p. 420.
Un pauvre diable d'auteur arrêté par les sergents.	*Polyandre*, t. I, p. 384.
Catalogue des œuvres de Mythophilacte et traité de la Dédicace.	Catalogue des œuvres de Mormon dans le *Parasite Mormon*.
Le jugement des bûchettes.	*Francion*, livre XI, p. 466.
Le juge Belastre, copiant ses vers dans Théophile.	*Francion*, livre IV, p. 150.
La dédicace au bourreau.	Tassoni, *Varieta di pensieri*, liv. 10, chap. 18.
La Nouvelle de l'amour échappé.	Francesco Bracciolini, *Lo scherno degli Dei*. Voir plus loin, le chapitre du *Berger extravagant*

si ce fait bien établi, sur lequel nous reviendrons[1], ne devait nous conduire à une recherche plus importante.

Il n'en est pas de même pour Molière, qui a largement puisé dans le *Francion,* pour y prendre tantôt des mots ou des expressions isolées, tantôt des scènes tout entières. Commençons par les moins importants de ces emprunts, par des minuties qui sont nombreuses, et qui prouvent que Molière a souvent relu le roman. Quelquefois les traits comiques qu'il s'approprie appartiennent à Sorel : ainsi les petits-maîtres ridiculisés dans le *Francion* s'écrient : « Que les *charmes* de votre rotonde sont puissants, que cette dentelle si bien retroussée a d'*appas* pour meurtrir un cœur[2]!» Alceste reproduit ces expressions, quand il demande à Célimène ce qui l'a séduit dans Clitandre :

Est-ce par les *appas* de sa vaste rhingrave
Qu'il a gagné votre âme en faisant votre esclave ?

D'autres fois, Molière emprunte à Sorel des plaisanteries traditionnelles ; par exemple, la « compagnie des carabins sur mer, » commandée par Mascarille[3], la « grande marmite d'enfer[4], » dont Arnolphe menace Agnès, la comparaison de l'héliotrope reprise par Thomas

---

(1) Sur ces imitations de Cyrano de Bergerac, voir le dernier chapitre.
— Nous laisserons de côté les imitations assez nombreuses du *Francion*, qu'on pourrait relever dans les Recueils de contes du XVII° siècle. Ainsi le sieur d'Ouville (*Elite des Contes du sieur d'Ouville*) copie littéralement les aventures d'Hortensius dans son LXV° conte intitulé : *Des plaisantes extravagances que fit un Pédant nommé Hortensius, régent au collège de Lisieux.*
(2) *Francion*, livre V, p. 225.
(3) *Francion*, livre XI, p. 465. — Comparer dans les *Curiosités françaises* d'A. Oudin, p. 472, le *Régiment du port au foin*, idiotisme, la troupe des coupeurs de bourse ; — ibid., p. 72, *Carabin de la Comète*, idiotisme, filou, voleur.
(4) *Francion*, livre I, p. 23.

Diafoirus, tous ces traits viennent de Sorel, mais ils ne sont pas de son invention.

Voici encore une imitation du même genre dans les *Femmes savantes* :

> Quand sur une personne on prétend se régler,
> C'est par les beaux côtés qu'il lui faut ressembler ;
> Et ce n'est point du tout la prendre pour modèle,
> Ma sœur, que de tousser et de cracher comme elle.

Ces vers reproduisent un passage du *Francion*. Sorel, s'adressant « aux mauvais singes » de Balzac, leur dit : « Ce style vous rend fort ridicules. Gardez-vous d'imiter les auteurs en ce qu'ils font de mal et d'impertinent : ce n'est pas imiter un homme de ne faire que tousser et cracher comme lui.[1] » Malherbe[2] avait déjà dit, et plus crûment, la même chose que Sorel, et Malherbe lui-même ne faisait que répéter un vieux dicton, déjà cité dans un chapitre de la *Défense et illustration de la Langue française*.

Les imitations sont encore plus visibles dans la pièce de *Sganarelle*. Quand le héros de Molière regrette sa lâcheté et menace après coup un galant téméraire :

> Ah ! je devais du moins lui jeter son chapeau,
> Lui ruer quelque pierre ou crotter son manteau,

on se rappelle qu'en pareille occurence, un paysan du *Francion* s'adresse les mêmes reproches[3]. Un autre trait du roman reparaît un peu plus loin dans la même pièce. Un financier poltron fait répondre à un spadassin qui lui envoie un cartel : « Sans m'être battu, je lui demande la

---

(1) *Francion*, livre XI, p. 441. — *Les Femmes savantes*, Acte I, scène I.
(2) Tallemant, *Hist.* de Malherbe, t. I, p. 204. — *La Défense*, etc., livre II, chap. 3, souvent citée.
(3) *Sganarelle*, scène XVI. — *Francion*, livre V, p. 332, cité par Aimé-Martin.

vie; il vaut mieux en faire ainsi et prévenir le mal que l'attendre. Il serait bien temps d'implorer sa merci quand il m'aurait bien blessé. » Ce petit discours du *Francion* peut avoir inspiré quelques vers du monologue de Sganarelle :

> Quand j'aurai fait le brave, et qu'un fer, pour ma peine,
> M'aura d'un vilain coup transpercé la bedaine,
> Que par la ville ira le bruit de mon trépas,
> Dites-moi, mon honneur, en serez-vous plus gras [1]?

Mais tout en laissant à Sorel le bénéfice de la priorité, il convient d'ajouter que lui-même n'avait fait que mettre en œuvre des proverbes populaires du temps. Le dictionnaire d'Antoine Oudin, qui cite ces proverbes en 1640 [2], a bien soin de les distinguer des locutions qui ne sont entrées dans la langue qu'après la publication du *Francion*, et grâce à lui. Il y a des rapprochements plus importants à faire. Ce ne sont pas seulement des mots, mais des idées heureuses que Sorel a fournis à Molière pour la comédie de l'*Avare*; avant lui il avait lu, corrigé et complété les *Esprits* de Larivey.

Dans le cours de ses pérégrinations, Francion entend parler d'un hobereau nommé du Buisson [3], dont l'avarice aussi ingénieuse que sordide fait la terreur et la risée de ses vassaux et de ses domestiques. Ce tyranneau de village, ce gentilhomme vilain mérite une leçon, et Francion se

---

(1) *Sganarelle*, scène XVII. — *Francion*, livre V, p. 287, cité par Despois. (*Molière*, tome II, p. 198.)

(2) *Curiosités françaises*, par Antoine Oudin, 1640, in-8°, p. 82. — *Si vous y revenez, je jetterai votre chapeau par la fenêtre*, c'est une menace vulgaire d'un bon homme ou de quelque niais. » — *Ibid.*, p. 438 : « *Il vaut mieux être poltron et vivre plus longtemps*, idiotisme, il ne se faut pas hasarder facilement. » — *Ibid*, p. 26 : « *Bains de Valentin*, mauvaise farce; voyez le sujet de ceci dans le *Francion*, livre I. »

(3) *Francion*, livre VIII, p. 338 et suivantes.

promet de la lui infliger ; il envahit sa maison avec une suite nombreuse, et se donne à lui pour un marquis de ses cousins. L'autre est bien obligé de le recevoir, car, s'il est avare, il tient à sa noblesse. il sait ce qu'il doit à sa condition et à son rang. Le marquis a bon appétit, et n'est pas homme à se contenter du maigre ordinaire de céans ; il lui faut de la volaille et du gibier, les fourneaux sont allumés tout le jour. Bon gré mal gré, du Buisson fait bonne chère à son hôte, et mange lui-même le plus qu'il peut pour profiter au moins de ses dépenses. Ce dîner offert par un Avare paysan ne rappelle-t-il pas celui d'Harpagon ? Il n'y manque que la belle sentence : « Il faut manger pour vivre... » Mais cette sentence, Molière l'a déjà entendu prononcer ailleurs, par le pédant Hortensius, dont il a suivi avec curiosité la plaisante métamorphose. L'avare pédant est transformé par l'amour, depuis qu'il a vu la coquette Frémonde ; il a acheté un miroir de six sous pour sa toilette, il change de linge tous les quinze jours, il se met en frais pour sa maîtresse, lui offre le bal et la collation, lui adresse des déclarations enflammées : « O bel astre mignon, vous ne connaissez pas que déjà vous êtes haut montée dessus l'horizon de l'accompli ! » Aucun de ces détails ne sera perdu pour Molière, qui les réunira pour les renforcer l'un par l'autre. Comme du Buisson, Harpagon sera obligé de faire bonne chère à des étrangers, « grande merveille ! » il sera amoureux comme Hortensius, mais non pas prodigue comme lui, et s'il offre un souper à sa maîtresse, ce sera un souper à deux fins. Il répétera les déclarations du vieux pédant, et appellera Marianne « bel astre, » les paroles ne coûtent rien ; mais là s'arrêtera la ressemblance. Si Harpagon devenait prodigue, l'unité du caractère y perdrait, tandis qu'elle gagne quand on voit comment « le chien de ladre reste ferme à toutes les attaques, » et comment l'amour lutte en vain contre la lésinerie dans ce vieux cœur desséché et racorni.

Le seigneur du Buisson a un fils et une fille qui le détestent : indifférent à leurs besoins, insensible à leurs peines, il a étouffé le respect et l'affection chez lui comme chez les autres. Son fils, qu'il tient de court, le vole tant qu'il peut, et emprunte aux usuriers. Ceux-ci lui vendent « de mauvaises étoffes fort chères, et lui font trouver un homme qui les lui rachète de leur argent même, si bien que tout retourne à leur boutique. » Molière reprendra cette idée quand il l'aura revue développée dans la *Belle Plaideuse* de Boisrobert. Harpagon a, lui aussi, un ample magasin de hardes où il a soin de puiser, sans se douter qu'il va avoir affaire avec son propre fils.

Sorel a surtout insisté sur le rôle de la jeune fille qui est insignifiant chez Larivey. On sait seulement que son père, si riche, la fait travailler aux champs comme une servante ; on apprend son mariage au dénouement, mais elle ne paraît jamais elle-même et n'excite aucun intérêt. C'est à elle au contraire qu'on s'intéresse le plus chez Sorel comme chez Molière ; car, en somme, un jeune homme se tire toujours d'affaire, et l'avarice paternelle ne nuit qu'à ses plaisirs ; mais une jeune fille, seule, mal élevée, rudoyée, que deviendra-t-elle ? Molière n'a pas voulu mettre les choses au pis. L'intendant Valère qui s'est introduit frauduleusement dans la maison d'Harpagon, n'abuse pas de ses avantages : c'est un Tartuffe pour le bon motif. Elise a le droit de parler de « son innocente amour, » tandis que la fille de du Buisson, désolée de ce que son père refuse de la marier pour garder sa dot, écoute le premier séducteur venu, le reçoit dans la maison paternelle et se livre à lui. Il y a là une scène tragi-comique, pour laquelle on est obligé de renvoyer au texte. C'est le quiproquo de la cassette, mais mis en action et singulièrement brutal.

Il fallait s'attendre à cet éclat avec Sorel, qui commet encore d'autres fautes. Au dénouement, l'avare du Buisson est complètement converti par un beau sermon de Francion. Il marie sa fille avec le gentilhomme qui l'a séduite, et promet d'être plus généreux avec son fils ; tout n'est pas bien qui finit trop bien. Il y a un autre contresens : Du Buisson est un avare marié. Se figure-t-on Harpagon autrement que veuf ? Il y a longtemps que sa femme est morte de privations, la malheureuse ; si elle vivait, elle défendrait ses enfants, elle ne les abandonnerait pas comme la femme du seigneur du Buisson. Le récit inégal du *Francion* a besoin de nombreuses corrections, mais il contient aussi des données dont Molière a profité.

D'autres détails isolés de l'*Avare* sont encore empruntés à divers ouvrages de Sorel. A La Flèche qui le plaint d'être tombé entre les mains des usuriers, Cléante répond d'un ton dégagé : « Que veux-tu que j'y fasse? Voilà où les jeunes gens sont réduits par la maudite avarice des pères, et on s'étonne après cela que les fils souhaitent qu'ils meurent. » Ce trait sanglant, que Molière a repris dans *don Juan*, a déjà été indiqué par Sorel. Celui-ci a imaginé un catalogue de livres burlesques[1], où figure : « *l'Abrégé de la Vie des Pères tant souhaité par plu-*

---

(1) Ces livres imaginaires font partie de la *Loterie nouvelle*, qui précède presque immédiatement (dans le tome 1 du *Recueil en prose* publié chez Sercy, 1658) les *Lois de la Galanterie* : ces dernières ont été certainement imitées par Molière. Les deux pièces appartiennent à Sorel.

sieurs, non pas celui de la vie des Pères ermites du désert, mais de quelques pères avares qui ont des enfants libertins auxquels il tarde trop que ceux qui les ont mis au monde s'en aillent en l'autre et les laissent jouir de leurs biens. »

D'un calembour Molière a tiré un trait de caractère ; à plus forte raison ne dédaigne-t-il pas des indications plus développées. Dans le roman du *Berger extravagant*, un valet, simple d'esprit, raconte comment il a quitté le service d'un médecin, qui par avarice faisait jeûner toute sa maison, bêtes et gens : « Si son mulet eût su parler, il se fût plaint de sa chicheté aussi bien que moi, car s'il devenait souvent malade, ce n'était que faute de bonne nourriture. Le médecin n'entrait presque pas dans une maison, qu'il n'y rompît de grands panneaux de natte pour porter en sortant à ce mulet qui n'avait pas quelquefois déjeuné à cinq heures du soir. Pour moi j'avais tant de pitié de la langueur du pauvre animal que je n'eus pas le cœur d'être davantage son gouverneur, voyant que j'avais plus de volonté que de pouvoir de lui bien faire ; je laissai donc là le médecin [1]. » Ce valet, qui aime tant ses bêtes, deviendra Maître Jacques.

Nous trouverons encore, dans le même roman de Sorel, l'origine et l'explication de l'expression bizarre dont Molière s'est servi pour caractériser l'adresse de Frosine « qui marierait le grand Turc et la République de Venise [2]. »

---

(1) *Berger extravagant*, livre VIII, p. 124.
(2) On a rapproché depuis longtemps de cette expression un passage de Rabelais, *Pantagruel*, livre III, ch. 41: « Et te dis, Dandin, mon fils joli, que par cette méthode je pourrais paix mettre, ou trêves pour le moins, entre le grand roi et les Vénitiens, entre l'Empereur et les Suisses, entre les Anglais et les Ecossais, entre le Pape et le Ferrarais? irai-je plus loin? entre le Turc et le Sophi, entre les Tartares et les Moscovites. » Cette phrase de Rabelais n'éveille pas l'idée de mariage qui se trouve dans un passage analogue du *Berger extravagant* (livre X,

L'histoire de cette expression est assez compliquée ; au contraire, c'est un proverbe vulgaire [1], et bien connu du public du XVIIe siècle, qui a inspiré l'amusant dialogue entre Harpagon et son cuisinier : « Dis-moi un peu, nous feras-tu bonne chère ? — Oui, si vous me donnez bien de l'argent. » A chaque instant on remarque combien Molière connaît à fond toutes les ressources de la langue populaire : qu'il s'en serve ou qu'il les néglige [2], c'est toujours à propos.

D'autres détails rappellent le long commerce qu'il a eu avec les Italiens ; il leur a emprunté le nom du valet La Merluche [3] et celui d'Harpagon [4], bien que ce dernier nom se rencontre chez nous dès le XVIe siècle. On relèvera peut-être encore d'autres rapprochements de ce genre, mais l'essentiel nous l'avons vu dans le *Francion* ; nous y

p. 281.) Sorel se moque d'un écrivain (Balzac) qui envoie des lettres à tout le monde, et le suppose capable de toutes les audaces :
« Il ira présenter au grand Turc un livre de lettres amoureuses pour lui apprendre à vaincre la rigueur de ses maîtresses qui doivent être la Perse, l'Allemagne et la Seigneurie de Venise, auxquelles il y a longtemps qu'il fait l'amour. »

(1) *Curiosités françaises* d'Ant. Oudin, 1640, p. 439 : « *On ne fait pas de rien grasse porée*, idiotisme, on ne fait pas bonne chère sans dépenser:

(2) Molière n'avait pas à employer le proverbe « *Il n'est chère que de vilain*, » c'est-à-dire que lorsqu'un avare se résout à donner un repas, il y met plus de profusion qu'un autre ; on devine aussi pourquoi Harpagon donne à son fils sa malédiction, et non sa « *bénédiction de la main gauche*, » idiotisme, malédiction, p. 39 dans les *Curiosités* d'Ant. Oudin.

(3) Nom de valet dans la comédie italienne. Dans la liste des personnages de la *Sultana* d'Andreini, Paris, 1622, figure Merluccio, servo di Tirenia.

(4) Molière a trouvé, comme on le sait, le nom d'Harpagon dans l'*Emilia* de Groto, imitée dans l'*Etourdi*. Le romancier Jean des Gouttes avait déjà appliqué ce nom à un pirate sarrasin, campé aux environs de Toulon, lequel infesta la Provence « pendant 40 ans. » (*Histoire de Philandre et de Passerose*, Lyon, Jean de Tournes 1544, in-8°, chapitre X, p. 63 et 67 : « Comment, à la requête de la déloyale Diane, *Harpagon*, un pirate de mer, vint assaillir le gentilhomme et ses compagnons).

avons trouvé non pas seulement des traits isolés, mais une composition vraiment originale. Un avare riche et noble, ayant un grand train de maison, partagé entre les exigences de sa passion et celles de sa situation, condamnant son fils à la débauche, à la dépense sotte, et sa fille à l'inconduite, forçant presque ses enfants à désirer sa mort, voilà ce que Sorel nous a montré, avec moins d'art que Molière, mais avant lui.

Les emprunts pour l'*Avare* sont directs, manifestes ; entre les *Précieuses ridicules* et le *Francion* le lien est très faible, mais il convient de ne pas le négliger. Ici se présente, en effet, un point obscur entre tous dans l'histoire de Molière. On sait que la date des *Précieuses ridicules* est incertaine, et qu'il est impossible de la déterminer, en s'en rapportant aux seules déclarations de La Grange[1]. Les *Précieuses* ont-elles été représentées pour la première fois en province, ou à Paris ; en 1654, en 1656,

---

(1) Dans la Notice des *Précieuses Ridicules* (*Molière*, t. II, p. 25 à 28), Despois conteste que Molière ait rien emprunté à Chappuzeau et admet la date de 1659 comme certaine, en s'appuyant sur le temoignage de La Grange, lequel dit dans la Préface de l'édition de Molière de 1682 : « En 1659 M. de Molière fit la comédie des *Précieuses Ridicules*. » Mais, objecte M. Paul Mesnard (*Biographie de Molière*, tome X, p. 185, 187), dans le *Registre* du même La Grange, à la date du 18 novembre 1659, les *Précieuses* sont nommées « troisième pièce nouvelle de M. Molière. » Ces mots désignent comme également nouveaux l'*Etourdi* et le *Dépit amoureux* ; dès lors, le mot *nouveau* n'a plus un sens absolu. Si l'on pense que La Grange, dans son *Registre*, a regardé la pièce des *Précieuses* comme nouvelle, par la seule raison qu'elle a été remaniée, la même explication de la phrase de la Préface sera-t-elle moins plausible pour les *Précieuses* ? Une comédie n'aurait été tenue pour faite, que du jour où elle aurait reçu sa forme définitive. Or il est certain, d'après le *Récit de la Farce des Précieuses* de Mlle des Jardins, que nous n'avons pas la première forme des *Précieuses*. La question de savoir si le texte remanié par Molière a été écrit à Paris ou en province reste donc obscure. — Nous avons résumé les arguments de M. P. Mesnard, en employant, autant que possible, ses propres expressions. C'est sur cette argumentation, et sur celle de Despois, que va porter la discussion.

ou en 1659 ? La réponse à cette question serait facilitée, si l'on pouvait déterminer avec précision les sources où Molière a puisé. Nous nous proposons d'établir un peu plus loin que Molière s'est visiblemeut servi, pour cette pièce, d'un opuscule de Sorel, publié en 1658 seulement. Pour le moment nous nous bornerons à rappeler la ressemblance de l'intrigue des *Précieuses* avec celle d'une comédie de Chappuzeau, qui est elle-même imitée du *Francion*, et dont nous connaissons la date. Le *Cercle des Femmes*, en prose [1], de Chappuzeau est de 1656. Ce double rapprochement permettra de fixer la date des *Précieuses ridicules*.

Constatons d'abord que Molière a très bien pu lire le petit livre de Chappuzeau en province. Nous ne possédons plus du *Cercle des Femmes* qu'une édition de 1663 [2] ; mais le bibliographe Beauchamps, dans ses *Recherches sur les théâtres*, en décrit une de 1661 ; l'édition de 1663 elle-même a un permis d'imprimer daté de 1656, et les termes de ce permis prouvent que le livret de Chappuzeau a dû être imprimé à Lyon dans le courant de l'année 1656 [3]. Il se peut donc que Molière en ait pris

---

(1) On sait que Chappuzeau a écrit deux pièces différentes, toutes deux intitulées le *Cercle des femmes*. L'une, en prose, que nous croyons la première en date, fait partie d'un livret intitulé *Entretiens comiques*, etc., qui a dû être publié en 1656, à Lyon, comme nous essayons de l'établir plus loin. L'autre, en vers, est une traduction libre de la première ; elle a été publiée à Paris en 1661. Voir la Notice des *Précieuses ridicules* d'E. Despois, tome II, p. 29, note a.

(2) *Le Cercle des Femmes, entretiens comiques*, etc., par Chapuzeau (sic), imprimé à Lyon, et se vend chez Charles Cabry, place de Sorbonne, près les classes, 1663, avec permission. (Bibl. de l'Arsenal. B. L. Recueil factice, in-12, 9735).

(3) *Permission* : « Je n'empêche l'impression du livre intitulé le *Cercle des femmes*, composé par le sieur Chapuzeau, être faite par Michel Duhan, marchand libraire de cette ville, avec les défenses en tel cas requises. Fait ce 25 avril 1656. Signé : Bollioud-Mermet. — Soit fait conformément aux conclusions du procureur du Roi, le jour et

connaissance à un de ses passages dans cette ville, et s'en soit souvenu plus tard. L'a-t-il fait? Ici les textes seuls peuvent répondre, et il suffira de relire la petite pièce de Chappuzeau, que nous allons résumer brièvement.

Éconduit par le vieux Ménandre qui lui a refusé la main de sa fille Emilie, sous prétexte qu'il n'est pas assez noble, le pédant Hortense a juré de se venger. Il fait la leçon à son pensionnaire Germain, « gros drôle » sans naissance et sans fortune, lui apprend à parler de ses terres, de ses armoiries, de ses hauts faits d'armes, l'habille magnifiquement, et revient le présenter à Ménandre comme un seigneur de marque. Germain fait son entrée, accompagné d'Hortense qui le souffle : il se coupe à chaque instant, ne dit que des sottises, et pourtant son esprit et sa noblesse ne laissent pas d'éblouir le père, la fille et ses savantes amies. Mais tandis qu'il se pavane lourdement, deux sergents viennent l'arrêter pour dettes, et l'emmènent en prison, à la grande colère d'Emilie qui reproche à son père de lui avoir attiré cette sotte aventure.

Certes le récit de Chappuzeau est faible. Hortense ne ressemble pas à La Grange, ni Ménandre à Gorgibus; mais Germain est un sot prétentieux comme Mascarille; Emilie, « la jeune veuve d'un savant esprit, » a bien quelques traits de Cathos et de Magdelon : elle est, comme elles, entichée de noblesse et de bel esprit, elle se laisse aussi facilement duper. Avec tout le respect dû à un fin lettré comme E. Despois, nous dirons qu'il s'est trop hâté d'af-

an que dessus. Signé : Sève. » — Contrairement à ce que dit Despois, (Notice des *Précieuses ridicules*, t. II, p. 25, note 2), Chappuzeau a trouvé un éditeur lyonnais dès 1656, et il n'y a aucune raison pour que le *Cercle des femmes* n'ait pas été imprimé à Lyon cette année même. Cette première édition *du Cercle des femmes* a peut-être disparu, mais c'est le sort commun de beaucoup de livrets scabreux, surtout quand ils ont été imprimés en province.

firmer, quitte à se contredire à plusieurs reprises¹, qu'entre la pièce de Chappuzeau et celle de Molière, « il n'y a rien de commun que la mystification imaginée » par un galant évincé, et que cette mystification même, avec tous ses détails, n'a aucune importance, parce qu'on la retrouve partout². Elle en a si bien, qu'après avoir tenté toutes sortes de rapprochements, pour expliquer l'analogie en dehors de toute imitation, Despois est obligé de recourir à une conjecture gratuite: « On remarquera, dit-il, que la scène est à Lyon, dans la pièce de Chappuzeau, que ces *Entretiens comiques* ont été imprimés dans la même ville ; or, comme Molière et Chappuzeau étaient tous deux à Lyon en 1656, on peut supposer, à la rigueur, que quelque aventure locale leur a suggéré à tous deux la même idée³. » Il est plus simple d'admettre que Molière a imité le *Cercle des Femmes*⁴, car « l'aventure locale »

(1) Notice des *Précieuses ridicules*, tome II, p. 23 et p. 27.
(2) On voit bien des valets faire l'amour à la place de leurs maîtres dans *Jodelet ou le Maître valet* et dans l'*Héritier ridicule* de Scarron ; mais c'est une épreuve que tentent les maîtres, ce n'est pas une vengeance. Imaginez même une vengeance d'un galant éconduit, comme celle que l'on rencontrera dans le *Polyandre* de Sorel, les détails seront encore tout autres, et ne rappelleront pas le *Cercle des femmes* de Chappuzeau.
(3) Notice des *Précieuses ridicules*, tome II, page 27.
(4) Les autres objections de Despois, (note de la p. 26), ne portent guère: « Chappuzeau ne paraît nulle part s'être vanté de l'emprunt que Molière lui aurait fait, et aucun des contemporains, à notre connaissance, ne l'a remarqué. » — 1° Le silence de Chappuzeau ne prouve rien. Il ne s'est pas vanté non plus des emprunts faits par Molière à ce même *Cercle des femmes*, mis en vers, en 1661. (Scène d'Alain et de Georgette dans l'*École des femmes*, couplet de Chrysale dans les *Femmes savantes*). — 2° Ce silence même s'explique. En mettant son *Cercle des femmes* en vers, Chappuzeau imita lui-même Molière ; le pensionnaire Germain fut remplacé par un valet, et devint un marquis ridicule (acte II, scène VII), au lieu d'être un grand seigneur quelconque comme dans le texte en prose. — 3° Les frères Parfaict, (tome IX, p. 77), ne sont pas les premiers qui ont remarqué l'analogie du *Cercle des femmes* en prose et des *Précieuses ridicules* ; les

n'existe pas ; Chappuzeau l'a prise dans le *Francion* de Sorel, comme il est facile de le prouver[1].

Lorsque la coquette Frémonde s'est assez longtemps jouée du pédant Hortensius, elle le prévient, pour se débarrasser de lui, qu'elle n'épousera jamais qu'un gentilhomme d'épée. Aussitôt Hortensius de prendre l'épée et de quitter la soutane ; pour les titres de noblesse, il ira les chercher dans son pays, ou même moins loin. Un vieillard de son village est de passage à Paris ; il le supplie de venir témoigner que son père, un ancien « goujat » devenu berger, a toujours tenu au pays le rang de gentilhomme ; il lui dicte des réponses ambiguës qui lui permettront de le servir sans trahir la vérité, et l'entraîne chez Frémonde. Alors commence un interrogatoire burlesque, dirigé par un avocat, parent de la jeune fille [2] : — Le père de Monsieur était-il gentilhomme, a-t-il été à la guerre ? — Oui, je vous en assure. — Portait-il l'épée comme marque de sa condition ? — Je ne l'ai jamais vu sans quelque ferrement. — Allait-il à la chasse, avait-il des chiens ? — Un chien ? sans doute, réplique le bonhomme ; mais pressé de questions imprévues, et incapable de mentir, il finit par avouer que c'était un chien de berger. A ces mots, l'avocat éclate de rire, Frémonde fait à Hortensius « une moue de deux pouces et demi, » et l'assure qu'il peut bien chercher fortune ailleurs.

comédiens italiens avaient déjà tiré parti de cette analogie. Une pièce jouée par eux, le 10 janvier 1674, le *Baron de Fæneste* (analysée par Desboulmiers, *Hist. du Th. italien*, tome I, p. 113) n'est autre chose qu'un pot-pourri du roman d'Aubigné et de toutes les comédies de Molière, avec les *Précieuses ridicules* et le dénouement du *Cercle des femmes* en prose, comme bouquet.

(1) C'est encore une raison pour que Chappuzeau n'ait rien dit au sujet des *Précieuses ridicules*. Il aurait eu mauvaise grâce à se plaindre, en voyant reprendre par Molière l'idée qu'il avait prise lui-même à Erasme, il l'avoue, et aussi à Sorel, qu'il passe sous silence.

(2) *Francion*, livre IV, page 165.

Quelques-unes de ces équivoques sont déjà dans le Colloque d'Erasme [1] où Sorel avait puisé avant Chappuzeau, mais ce colloque n'a rien de dramatique. Le rustre, qu'un vieux courtisan veut transformer en gentilhomme, écoute, bouche bée, ses instructions : il n'a garde de les mettre à profit, il est trop sot pour s'attirer une mésaventure comique comme celle du *Francion*, ou pour en attirer une à d'autres, comme dans le *Cercle des Femmes*. C'est donc Sorel qui a appris à Chappuzeau comment on pouvait mettre le Colloque d'Erasme en action, c'est Sorel qui lui a fourni le rôle du pédant Hortense et celui de la jeune femme, et qui lui a permis de donner, à son tour, une idée heureuse à Molière.

Résumons ce qui précède. Si l'on admet, comme nous avons essayé de le prouver, que Molière a pris l'intrigue de sa petite pièce dans le *Cercle des Femmes* imprimé au plus tôt en 1656, la représentation des *Précieuses* est déjà rejetée à la fin de cette même année ; mais on verra plus loin qu'il est impossible de s'en tenir à cette date. Dans les *Précieuses ridicules*, le rôle principal est celui de Mascarille sans lequel la pièce n'existerait pas. Or, les répliques de Mascarille sont inspirées directement — et quelquefois littéralement — par un petit ouvrage de Sorel, intitulé les *Lois de la Galanterie*, dont l'achevé d'imprimer est du mois de mai 1658. En constatant ces emprunts indéniables, et plus importants que les précédents, on sera encore obligé de reculer la composition des *Précieuses ridicules*, et l'on sera ramené nécessairement, pour la première représentation, à la date classique du 18 novembre 1659. Tel est le but et l'intérêt véritable de ces recherches, qui seront reprises en leur lieu [2].

---

(1) Erasme, *Colloques*, Amsterdam, Wetstein, 1750, in-16, page 408, « *Ementita nobilitas.* »

(2) Voir plus loin le chapitre des *Jeux d'esprit des précieux*.

Revenons maintenant à Sorel et à ses projets. Le *Francion* avait été une protestation contre la littérature romanesque; c'était la revanche de l'esprit gaulois sur le bel esprit. Pourquoi donc Sorel, le malin observateur, ne s'est-il pas hâté d'écrire d'autres œuvres du même genre, pourquoi s'est-il arrêté au milieu de son succès ? Probablement parce qu'il s'était fait trop d'ennemis. Le succès de *Francion* était un succès de scandale dont Sorel cherchait presque à s'excuser : « Jamais, écrivait-il, les honnêtes gens ne se scandaliseront pour voir que l'on s'adonne à quelques pièces récréatives, parmi des ouvrages sérieux. Toutefois il est certain que la plupart des hommes sont si stupides qu'ils ne peuvent considérer ceci, et que si un brave homme a fait quelque chose de facétieux, ils l'estiment moins qu'un hypocrite, qui fait des livres de dévotion, pour se faire croire homme de bien et attraper des bénéfices, ou qu'un esprit vain et sot qui compose des livres de morale et de politique, afin de faire l'homme d'Etat et le personnage d'importance, quoique toutes ces sortes d'ouvrages ne soient que des redites de ce qui est ailleurs ; et l'on ne considère pas qu'une bonne satire valait encore bien mieux en ces temps-ci, et qu'il était bien plus malaisé d'y réussir [1]. »

Ces lignes nous expliquent pourquoi l'auteur du *Francion* n'est pas pressé de publier de nouvelles *Histoires comiques*. C'est une belle chose que le ridicule ; avec lui on tue quelquefois les autres, mais on se blesse plus souvent soi-même, et l'on ne passe jamais pour un écrivain d'importance. Telle est cependant l'ambition de Sorel, qui ne renonce pas à discréditer les romans romanesques, mais qui veut essayer d'autres moyens. Dès 1625 il écrit un récit quelconque, simple prétexte pour critiquer le style et les

(1) Sorel, Avertissement de la *Science universelle*, 1635.

inventions monotones de ses confrères. Le nouveau livre, intitulé l'*Orphyse de Chrysante*, n'était plus aussi gai que le *Francion* ; il était même si sérieux et si embrouillé, qu'un docte Allemand crut y deviner des recherches sur la pierre philosophale, et vint exprès à Paris, pour en conférer avec l'auteur [1]. La pensée de Sorel n'avait pas été comprise; n'importe, l'année suivante il revient à la charge, et fait signer par un de ses amis, le chanoine Fancan [2], une longue diatribe intitulée le *Tombeau des Romans* [3]. Ils s'étaient mis à trois, Fancan, le comte de Cramail et Sorel, pour écrire un sermon ennuyeux ; chacun d'eux, plus tard, revendiqua l'ouvrage comme sien ; mais l'auteur principal vit bien qu'il ne pouvait compter que sur lui-même, et qu'il lui fallait encore une fois changer de tactique, combattre les romans par leurs propres armes, par l'imagination et par la fantaisie, et non plus par l'ennui. Il prit bientôt sa revanche. D'Urfé était mort en 1625, laissant à son secrétaire Baro le soin de continuer son roman. La cinquième partie et conclusion de l'*Astrée* parut en 1627. Aussitôt Sorel, jugeant l'occasion favorable, publia le *Berger extravagant, où parmi des fantaisies amoureuses, on voit les impertinences des romans et de la poésie.*

(1) Cité par l'abbé d'Aubignac, *Conférences académiques*, p. 209.
(2) Fancan, dit Langlois, chanoine de Saint-Honoré, auteur de la *Chronique des favoris* (*Bibl. hist.* du P. Le Long, tome II, n° 21,186). Ses pamphlets inquiétèrent souvent Richelieu, qui finit par l'envoyer à la Bastille. (*Mém. de Richelieu, Coll. Michaud*, p. 452).
(3) Les diatribes du *Tombeau des romans* reparaîtront plus d'une fois dans le *Berger extravagant*. Sorel lui-même dit que son nouveau livre sera « le tombeau des romans et de la poésie. » Préface du *Berger extravagant*. — Le comte de Cramail dut lire la parodie de Sorel avec plaisir, car il était un des rares contemporains qui n'aimaient point le roman d'Urfé, bien que celui-ci l'eût personnifié dans le rôle du brillant Hylas. Les *Jeux de l'inconnu* et les *Pensées du Solitaire* du comte de Cramail contiennent plus d'une critique de l'*Astrée*, « cet avorton de l'esprit. »

CHAPITRE V

Le *Berger extravagant*, satire générale des romans et de la poésie.
— Défaut du livre de Sorel : au lieu de borner ses attaques à
l'*Astrée*, il parodie tous les romans du XVIIe siècle. — Analyse et
appréciation du *Berger extravagant*. — Les emprunts de Molière
pour *Sganarelle*, le *Misanthrope*, le *Bourgeois gentilhomme*, le
Remercîment au Roi et les *Fâcheux*.
Les *Remarques* ou le commentaire du *Berger extravagant* : utilité
de ces *Remarques*. — Les théories littéraires de Sorel. — La
critique des mots nouveaux. — La critique du langage de la
galanterie. — La critique de la poésie. — Les boutades de Sorel
sur la poésie et les pensées analogues de Pascal. — La critique de
la mythologie. — Sorel imite, avant Scarron, les Espagnols et les
Italiens, et fait des pièces burlesques dès 1627. — *Le Banquet
des dieux*, les *Amours de Vénus*, l'*Enlèvement de Proserpine*,
Orphée aux enfers. — Sorel combat la mythologie au nom de la
science et de la religion chrétienne. — La querelle des anciens
et des modernes en 1627. — Conclusion.

« Je ne puis plus souffrir qu'il y ait des hommes si sots
que de croire que par leurs romans, leurs poésies et leurs
autres ouvrages inutiles, ils méritent d'être au rang des
beaux esprits ; il y a tant de qualités à acquérir, avant que
d'en venir là, que quand ils seraient tous fondus ensemble,
on n'en pourrait pas faire un personnage aussi parfait,
qu'ils se croient être chacun..... Qu'on regarde ces écrivains, l'on les trouvera vicieux, insupportables pour leur
vanité, et si dépourvus de sens commun, que des gens de
métier leur apprendraient à vivre. Tout leur savoir ne gît
qu'en sept ou huit pointes dont l'on s'est servi si souvent

qu'elles sont toutes émoussées, et en trois ou quatre maximes frivoles sur le langage, dont ils nous voudraient quasi faire une cabale aussi mystérieuse que celle des Rabbins. Que si l'on les met hors de là, et l'on traite avec eux de quelque affaire du monde, ils sont plus étourdis que si on les avait transportés en une région étrange, et font paraître que ce serait bien fait de les chasser des villes comme l'on retranche les superfluités du corps [1]. »

Quels écrivains visait Sorel ? Allait-il se battre contre des moulins à vent ? Aurait-il mieux fait d'écrire cette parodie quelque trente ans plus tard, au temps de la Calprenède et de Mlle de Scudéry ? Les contemporains n'étaient pas de cet avis, quand ils voyaient, tous les dimanches, les portes des églises couvertes par les annonces des romans nouveaux [2]. Les ouvrages de cette espèce étaient si nombreux qu'un partisan proposait d'établir sur eux un impôt lucratif [3], et que l'évêque Camus écrivait à son tour : « L'entreprise que j'ai faite de contrelutter ou plutôt de contrebutter contre ces livres frivoles ou dangereux, qui s'enveloppent sous ce nom de romans, demanderait, ou les mains que les fables attribuent à Briarée, ou les forces que les poètes donnent à Hercule : les mains de ce géant pour manier autant de plumes, et la vigueur de ce héros pour soutenir un travail si pénible..... Quand je vois cet arbre malencontreux que je m'essaye de couper, poussant d'autant plus de rejetons, que plus je le retranche, et faire comme la vigne qui ne jette jamais tant de pampres que quand elle est taillée, c'est ce qui me

---

(1) Préface du *Berger extravagant*. Toutes nos citations sont prises dans l'édition publiée à Rouen, chez Jean Berthelin, 1646, édition conforme à la première, qui est de 1627-1628.

(2) *Francion*, livre XI, p. 450.

(3) Sorel, *Connaissance des bons livres*, p. 134.

fait appréhender un malheur pareil à celui des Danaïdes, ou une peine semblable à celle de Sisyphe.....[1] » Avec des moyens différents, Sorel poursuit la même entreprise que Camus. Voyons donc quels sont leurs ennemis communs. Tous les romans composés depuis le commencement du dix-septième siècle vont figurer dans le *Berger extravagant*, sans compter les romans du seizième siècle, qui conservent et conserveront longtemps encore des lecteurs[2]. Une revue rapide de ces livres montrera que l'histoire du roman n'est qu'un perpétuel recommencement, et que les mêmes genres se disputent tour à tour la faveur du public.

Les romans de bergerie avaient fleuri à la fin du XVIᵉ siècle, en pleine guerre civile; la paix venue, ils passèrent de mode et cédèrent la place aux récits belliqueux de Nervèze[3] et de Des Escuteaux. Le plus connu des romanciers pastoraux, l'insipide Olenix de Montsacré, se sentit si délaissé du public, qu'il entreprit une histoire des Turcs. Les habitants du Forez eux-mêmes, si passionnés jadis

(1) Camus, Préface des *Évènements singuliers*, Paris, 1631, in-8°.
(2) Les allusions à l'*Amadis* ne se comptent pas dans les *Lettres* de Voiture; Mademoiselle Paulet est surnommée l'Infante déterminée comme Floride, l'héroïne d'un long roman de Béroalde de Verville. Au dire de Balzac (*OEuvres complètes*, 1665, tome II, p. 634), les provinciaux « en deçà de la Loire » préféreront longtemps les *Bergeries de Juliette* d'Olenix de Montsacré à l'*Astrée*.
(3) Nervèze nous donne lui-même la raison de ce changement: les jeunes courtisans s'ennuient pendant les longues années de paix du règne de Henri IV. — (*Les Aventures guerrières et amoureuses de Léandre*, par le sieur de Nervèze, 1613, dédiées au marquis de Rosny, fils de Sully). — « Monsieur, il vous faut souffrir ce déplaisir d'être venu trop tard pour vous trouver dans les armées, et vous contenter de l'espoir que votre âge vous donne de vous faire voir assez d'occasions pour exercer votre courage. Cependant vous pouvez flatter ce regret généreux dans vos exercices ordinaires, et si la lecture des faits mémorables des guerriers peut autant contenter votre rare esprit qu'attiser vos beaux feux, je vous offre de quoi l'exercer doucement en cette suite des *Aventures de Léandre*. »

pour les bergeries[1], s'en moquaient maintenant et ne faisaient plus que des pastorales burlesques[2]. Alors ce genre, qui semblait épuisé, reprit un nouvel éclat ; où des écrivains de profession avaient échoué, un homme de guerre devait réussir, mettre dans son livre tout son esprit et tout son cœur, sa science du monde, l'amour de son pays natal, le souvenir des passions de sa jeunesse, les rêves de sa génération lassée de luttes stériles, et de tout cela faire une œuvre pleine de douceur.

Sorel remarque que chez tous les romanciers, prédécesseurs de d'Urfé, « les entretiens des dames et des seigneurs n'étaient pas fort subtils[3]. » Au contraire, c'est à son beau style et à ses longues conversations que l'Astrée doit son succès. Elle n'est point faite pour les vieux capitaines qui se sont retirés dans leurs terres[4], mais pour les jeunes courtisans qui vont se presser dans les ruelles. Ceux-ci se soucient peu de l'érudition, très réelle, que l'auteur a employée à restituer les mœurs des Gaulois et des Francs[5] ;

(1) A part Olenix de Montsacré, qui est originaire du Maine, presque tous les auteurs de bergeries du XVI° siècle sont des Forésiens comme le sieur du Crozet, auteur de la *Philocalie*, Lyon, 1593 ; Favre, auteur de la *Bergère Uranie*, Paris, 1595 ; le frère d'Honoré d'Urfé qui écrit également une *Philocalie*, etc.

(2) *Le Ballet en langage forésien de trois bergers se gaussant des amoureux qui nomment leur maîtresse leur doux souvenir, leur belle pensée*, etc., inséré dans la *Gazette française*, par M. Allard, forésien, Paris, 1605, in-8°.

(3) Sorel, *Bibliothèque française*, 1664, p. 159.

(4) Excepter l'histoire d'Alcippe, père de Céladon (*Astrée*, 1™ partie, livre II).

(5) D'Urfé, élevé comme Sylvandre, un de ses héros, dans les écoles des Massiliens, avait la science d'un homme du XVI° siècle. De plus, comme nous l'apprend Huet (Lettre à Mlle de Scudéry du 15 déc. 1699), il eut soin de demander « des mémoires sur les antiquités gauloises » au grand druide Adamas, c'est-à-dire au célèbre jurisconsulte Jean Papon, lieutenant général de Montbrison. Les deux amis dépensèrent un grand luxe d'érudition, non-seulement dans les épisodes développés, (Exposition détaillée de la mythologie gauloise,

ils se cherchent eux-mêmes dans ce livre, et n'ont pas de peine à y retrouver leur histoire allégorique, et même leurs portraits. Regardez les gravures, ces cavaliers à fine moustache qui jouent de la musette, ces courtisans qui portent sur leur justaucorps un bissac brodé, ces bergères couvertes de perles et de diamants, qui se promènent dans de beaux jardins, au milieu de plates-bandes émaillées de dessins réguliers, avec, dans le fond, quelque royal palais comme le Luxembourg [1]. Un graveur aura même

Astrée, II° partie, livre VIII. — Revue de tous les rois de la Gaule depuis Samothès et Francus jusqu'à Childéric, (*ibid.*, III° partie, livre III), mais encore dans les plus petits détails, dans la numération et dans le choix des noms propres. Ainsi les noms d'Astrée et de Galatée sont ceux d'anciennes divinités gauloises, au dire de Plutarque et de Diodore de Sicile. Les héros de l'*Astrée* comptent le temps par lunes, les jeunes filles en fleur d'âge ont un demi-siècle, les vieux mires ont deux ou trois siècles, suivant l'usage des Gaulois qui faisaient les siècles de trente ans (*Astrée*, II° partie, livre I).

Jean Papon et d'Urfé ont pu trouver une partie de ces renseignements dans les ouvrages spéciaux de Picard (*De prisca Celtopaedia libri quinque*, Paris, David, 1556, in-4°), qui soutient comme eux que la Gaule était civilisée avant la Grèce, et dans les livres de Noël Talepied et de Forcadel. Pourtant les recueils de seconde main ne leur ont pas suffi, ils ont eu recours directement aux livres des anciens et aux histoires particulières des villes. Ainsi Hylas arrive à Lyon « le jour où le peuple célèbre le rétablissement de la ville, sous Néron, après que le feu du ciel l'eut consumée en une nuit.» (*Astrée*, II° partie, livre IV). Ailleurs (*Astrée*, II° partie, livre XII), deux amis malheureux demandent, par lettre, au sénat de Marseille, la permission de mettre fin à leurs jours. Cet usage bizarre du suicide légal est attesté par le seul Valère Maxime. Tous ces faits témoignent d'une érudition considérable qui fléchit sur un seul point, et probablement par une affectation voulue, à la cavalière : d'Urfé a dédaigné de consulter les nombreux traités du XVI° siècle sur la tactique des Francs et des Gaulois. Les sièges et les batailles de l'*Astrée*, œuvre d'un soldat, ne valent pas, en effet, la bataille des *Martyrs* de Châteaubriand.

(1) Voir les portraits des personnages de l'*Astrée*, par Mariette et le Blond (Cabinet des estampes, collection Hennin, vol. XXVII ; *ib.d*, Collection de l'abbé de Marolles, vol. XXIV, Ed, gravures de l'*Astrée* par les frères Rabel et par Masne). — Au milieu de ces costumes de fantaisie, on trouve souvent les vrais costumes du temps. Un joli

l'idée de représenter sous ce costume de bergère toutes les reines de l'Europe, jeunes ou vieilles, belles ou laides[1]. Tout un siècle lira avec délices le roman de M. d'Urfé; les ballets, les fêtes, les mascarades, le théâtre et même quelquefois les sermons[2], tout s'inspirera de l'*Astrée*, et personne, sinon Monsieur Jourdain, ne s'avisera de dire : « Pourquoi toujours des bergers? On ne voit que cela partout. » En 1668, la Gazette, nouvellement fondée par Mayolas, donnera à ses lecteurs un feuilleton, le plus ancien sans doute de tous les feuilletons ; c'est un roman pastoral, en vers et par lettres, qui dure des années[3].

Le public était encore moins pressé au commencement du siècle. L'*Astrée* avait paru à de longs intervalles habilement ménagés, et personne ne savait, au bout de treize ans et de quatre volumes, si Céladon se réconcilierait avec sa bergère. La longueur même et la durée du chef-d'œuvre défiaient toute concurrence ; il y eut très peu de romans pastoraux[4] écrits sur ce modèle. Par contre, l'*Astrée* laissait vivre à côté d'elle toutes les autres variétés du roman : les romans de bergerie et de chevalerie espagnols,

mousquetaire, en grosses bottes, contemple curieusement les ébats du dieu de la rivière de Sorgue, entouré de ses Naïades, comme le Rhin de Boileau.

(1) *Les vrais portraits de quelques-unes des dames de la chrétienté*, Amsterdam, in-4°, 1640-1641, par Crispin de Pas, qui a fait aussi les gravures du *Berger extravagant*.

(2) Tallemant, *Historiette* de Camus, tome IV, p. 148.

(3) Lettres de Mayolas. Chaque feuilleton se compose d'une lettre du berger et de la réponse de la bergère, disposées en regard l'une de l'autre : en tête un titre qui résume les deux lettres. Pour le premier feuilleton on lit d'un côté: Offre de service ; en face, Rebut. Le roman commencé en 1668 n'est pas fini en 1672, date où le journal disparaît. C'est probablement de ce feuilleton qu'est venue la locution familière: *Réponse du berger à la bergère*.

(4) On en trouverait difficilement plus d'une demi-douzaine. Un de ces romans est intitulé la *Fille d'Astrée*, comme il y aura plus tard une *Fille du Cid*.

si goûtés en France, qu'en 1609 on imprime contre eux, à Paris, une parodie dans leur langue [1] ; les romans picaresques, les romans anglais et italiens, les romans grecs de l'antiquité, traduits et imités comme des œuvres modernes, les romans latins de Barclay et de ses disciples, les romans édifiants de Camus, les romans mythologiques de Gombauld, de la Serre et de Gomberville, les romans tragicomiques de d'Audiguier ; nous en passons et des pires. Tels étaient, d'Urfé en tête, les innombrables ennemis contre lesquels Sorel partit en guerre ; il n'en omit aucun, et les attaqua et les parodia tous, l'un après l'autre.

C'était une faute, comme Camus le lui disait bien ; « ramasser toutes les folies des romans, c'était combattre contre l'air », faire une œuvre diffuse. Il aurait pu négliger tous les auteurs secondaires, les laisser mourir de leur belle mort, si trompeuse et si courte qu'elle dût être. Corneille n'a-t-il pas écrit en 1635, quelques années après la publication du *Berger extravagant :*

Mais on ne parle plus qu'on fasse des romans...
J'ai vu que notre peuple en était idolâtre [2].

L'*Astrée*, qui seule devait rester debout, méritait seule les honneurs d'une parodie. Mais un adversaire unique n'eût pas suffi à un homme tel que Sorel, avide de luttes, enivré de sciences, encyclopédie vivante, capable, s'il eût

(1) *La Chrysélie de Lidacéli, fameuse et véritable histoire, pleine de divers événements d'amour et de guerre, avec d'agréables digressions d'enchantements et de conversations pastorales,* par le capitaine Phlegethon, de la société comique des Enflammés, Paris, 1609, in-8°.

(2) *La galerie du Palais,* acte I, scène VI. — La remarque de Corneille est exacte. La publication de l'interminable roman de *Polexandre,* commencée en 1632, ne sera continuée qu'en 1637. Gomberville reprend les procédés des romanciers du XVI° siècle et imite Béroalde de Verville. Les amours de Polexandre et de la princesse de l'*Ile invisible* ne sont qu'une copie de la 4° partie des *Aventures de Floride.*

vécu quelques siècles plus tôt, de continuer le Roman de la Rose, et de le faire plus long qu'il ne nous est parvenu. Non-seulement il attaque tous les romanciers et critique du même coup le méchant style et le langage affecté de ses contemporains, mais il en veut à tous les poètes depuis Homère jusqu'à Ronsard, il en veut à la poésie même et à la mythologie. Remercions-le de n'avoir pas fait par surcroît, comme il le promettait, la critique de tous les systèmes de philosophie, anciens et modernes. Toutes ces diatribes, tantôt rejetées à la fin du livre dans un long commentaire, tantôt mêlées au texte, ne sont pas sans intérêt pour l'histoire littéraire du temps ; mais elle sont singulièrement confuses et enchevêtrées l'une dans l'autre. Il y a de tout dans le *Berger extravagant;* il y a même un joli roman, qu'il faut se donner la peine d'en extraire. Si on laisse provisoirement de côté le commentaire et les épisodes burlesques inintelligibles sans lui, si l'on supprime ou si l'on restreint la parodie de livres sans intérêt pour nous, il reste une agréable satire de la pastorale, qui peut se lire, même après le *Don Quichotte.* Au lieu du noble hidalgo de la Manche, qui promène dans toute l'Espagne sa folie héroïque, et qui trouve des ducs pour le mystifier, on verra un petit bourgeois parisien essayer, sur la foi des romans, de mener la vie pastorale, et servir de jouet à quelques hobereaux champenois, les compatriotes de Sorel. Ce n'est plus un livre à hautes visées, la satire de toute une littérature, de toute une nation et même de tout l'homme, mais un récit rustique et familier, un peu long, mais souvent plein d'esprit et de naturel. La meilleure façon de le louer, ce sera de le citer largement.

Ce début n'est-il pas joli ? « Paissez, paissez librement, chères brebis, mes fidèles compagnes: la Déité que j'adore a entrepris de ramener dedans ces lieux la félicité des premiers siècles, et l'Amour même qui la respecte se met l'arc en main à l'entrée des bois et des cavernes pour tuer les loups qui voudraient vous assaillir. Tout ce qui est en la nature adore Charite. Le soleil, trouvant qu'elle nous donne plus de clarté que lui, n'a plus que faire sur notre horizon, et ce n'est plus que pour la voir qu'il y revient. Mais retourne-t'en, bel astre, si tu ne veux qu'elle te fasse éclipser pour apprêter à rire aux hommes. Ne recherche point ta honte et ton infortune, et te plongeant dedans le lit que te prépare Amphitrite, va dormir au bruit de ses ondes.

Ce sont les paroles qui furent ouïes un matin de ceux qui les purent entendre, sur la rive de la Seine en une prairie proche de Saint-Cloud. Celui qui les proférait chassait devant soi une demi douzaine de brebis galeuses, qui n'étaient que le rebut des bouchers de Poissy. Mais si son troupeau était mal en point, son habit était si leste en récompense, que l'on voyait bien que c'était là un berger de réputation. Il avait un chapeau de paille dont le bord était retroussé, une roupille et un haut-de-chausse de tabis blanc, un bas de soie gris de perle, et des souliers blancs avec des nœuds de taffetas vert. Il portait en écharpe une panetière de peau de fouine, et tenait une houlette aussi bien peinte que le bâton d'un maître de cérémonies, de sorte qu'avec tout cet équipage il était fait à peu près comme Bellerose, lorsqu'il va représenter Myrtil à la pastorale du *Berger fidèle*. Ses cheveux étaient un peu plus blonds que roux, mais frisés naturellement en tant d'anneaux qu'ils montraient la sécheresse de sa tête, et son visage avait quelques traits, qui l'eussent fait paraître assez agréable, si son nez pointu et ses yeux gris à demi retournés et tout enfoncés ne l'eussent rendu affreux, montrant à ceux qui s'entendaient à la physionomie, que sa cervelle n'était pas des mieux faites. »

Un Parisien, le seigneur Anselme, observe cet étrange berger avec plus d'attention qu'il ne lui en aurait accordé quelques années plus tard. Bientôt les bergers extravagants ne seront plus si rares à Paris même ; toute la cour défilera dans les jardins de Nicolas des Yveteaux, pour voir l'ancien précepteur du Dauphin, travesti en Céladon, muni d'une houlette et même d'une bergère [1]. En attendant, le seigneur Anselme croit avoir affaire à un comédien qui répète ses rôles, et il s'approche de lui pour engager la conversation. Le berger ne demande qu'à raconter ses amours. Il s'appelle Louis, et sa maîtresse Catherine ; mais il a changé ces noms vulgaires en Lysis et en Charite. C'est à Paris, « cet abrégé du monde », qu'il a rencontré « cette unique merveille. » « Elle demeurait vers le quartier Saint-Honoré et non pas sans raison, puisqu'elle était honorée de tout le monde [2]. » Lysis, bravant les regards malicieux des voisins, « passait plus de dix fois en une après-dînée devant le temple de cette déesse », mais à la fin il a été heureux de la voir partir pour la campagne, où il espère la rencontrer plus souvent et l'adorer de plus près.

(1) L'impression du *Berger extravagant* était achevée dans les premiers mois de l'année 1628. Les extravagances de des Yveteaux n'ont commencé qu'à la fin de 1628, « vers la prise de la Rochelle », dit Tallemant (*Historiette de des Yveteaux*, t. 1, p. 343 et suivantes). Le bonhomme des Yveteaux n'a donc pu servir de modèle à Sorel, mais plus tard il fut souvent appelé par les contemporains le *Berger extravagant* ou le *Pastor fido*.

(2) « A la cour les turlupins restèrent. » Comparer Molière, *Critique de l'École des femmes*, scène 1. « La jolie façon de plaisanter pour des courtisans, et qu'un homme montre d'esprit quand il vient vous dire : Madame, vous êtes dans la place Royale et tout le monde vous voit de trois lieues de Paris, car chacun vous voit de bon œil, à cause que Boncuil est un village à trois lieues d'ici. »

A force de questions, Anselme finit par comprendre que Charite est la servante d'une riche Parisienne, en villégiature à Saint-Cloud. Il promet à Lysis de lui peindre un portrait merveilleux de sa maîtresse, et il ne sait comment se dérober à ses effusions, quand un homme accourt à eux, tout essoufflé, et demande « qu'on l'aide par charité » à ramener son pupille jusqu'à Saint-Cloud. Celui-ci a beau défendre la profession de berger, aussi ancienne que le monde, adoptée quelquefois par les Dieux eux-mêmes ; c'est en vain qu'il conseille à son tuteur de se faire berger comme lui, en compagnie de sa femme et de ses commis de boutique : — N'aurait-il pas bien plus de plaisir ici, à rire et à danser au son des musettes, qu'à se donner de la peine, comme il fait à Paris, en déployant des étoffes ? — « Ah ! ciel, s'écrie Adrien, qu'a commis notre lignée pour la punir ainsi ? je vois bien que ce pauvre garçon a perdu le sens tout à fait. » Et il raconte à son tour l'histoire de Lysis au seigneur Anselme. Il faut tout citer ; jamais la bourgeoisie économe et pratique ne s'est mieux peinte elle-même.

Ce jeune homme que vous venez de voir est fils d'un marchand de soie qui demeurait en la rue Saint-Denis. « Il n'a eu que lui d'enfant et l'a laissé riche, que nous espérions qu'il relèverait notre noblesse, et que nous verrions en notre lignée un Officier Royal qui nous servirait d'appui. Vous savez qu'il y a plusieurs fils de marchands qui le sont, et qu'encore que les nobles nous méprisent, nous valons bien autant qu'eux. Ils n'ont pas le pouvoir de donner comme nous de beaux offices à leurs enfants, et ce n'est que des emprunts qu'ils font chez nous que l'on les voit si braves. Cependant ils nous appellent des Sires et ils ont raison, car nous sommes de petits Rois. Mais pour venir à mon compte, le père et la mère de Louis étant morts, je fus élu son curateur comme son plus proche parent. Il avait déjà fait ses études au collège de Navarre et avait coûté plus d'argent qu'il n'était gros..... Je le pris en pension chez moi et l'envoyai chez de certains maîtres de Paris où l'on apprend le métier de conseiller. Ce sont des gens qui sont si experts, que quand un jeune homme est prêt à être reçu, ils lui apprennent en un mois tout ce qu'il doit répondre, et le sifflent comme un sansonnet, si bien que d'un écolier ignorant ils font toujours un docte sénateur[1]. Mon cousin étudia un an sous eux, où il fut envoyé pour ce faire, mais il ne se put jamais résoudre à prendre la longue robe. Au lieu de livres de droit, il n'achetait que de certains fatras de livres que l'on appelle des romans. Que maudits soient ceux qui les ont faits. Ils sont pires qu'hérétiques. Les livres de Calvin ne sont pas si damnables : au moins ne parlent-ils que d'un Dieu, et ceux-ci parlent de plusieurs, comme si nous étions encore au temps des païens qui adoraient des bûches charpentées en hommes. Cela trouble l'esprit des jeunes gens, et comme ils voient que là dedans l'on ne parle que de jouer, de danser et de se réjouir avec des demoiselles, ils veulent faire tout de même, et font enrager leurs parents[2]. Ces livres là sont bons à ces Hobereaux,

---

(1) Ces industriels étaient fort nombreux à Paris ; pendant la nuit, ils allaient couvrir de leurs affiches les devantures des boutiquiers, qui souvent portaient plainte. (Sorel, *Recueil des pièces en prose les plus agréables de ce temps*, Paris, Sercy, 1644.)

(2) *Sganarelle*, scène I :

Voilà, voilà le fruit de ces empressements
Qu'on vous voit nuit et jour à lire vos romans :
De quolibets d'amour votre tête est remplie,
Et vous parlez de Dieu bien moins que de Clélie.
Jetez-moi dans le feu tous ces méchants écrits,
Qui gâtent tous les jours tant de jeunes esprits.

qui n'ont rien à faire tout le long d'un jour qu'à piquer un coffre dans une antichambre ; mais pour le fils d'un bon bourgeois, il ne faut point qu'il lise autre chose que les *Ordonnances royaux*, ou la *Civilité puérile*, et la *Patience de Grieslidis* pour se réjouir aux jours gras. Je le disais bien à Louis, mais il ne me voulait point croire et j'avais beau lui commander qu'il apprît par cœur les *Quatrains de Pibrac*, ou les *Tablettes de Mathieu* pour nous les venir dire quelquefois au bout de la table, quand il y aurait compagnie, il n'en voulait point ouïr parler. »

Molière a dû relire souvent ces pages savoureuses ; il a traduit en vers[1] les réflexions d'Adrian, et les a mises, sans grands changements, dans la bouche de Gorgibus. Et comment le fils de maître Jean Poquelin, valet de chambre-tapissier du roi, ne se serait-il pas intéressé à Lysis, persécuté par sa famille parce qu'il aime trop le théâtre et les romans ? En vain Adrian brûle tous ces mauvais livres qui remplissent la chambre de son pupille ; celui-ci en achète toujours de nouveaux. Et quand, perdant patience, il le prie un jour, au nom de tous ses bons parents et amis, de lui dire de quelle vacation il veut être : « Comédien répond Lysis, c'est une charge qui ne paye point la paulette, et qui est bien excellente, puisqu'encore qu'un comédien soit de toutes sortes d'états l'un après l'autre, il n'en achète pas un. » Cette réponse, ajoute Adrian, me pensa faire mourir de douleur, et nous le croyons de reste. Ce n'est heureusement qu'une malice de Lysis, qui s'enferme

---

Lisez-moi comme il faut, au lieu de ces sornettes,
Les *Quatrains* de Pybrac, et les doctes *Tablettes*
Du conseiller Matthieu, ouvrage de valeur,
Et plein de beaux dictons à réciter par cœur.

L'imitation a été signalée par Sainte-Beuve, *Tableau de la poésie française au XVIe siècle*, tome II.

des mois entiers dans sa chambre pour déclamer des bergeries, jusqu'au jour où il se sauve à la campagne, sous ce déguisement de carnaval. Cette fois la mesure est comble ; son tuteur va le faire enfermer à l'hôpital Saint-Martin, dans une petite maison, où il sera fouetté tous les jours jusqu'à son complet rétablissement.

Devant ces menaces, Anselme demande à se charger du berger ; il ne dit pas qu'il veut s'amuser de sa folie, mais il promet de le guérir en lui faisant voir les compagnies, et ses protestations rassurent à moitié le marchand Adrian, qui s'empresse de retourner à ses affaires. Alors commence une série d'aventures aussi invraisemblables que bouffonnes. La maîtresse de Charite, la riche Léonor, a une fille que le seigneur Anselme serait fort aise d'épouser ; il obtient l'entrée de la maison pour lui et pour son berger, dont la passion lyrique met tout le monde en joie. Un peu plus tard, quand les belles Parisiennes vont achever la saison dans la Brie, Anselme persuade à Lysis que leurs maîtresses respectives sont parties pour le Forez, et lui propose d'aller les y rejoindre. Faire le pèlerinage du Forez comme les seigneurs de la cour[1], retrouver sur les bords fleuris du Lignon tous les héros de M. d'Urfé et partager leur innocente vie, — à cette idée, Lysis ne se sent plus de joie, il voudrait déjà être parti. A peine s'il consent à s'habiller comme tout le monde pour traverser Paris, où il n'oublie pas de renouveler sa provision de romans chez les libraires, et de passer à l'hôtel de Bourgogne pour assister à une pastorale.

Trois jours plus tard nos voyageurs arrivent en Brie. En

---

(1) Les jeunes amis du cardinal de Retz faisaient encore ce voyage, pour étonner à leur retour les cercles où l'on jouait aux gages en se posant des questions sur la topographie de l'*Astrée*.

passant la petite rivière du Morin, près de Coulommiers, Lysis se croit sur le pont du Lignon ; il veut descendre de carrosse et revêtir aussitôt ses habits de berger. Tout ce pays est fort gai ; à l'approche des vendanges, ce ne sont que fêtes, bals et collations en plein air, tous les hobereaux champenois se renvoient le nouveau berger comme un volant. L'un d'eux, Hircan, quelque peu magicien, lui persuade qu'il l'a métamorphosé en fille, et l'envoie servir chez Léonor, aux côtés de la belle Charite. C'est la parodie d'une des situations les plus scabreuses de l'*Astrée*[1], d'une de celles qui faisaient désirer à un évêque, descendant d'Honoré d'Urfé, que le roman fût recommencé par un janséniste. Hircan finit par rendre son sexe à Lysis, mais celui-ci va de nouveau se métamorphoser lui-même. Il s'est logé chez un paysan, il a acheté un troupeau et arrêté un chien sans maître qu'il nomme Musidore, ou présent des Muses ; il a même engagé, pour se faire servir et instruire en même temps, Carmelin, l'ancien valet d'un régent, lequel ne parle que par citations[2]; bref, il serait un berger parfaitement heureux, si sa bergère n'était aussi cruelle que celle de Céladon. Elle a refusé un de ses billets doux, et l'infortuné passe la nuit en plein air à se lamenter; au matin, ses amis, venus pour le consoler, le trouvent

---

(1) Elle se prolonge (*Astrée*, 3ᵉ partie, livres 9, 11 et suivants). — Il est bon d'ajouter que ces travestissements féminins étaient moins invraisemblables autrefois que Sorel veut bien le dire. Ce n'est pas seulement le roman qui en fournit des exemples, mais bien l'histoire galante du XVIIᵉ siècle tout entier *(Histoire secrète de la princesse de Paphlagonie, Histoire de Henriette d'Angleterre, Mémoires de l'abbé de Choisy)*.

(2) Sorel a donné à ce valet savant le nom d'un dentiste du temps, qui avait pris pour devise l'hémistiche de Virgile : Uno avulso, non deficit alter (Voir le *Chevræana* et le *Francion*, p. 243). Le nom du valet Carmelin reparaît plus d'une fois dans les comédies du XVIIᵉ siècle.

appuyé contre un vieux saule, un de ces saules qui servent de boîte aux lettres aux amoureux de l'Astrée [1].

« Hircan allant tout doucement par derrière le berger pour lui faire peur, lui voulut faire tourner son chapeau, mais il lui donna une telle secousse qu'il l'envoya contre les branches d'un saule qui était tout contre, où il s'arrêta... De mauvaise fortune, Clarimond et Hircan n'avaient point de bâton pour lui servir à l'abattre, et Carmelin avait emporté sa houlette pour mener le troupeau. Le saule était fort haut, néanmoins il y monta bien en mettant son pied sur des ouvertures que la pourriture y avait faites ; mais comme il allongeait le bras pour atteindre à son chapeau il glissa tout d'un coup et tomba dedans le creux de l'arbre, que la vieillesse avait si bien rongé qu'il y avait place pour un homme. On ne lui voyait plus que la tête et les bras qu'il étendit d'un côté et d'autre pour empoigner deux grosses branches, et étant en cette posture, il commença à s'écrier ainsi : Il n'y faut plus songer, Clarimond, la chose est faite ! en vain vous délibérerez de quelle sorte je serai métamorphosé ! mon destin a voulu que je fusse changé en arbre. Ah ! Dieu, je sens mes jambes qui s'allongent, et se changeant en racine se prennent dedans la terre. Mes bras sont maintenant des branches, et mes doigts des rameaux. Je vois déjà les feuilles qui en sortent. Mes os et ma chair se changent en bois, et ma peau se durcit et se change en écorce. O anciens amants qui avez été métamorphosés, je serai désormais de votre nombre, et ma mémoire vivra éternellement avec la vôtre dedans les ouvrages des poètes. O vous, mes chers amis, qui êtes ici, recevez mes derniers adieux, je ne suis plus au rang des hommes [2] ».

(1) *Astrée*, 1re partie, livre IV. — L'épisode est rappelé par Corneille, dans la *Suite du Menteur*, acte IV, scène I.
(2) *Berger extravagant*, livre V, pages 306 et suivantes.

Et il reste dans son arbre. Ni le fer ni la flamme ne l'en peuvent arracher. Au premier coup de cognée qu'un bûcheron porte au saule, Lysis pousse de longs gémissements. Il refuse de prendre aucune nourriture ; tout au plus s'il consent à se laisser verser du vin ou du bouillon par un entonnoir, « car la pluie tombe tout à plomb sur la tête des arbres. »

La nuit vient. Lysis, demeuré seul, invoque la lune : « Sois la bienvenue, belle Diane au front d'argent, où est-ce que tu cours si vite ? Il m'est avis que dedans ce calme, j'entends ici claquer le fouet dont tu chasses vivement tes chevaux ; tu voudrais quasi leur faire prendre la poste. Arrête-toi à remarquer la fortune qui est arrivée à un misérable pasteur. »

La lune n'a pas le temps de l'écouter, mais voici sortir d'entre les arbres trois Nymphes, l'une vêtue de gaze d'argent et les deux autres de futaine blanche. Elles entourent le saule de Lysis, et le supplient de descendre, car les Hamadryades manquent de cavaliers pour la danse. Lysis se fait un peu prier, il se sent attaché à ses nouvelles fonctions d'arbre ; mais un texte du poète Desportes, cité à propos, triomphe de sa résistance. Les Hamadryades, les Naïades et le dieu de la rivière Morin qui les accompagne, entraînent Lysis dans une ronde folle ; après quoi toute la compagnie, entrant dans un ruisseau jusqu'à mi-jambes, remonte jusqu'à une grotte où la Nymphe du lieu leur offre une collation de cotignac et de pâté ; aux premiers rayons du jour, on ramène Lysis à son arbre. Le lendemain, même fête ; mais en l'absence de Lysis son saule a été coupé ; il a peine à retrouver sa place et s'y tient fiché comme un pieu, jusqu'à ce que le magicien Hircan commande aux vents (ce sont deux valets munis d'énormes soufflets) de le renverser, et le rend à la condition de berger.

Cet épisode est un des plus amusants du livre, où il y en aurait bien d'autres à glaner. Il ferait bon entendre Lysis exposer, trente ans avant la grande Mademoiselle, le projet d'un Etat pastoral dont il serait naturellement le prince, d'un État de délices où les jeunes gens n'auraient à soutenir que des thèses d'amour, où les femmes ne seraient point coquettes, où les hommes passeraient leur vie à lire des romans et à jouer des comédies. Ce projet paraît si beau aux amis de Lysis que, séance tenante, ils représentent en plein champ quelques pièces nouvelles de son invention. Lui-même, encouragé par ce succès, adresse une proclamation aux poètes et aux romanistes de Paris, pour qu'ils viennent le rejoindre, et il a la satisfaction de se croire écouté. Ce n'est pas un roi sans sujets ni sans gloire ; les gentilshommes du pays se donnent le mot pour se faire bergers avec lui ; d'autres viennent lui demander le secours de son bras ; à lui seul est réservé l'honneur de délivrer la belle Rhodogine, gardée par un affreux dragon [1].

C'est ici seulement que l'imitation du *Don Quichotte* devient trop visible, et encore Sorel trouve-t-il des détails ingénieux. Lysis prétend s'armer à l'antique, et se fait apporter les œuvres des poètes de la Pléiade, tous représentés à la première page avec une casaque à la grecque,

---

(1) Comparer *Don Quichotte*, traduction Viardot, 1ʳᵉ partie, livre IV, p. 258. Bataille contre les outres. — p. 274. Histoire de l'infante Micomicona. — 2ᵉ partie, chap. 22, p. 532. La grande aventure de la caverne Montésinos. — ibid, ch. 36 à 41, p. 623 à 651. Histoire de la duègne Doloride.

Sorel reconnaît (*Rem.* sur le XIVᵉ livre du *Berger extravagant*, p. 543-548), qu'il a lu *Don Quichotte*, mais déclare, avec raison, qu'il ne l'imite pas servilement.

comme cet avoué, disciple de du Bartas, qui s'intitulait *Droit-conseillant parisien*. Une serviette au col, les bottines chaussées à cru, la lance au poing, Lysis s'embarque avec son valet Carmelin dans un carrosse hermétiquement fermé, qui doit franchir les mers, et qui les dépose à la porte d'une cave où ils se battent contre des mannequins. A son retour, le vainqueur raconte des merveilles de son expédition : il a traversé des pays enchantés, des républiques d'oiseaux parleurs, des contrées bizarres habitées par des hommes diaphanes, (Cyrano de Bergerac fera son profit de ce récit [1]), il a pris place à des banquets magnifiques, tandis que son valet Carmelin proteste qu'il n'a rien vu, rien bu, rien reçu que des coups.

Mais il n'est si bonne compagnie qui ne se sépare. Le marchand Adrian et sa femme Pernelle passent dans le pays en revenant du pèlerinage de Faremoustiers. Ils sont très fâchés de trouver leur pupille plus fou que jamais, et font tant de bruit qu'on se décide à le leur rendre. Mais auparavant le Berger extravagant sera obligé d'entendre une longue diatribe contre la poésie et les romans ; on lui prouvera sans pitié qu'il a été le jouet d'une longue mystification. Le voilà tout triste et rassoté ; il ne lui reste plus qu'à se marier avec Charite, et « une fois marié, il n'aura plus de belles histoires à nous raconter », le roman est fini.

Sans doute il aurait dû finir plus vite, être enlevé d'une main plus légère ; mais n'a-t-il pas son intérêt, ne devine-t-on pas, même dans une analyse, bien des épisodes charmants ? Et si l'on réfléchit aux difficultés d'un sujet pareil, si l'on se rappelle combien Cervantès est un dange-

---

[1] Ces imitations de Cyrano de Bergerac seront résumées dans le dernier chapitre.

reux modèle, puisqu'il a perdu les écrivains les plus bouffons et les plus délicats, on rendra plus volontiers encore justice à Sorel : il a eu (une fois n'est pas coutume), plus d'imagination et d'esprit que Scarron[1] et que Marivaux[2]. S'il a perdu beaucoup de pages à parodier des romans oubliés, du moins la critique de l'*Astrée* se détache assez nette dans ce livre qui suit l'original de près, exagère avec justesse les ridicules des premiers rôles, et marque nettement les disparates de l'œuvre. L'*Astrée* avait été une école de décence relative, mais ses bergers ne sont pas toujours assez respectueux, ni ses bergères assez sages, malgré les paroles du grand druide Adamas : « L'Amour n'est qu'un désir de beauté et y ayant trois sortes de beautés, celle qui tombe sous les yeux, de laquelle il faut laisser le jugement à l'œil, celle qui est en harmonie, dont l'oreille est seulement capable, et celle enfin qui est en la raison, que l'esprit seul peut discerner, il s'en suit que les yeux, les oreilles, les esprits seuls doivent en avoir la jouissance. Que si quelques autres sentiments s'y veulent mêler, ils ressemblent à ces effrontés, qui viennent aux noces sans y être conviés[3]. » Le mal est que ces effrontés sont assez nombreux dans l'*Astrée*, et Sorel n'eut garde de laisser passer ces épisodes scabreux. Il eut plus de mérite, au milieu de l'admiration générale, à reconnaître du premier coup les parties faibles de ce beau livre, les défauts qui devaient influer si longtemps sur notre théâtre, ceux qu'on retrouve chez Corneille aussi bien que chez Racine et chez

---

(1) Dans une comédie inachevée, Scarron décrit les exploits d'une sorte de don Quichotte qui habite Bourbon l'Archambault. Sur cette comédie intitulée le *Faux Alexandre*, voir *Scarron, étude biographique et littéraire* par M. Morillot, p. 307.

(2) Sur la mauvaise imitation du *Don Quichotte*, par Marivaux, voir l'ouvrage de M. Larroumet sur *Marivaux, sa vie et ses œuvres*, p. 331.

(3) *Astrée*, tome II, p. 132.

Molière, les subtilités galantes et la phraséologie doucereuse. Les flammes, les chaînes, les soupirs, tout « ce petit meuble de bouche, » sera précieusement conservé sur la scène, même quand les honnêtes gens l'auront depuis longtemps abandonné par dérision aux hobereaux campagnards[1]. Tous ces ridicules venaient en grande partie de l'*Astrée* ; Sorel les a signalés dès leur apparition, il les a poursuivis sans relâche, dans les livres et sur les lèvres de ses contemporains, et ses critiques restent.

Mais la meilleure parodie n'est jamais qu'une œuvre négative, et Sorel sentait bien qu'il ne suffisait pas de parodier l'*Astrée*. Aux descriptions factices de la pastorale il a donc opposé les mœurs réelles, aux courtisans et aux bourgeois de la ville, déjà décrits dans le *Francion*, il a ajouté des types nouveaux : le paysan champenois, superstitieux et rusé, le hobereau campagnard, ami de la gaîté et des bons vins ; ce n'est pas lui qui se résignerait à vivre d'amour et d'eau fraîche, fût-elle du Lignon. On peut même regretter que l'auteur du *Berger extravagant* n'ait pas abrégé ses dissertations, pour multiplier ces récits familiers où il excellait. L'odyssée du valet Carmelin décrivant à grands traits la douzaine de maîtres qu'il a fidèlement servis[2], l'histoire de Genèvre[3] et celle de Clarisse[4], les petites bourgeoises folles de toilettes, ces épisodes et d'autres, pleins de curieux détails, ont servi plus d'une fois de modèles à Furetière. Molière a pris, lui

(1) Comparer le *Gentilhomme campagnard*, de Gillet de la Tessonnerie, 1657, acte I, scène II, — it. le *Dialogue facétieux d'un gentilhomme français, se complaignant de l'Amour, et d'un berger qui le trouvant dans un bocage, le réconforta, parlant à lui en son patois*. Metz, Antoine, 1671, in-12.
(2) *Berger extravagant*, livre VIII, p. 151.
(3) *Berger extravagant*, livre II, p. 80, 87.
(4) *Berger extravagant*, livre XI, p. 287.

aussi, son bien chez Sorel, il l'a même pris si souvent qu'on peut sacrifier sans hésiter tous les emprunts douteux.

Ainsi la jolie comparaison du Joueur de boules, de l'*Etourdi*, figure déjà dans le *Berger extravagant* : de même que Lélie suit avec une émotion croissante les sottises de son maître, ainsi Lysis, au théâtre, retient de la voix et du geste un Satyre trop empressé auprès d'une Nymphe, et finit même par se jeter sur la scène pour éviter un malheur[1]. Ici c'est Rabelais qui a inspiré Sorel et Molière, de même qu'un peu plus loin il leur a encore donné à tous deux une scène de la *Femme Mute*[2]. Le jeu de mots de Gorgibus sur les sonnets et les sonnettes se trouve également dans le *Berger extravagant*, mais il y a longtemps qu'il a déjà été fait par Malherbe[3] ; il doit être banal, aussi bien que les plaisanteries de Sorel sur les carrosses et les chaises roulantes des dieux[4], qui rappellent le prologue d'*Amphitryon*[4].

Il est inutile de nous arrêter à de pareils rapprochements. En voici un qui mérite plus d'attention. Pour réfuter des anecdotes suspectes, et prouver que Molière a composé lui-même le sonnet d'Oronte, il suffit de remarquer qu'il a déjà employé deux hémistiches, deux expressions saillantes de ce sonnet dans *Don Garcie de*

---

(1) *Berger extravagant*, livre III, p. 146. — L'*Etourdi*, acte IV, scène IV. Sorel a repris la comparaison du Joueur de boules dans le *Polyandre*, tome I, p. 551.

(2) *Berger extravagant*, livre II, p. 349 et *Remarques*. — Le *Médecin malgré lui*, acte III, scène VI.

(3) *Berger extravagant*, livre I, p. 51, cité par M. Livet dans son édition des *Précieuses ridicules*, p. 131.

(4) *Berger extravagant*, livre VI, p. 400.

Navarre[1]. Mais d'où vient la pointe finale, la chute jolie, amoureuse, admirable :

> Belle Philis, on désespère
> Alors qu'on espère toujours ?

Cette antithèse se trouve, répétée par trois fois, dans la sérénade du *Trompeur de Séville*[2] de Tirso de Molina, mais rien ne prouve que Molière ait imité cette pièce dans *Don Juan*, ni même qu'il l'ait jamais lue ; à plus forte raison les vers du *Misanthrope* ne peuvent-ils venir de là.

Le même trait se retrouve encore, cette fois tourné en ridicule et accompagné d'un long commentaire, dans le *Berger extravagant*[3], que Molière a certainement lu et imité. Serait-ce donc Sorel qui aurait inspiré Oronte ? Avant de décider la question, relisons d'abord, dans la traduction de Lancelot, cette vieille Nouvelle espagnole,

---

(1) *Don Garcie de Navarre*, acte V, scène V :
   Lorsque par la contrainte on obtient ce qu'on aime
   C'est un triste avantage.
Don Garcie de Navarre, acte IV, scène IX :
   Il n'est *soins* ni raisons qui *m'en puissent distraire.*
(2) Elle est citée presque en entier dans l'édition du *Misanthrope* de M. Livet.
(3) *Berger extravagant*, *Remarques* sur le II° livre, p. 50 : « Ronsard a voulu faire une description de l'amour dans l'une de ses chansons ; il en parle ainsi :
   C'est un plaisir tout rempli de tristesse,
   C'est un tourment tout confi de liesse,
   Un désespoir où toujours on espère,
   Un espérer où l'on se désespère.
Il a mis ainsi plusieurs contrariétés, que l'on prendrait aujourd'hui pour du galimatias, car il serait fort difficile d'y trouver du sens. Néanmoins plusieurs, en parlant de l'amour, ont usé de ce style, pour montrer la peine qu'il y avait à connaître sa nature. Belleau, qui a commenté cette chanson de Ronsard, dit qu'il en a pris l'invention de Bembo, mais je crois plutôt qu'il l'a prise de Robert de Reims, qui a fait une chanson toute semblable. Elle est dedans Fauchet, au sommaire qu'il a fait des œuvres de nos anciens poètes. »

dont le titre, la *Dévote hypocrite* [1], fait déjà penser au rôle d'Arsinoé dans le *Misanthrope*, et qui tient les promesses du titre.

Deux sœurs, deux orphelines vivent seules dans une modeste maison de Madrid, où elles reçoivent force galants. L'aînée, Délie, est fort coquette, mais en tout bien tout honneur : elle ne pense qu'à trouver un mari, après s'être bien amusée. La cadette, Lamie, « ne va qu'en cloîtres de religieuses, ne fréquente que les églises où il y a des indulgences, ne parle qu'à des prédicateurs et à des casuïstes. » Cette sérieuse personne a un amant, un robin discret, qui s'introduit toutes les nuits dans la maison, et s'esquive au petit jour. Comme cet amant trop pauvre ne peut la mener à rien, Lamie lui fait entendre raison et se met en mesure de séduire le prétendant préféré de sa sœur, le riche trésorier Fernand. La première fois qu'elle se rencontre seule avec lui, elle rougit, baisse les yeux, l'accable de compliments sur ses mérites, et finit par lui déclarer sa passion. Qu'elle le plaint d'être tombé entre les mains de sa sœur, « excessive en habits, toujours plantée sur sa fenêtre, exposée aux regards des cavaliers », perdue de réputation ! N'a-t-elle pas autant de beauté et plus de modestie que cette coquette ? « Ce n'est pas par afféterie qu'elle porte cette robe noire, mais par vertu, et vivant dans la retraite, jamais la calomnie n'a pu l'atteindre. » A bon entendeur, salut. Qu'il fasse son choix, le bonheur et la sécurité lui tendent la main.

Cette déclaration met Fernand dans un cruel embarras ; il est surpris de cette perfidie : « Délie est votre sœur, » s'écrie-t-il avec douleur, elle est coquette, mais point

---

[1] *Les Nouvelles de Lancelot, tirées des plus célèbres auteurs espagnols*, Paris, 1628, et Rouen, 1641, in-8°. — *La dévote hypocrite*, p. 204, 217, 250.

coupable. Il est difficile de haïr en un instant celle que l'on a longtemps aimée. L'amour que vous m'offrez, je voudrais vous le rendre, mais « l'affection des hommes dépend du ciel, car si les astres ne les forcent, ils les inclinent » ; laissez faire le temps.

Il parle encore, quand la pauvre Délie entre joyeuse en fredonnant une chanson ; mais ses agaceries ne dérident pas Fernand qui se hâte de prendre congé des deux sœurs. Délie est toute triste, et boude comme une enfant ; sa sœur, qui vient de s'entretenir avec Fernand, doit savoir pourquoi il lui a montré tant de froideur. Lamie ne se fait pas trop prier, et commence un long sermon qu'il faut citer textuellement :

« C'est l'ordinaire effet du temps de changer les désirs et les humeurs, et au siècle où nous sommes, les espérances trop prolongées se convertissent en désespoirs. On n'arrête plus les amants par les faveurs communes, par les bracelets ni par les lettres, s'il n'y a parmi cela quelques gages plus secrets. Ce n'est plus la saison d'avoir tant de retenue, le fréquent usage de cette coutume a ôté tous les scrupules de l'amour du vieux temps. Un amant ne veut plus servir si longtemps sans récompense, l'amour sans la jouissance se convertit en impatience, l'impatience en désespoir, le désespoir en inconstance, et l'inconstance en mépris..... Mais la jouissance et le plaisir que l'on prend avec la chose aimée sert de fondement et d'assurance à un amour réciproque. »

Conclusion : l'honneur d'une femme, c'est la discrétion de son amant. Délie aurait dû avoir plus de complaisance, et se donner à Fernand pour le garder. Rebuté par sa froideur, ne s'est-il pas avisé d'adresser ses hommages à Lamie, que cette préférence met au supplice ?

Il est temps d'abréger cette analyse. On trouverait encore, en poursuivant, une jolie scène de fâcherie et de raccommodement entre Fernand et Délie. Celle-ci n'a eu garde d'écouter les conseils de sa sœur ; au contraire, elle le prend de haut avec Fernand, et l'oblige à s'expliquer. « Je pense bien, lui dit-il, avoir quelque sujet de me plaindre de la permission que vous donnez à tant de jeunes cavaliers de faire les passionnés de vous. En effet votre humeur un peu trop libre sert d'objet aux médisants pour excuser leur malice, et à moi d'occasion pour me faire mourir de jalousie ». Pour lui prouver qu'il est encore en vie, Délie l'embrasse, et l'excuse suffit à Fernand ; peut-être n'eût-elle pas suffi à Alceste. On suivrait encore avec intérêt la perversité de Lamie, et les nouveaux artifices qu'elle imagine pour perdre sa sœur. La Nouvelle se termine par la punition du vice et le triomphe de la vertu. Délie devient plus raisonnable, s'habille plus simplement et épouse Fernand. Lamie, convaincue d'imposture, entre au couvent pour pleurer ses péchés et se convertit sincèrement.

Quelles que soient nos préférences pour Sorel, nous sommes bien obligés de reconnaître que l'auteur du *Misanthrope* a imité, non le *Berger extravagant*, mais la *Dévote hypocrite*. D'un côté, il ne trouvait qu'une pointe ridicule, perdue dans un long commentaire ; de l'autre, un récit intéressant dont il ne pouvait méconnaître la valeur. On pourra chercher si Molière n'a pas lu la Nouvelle, traduite par Lancelot, dans le texte espagnol [1], de même que pour le *Tartuffe* il ne s'est pas arrêté aux *Hypocrites* de Scarron, mais a remonté jusqu'à l'original,

---

(1) Il nous a été impossible de le retrouver.

à la *Fille de Célestine*, de Barbadillo[1] ; mais sur la question même de l'imitation il ne semble pas qu'il subsiste de doutes. S'il est vrai qu'on ne prête qu'aux riches, et qu'on soit souvent tenté de prêter à Molière, même quand il n'a besoin de rien, s'il y a beaucoup de rapprochements fortuits (et l'on pourrait en faire de curieux à propos du même *Misanthrope*[2]), le hasard ne suffit pas ici pour expliquer toutes les ressemblances, tandis que les différences s'expliquent toutes seules. La vieille Arsinoé n'est pas la sœur de la coquette Célimène; mais, comme la jeune Lamie, et dans les mêmes circonstances, elle cherche à lui voler son amant : son rôle est moins odieux, mais tout aussi dramatique. De même, le discours de Lamie à Délie « sur les espérances prolongées qui se convertissent en désespoirs, » est bien l'origine du couplet d'Arsinoé sur les galants :

Et de là nous pouvons tirer des conséquences,
Qu'on n'acquiert point leurs cœurs sans de grandes
[avances,
Qu'aucun pour nos beaux yeux, n'est notre soupirant,
Et qu'il faut acheter tous les soins qu'on nous rend.

Ce discours est en même temps la version brutale du son-

(1) C'est la conclusion de M. Eugène de Roberville, qui a publié en 1888, sous le pseudonyme de P. d'Anglosse, une brochure intitulée: *Molière, Scarron et Barbadillo*. Molière a emprunté à Barbadillo plusieurs traits qui ne sont pas dans Scarron.

(2) Les incidents si naturels qui exaspèrent la misanthropie d'Alceste, et qui la développent dans toute sa beauté, ces incidents ne sont-ils pas tous réunis dans une locution proverbiale, souvent citée par les contemporains ? — *Balzac*, édit. in-folio, 1665, tome I, p. 92. — Item. *Comédie des comédies*, par le sieur du Pescher, 1629, acte II, scène II « Comme si je n'eusse pas eu assez de la fièvre, j'ai encore de l'amour, et il ne me reste qu'un procès et une querelle, pour achever ma bonne fortune. » — It. Le *Menteur*, acte II, scène VIII :

D'aujourd'hui seulement je produis mon visage,
Et j'ai déjà querelle, amour et mariage !
Pour un commencement, ce n'est point mal trouvé;
Vienne encore un procès, et je suis achevé.

net précieux d'Oronte. Molière a employé deux fois les mêmes pensées, et les a mises en valeur par un procédé dont on a déjà vu et dont on verra encore plus d'un exemple; il ne change pas les paroles, mais le ton, les circonstances, les interlocuteurs, et presque toujours il imite plusieurs auteurs à la fois. C'est lui qui aurait le droit de dire :

J'en lis qui sont du Nord, et qui sont du Midi.

Dans la scène qui nous occupe, les réflexions d'Alceste sur l'amitié sont empruntées à un ouvrage de morale d'Aristote[1], l'idée de la lecture du sonnet à la *Mélite* de Corneille[2], le sonnet à une Nouvelle espagnole, les plaisanteries sur les écrivains amateurs aux *Lettres* de Balzac, la chanson du roi Henri au répertoire populaire. On ne sait ce qu'il faut le plus admirer, de la mémoire qui a réuni des éléments aussi divers, ou de l'art qui les

---

(1) Le *Misanthrope*, acte I, scène II :
　Avec lumière et choix cette union veut naître, etc.
Comparer Aristote, *Morale à Nicomaque*, livre VIII, chap. III. — Cette imitation assez longue nous a été indiquée par feu M. Glachant.
　(2)　　Ma sœur, un mot d'avis sur un méchant sonnet
　　　Que je viens de brouiller dedans mon cabinet.
　　　　　　　　　　Mélite, acte II, scène, IV.
Molière a trouvé dans la même pièce l'idée du débat entre les petits marquis, qui se flattent tous deux d'être du dernier bien avec Célimène :
Philandre. — Cependant apprends-moi comment elle te traite
　　　Et qui te fait juger son ardeur si parfaite?
　　　　　　　　　　Mélite, acte III, scène II.
Clitandre. — Mais qui te fait juger ton bonheur si parfait?
　　　　　　　　　　Le *Misanthrope*, acte III, scène I.
Plus loin, le désespoir de Tircis, trompé par la coquette Mélite, inspire celui d'Alceste :
　O ciel! vit-on jamais tant de supercherie,
　Que tout l'extérieur ne fût que tromperie ?
　　　　　　　　　　Mélite, acte III, scène III.
　O juste ciel! faut-il qu'on joigne à tant de grâces
　Les vices odieux des âmes les plus basses?
　　　　　　　　　　Le *Misanthrope*, acte IV, scène II.
Cet exemple est d'autant plus remarquable que Molière intercale ces

ajustés, coordonnés, fondus dans une œuvre originale. L'imitation ainsi comprise devient une invention continuelle.

Si le *Misanthrope* ne doit rien au *Berger extravagant*, il n'en est pas de même pour le *Bourgeois gentilhomme*. Dès 1627, Sorel a décrit une variété du type ridiculisé par Molière ; il a raconté longuement l'histoire d'un « *Menuisier gentilhomme* [1] », d'un caporal de la milice bourgeoise, qui se fait peindre sous les armes, botté, éperonné, le chef ombragé d'un vaste panache, et qui s'attire par sa vanité la plus sotte des mésaventures. Entre ce récit et la pièce de Molière, il y a toute la distance qui sépare une anecdote bizarre d'une comédie de mœurs. Mais plus loin les réminiscences, les imitations sont plus faciles à reconnaître. « Le seigneur Anselme, dit Sorel,

derniers vers dans une tirade de *don Garcie de Navarre*, (scène VII, acte IV), qu'il a reproduite dans le *Misanthrope*, et que, pour cette pièce même de *don Garcie*, il avait déjà mis à contribution les scènes de *Mélite* visées plus haut. — *Mélite*, acte III, scène II :
    Une parfaite ardeur a trop de truchements
    Par qui se faire entendre aux esprits des amants :
    Un coup d'œil, un soupir...
Don Garcie, acte I, scène I :
    Sans employer la langue, il est des interprètes
    Qui parlent clairement des atteintes secrètes ;
    Un soupir, un regard, une simple rougeur,
    Un silence est assez pour expliquer un cœur, etc.
Les nombreux emprunts faits par Molière aux comédies et aux tragédies de Corneille n'ont pas été étudiés d'assez près. Le sujet mériterait une étude à part.

(1) *Berger extravagant*, livre VIII, p. 128. Le brave homme a invité tous ses amis à venir voir ce chef-d'œuvre. Suivant les instructions du peintre, il frotte la toile avec un linge mouillé pour en aviver les couleurs ; mais voici que le portrait se métamorphose à vue d'œil : la main qui brandissait une épée ne tient plus qu'un rabot, et tout le reste à l'avenant. Le peintre n'avait pas pardonné à son caporal de l'avoir laissé trop longtemps en faction ; « il avait fait à huile le portrait du menuisier cornu, et après il avait fait à détrempe par-dessus celui du *Menuisier gentilhomme*. »

vient d'une race de marchands, et le drap et la laine ont bien servi à le faire grand seigneur¹. » N'est-ce pas le métier qui a enrichi Monsieur Jourdain et qui lui permet de déployer tant de luxe ? Molière n'a pas dédaigné non plus d'observer cet autre bourgeois vaniteux, le fantassin Alican, prodigue comme un fils d'avare, et sot comme un parvenu². On le rencontre partout, promenant ses laquais « bariolés comme des arlequins, ou bien chamarrés de galons, avec des chiffres et des lacs d'amour ». Lui-même a toujours des habits extraordinaires « soit pour la façon, soit pour les couleurs ; et outre cela, il a une infinité d'ornements affectés. Il porte des pendants d'oreilles de toute sorte..... Il porte aussi ordinairement de petits nœuds aux coutures des souliers, lorsqu'il est en bas de soie..... Il est si soigneux d'être bien vêtu, que quand il veut quelquefois s'habiller de nouveau, il fait venir quatre maîtres tailleurs en consultation, de même que l'on assemblerait quatre fameux avocats pour donner leur conseil sur quelque affaire, et il leur donne de l'argent, pour leur faire aviser ensemble de quelle sorte il se fera vêtir pour son hiver ou pour son été, et quelles sont les modes les plus somptueuses. »

N'y a-t-il pas là quelques indications pour la toilette de Monsieur Jourdain ? Celui-ci est bien fier de son bel habit dont l'étoffe a tenté jusqu'à son tailleur³ ; il va tourner la tête à toutes les femmes, excepté à la sienne et à sa servante. Les jolies scènes, où celles-ci viennent lui dire ses vérités ! Molière a trouvé le contraste si plaisant et si na-

---

(1) *Berger extravagant*, livre VI, p. 380.
(2) *Berger extravagant*, livre XI, p. 297, 296.
(3) C'est une plaisanterie proverbiale. Comparer *Curiosités françaises* d'A. Oudin, p. 28. *La bannière du tailleur*, idiotisme, l'étoffe qu'il dérobe sur un habit.

turel qu'il l'a répété deux fois : Madame Jourdain ne trouve pas son mari plus séduisant en Turc qu'en marquis. De même, à diverses reprises, les travestissements bucoliques ou mythologiques du *Berger extravagant* excitent la colère de son cousin le drapier, et de sa cousine, une brave bourgeoise économe ; tous deux lui demandent, ce sont leurs expressions et aussi celle de Madame Jourdain, « s'il veut aller en masque [1]. »

Si toutes les sottises se paient, celle de Monsieur Jourdain est une des plus coûteuses. Il est naturel qu'il soit exploité par des intrigants de toute espèce ; mais le plus habile de tous ces aigrefins, le plus odieux à Madame Jourdain [2], a déjà été dessiné par Sorel. Dorante, le joli marquis, a dû lire les *Lois de la Galanterie* ; c'est dans cette petite pièce qu'il a appris l'art d'offrir aux « belles marquises [3] » des diamants, des concerts et des collations qui ne lui coûtent rien. Chacune de ces attentions est l'objet d'un article à part dans les *Lois de la Galanterie* ; le cadre est tout prêt, Molière n'aura plus qu'à le remplir en développant la conclusion de Sorel : « Il y a une habileté fort louable pour ceux qui ne sont pas capables de faire d'eux-mêmes tout ce qu'ils désireraient. C'est de se joindre de compagnie à ceux qui ont de quoi faire une grande dépense et de les y engager insensiblement, mais de telle

---

(1) *Berger extravagant*, livre XI, p. 340. Remarques, p. 389.
(2) Les répliques de Madame Jourdain à Dorante (scène V, acte III), sont empruntées au langage populaire parisien. — « Qu'avez-vous, madame Jourdain ? — J'ai la tête plus grosse que le poing, et si elle n'est pas enflée. » — On lit dans les *Curiosités françaises* d'Antoine Oudin, p. 323: « La maladie des enfants de Paris, la tête plus grosse que le poing, idiotisme, point de mal, item badauderie », qui dispense de répondre.
(3) « Belle marquise » doit être une expression toute faite. Voir la pièce intitulée : *Les yeux de la belle marquise malade*, dans le *Recueil de plusieurs pièces galantes de ce temps*, 1665, in-12, tome II, p. 20.

sorte que l'on croye que ce soit eux qui la fassent. Ainsi quelques-uns donneront des inventions de ballets et feront faire d'autres parties à leurs associés, dont ils auront l'honneur, parce qu'ils s'entremettront de tout, ou que les autres ne seront pas assez effrontés pour aller publier que c'est leur bourse qui fournit à l'appointement [1]. » Non, en vérité, Monsieur Jourdain, vous n'aurez pas cette effronterie.

Dorante n'a pas même dédaigné de feuilleter l'*Histoire comique de Polyandre*. Là, un charlatan criblé de dettes change tous les jours de logis pour dépister ses créanciers, qui du reste ont fait leur deuil de leur argent. Mais l'un d'eux s'obstine, traque notre homme, finit par le trouver chez lui ; il est reçu le mieux du monde et se laisse extorquer un nouvel emprunt, à rendre avec le reste. Dorante, l'escroc titré, a perfectionné le tour : il ne craint pas d'être poursuivi, il vient de lui-même, souriant, la tête haute, régler ses comptes et les augmenter [2]. Les rôles sont renversés, et Monsieur Jourdain est encore l'obligé de l'homme qui a parlé de lui dans la chambre du roi.

La vanité de Monsieur Jourdain est solide : il a résisté à tout, aux prêts d'argent, aux éclats de rire de Nicole, aux cris de sa femme, aux bouderies de sa fille. Il ne reste donc plus à Molière qu'à étaler une dernière fois cette vanité incorrigible dans une scène d'une fantaisie étourdissante, et à faire Monsieur Jourdain prophète dans son pays, dans sa propre maison. La comédie de mœurs et d'observation est même sortie, comme on le sait, de cet intermède bouffon. Molière avait reçu l'ordre « de joindre une mascarade turque à une action comique. » Mais comment ?

---

(1) Sorel, les *Lois de la galanterie*, art. VI.
(2) *Polyandre*, tome II, p. 208, 209. Le rapprochement a déjà été fait par M. Livet, dans son édition du *Bourgeois gentilhomme*, p. 232.

c'est précisément ce joint qu'il était difficile de trouver. La mascarade turque n'avait par elle-même aucune importance ; il y avait longtemps que l'on jouait de ces divertissements turcs à la cour, et même chez les simples particuliers [1]. Le chevalier d'Arvieu qui fut chargé de donner à Molière quelques détails sur les mœurs des Turcs, et qui vint travailler avec lui dans sa jolie maison d'Auteuil, le chevalier s'est singulièrement exagéré sa propre importance ; il ne voyait pas, derrière lui, un autre collaborateur plus utile, Sorel.

Car, je vous prie, qu'était-ce que la scène du couronnement d'Hortensius dans le *Francion*, sinon la première édition de la cérémonie turque ? Hortensius n'était qu'un grotesque, un personnage de farce, un caractère invraisemblable, soit, — encore que des hommes se soient rencontrés d'une vanité pareille, et que Molière lui-même ait pu voir chez Ninon de Lenclos le fameux abbé de Saint-Martin, l'abbé Malotru [2], celui-là même qui devait plus tard accepter avec reconnaissance, des mains de prétendus ambassadeurs, le bonnet de mandarin pyramidal, fourré par dedans de peaux de lapin, entouré de trois cercles d'or et surmonté d'une houppe très belle et très éclatante. Mais

---

(1) Ex. le *Ballet des Muets du grand seigneur*, dansé chez Mme Du Plessis-Guénegaud. (*Recueil des pièces nouvelles et galantes*, 2ᵉ partie. Cologne, Pierre Marteau, 1667, in-12°, p. 79). Ce ballet a été oublié par Beauchamps, dans la liste des ballets turcs de cette époque.

(2) Vigneul-Marville, *Mélanges de littérature*, tome I, p. 292 et suiv. L'abbé de Saint-Martin était noble comme son père et brave comme son neveu: « Mon père, disait-il, était un gentilhomme marchand de Saint-Lô, qui avait été trois fois marquis à l'Amérique, où il trafiquait avec honneur et profit, et j'ai eu la gloire d'avoir un neveu dans le service qui s'est battu trois fois en duel jusqu'au premier sang. C'est mon sang, ajoutait-il, de quelque côté qu'il coule, et il ne se démentira jamais : que ce soit l'oncle ou le neveu qui le répande, il est toujours répandu et sort toujours d'une même source. »

pour en revenir à notre sujet, si invraisemblable que fût ce caractère d'Hortensius, n'était-il pas conséquent avec lui-même ? Cette vanité si grosse ne s'était-elle pas développée logiquement et par degrés, jusqu'à ce qu'elle éclatât dans la bouffonnerie finale? Et par suite Sorel n'a-t-il pas indiqué la marche à suivre à Molière ? Les contemporains n'en doutaient pas [1] ; au lendemain de la représentation du *Bourgeois gentilhomme*, le roman du *Francion* eut un regain de réputation, et le graveur populaire Laigniet se hâta de mettre en vente une suite d'estampes représentant le couronnement d'Hortensius [2]. La meilleure preuve que Molière a bien eu sous les yeux cet épisode, et qu'il a remplacé la mésaventure du Menuisier gentilhomme par celle d'Hortensius, nous la demanderons au roman même de Sorel.

Rappelons-nous comment procède Hortensius, quand il est pressé par la jeune Frémonde de produire ses preuves de noblesse. Il va trouver un vieillard de son village et le supplie de venir témoigner qu'il a connu son père, et qu'il l'a toujours vu tenir dans le pays pour gentilhomme. L'autre refuse d'abord, mais Hortensius parvient à le convaincre : « Or bien, mon père était aussi gentilhomme que toi, et quand tu affirmeras qu'il était noble, tu ne mentiras point, car tu n'as pas le courage vilain, et il ne l'avait pas non plus. Je m'en vais te dire comment : si l'on vous eût

---

[1] C'est à tort que, dans son édition de Molière, tome VIII, p. 22, M. P. Mesnard trouve douteux cet emprunt de Molière, qui est signalé par tous les commentateurs.

[2] Elles font partie de la suite d'estampes isolées, laquelle accompagne dans certains exemplaires le *Recueil des plus illustres proverbes*, de Jacques Laigniet.(Bibliothèque de l'Arsenal, Nouveau fonds, n° 6677). Les estampes représentant le couronnement d'Hortensius sont au nombre de six ; la dernière porte cette mention: « Le livre (de *Francion*) vous en dira davantage. »

donné à tous deux cent mille livres de rente, vous ne vous fussiez pas adonnés à des exercices mécaniques, où la pauvreté attachait vos esprits, vous eussiez vécu sans rien faire, et vivre sans rien faire c'est être noble. La volonté que vous aviez doit être réputée pour le fait [1]. » Et voilà comment le père d'Hortensius et aussi le père de Monsieur Jourdain étaient gentilshommes. Mais Monsieur Jourdain n'est pas obligé d'aller chercher Covielle, celui-ci vient à lui ; il n'a pas besoin de lui souffler de lourds sophismes, c'est l'autre qui les trouve et qui répond à ses objections ; il n'a pas besoin de l'exciter. Covielle est trop fier de pouvoir rendre hommage à la vérité, « il la soutiendra devant tout le monde. »

La scène est plus vive, l'imitation est bien supérieure à l'original ; mais enfin c'est une imitation qui prouve que Molière, en composant le *Bourgeois gentilhomme*, n'a jamais perdu de vue le pédant Hortensius, et qui prouve aussi, par analogie, l'exactitude des autres rapprochements. Les traits signalés sont dispersés dans quatre ouvrages différents de Sorel; qu'importe si Molière a lu ces ouvrages ? Ce ne sont que des détails, ils n'avaient pas de valeur propre ; qu'importe encore, s'ils en ont reçu une ? Il était même nécessaire d'insister sur des emprunts aussi nombreux, tandis qu'on n'oserait dire que Corneille a lu le *Berger extravagant* parce que le Matamore de l'*Illusion comique* se vante d'être l'amant de la Lune, tout comme le magicien Hircan [2] ; ce détail isolé ne prouve rien

---

(1) *Francion*, livre IV, p. 161.
(2) *Illusion comique*, acte II, scène II. — *Berger extravagant*, livre IV, p. 249. — La boutade du Matamore ne figure ni dans les *Bravacheries du capitaine Spavente*, ni dans un petit livre souvent réimprimé à Rouen, et que Corneille a dû lire, (*Rodomontades espagnoles, recueillies de divers auteurs, et notamment du capitaine Bombardon, compagnon du soldat français*, le tout traduit d'espagnol en français, par Jacques Gautier, 1607, 1612, 1623, etc.).

et n'est probablement qu'une réminiscence commune d'une vieille farce, que Sorel a oublié d'indiquer dans son commentaire.

Car il s'est commenté lui-même avec respect. Le livre est suivi de « remarques où les plus extraordinaires choses qui s'y voient sont appuyées de diverses autorités, et où l'on trouve des recueils de tout ce qu'il y a de remarquable dans les romans et dans les ouvrages poétiques, avec quelques autres observations, tant sur le langage que sur les créatures. » Long énoncé, longues remarques qui n'ont pas peu contribué à entraîner le livre dans l'oubli, et à valoir à l'auteur sa réputation de pédant illisible. Il ne convient pas d'être si dédaigneux, car ces remarques sont une mine de renseignements de toutes sortes pour l'histoire des livres et des mœurs du temps, et même, et tout d'abord, pour l'histoire des mots.

Dans le *Francion*, Sorel a défendu l'usage des termes populaires ; dans le *Berger extravagant*, il critique malignement les rares mots nouveaux qui se glissent dans la langue, et fixe ainsi leur date. Voici, dès la seconde page de la préface, l'explication du vers d'Alceste :

Franchement il est bon à mettre au *cabinet*,

de ce vers qui a fait couler des flots d'encre, et d'encre grasse. « Chacun demeurera d'accord, dit Sorel, en grondant contre les Orontes de son temps, que si l'on voulait n'être plus trompé, il serait besoin d'établir un censeur de livres qui ne donnât congé qu'aux bons d'aller de par le monde, et condamnât les autres à la poussière d'un *cabinet* ». Cette phrase de 1627 donne l'exemple le plus ancien de cette acception du mot, et elle est confirmée par un passage du *Francion* [1], qui prouve que l'équivoque,

---

(1) *Francion*, livre XI, p. 435.

inventée mal à propos par les modernes, se faisait dès le XVIIe siècle, mais sur un autre mot, sur le mot *ruelle*.

Sorel se permet à lui-même quelques innovations ; il est très content d'avoir remis en honneur avant La Fontaine le mot de *fabuliste* [1], très content aussi d'avoir dit avant les Précieuses « *rire sous le masque* [2] », de même qu'il a employé avant elles cette expression « *le je ne sais quoi* [3] » appelée à une si brillante fortune. En revanche il méprise les menues découvertes de ses confrères ; il les trouve bien prudes de substituer partout les « *pensées* » aux « *conceptions* [4] », et de répéter à tout propos : « *cette pensée me heurte* », comme les Précieuses diront : « c'est une chose tout à fait *choquante*. » Il raille encore, comme une nouveauté ridicule, l'emploi emphatique du pluriel des noms propres [5] ; il relève, avant Vaugelas, l'usage qui s'introduit de donner le titre de *Monsieur* à

---

(1) C'est par erreur que Littré attribue l'invention du mot à La Fontaine. Le mot est encore rare en 1627, car Sorel (*Berger extravagant*, livre XII, p. 425, Remarques, p. 426), le fait suivre d'une explication. « FABULISTE est un conteur de fables. » — Ce mot remonte au XVIe siècle, ainsi que le mot PARADOXE. (*Paradoxes, ce sont propos contre la commune opinion débattue en forme de déclamations forenses, pour exerciter les jeunes esprits ès causes difficiles, revus et corrigés pour la seconde fois*, Paris, Charles Estienne, 1544, p. 17). « Pourquoi pensez-vous que les FABULISTES eussent feint Actéon avoir été changé en cerf ? »

(2) *Berger extravagant*, livre II, p. 131 ; Remarques, p. 76. — On disait auparavant : *Rire sous son bonnet ou chapeau*, idiotisme, rire secrètement (*Curiosités françaises* d'Antoine Oudin, 1640, p. 483).

(3) *Berger extravagant*, livre VII, p. 57. « Les cheveux blonds avaient un tel éclat que pour en être charmé, j'y trouvais UN JE NE SAIS QUOI, que je ne sais comment vous dire. » Ce n'est qu'en 1635 que Gombaud prononcera à l'Académie un discours sur « LE JE NE SAIS QUOI. » — La phrase de Sorel est donc l'exemple le plus ancien de cette acception de « JE NE SAIS QUOI » pris substantivement et précédé d'un article.

(4) *Berger extravagant*, livre X, p. 255, 256.

(5) *Berger extravagant*. Rem. du livre XII, p. 415. « Adrien dit que les bergers sont pires que les Nérons et les Juliens bien que les His-

tous les auteurs vivants et de le refuser aux morts [1]. Quelques écrivains de la nouvelle bande se donnent même ce titre de *Monsieur* à eux-mêmes, comme on le voit à la première page de leurs livres. C'est probablement Balzac qui a mis à la mode tous ces ridicules : un flatteur, à ce qu'il nous raconte, ou plutôt un mauvais plaisant, ne lui écrivait-il pas pour lui demander des nouvelles de « *Messieurs ses livres* ? »

Sorel préfère les quelques mots nouveaux inventés par les dames de Paris, qui dès 1627 ont des « *déshabillés* [2], des *femmes de chambre*, et non plus des *filles de chambre.* » Il aime bien aussi ce terme ironique de « *fantassin* [3] » avec lequel les bourgeois de Paris désignent les gentilshommes ridicules, terme dont l'histoire serait peut-être aussi compliquée que celle de notre mot « pékin. » On juge si « *fantassin* » plaît à Sorel, et il serait heureux de le « *naturaliser* [4], » — encore une acception nouvelle d'un mot ancien qui lui est due.

Il nous donne aussi quelques détails sur un mot comique « *Taupin* [5], » qu'on n'a pas encore réussi à expliquer

---

toires ne fassent mention que d'un Néron et d'un Julien : c'est suivant cette façon de parler, qui est ordinaire à plusieurs, qui diront que Henri-le-Grand était aussi vaillant que les Hercules, les Hectors, les Alexandres : voilà comme parlent les nouveaux orateurs pensant enfler leur style. » — Comparer *Balzac*, livre IV, lettre 3. « Pour débiter notre marchandise, il faudrait faire revenir les Augustes et les Antonins. »

(1) *Berger extravagant, Remarques* du livre I, p. 27.

(2) *Ibid. Remarques* du VII⁰ livre, p. 217.

(3) *Ibid. Remarques* du XI⁰ livre, p. 398. « Alican, qui est un FANTASSIN de ce siècle ». — Le ridicule attaché au mot doit venir de la comédie italienne. Dans les fragments de la dernière comédie de Scarron, le valet de don Fernand de Naples s'appelle FANTASSIN.

(4) *Berger extravagant*, livre XII, p. 40. « L'usage NATURALISE les mots à la longue. » Id. *Rôle des présentations*.

(5) Le sens de paysan armé et par suite de soldat ridicule est facile à retrouver au XVII⁰ siècle. Voir *Le franc taupin*, 1614, in-8⁰,

complètement. Il est remarquable que ce nom d'insecte désigne, en 1627, un petit nain qui fait la joie des Lyonnais ; c'est très probablement un type populaire de cette ville.

Autant Sorel aime ces termes familiers, autant il critique la prononciation et le parler de la cour. Dans le *Francion* [1] et dans l'*Orphyse de Chrysante*, il se bornait à énumérer sèchement les mots à la mode parmi les jeunes courtisans ; il essaie maintenant d'introduire ces mots dans des dialogues comiques, et il n'y réussit pas trop mal. Ainsi le Berger extravagant donne une leçon de galanterie à son valet, et lui montre comment il doit s'y prendre pour faire un compliment à sa maîtresse : avant de le laisser partir, il lui dit la manière de se présenter, de se pavaner, et de manier son mouchoir et son peigne en vrai marquis [2]. Ces instructions ne ressemblent pas mal à la jolie pièce où Molière fait la leçon à sa Muse : il est bien probable que le grand roi a reçu un *Remercîment* qui avait déjà servi. Mais revenons aux mots nouveaux.

cité par le P. Le Long, *B. Hist.*, tome II, n° 20221 — id. *Cur. franç.* d'Oudin. UN FRANC TAUPIN, idiotisme, un paysan armé, un badin, un mal fait. — L'exemple de Sorel est plus particulier, et se rapproche de l'étymologie.

(1) Voici des exemples de ces énumérations. *Francion*, livre IV, p. 228. « Ils croyaient être bien habiles hommes, quand ils disaient TRÈS INDUBITABLEMENT, ILS ALLARENT, ILS PARLARENT, VOUS AVEZ BIEN DE DE LA PROPRETÉ, VOUS ÊTES FORT ADMIRABLE, VOUS VOUS PIQUEZ de jouer du luth et de faire l'amour, VOUS AVEZ TOUT PLEIN D'HABITUDES chez les ministres de l'État, VOUS ÊTES EN BONNE POSTURE chez monsieur le surintendant, VOUS ÊTES DANS LE GRAND COMMERCE DU MONDE, VOUS ÊTES UN HOMME D'INTRIGUES. — L'*Orphyse de Chrysante* nous apprend les mots préférés des dames de la cour en 1626 : « TRÈS ASSURÉMENT CELA EST, VOUS GALANTISEZ, VOUS ÊTES TOUT COURTÈS ET APPRIVESÉ, TOUT REMPLI DE COURTISANIE ET D'ACCORTISE, mais votre amour n'est pas LÉALE, VOUS ÊTES BEAUCOUP AFFLIGEANT. »

(2) *Berger extravagant*, livre VI, p. 383.

Lysis recommande surtout à Carmelin de prononcer quelques termes, qui ont une vertu magique: « S'il veut dire qu'il vient d'entretenir des hommes de bonne humeur, il dira : je viens d'être en conversation avec des *visages* de bonne humeur. — Mais l'on ne parle pas à des visages seulement, l'on parle à des personnes tout entières. — Il n'importe; il faut parler ainsi pour parler à la mode, et il faut dire à tous coups : Combien y a-t-il que vous n'avez vu ce *visage* ? ce *visage* m'a voulu quereller, c'est un fort plaisant *visage*. Outre cela si l'on te veut mener en quelques lieux où tu ne désires pas aller, il faut dire : *serviteur très humble* à cette maison là, *serviteur très humble* à une telle visite. Et si l'on te disait que l'on te veut faire ouïr une bonne musique, il faut répondre : Je *baise les mains* à la musique pour aujourd'hui . » Presque toutes ces expressions, nouvelles en 1627, vont rester à la mode jusqu'à la fin du siècle.

Un autre livre montrera mieux encore quel parti comique Sorel sait tirer des mots: c'est le *Rôle des Présentations aux grands jours de l'éloquence française*, daté du 13 mars 1634. L'Académie vient à peine d'être fondée, un peu malgré elle ; ses fonctions, inconnues du public, ne sont encore réglées que sur le papier, dans un beau rapport de Faret. La nouvelle société devra « nettoyer la langue des ordures qu'elle a contractées, ou dans la bouche du peuple, ou dans la foule du Palais, dans les impuretés de la chicane, ou par les mauvais usages des courtisans ignorants, ou par l'abus de ceux qui la corrompent en l'écrivant, et de ceux qui disent bien dans les chaires ce qu'il faut, mais autrement qu'il ne faut [1]. » Le rapport de Faret,

---

(1) Pellison, *Histoire de l'Académie française*, éd. Livet, t. I, p. 20 et 23.

distribué à trente Académiciens est-il vraiment resté secret, comme Pellisson le remarque avec admiration ? Serisay n'aurait-il pas communiqué son exemplaire à son ami Sorel ? [1] On est tenté de le croire, car justement celui-ci a mis en scène, dans le *Rôle des présentations*, toutes les personnes visées par Faret, et il a imaginé un défilé de grotesques qui viennent soumettre ironiquement à l'Académie leurs doutes sur la langue française. Fierbras, le cadet gascon, « requiert, au nom des soldats, qu'on n'ôte point le *point* à leur honneur ni *l'éclaircissement* à leur épée ; » les théologiens viennent défendre les termes de spiritualité, introduits par le cardinal de Bérulle, et les avocats, ceux de la pratique ; les dames de la Halle veulent conserver la *Mi-Carême* ; une marquise ridicule exige la suppression des mots équivoques, et les Parisiennes veulent rester *ravissantes* aussi bien que les huissiers et les procureurs.

Une de ces requêtes fera juger des autres : « Se sont présentés quelques jeunes muguets, chanteurs de *Quand pour Philis*, faisant les polis aussi bien en poésie qu'en prose, et soi-disant voisins du Pont-Neuf, Pont-Saint-Michel, Pont-aux-Doubles, de la Grève, Vallée de la Misère, Carrefour Guillery, Porte-Baudets et autres lieux remarquables, lesquels ont très humblement remontré qu'ils étaient importunés chaque jour des mauvais mots des chansons qui se chantaient et débitaient ès dites places, où le peuple était notablement trompé et éloigné de la vraie éloquence. C'est pourquoi, vu même que ces chanteurs de chansons, tels que l'aveugle Savoyard et autres, étaient si osés que de parler de l'entrée des reines,

---

(1) Sorel était très lié avec les académiciens Balesdens et Serisay, comme il le dit dans sa *Bibliothèque française*, de 1664, p. 244.

de la venue des ambassadeurs, de la victoire de nos princes, et de toutes sortes d'affaires d'Etat dans leurs mauvaises rimes, ce qui était honteux de voir que cela fût si mal ordonné, ils requéraient qu'il y eût quelque bon poète délégué de l'assemblée, pour leur faire désormais des chansons suivant les règles, et pour corriger les anciennes, cela étant de grande conséquence, puisque les crocheteurs, les valets qui cherchent maîtres, les paysans qui viennent au marché et quantité d'autres personnes n'apprennent point ailleurs ce qui se passe.

Réponse. — Seront choisis entre les bons chansonniers des intendants pour y avoir égard, et seront gagés aux dépens du public [1] ».

Ces jeunes muguets ont l'oreille bien délicate et le style bien lourd ; leur requête est par trop invraisemblable, mais prêtez cette requête à un pédant en ès, à M. Caritidès, candidat à l'*inspectation des affiches* [2], que nous l'entendions lui-même demander une bonne place, une place faite pour lui, cette gaucherie même deviendra naturelle et ces lourdes phrases amuseront. Pourtant l'idée est toujours la même ; c'est bien à Sorel que Molière est allé demander la scène du Pédant, cette scène qu'il avait d'abord chargé Chapelle de lui faire, et que celui-ci avait manquée. En effet le *Rôle des Présentations* est presque toujours imprimé au XVIIe siècle, à la suite de la *Comédie des Académistes* de Saint-Evremond, où se trouve et où

---

(1) Texte du *Rôle des Présentations*, publié à la suite de la *Comédie des Académistes* (1650). — La requête est moins longue dans le *Rôle des présentations* de 1634, mais les additions de la 2ᵉ édition sont bien de Sorel, qui a développé les mêmes plaisanteries dans son *Discours sur l'Académie française* (1654), p. 154 et suivantes. Il y propose la création d'inspecteurs non seulement pour les chansons, mais encore pour les almanachs, les devises, etc.

(2) Les *Fâcheux*, acte III, scène II.

l'on a indiqué depuis longtemps la première esquisse de la dispute entre Trissotin et Vadius. Si Molière a recouru à ce livre quand il a eu à représenter deux nouveaux pédants, c'est qu'il se rappelait l'avoir déjà consulté pour sa pièce des *Fâcheux*.

Nous ne cesserons pas du reste de trouver le nom de Molière associé à celui de Sorel. Celui-ci, jusqu'à la fin de sa vie, aura toujours le même plaisir à critiquer les modes et le langage des jeunes courtisans. Il développera le petit dialogue de Lysis et de Carmelin pour en tirer les *Lois de la galanterie*, pièce que Molière a lue et utilisée dans les *Précieuses ridicules* et dans le *Bourgeois gentilhomme*; il continuera aussi de relever de longues listes de mots à la mode, si bien que s'il n'a pas écrit le *Dictionnaire des Précieuses* de Somaize, il en a au moins suggéré l'idée à ce confrère peu scrupuleux. Avec les notes qu'il avait réunies, il composera deux petits traités sur le *Nouveau langage français*, qui nous serviront à étudier la langue très compliquée de Cathos et de Magdelon. Tous ces petits livres étaient en germe dans le *Berger extravagant* écrit en 1627.

S'il est une chose que Sorel déteste encore plus que les mots nouveaux inventés par les courtisans de son temps, c'est leur galanterie. Les dames elles-mêmes commençaient à se lasser de cette galanterie hyperbolique, ou du moins elles le disaient[1]; l'auteur du *Berger extravagant* n'a eu que le tort de les croire sur parole. Rien ne lui paraît plus ridicule qu'un petit-maître faisant sa cour à une

---

(1) Voir *Le dédain de l'amour, contenant la description des amoureux et des dames de ce temps*, par Mademoiselle H. D. B. Rouen. 1623, p. 15 et p. 22. — Les titres de tous les manuels de conversation du temps sont effrayants : *Le bréviaire des amoureux ou tableau du tombeau d'amour*, 1604. — *L'enfer d'amour*, etc., etc.

petite-maîtresse ; rien de plus insipide que ces équivoques, ces allusions, ces métaphores, ces comparaisons mythologiques qu'il a accumulées à plaisir dans la bouche de Lysis, d'un sot. Et les actes valaient les paroles. Quand on est tenté de trouver cette parodie trop lourde et les démonstrations de Lysis exagérées, il faut se rappeler les faits cités dans les *Remarques* du roman ou attestés par les contemporains, il faut se représenter les amoureux de l'*Astrée*, se faisant tatouer sur le bras le chiffre « de leurs particulières dames [1], » les petits-maîtres de la cour, élevant à leurs maîtresses de vrais autels, avec des cierges allumés [2], faisant faire leur portrait avec de vrais rayons qui leur sortaient des yeux [3], se faisant « pourtraicturer » eux-mêmes « avec une profonde taillade au côté du pourpoint, » pour qu'on aperçoive, peinte sur leur cœur, l'image de l'objet aimé [4]. Voiture lui-même saisissait le moment où le barbier venait de lui tirer trois palettes de sang, pour écrire une lettre d'amour et broder toutes sortes de variations sur ce joli thème [5]. Toutes les extravagances des romans et de la poésie étaient transportées dans la réalité.

Les amoureux ressemblent donc aux poètes. Sorel ne les distingue pas, et les trouve aussi fous les uns que les autres. Le traité de la *Défense de la poésie* de Mlle de Gournay ne l'a pas convaincu ; il ne se lasse pas de critiquer les vers du temps, tout fleuris de madrigaux, tout hérissés de pointes ; il abuse de ces plaisanteries vulgaires, mises à la mode par le vieux Malherbe, mais qu'on

---

(1) *Astrée*, 4ᵉ partie, livre IX.
(2) *Tallemant*, tome II, p. 11.
(3) *Ibid.*, tome III, p. 282.
(4) *Remarques* sur le livre VII du *Berger extravagant*, p. 219.
(5) *Voiture*, édit. Ubicini, t. II, p. 451.

retournait parfois contre lui [1]. Une des inventions dont Sorel était le plus fier, puisqu'il l'a longuement commentée et plusieurs fois reproduite, c'est une image allégorique dessinée sur ses indications par le graveur Crispin de Pas [2]. Elle représente une beauté telle que la décrivent les poètes, c'est à dire belle à faire peur, avec ses yeux qui sont de vrais soleils, ses joues couvertes de vraies roses et de vrais lys, ses cheveux crêpelés, pleins de chaînettes et d'hameçons pour retenir les cœurs captifs. La plaisanterie nous paraît bien lourde à distance ; elle n'est que juste quand on relit les poésies les plus célèbres du temps, les vers de Marini « sur les beautés corporelles de la Reine Marie de Médicis, » ou bien la *Métamorphose des yeux de Philis en astres*. La caricature imaginée par Sorel venait à propos ; elle fut souvent imitée par les graveurs populaires [3], et les écrivains du temps y ont fait plus d'une fois allusion [4].

Aurait-elle vraiment un autre intérêt ? Est-ce à Sorel, comme on l'a dit [5], que Pascal aurait pris une de ses comparaisons les plus célèbres, celle « de la jolie demoiselle, toute pleine de chaînes et de miroirs ? » Non pas sans doute que Pascal ait jamais lu le *Berger extravagant*,

---

(1) Livre III, p. 204. — Dans un sonnet en l'honneur de la vicomtesse d'Auchy, Malherbe avait écrit ce vers :
   Amour est dans ses yeux, il y trempe ses dards.
« Madame de Rambouillet disait qu'il avait raison, car ses yeux pleuraient presque toujours et l'Amour y pouvait trouver de quoi tremper ses dards, tout à son aise. » (*Tallemant*, tome I, p. 324). — Les plaisanteries de ce genre abondent dans le *Berger extravagant*.

(2) *Berger extravagant*, livre I, p. 62. Le graveur n'a eu qu'à représenter par le dessin, la pièce célèbre de Joachim du Bellay, *Contre les Pétrarquistes*.

(3) On sait que, de nos jours, le graveur Grandville a eu la même idée.

(4) Voir en particulier les *Visionnaires* de Desmarets, acte I, scène IV.

(5) M. Fournel, *La littérature indépendante au XVII⁰ siècle*, p. 227.

mais le portrait de Charite a figuré plus d'une fois dans les ballets de la ville et de la cour jusqu'en 1653 [1] ; il était très connu et il a bien pu frapper celui qui ne dédaignait pas de parler de Scaramouche. Si flatteuse qu'elle soit pour Sorel, cette explication ne vaut pas l'ancienne. M. Havet a montré que Pascal s'était borné à modifier légèrement une phrase de Balzac sur l'éloquence [2]. Mais cette phrase même, Balzac, grand copiste, l'avait prise à Mlle de Gournay qui, elle, l'appliquait avec plus de goût à la poésie. Pascal lui a rendu, sans le savoir, sa première destination. Les expressions montrent bien du reste qu'il ne s'est pas souvenu de Sorel. Les miroirs et les chaînes dont il parle ne sont pas allégoriques [3] ; ils désignent ces

(1) Voir le *Ballet des Romans* et le *Ballet de la Nuit*, 1653, 4ᵉ partie, entrée VI. — Dans ce dernier ballet « l'humeur mélancolique s'exprime en la personne d'un poète et d'un philosophe dont l'un fait voir sa maîtresse telle que la représente le *Berger extravagant*. »

(2) Balzac, *Socrate chrétien*, fin du discours VII, cité par M. Havet. (*Pensées de Pascal*, tome I, page 194). « O Rhétoriciens, qui faites des paraphrases... qui vous a dit que les prophètes et les apôtres soient de votre humeur ? Ne pensez-vous pas leur faire plaisir de leur prêter si libéralement et sans qu'ils en aient besoin vos épithètes et vos métaphores ? Ces ornements les déshonorent, ces faveurs les désobligent. Vous pensez les parer pour la cour et pour les jours de cérémonie et vous les cachez comme des *mariées de village* sous vos alliquets et vos bijoux. »

Mlle de Gournay, (l'*Ombre*, 1626, *Sur la version des poètes antiques*, page 425) critique l'école de Malherbe et ses raffinements. « Éclats et censures s'il vous plaît non seulement pour dégrader les Muses de leur majesté superbe, quand ils ne les dégraderaient que du seul droit des métaphores, mais encore pour les embabouiner de sornettes et les parer de bijoux de verre, comme *Épousées de village*, au lieu de les orner et orienter de perles et diamants à l'exemple des grandes princesses. »

(3) Pour ces chaînes et miroirs, voir les costumes du XVIᵉ siècle, planches 264, 265, 266, 273, 276, 277, tome IV du *Costume historique*, de M. Racinet. Ces objets sont suspendus à un demi-ceint ou ceinture d'argent, qu'ambitionnent même les servantes. Le miroir est entouré de plumes de façon à servir en même temps d'éventail. L'usage de ces chaînes disparaît à la ville au XVIIᵉ siècle ; on ne trouve même plus

objets de toilette que les dames du seizième siècle portaient suspendus à la ceinture, et qu'elles appelaient du joli nom de *contenances*. Les dames de la ville y avaient renoncé, que les reines de village s'en paraient encore dans certaines provinces reculées.

C'est donc moins les mots que les idées qu'on peut comparer chez Sorel et chez Pascal. Tous deux, fatigués des métaphores banales, étaient disposés à trouver absurdes toutes les fictions poétiques ; tous deux ayant fait de mauvais vers (si la chose est probable pour Pascal, elle n'est que trop certaine pour Sorel), frappés surtout des mauvais vers qu'on faisait autour d'eux, ont cru qu'il était impossible d'en faire de beaux, et n'ont vu dans la poésie qu'un jargon. Sorel s'est formé la même idée des poètes que Pascal ; il les montre « cherchant dans un dictionnaire tous les gros mots comme trône, couronne, diadème, palmes Idumées, cèdres du Liban, croissant ottoman, aigle romaine, apothéoses, naufrages, ondes irritées et quantité d'autres paroles semblables, dont ils vous maçonnent après bravement leurs sonnets et leurs autres poésies, s'imaginant que cela suffit pour rendre une pièce excellente, et que de tant de beaux matériaux il ne peut résulter qu'un parfaitement bel édifice [1]. » Ainsi

---

rien de pareil dans la gravure d'Abraham Bosse, la *Mariée de village* ou les *Cadeaux à l'épousée*. Les bourgeoises se contentent d'une grosse chaîne « de nivetterie » autour du cou, chaîne décrite dans le *Francion*, livre V, p. 209 et dans *le Satyrique de la Cour*, in-8°, 1622. La bourgeoise aime mieux payer
.... Tous les ans une rente
Que n'avoir pas au col une chaîne pendante
Qu'elle achètera plus beaucoup que ne vaut pas
Ce que lui a laissé son père à son trépas.

(1) Les passages de ce genre abondent dans le *Berger extravagant* ; nous avons préféré donner le sur même sujet un extrait du petit roman de Sorel, le *Parasite Mormon*.

la poésie n'est qu'un centon de termes bizarres ; de là à dire que les réformes de Malherbe ne sont qu'un jeu de patience inutile, et la rime une amusette, il n'y avait qu'un pas à faire et Sorel l'a fait. Toute sa vie il affirmera la supériorité de la prose sur la poésie, et la seule concession qu'il pourra faire plus tard sera de dire que « la poésie n'est belle qu'après la belle prose[1]. » Les paradoxes, qui feront fortune au XVIIIe siècle, n'ont donc rien de bien nouveau.

Sorel reproche surtout aux poètes français et chrétiens l'abus de la mythologie. Contre elle, toutes les armes lui sont bonnes, même et surtout le ridicule. Plusieurs des récits insérés dans le *Berger extravagant*, ou écrits un peu plus tard, méritent d'être remarqués, car ce sont les premières pièces burlesques qu'on ait faites en France. Sans doute ces questions d'origines sont toujours difficiles à trancher ; les farceurs du pont-Neuf n'avaient pas attendu Sorel pour caricaturer l'antiquité[2]. Cependant, si l'on est convenu de réserver ce nom de burlesque aux parodies d'un comique intense, imitées des Espagnols et des Italiens, il est juste de dire que Sorel a précédé Scarron dans cette voie, quoiqu'il ait oublié, comme lui, de nous faire connaître ses modèles.

Parmi les poésies de Scarron, combien s'élèvent ambitieuses, superbes, pour retomber d'une chute triviale! Il aime à donner une forme plaisante aux idées sérieuses ou réciproquement. On cite toujours comme indiquant le mieux son tour d'esprit, son goût pour les contrastes

---

(1) Sorel, *Connaissance des bons livres*, p. 191.
(2) Tous imitent plus ou moins le récit d'Epistemon dans Rabelais, *Pantagruel*, livre II, chap. 30). Inutile d'insister sur des livres aussi nombreux que mauvais, tels que la *Conqueste des Enfers par l'invincible Gontal*, 1609 in-12, ou la *Métamorphose du Maréchal d'Ancre, par Ovide*.

violents, trois sonnets [1], l'un sur les monuments romains qui tombent en ruines tout comme les vieux pourpoints, l'autre sur la poésie pastorale, l'autre sur « ce qu'il vous plaira, » pour emprunter un de ses titres les plus cavaliers. Mais on ne dit pas que ces trois sonnets sont traduits littéralement de Lope de Vega, qui en a fait beaucoup d'autres du même genre, et qui a inséré dans le même Recueil un joli poème burlesque, la *Gatomachie* ou la guerre des chats [2]. Ce poème est précédé d'une longue apologie et d'une histoire du genre burlesque, où les principaux poètes italiens qui s'y sont essayés, sont classés et jugés. N'est-ce pas Lope de Vega qui a indiqué à Scarron le genre où l'appelait d'ailleurs son génie ? N'est-ce pas le poète espagnol qui l'a conduit vers les Italiens ?

De longues années auparavant, Sorel les avait déjà mis à contribution, bien qu'il se défende d'avoir imité personne. Les poètes *bernesques* ont écrit plus d'une pièce analogue à ce *Banquet des Dieux* dont le Berger extravagant est obligé de subir, en maugréant la lecture [3]. La

---

(1) Lope de Vega. *Rimas humanas y divinas*, édit. de 1634.

1. Sobervias torres, altos edificios, p. 28.
2. Caen de un monte, a un valle entre Pizarras, p. 5.
3. Al pie del jaspe de un feroz penasco, p. 36.

Scarron, édition Bastien, t. VII, p. 330.

1. Superbes monuments de l'orgueil des humains.
2. Un mont tout hérissé de rochers et de pins.
3. A l'ombre d'un rocher, sur le bord d'un ruisseau.

Ménage (*Anti-Baillet*, t. XIV, p. 194,) indique les deux premières traductions et oublie la troisième.

(2) La *Gatomaquia* fait partie du recueil précité des *Rimas humanas*, Madrid, 1634 et 1674, in-4°.

(3) Voir le *Banquet des poètes* de Berni, où l'on ne mange que des voyelles. — Id. Le *Banquet* du poète Cortèse, où Apollon sert aux Muses une si grande quantité de farces pastorales, qu'après que tout le monde s'en est rassasié, il en reste encore pour les domestiques. La pièce de Cortèse est résumée dans la *Littérature italienne* de Salfi, tome XII, p. 162.

date, la conclusion du récit et plusieurs rapprochements de détails, prouvent aussi que Sorel n'a pas dédaigné de lire le poème burlesque de Francesco Bracciolini, « l'Olympe bafoué », qui venait de paraître[1]. Mais presque toujours les emprunts d'un auteur sont moins importants que ce qu'il en tire. Voyons donc si dans ce *Banquet des Dieux*, le Parnasse ne parle pas déjà le langage des Halles ; voyons si nous n'y trouverons pas les anachronismes, les détails bourgeois, les réflexions triviales, bref, tous les procédés de Scarron, sans oublier les plus grossiers[2].

« L'Aurore avait déjà fait signe à la Nuit qu'elle détendit ses voiles : le Soleil pressé de la suivre avait déjà ôté son bonnet de nuit et ayant vêtu une casaque de fin or, attachait ses rayons autour de sa tête. Il était aisé à juger aux hommes qu'il ne tarderait guère à se montrer sur la voûte céleste. » Oui, mais Sorel veut se moquer des romanciers qui ne se lassent pas de commencer leurs livres par un lever ou un coucher de soleil ; il va donc écrire trois ou quatre pages encore pour dire qu'il fait jour.

Le Soleil se lève, et les hommes se couchent parce qu'ils ont fait la débauche. Pourquoi les dieux ne prendraient-ils pas à leur tour du bon temps ? Jupiter se propose de les inviter tous à sa table, et prévient Junon de ses intentions. En vain, l'avaricieuse déesse lui fait observer « qu'elle n'aura pas assez de serviettes pour en fournir à tant de monde, et qu'il y a longtemps que Pallas ne lui a

---

(1) *Lo Scherno degli Dei, poema eroico giocoso*, 1re édition, 1618, — 2e édition 1625. — Le 1er chant du même poème a inspiré à Furetière la Nouvelle de l'*Amour échappé* dans le *Roman bourgeois*. Il est bien probable que c'est un poème du même Bracciolini (*Hero e Leandro, favola maritima*, Rome, 1630, in-12), qui a suggéré à Scarron sa pièce burlesque sur le même sujet.

(2) *Berger extravagant*, livre III, p. 155.

plus fait de toile. Car il faut que l'on sache que le linge des dieux est fait avec le fil de la vie des hommes que l'on dévide au ciel, quand les Parques l'ont achevé. Celui qui a été pour les personnes vertueuses et illustres, est employé aux chemises, aux mouchoirs et au linge de table, mais pour celui qui vient des personnes rustiques et grossières, on n'en fait rien que des nappes de cuisine et des torchons. Ainsi rien ne se perd au monde, et bien souvent, quand il pleut, c'est que Junon coule la lessive. » Malgré toutes les remontrances de son épouse, Jupiter persiste dans son projet, et envoie Mercure lancer ses invitations dans tout l'univers.

Bientôt les conviés arrivent tous : Pluton avec sa femme, devenue si sotte depuis qu'elle est aux enfers qu'elle ne sait plus faire la révérence, et Mars éblouissant sous le harnais, la moustache retroussée en garde de poignard, et Vénus, et Phébus qui n'a pas eu le temps de prendre son bain, ni de prévenir Amphitrite : « Elle me traite à table d'hôte, j'ai peur qu'elle ne me fasse payer pour aujourd'hui, encore que je n'aille point souper chez elle. » Seule, la Discorde a été oubliée à dessein.

Le repas commence, énorme, pantagruélique. Vulcain, chargé de la cuisine, a trouvé un peu maigres les Idées des philosophes ; par son ordre, les Cyclopes sont allés détacher les signes du Zodiaque bons à manger ; le Lièvre, le Cygne, le Bélier, le Taureau, l'Écrevisse et les Poissons, tout y passe. Les dieux mangent comme des dieux et boivent d'autant ; au dessert toutes les langues se délient, surtout celle de Janus, qui a profité de son double visage pour vider les bouteilles du buffet placé derrière lui. Cependant les neuf Muses accordent leurs instruments et alors commence le bal, le carnaval de l'Olympe. Quelques dieux, qui sont allés se déguiser, rentrent en bande dans la salle, et Vulcain, travesti en reine, présente aux dames le momon, lorsque pénètrent à l'improviste des gens qu'on ne connaissait pas. Ils demandent justice à Jupiter, ils réclament contre ces « affronteurs » qui les ont dépouillés de leurs privilèges, si bien qu'on a cru qu'ils n'étaient plus au monde et qu'ils n'ont pas été priés du banquet. — « Ce jeune galant que voilà près de toi, lequel fait si bien le beau avec sa moustache dorée, devrait-il pas être content d'avoir la conduite du chariot qui donne le jour, sans se vouloir dire conducteur des Muses ? C'est moi qui le suis ; je suis le vrai Apollon, fils de Jupiter et de Latone, et dieu de la prophétie, de la poésie et de la musique, et lui est fils de Titan et d'une divinité inconnue. » Diane apostrophe la Lune, le Temps montre sa faux à Saturne ; chacun trouve son rival criant, menaçant. Avant qu'on ait eu le temps de chercher aux Champs-Elysées Homère, Hésiode et les autres généalogistes, la bataille s'engage entre les anciens dieux et les usurpateurs, et si meurtrière que Jupiter prévoit un cataclysme universel. Au moins veut-il en avoir l'honneur : il lance son foudre au milieu des combattants, et réduit tout en poudre, le palais, les dieux et lui-même. Depuis ce jour, on ne sait ce qu'ils sont devenus. Ils ont fait place au vrai Dieu : « Quiconque voudra donc encore parler de ces divinités sans pouvoir, s'assure, qu'après avoir ouï ce récit, on le tiendra pour un homme qui, n'estimant rien que ce que les anciens nous ont laissé, s'imagine qu'il y a de l'honneur à faire le sot à l'antique. »

Telle est la conclusion victorieuse de Sorel. Mais peut-être s'est-il fait la partie trop belle, peut-être a-t-il trop inventé ; les dieux sont ridicules dans sa parodie, ils ne le sont pas dans les poèmes de l'antiquité. Eh bien ! qu'on les relise ces poèmes, et l'on sera obligé de reconnaître qu'ils laissent la même impression que le *Banquet des Dieux.* Il est aisé de travestir les Géorgiques et l'Enéide ; Sorel le dit et le prouve, dans ce nouveau récit des *Amours de Vénus*[1], où il se donne le plaisir de parodier Virgile et Saint-Amant[2] du même coup.

A peine sortie de sa coquille, l'éblouissante déesse a reçu une invitation à la cour de Neptune ; elle prend place à côté d'une Néréide, dans une litière vitrée, attelée de chevaux marins, et disparaît dans les flots. « Vénus eut un plaisir non pareil à voir ce nouveau monde au travers des verrières. Il y avait là des poissons de toutes sortes, rangés en haie pour la voir passer, les uns par curiosité, les autres par commandement de leur grand maître, et même les plus apparents d'entre eux lui eussent bien voulu faire des harangues comme Bourgmestres et Echevins de la mer, s'ils n'eussent point été muets de nature ; mais au lieu de cela, ils faisaient force soubresauts pour la réjouir. » Neptune lui-même la reçoit de son mieux, et Protée, le maître Gonin de la mer, exécute en son honneur ses meilleurs tours. La cour des Enfers n'est pas moins galante. Comme distraction, avant le déjeuner, Pluton emmène la jeune déesse voir donner la torture aux criminels ; mais il en a du regret, car elle trouve à redire à tout. Elle voudrait voir Ixion tourner gaîment dans une cage comme un écureuil ; elle s'apitoie sur le sort de Tantale, et saisissant le bâton d'un exempt des gardes,

---

(1) *Les Amours de Vénus*, p. 300 dans le *Nouveau recueil des pièces en prose les plus agréables de ce temps*, Sercy, 1644.

(2) *Le Moïse sauvé*, imprimé en 1653, circulait manuscrit dès 1638. (*Lettres de Chapelain à Balzac*, 18 mai 1638, édit. Tamizey de Larroque, tome I, p. 238.) — Sorel en voulait à St-Amant, qu'il accusait d'avoir imité le *Banquet des Dieux* dans la pièce du *Melon*.

elle fait tomber cinq ou six pommes qui manquent de lui
« écrabouiller le nez. » Pluton, inquiet, se hâte de conduire
son invitée vers les Parques ; mais les trois vieilles fileuses
n'ont point de conversation, et ne savent que raconter
Peau d'âne et *Finette*[1]. Bref, Vénus emporterait un fort
mauvais souvenir des enfers, si, avant son départ, elle
ne voyait les trois Juges danser la sarabande, graves et
noirs comme des comédiens espagnols, et si elle ne réussissait à tricher Pluton au piquet. De là elle remonte au
ciel, où elle apprend à Phébus à se mettre des mouches ;
ce sont les taches découvertes par les astronomes dans le
Soleil.

Après Virgile, Sorel n'a eu garde d'oublier Ovide, celui
de tous les poètes anciens qui prêtait le plus à la parodie,
parce qu'il la pratiquait lui-même[2]. Non content de rivaliser avec d'Assoucy, il a même eu une idée plus originale
en voulant transporter le burlesque au théâtre. Malgré
quelques tentatives isolées, comme cette *Descente aux
Enfers* jouée en 1609 par les Conards de Rouen[3], ou
comme cette pièce de la *Centaure*[4] jouée à Paris par la
troupe italienne d'Andreini, Sorel avait bien le droit de

---

(1) On sait que le philologue Génin s'appuyait sur ce conte de *Finette*
ou de *l'Adroite princesse*, pour démontrer que Perrault et Mlle l'Héritier n'avaient fait que traduire un Recueil de contes italiens le *Pentamerone*. L'allusion de Sorel prouve que le conte de *Finette* était depuis
longtemps populaire en France, et suffit pour réfuter le paradoxe de
Génin. — Les *Remarques* du *Berger extravagant*, livre X, p. 349, citent
encore d'après Béroalde de Verville, une version inconnue du *Chat
botté*.

(2) *La métamorphose de la Nymphe des Eaux de Forges* (p. 361 du
Recueil de Sercy de 1644) est la parodie des Amours de Vertumne et de
Pomone dans Ovide.

(3) *La descente aux enfers, dédiée à M. le grand économe des Conards*,
Rouen, de l'imprimerie de Nicolas Hamilton, pour Théod. Daré,
1609, in-12.

(4) *La Centaura*, dédiée à Marie de Médicis, par J.-B. Andreini, Paris,
Nicolas de la Vigne, 1622.

prétendre « que le dessein de ses jeux était non pareil. » Plus de décors qui montrent la corde, plus de théâtre enfumé où l'on étouffe ; c'est en plein air, en pleine campagne que le Berger extravagant et ses amis se donnent le plaisir de la comédie : les arbres sont de vrais arbres, les rivières de vraies rivières, et tout le reste à l'avenant. Après avoir hésité entre plusieurs sujets, les acteurs s'arrêtent au Ravissement de Proserpine. Chacun choisit son rôle et un style approprié, qui est la parodie d'un des styles à la mode parmi les romanciers. Vénus ne parlera que par hyperboles, c'est dans son caractère ; Pluton en pédant, car il vit avec les morts ; Proserpine, une mijaurée, emploiera les équivoques et les allusions, un autre les proverbes, un autre l'argot des faubourgs ; il suffit d'un jour pour monter la pièce.

Vénus apparaît la première sur la montagne d'Eryx, une taupinière[1], et s'entretient avec Carmelin qui représente l'Amour, en caleçon, avec des ailes d'oison dans le dos. Il est à chevauchon sur un court-bâton suspendu à un arbre ; un grand valet tire vigoureusement la corde pour le faire voler. Cette fois l'émotion inséparable d'un premier début n'est pas un vain mot. L'Amour réussit cependant à lancer une flèche à son oncle Pluton qui passe dans un chariot. Aussitôt Pluton aperçoit Proserpine « faisant des bouquets à l'entrée d'un petit bois ; » il saute en bas de son siège, jette la jeune fille sur son char « comme un sac de blé, » fouette ses chevaux, et s'éloigne sans s'arrêter aux reproches de la Nymphe Cyane, représentée par Lysis qui se dresse ruisselant, hors d'un fossé.

Il n'en coûte pas plus pour mettre en scène l'expédition des Argonautes. Les spectateurs prennent place sur la

---

(1) *Berger extravagant*, livre IX, p. 183 et suiv.

berge de la petite rivière du Morin ; sous leurs yeux une barque remplie de gais chanteurs aborde dans la petite île d'en face, et bientôt ramène Médée, parée de la Toison d'or. On en verrait bien d'autres s'il ne tenait qu'à Lysis, qui voudrait jouer toutes les Métamorphoses d'Ovide, toute l'Enéide de Virgile, et qui trace, en attendant, le projet d'un Orphée descendant aux enfers, pour supplier Pluton de bien garder sa femme.

Le meilleur burlesque paraît bientôt médiocre, et le burlesque de Sorel n'est pas du meilleur. Nous lui avons fait tort assurément, en réunissant aux parodies du *Berger extravagant*, plusieurs pièces qu'il a publiées à diverses dates. De toutes ces pièces, la plus ancienne est aussi la plus intéressante : le *Banquet des Dieux* rappelle quelquefois la verve du *Typhon*. Sorel n'a pas la naïveté malicieuse de Scarron, ni son leste petit vers ; mais, venu avant lui, il a deviné tous ses procédés, et il ne mérite pas d'être confondu dans la foule de ses copistes [1]. Les pages burlesques du *Berger extravagant* annonçaient une lutte sérieuse, et ces bouffonneries étaient une machine de guerre.

Si l'ironie de Sorel manque de légèreté, c'est qu'il est trop convaincu de ce qu'il dit, c'est qu'il déteste de bonne foi les anciens, que Scarron chérissait tout en les parodiant. On voit bien qu'il a les yeux fixés sur son temps, et qu'il veut frapper les modernes à travers l'antiquité. La mythologie figure partout, dans les tableaux de Rubens, dans les carrousels et les fêtes de cour, dans les entrées des rois et les réceptions officielles qui prêtent à rire aux acteurs

---

[1] Sorel a loué plus tard le talent de Scarron, mais il a jugé sévèrement ses insipides imitateurs. (*Connaissance des bons livres*, p. 225).

eux-mêmes[1]; elle menace d'envahir le roman avec Gombaud et La Serre « qui livre sur livre desserre », elle règne depuis des années dans la poésie, et les sujets mêmes qui ont été parodiés par le *Berger extravagant*, inspireront encore longtemps des tragédies sérieuses[2]. Voilà ce que Sorel ne peut comprendre ni souffrir ; le critique littéraire se souvient parfois qu'il est fils de ligueur, et il va jusqu'à accuser Ronsard d'avoir ramené le paganisme.

A la façon dont le grand poète est attaqué dans le *Berger extravagant*, on devine qu'il a encore ses partisans[3], ses dévots, et que la male herbe, comme disait un contemporain, n'a pas encore recouvert son tombeau. Non, on le lit, on l'honore, lui et les dieux ridicules qu'il a chantés en beaux vers. Ses disciples n'ont pas craint d'associer ces fables impures aux mystères du christianisme ; tel d'entre eux, qui vient d'invoquer Vénus pour le succès de ses amours, se compare, quelques pages plus loin, à Saint-Sébastien percé de flèches ! Les magistrats veillent, heureusement, et de moindres équivoques viennent de coûter cher à Théophile.

Et pourquoi ces sacrilèges et ces fautes de goût ? Même à titre d'ornement et d'allégorie, la mythologie doit être proscrite, parce qu'elle est condamnée par la science, parce qu'il n'y a pas une page d'Homère et des anciens poètes, où les écoliers d'aujourd'hui ne trouveraient à reprendre. Un traité de physique à la main, Sorel dit son fait à la

(1) Ces fêtes sont parodiées à diverses reprises dans l'*Orphyse de Chrysante* de Sorel, et dans les *Jeux de l'inconnu* du comte de Cramail. Voir dans ces *Jeux* la pièce intitulée le *Moine bourru*.

(2) Le *Ravissement d'Hélène*, tragi-comédie, de Sallebray, 1639 ; le *Ravissement de Proserpine*, par Claveret, 1640, etc.

(3) Dans les *Curiosités françaises*, d'Antoine Oudin, 1640, p. 512, on lit encore *donner un soufflet à Ronsard*, idiotisme, dire une incongruité. — Et *mala te nunquam premat herba sepultum* (Richelet).

Nymphe Echo, et il braque un télescope contre Diane. Les beaux arguments, mais comme ils sont bien du temps ! A ce moment même, l'abbé d'Aubignac déploie son érudition juvénile contre les Satyres, et les somme, au nom de la théologie et de la zoologie, de rentrer dans la grande armée des singes [1]. Laissons Sorel s'égarer dans des discussions de cette sorte, et voyons plutôt comment il se moque des défenseurs à outrance de l'antiquité, de ceux qui veulent trouver un sens aux fables les plus absurdes. La fameuse théorie des noms créant les dieux n'est pas nouvelle, paraît-il ; la voici assez bien résumée dans ces lignes écrites en 1627 : « Quand ces gens-là ne peuvent trouver l'explication de quelque fable, ils ont recours aux noms, sur lesquels ils ont bâti une fiction ; c'est le grand chemin des ânes. Si Hélène, Castor et Pollux sont engendrés d'un œuf, c'est que Léda fit sa couche dans un grand bâtiment qui s'appelait l'œuf, à cause qu'il était fait en ovale. Si Bellérophon dompta la Chimère, qui avait une tête de lion et une queue de dragon, c'est qu'il prit un vaisseau de corsaires qui avait cette forme [2]. »

Quand Sorel rencontre de ces explications dans la *Mythologie* de Noël le Comte, revue et augmentée par Beaudoin, il demande qu'on le ramène aux contes de ma mère l'Oye.

Il finit, on devait s'y attendre, par un réquisitoire en règle contre les poètes de l'antiquité. Homère, ce « vielleux » qui s'en allait chanter de porte en porte [3], (Sorel l'a appelé ainsi avant Boisrobert), Homère n'a rien fait qui vaille. Les querelles des dieux dans l'Iliade et dans l'Odyssée, la vanité et la goinfrerie des héros, les longs discours qu'ils

---

(1) D'Aubignac. *Des satyres, brutes, monstres*, etc. Paris, 1627.
(2) *Remarques* sur le XIII° livre du *Berger extravagant*, p. 472.
(3) *Berger extravagant*, livre XIII, p. 10.

s'adressent dans la mêlée, les répétitions, les contradictions, les détails prolixes, les épithètes invariables, les comparaisons triviales, tout est matière à critiques pour Sorel ; il a déjà les idées de Perrault et de la Motte, malheureusement aussi le style de Madame Dacier. Quant à Virgile, il n'est pas mieux traité qu'Homère ; les *Métamorphoses* d'Ovide ne valent pas les pièces du même genre qui sont en vogue dans les ruelles ; tous les anciens sont successivement bafoués, et avec eux leurs imitateurs, les poètes et les romanciers.

Voilà donc la querelle des anciens et des modernes commencée dès 1627. Certes, elle n'a pas été engagée par le seul Sorel qui nous apparaît de loin, comme un clairon plus bruyant qu'important ; on n'aurait pas de peine à retrouver chez plusieurs de ses contemporains les mêmes idées, soutenues avec plus de goût, sinon avec plus de force [1]. Et cependant, il a son rôle à part parmi les adversaires de l'antiquité ; si l'ardeur de sa foi l'a souvent trompé, elle lui a inspiré aussi plus d'une idée originale. Le premier, il a proscrit le mélange des traditions païennes et chrétiennes; prosateur, ennemi de la poésie, il a pourtant senti la poésie du christianisme, il a déclaré sa religion non-seulement meilleure, mais plus belle que la mythologie: « La Vierge qui conçoit et enfante vaut mieux que Minerve, sa chasteté que celle des Muses ; pour ce qui est des miracles de Jésus-Christ changeant l'eau en vin, il surmonte en ceci la puissance de Bacchus ; la déesse Cérès perdit entièrement son crédit, lorsque de cinq pains, il nourrit une si grande multitude d'hommes qui l'avaient suivi dans le désert ; marchant dans les eaux

---

(1) Voir *Théophile*, édition Alleaume, tome I, p. 396. — Id. Théophile et Ogier cités par M. Petit de Julleville, *Leçons de littérature française*, tome I, p. 235 et 246.

sans y enfoncer, il a marché sur la tête de Neptune, il a rompu son trident, il a fait abîmer Thétis, Protée et autres divinités marines. Ayant fait éclipser le soleil à sa mort, Apollon a été vaincu ; étant descendu aux enfers pour délivrer les pères des limbes, il a ôté à Pluton et à Proserpine les clefs du ténébreux royaume[1]. » N'est-ce pas là déjà, avec un certain éclat de style, le programme de Desmarets de Saint-Sorlin ?

Ainsi, presque toutes les questions littéraires qui vont passionner le XVIIe siècle, ont été posées de bonne heure[2]; le livre de Sorel, qui les appelle, ou les rappelle, a tout l'intérêt d'un livre à thèses, si ses défauts ne sont que trop visibles. Composer un roman où la fantaisie la plus extravagante s'allie à l'observation des mœurs rustiques et bourgeoises ; ce n'est pas assez, mener de front la critique de l'*Astrée* et celle de tous les romans du temps, attaquer tous les poètes, anciens et modernes, faire le procès de la poésie elle-même et celui de la mythologie par dessus le marché, inaugurer le burlesque, et montrer les beautés poétiques du christianisme, c'est peut-être entreprendre beaucoup de choses à la fois. Peu de livres sont d'une lecture plus difficile, aucun ne vous fait mieux connaître Sorel avec ses qualités, sa hardiesse de vues,

---

(1) Sorel, *Pensées chrétiennes sur les commandements de Dieu*, 1634, p. 73, ibid. 64, 70.

(2) Dans ses *Observations sur l'Ode de Chapelain à Richelieu* (Bibl. Nationale, Manuscrits français, 23342), Costar se moque longuement des poètes qui personnifient les fleuves, le Rhin ou le Danube, dans des pièces modernes. — En revanche voici les idées de Boileau sur le merveilleux chrétien, résumées dès 1642. (*Nouveau recueil de lettres de dames*, par Grenailles, chez Quinet, 1642, tome I, p. 413.) « Un fanfaron soutient que les chefs-d'œuvre de poésie se faisant plutôt par caprice que par raison, on n'en saurait faire sur nos mystères, qui ne tombent pas sous la fantaisie, étant de la nature de la religion, qu'elle est intellectuelle en son essence, quoiqu'elle semble être sensible en son accessoire. »

et ses défauts. Il n'a pas impunément médit de la poésie et de la contrainte salutaire du vers. Un de ses contemporains, dans une diatribe du même genre, avait soin d'ajouter :

O Muses, toutefois, ne me changez en pie [1];

Sorel a été bien bavard, il a fait un roman de pièces et de morceaux, mais les morceaux en sont bons, ne craignons pas de le répéter.

(1) Cerlon, *Invective contre les Muses*, 1610.

CHAPITRE VI

Les occupations diverses de Sorel. — Il revient au roman romanesque. — La seconde édition de l'*Orphyse de Chrysante*. — La *Suite de la Polyxène* et son histoire ; les noms de Polyxène et d'Aminthe dans les *Précieuses ridicules*. — Les romans romanesques finissent par ennuyer Sorel ; il retourne encore une fois au roman comique.

Le *Berger extravagant* réussit médiocrement, Sorel, avec son érudition confuse, ne devait s'attirer que peu de lecteurs, et les auteurs qu'il avait attaqués ne pensaient point à lui en procurer. C'est à peine si quelques misérables écrivains, trompés par le succès du *Francion*, imitèrent le nouveau roman : pendant quelques années, on vit paraître des *Gascons extravagants*, des *Chevaliers hypocondriaques* et d'autres plates imitations du *Berger extravagant*. Longtemps après Thomas Corneille tira du roman oublié une jolie pastorale burlesque [1], mais le succès de la pièce ne décida pas le public à revenir à l'original. Un peu plus tard, De Visé pouvait accuser Quinault d'avoir pris une partie des idées de sa pièce « *la Mère Coquette* », dans le roman de Sorel, sans craindre que personne allât vérifier l'inexactitude de ses assertions [2].

Sorel s'attendait à moitié à cet insuccès. Content d'avoir ridiculisé tous les romanciers, il avait juré de ne plus

---

(1) Th. Corneille, le *Berger extravagant*, pastorale burlesque en cinq actes, 1653. — La pièce a été traduite en allemand par Gryphius.
(2) Voir la préface des *Amants brouillés* ou de la *Mère Coquette*, par de Visé, 1665.

faire de romans et de se consacrer à des travaux plus sérieux. Depuis quelques années déjà, il étudiait l'histoire sous la direction de son oncle, Charles Bernard. *L'Avertissement sur l'Histoire de France*, un de ses meilleurs ouvrages et un des plus courts, paraît en 1628, la même année que le *Berger extravagant*, et respire la même vaillance, la même bonne humeur. Le jeune critique jugeait nos historiens aussi faux que nos romanciers; il voulait, à l'aide des documents originaux, transformer notre histoire nationale, en chasser les fables, y ramener la vérité. Ce ne fut pas sa faute s'il fut arrêté, dès ses premiers pas, par la censure officielle; il n'en acheta pas moins la succession de Charles Bernard, mais il fut un médiocre historiographe, et ne devint plus historien que par accident [1].

Dès lors cet esprit aventureux s'essaye dans tous les genres, et dépense de tous les côtés une activité inquiète. La liste des ouvrages qu'il a terminés ou qu'il prépare est déjà effrayante en 1635. Il écrit des compilations historiques, il étudie la théologie et publie des lettres morales et politiques, il parodie la gazette de Renaudot et fait des journaux comiques, il commence une grande encyclopédie scientifique, et perd son temps à réfuter les billevesées du père Gaffarel, inventeur de talismans constellés et d'onguents *sympathiques* analogues à la fameuse poudre de sympathie. On verra plus tard ce qu'il y a à recueillir dans ces ouvrages médiocres, où l'auteur du *Francion* semble avoir oublié son propre précepte [1] : « on n'écrit jamais mieux qu'en suivant son naturel et son génie ». Dans l'intervalle, comme pour bien montrer combien il

---

(1) Nous reviendrons sur les essais historiques de Sorel dans le chapitre XI.

était indécis sur sa vraie voie, une circonstance inattendue le ramène au roman romanesque.

Le meilleur épisode de son mauvais roman l'*Orphyse de Chrysante*, c'était la description de deux couvents, l'un sérieux, austère, soumis à la règle, l'autre aristocratique et mondain, une de ces abbayes de Thélème si communes autrefois. La satire de Sorel était toute générale, mais le public lui trouva après coup une application particulière. Maintes fois déjà la vie légère des chanoinesses du noble chapitre de Remiremont avait provoqué les plaisanteries de la cour de France [1]. Ce fut bien pis, lorsque Gaston d'Orléans se rendit à l'abbaye en 1631, pour courtiser Marguerite de Lorraine, la sœur du duc Charles IV. Grande colère, grandes inquiétudes de Richelieu. Par ordre la gazette de Renaudot aiguise ses meilleures épigrammes : « Monsieur est parti, il y a huit jours, pour s'en retourner à Remiremont. C'est un des plus beaux séjours de la Lorraine, sur la frontière de France, qui, entre ses singularités, a une abbaye où cinquante deux des plus nobles et plus gentilles demoiselles du pays (entre lesquelles est la sœur de son Altesse de Lorraine), sont vêtues à l'ordinaire, sinon qu'elles portent sur la tête une petite enseigne qu'on appelle un mari, parce que vouloir se marier est la dévotion particulière de cette abbaye [2] ».

En dépit des plaisanteries et des menaces, le duc d'Orléans fit célébrer son mariage dans la chapelle du couvent, mais le terrible cardinal voulut rompre cette union à tout prix. Il envoya à Monsieur trois théologiens, pour lui apprendre qu'il avait été séduit par sa femme.

---

(1) *Histoire de l'abbaye de Remiremont*, par M. l'abbé Guinot, Paris, Douniol, 1859, p. 217.

(2) *Gazette* de Renaudot du 14 nov. 1631.

En même temps, les pamphlets redoublèrent de violence, et le roman de Sorel, qui s'appliquait tant bien que mal à l'abbaye de Remiremont, fut remanié à la hâte et obtint les honneurs d'une seconde édition.

Gagner de l'argent avec un vieux roman auquel on ne songe plus, doit être douce chose. Sorel oublia vite ses préventions contre cette littérature et publia encore l'année suivante un livre du même genre. Cette fois il n'avait plus même à se mettre en frais d'imagination ; son rôle se bornait à compléter, sur commande, un roman emprunté par un de ses prédécesseurs à l'histoire de la vieille cour.

D'Urfé avait raconté dans l'*Astrée* les romanesques amours de la princesse de Conti, et la princesse elle-même ne se lassait pas de publier les souvenirs de sa jeunesse ; comme elle avait mis du roman dans sa vie, elle aimait à mettre sa vie en romans [1]. Elle relut encore avec plaisir sa propre histoire, dans la *Polyxène* que lui dédia, en 1623 [2], un jeune romancier, François de Molière, sieur d'Essertines. François de Molière mourut assassiné la même année [3], et la *Polyxène* resta inachevée jusqu'en 1631 ; à ce moment les aventures bruyantes des principaux personnages du roman, l'exil et la mort de la princesse de Conti, l'emprisonnement du maréchal de Bassompierre,

---

(1) L'*Astrée* (3ᵉ partie, livres III, IV, V), raconte longuement, au dire de Patru, les amours du duc de Bellegarde avec Gabrielle d'Estrées et la princesse de Conti. Les mêmes faits ont fourni le sujet de la *Polyxène* et de tous les romans composés par la princesse de Conti elle-même, tels que le *Roman royal*, 1621, in-8°, les *Aventures de la Cour de Perse*, 1629, in-8°, etc.

(2) La *Polyxène*, par le sieur de Molière, 1623, in 8°, privilège de 1622, (exemplaire de M. Livet).— En 1644 la *Polyxène* compte six éditions et peut-être davantage.

(3) Sorel, *Remarques* sur le XIIIᵉ livre du *Berger extravagant*, p. 493, — it. *Mémoires* du père Garasse, édition Ch. Nisard, p. 90.

ramenèrent un instant la curiosité publique sur ce livre oublié. Aussitôt le libraire Sommaville en publie une nouvelle édition. Le libraire Pomeray fait mieux : il donne la conclusion du livre, si bien que son confrère, pour écouler son édition, est obligé de commander une autre suite à Sorel. Celui-ci fit les choses en conscience et écrivit deux cents pages de plus que Pomeray.

Les aventures de la *Polyxène* n'étaient pas terminées. Plusieurs des anciens amis de l'auteur, Tristan, Mairet, Saint-Amant, entrèrent à l'Académie française et firent mettre le roman sur la liste des ouvrages où l'Académie devait choisir ses exemples pour le dictionnaire[1]. La *Polyxène* était donc érigée en modèle de style, et en 1656, l'interprète et maître de langues, Antoine Oudin, la recommandait encore aux étrangers, en même temps que la *Suite* de Sorel, toujours réimprimée avec elle[2]. Grâce à la longue vogue et aux nombreuses éditions du roman, le nom même de Polyxène devint un nom à la mode ; il était si banal, si répandu au théâtre ou dans la société précieuse[3], qu'il ne faut pas s'étonner que Magdelon l'ait

---

(1) La *Comédie des Académistes*, acte I, scène I. — *Saint-Amant*, édit. Livet, tome I, p. 90. — Pellisson, *Hist. de l'Académie française*, édit. Livet, tome I, p. 105.

(2) *Curiosités françaises* d'Ant. Oudin, 1656, fin de l'avertissement *Aux Etrangers*.

(3) Une amie de Ninon de Lenclos est appelée *Polyxène* dans le petit roman de la *Coquette vengée*, 1659 ; les deux actrices de la *Comédie sans comédie* de Quinault (1654), s'appellent *Polyxène* et *Aminthe* comme Cathos et Magdelon. — Ce dernier nom d'*Aminthe* ne vient pas du roman de *Polexandre*, comme le dit Despois (*Molière*, tome II, p. 54) ; il est très répandu depuis l'*Astrée* (1ʳᵉ partie, livre I), et aussi banal que le nom d'*Almanzor*, lequel figure depuis longtemps dans les ballets de cour et dans les *Pensées du Solitaire* du comte de Cramail.

Il en est de même pour beaucoup d'autres noms que Molière a pris tout faits autour de lui, sans y attacher grande importance. Par exemple, dans le *Misanthrope*, il n'a pas été obligé de créer le nom masculin d'*Alceste*, avec le sens de vigoureux champion, comme le dit M. Paul

préféré à son nom de baptême : « Polyxène, ce nom a une grâce, dont il faut que vous demeuriez d'accord. » — Le nom, peut-être, mais pas le roman ni la *Suite* de Sorel, et l'on peut souhaiter pour le vrai Molière, qu'il n'ait jamais lu l'œuvre de son insipide homonyme.

Si les préfaces de Sorel éclaircissent la biographie de ce premier Molière, dont les bibliographes du XVIIIe siècle[1] ont voulu faire à tort un homme de théâtre, un tragique, auquel notre grand comique, passionné pour la tragédie, aurait emprunté son nom ; si Sorel s'est associé lui-même à la longue réputation de ce romancier médiocre, nous préférons le voir collaborer avec le vrai Molière, et revenir au roman de mœurs. Dès 1635, comme pour racheter la

---

Mesnard (*Molière*, tome V, p. 442). Depuis le XVIe siècle le nom d'*Alceste* était souvent porté par les héros de roman ou de théâtre. (*Complainte d'Alceste sur l'ingratitude de Lydie*, dans la *Tricarite* de C. de Taillemont, traducteur de l'Arioste, 1556, in-8°. — *Les admirables faits d'armes d'Alceste*, par Des Escuteaux, 1613. — *Alceste et Philinte*, héros du roman de la *Polyxène* et de la *Suite* de Sorel. — *Alceste*, successivement prince et charbonnier, dans une pièce qui fit fureur à l'hôtel de Bourgogne, suivant Racan, (édit. Tenant de Latour, tome I, p. 357.) Le nom d'Alceste ne signifie donc rien, pas plus que celui d'Oronte.

(1) L'erreur est facile à expliquer. En 1610, Claude Billard dédie à la princesse de Conti une tragédie avec chœurs, intitulée *Polyxène*. En 1623, François de Molière dédie à la même princesse un roman également intitulé la *Polyxène*. C'est le rapprochement de ces titres et de ces dédicaces qui a embrouillé Moréri et Maupoint, quand ils ont dit que François de Molière avait composé une tragédie de la *Polyxène*, laquelle aurait été souvent représentée à la cour. Maupoint cite une épigramme de Racan, qui s'exprime ainsi sur l'œuvre de Molière :

> Belle princesse, tu te trompes
> De quitter la cour et ses pompes
> Pour rendre ton désir content.
> Celui qui t'a si bien chantée,
> Fait qu'on ne t'y vit jamais tant
> Que depuis que tu l'as quittée.

En réalité l'épigramme de Racan ne s'applique qu'au roman où l'on voit dès les premières pages la princesse Polyxène quitter la cour, comme elle le faisait déjà dans l'*Astrée*. François de Molière n'a donc jamais fait de tragédies.

Suite de la Polyxène, il publie les *Visions admirables du Pèlerin de Parnasse*, série de tableaux de genre, de scènes de mœurs parisiennes, et de notes qu'il avait prises jadis pour son *Francion*. En 1648 nouvelle tentative, cette fois excellente. Toute la littérature semble alors être à la joie et à la gaîté ; les poètes burlesques se moquent de l'antiquité et ne respectent pas les grands romans ; au théâtre, la solennelle tragédie est délaissée pour la comédie de Scarron ; la vieille langue gauloise, que les précieux croyaient avoir détruite, reparaît plus drue et plus forte que jamais dans les *Mazarinades*. Les bourgeois ont trompé les prévisions du ministre : ils chantent toujours, mais ils ne payent plus, et c'est la Fronde, c'est la guerre, une guerre si peu sérieuse qu'elle n'interrompt ni les affaires, ni les plaisirs. Sorel essaya de peindre tous ces contrastes, et publia en 1648 une nouvelle histoire comique, celle de *Polyandre*. C'est un nouveau *Francion*, mieux écrit et moins libre que le premier.

CHAPITRE VII

Polyandre, histoire comique, 1648. — Les défauts et les qualités de ce roman inachevé. — Comment on le jugeait au XVIIe et au XVIIIe siècle. — Analyse du roman. — La clef du roman. — Les comparses : Neufgermain et Claude de l'Estoile — Les personnages principaux : le pédant Montmaur, le financier Emery, son fils, le président de Toré, et sa bru, Geneviève Le Cogneux, Madame Pilou, Madame Cornuel, Sarasin. — Les emprunts de Molière à Sorel. — Origine du *Mariage forcé*. — Origine de *Monsieur de Pourceaugnac*. — L'exposition et les principaux personnages du *Tartuffe* dans le *Polyandre*. — Comment Molière imite Sorel. — Madame Ragonde et Madame Pernelle. — Tartuffe et Polyandre. — Le nom, le costume et le caractère de Tartuffe. — Conclusion sur les emprunts de Molière à Sorel.

Les véritables auteurs de la Fronde étaient ces partisans avides et universellement décriés, qui s'amusaient à faire distribuer dans les rues des extraits de Cicéron et de Tacite « sur l'utilité des publicains [1]. » Sorel résolut de leur répondre en bon français. Il voulait expliquer leurs opérations sous la forme animée du roman, et introduire les profanes dans ces bureaux des rues de Savoie, de la Verrerie et Sainte-Croix de la Bretonnerie, officines des grandes fortunes. Malheureusement, il prit mal ses mesures. Au lieu de montrer d'abord les financiers à leurs affaires, il s'attarda à raconter leurs plaisirs, leur

---

[1] Le *Journal* de Dubuisson-Aubenay (t. I, p. 585), cite ces extraits pris dans Cicéron, *pro Lege Manilin*, et dans Tacite, *Annales*, fin du livre XIII.

vie de fêtes et de prodigalités, et il écrivit deux volumes avant d'arriver à son sujet. Le public, qui demandait un réquisitoire et non de jolies descriptions, accueillit mal la première partie du roman, et Sorel laissa son œuvre inachevée « par dépit[1] ».

L'intrigue du *Polyandre* est languissante, mais ce roman plaît par l'esprit des détails et la vivacité des tableaux ; plusieurs auraient dû trouver grâce aux yeux des contemporains. Dès les premières pages, nous sommes conduits au jardin du Luxembourg par un tiède soleil de mars. Les parents, les personnes d'âge se groupent dans les petites allées ; la grande est réservée à la jeunesse, aux coquets et aux coquettes qui viennent voir et montrer des toilettes. Sur les marches du grand escalier, quelques intrépides se sont assis et font cercle ; les cavaliers ont jeté leurs manteaux sur la pierre pour se mettre aux pieds des dames ; c'est une ruelle en plein air.

Le Luxembourg attire ainsi tous les habitués des Tuileries, à cause du voisinage de la foire Saint-Germain. Il faut la voir avec ses boutiques de porcelaines, de miroirs, de cabinets, de tableaux et même de livres ; il faut entendre les boniments des marchands, et suivre les allées et venues de la foule. Parfois une épée brille au soleil, on entend des cris de femmes, les boutiques se ferment, tout le monde se sauve, excepté les pages et les laquais, auteurs du désordre. Cependant les archers de Paris, braves pères de famille, se tiennent prudemment à l'écart, et attendent que la bagarre se soit passée comme elle est venue. Cette description de la foire Saint-Germain

---

(1) Il le dit lui-même dans ses *Bibliothèque française* de 1664, p. 176 et 359. — Sorel recueillit plus tard une partie des notes qu'il avait prises sur les financiers dans un autre ouvrage intitulé le *Chemin de la Fortune*. (Voir le dernier chapitre).

vaut mieux que la pièce bien connue de Scarron, elle a plus de précision et de relief [1].

Tous les charlatans ne sont pas à la foire ; quelques-uns opèrent à domicile, ou s'introduisent dans les riches maisons, pour offrir la pierre philosophale et l'or potable, la fortune et la santé [2]. Tel cet adroit Théophraste qui se présente chez Péralde (le docte chronologiste Lefèvre-Chantereau), avec ce compliment : « Un homme qui sait si bien le nombre et l'ordre de toutes les années, en devrait encore passer ici une infinité, et la vraie doctrine du temps, qu'il enseigne, mérite bien qu'il soit le maître du temps. » Péralde est sensible au compliment, mais la science de Théophraste ne lui inspire pas confiance : « Quel âge pensez-vous que nous ayons, demande le charlatan ? — Vous me semblez avoir cinquante-sept ou cinquante-huit ans. — Nous avons tantôt sept-vingt-quatre années, trois mois, deux jours, six heures et quinze minutes, selon notre calcul. » Ce calcul réussira plus tard auprès du Malade imaginaire [3], mais Péralde, moins crédule, congédie Théophraste, et le renvoie aux Précieuses, si préoccupées de leur beauté.

On ne s'ennuierait pas auprès d'elles ; il serait curieux d'observer leur mines, d'assister à leurs visites et à leurs soirées avec intermèdes de musique, où des poètes chevelus viennent lire des petits vers au milieu de dames très décolletées ; mais il vaut mieux encore pénétrer, à la suite de Sorel, dans un bal bourgeois.

(1) *Polyandre*, tome I, livre III, p. 455 à 545.
(2) Les livres sur *l'or potable* sont nombreux. Voici le plus rapproché du *Polyandre*: *Le grand or potable des anciens philosophes*, par François du Soucy, écuyer, sieur de Gerzan, Paris, 1653, in-12, *aux dépens de l'auteur*).
(3) *Le Malade imaginaire*, acte III, scène XIV. — *Polyandre*, tome II, p. 181.

Par prudence, le maître du logis a mis les rafraîchissements sous clef; il perd cette clef et se voit obligé de faire venir un serrurier, à la grande joie de l'assistance. A chaque instant ce sont de nouveaux arrivants; le portier n'ose refuser l'entrée à quiconque porte une moustache et une rapière, et bientôt le désordre est à son comble. Les officiers, venus à Paris en quartiers d'hiver, les « plumets », aiment à chasser sur les terres des bourgeois et à courtiser leurs femmes; les bourgeois leur rendront la pareille pendant l'été, dit la chanson[1]. Ce soir-là, Messieurs les plumets sont en nombre, tous de méchante humeur. Ils repoussent dédaigneusement les jeunes filles qui les invitent en leur offrant leur bouquet de bal : « Eh! ma bonne demoiselle, dit l'un d'eux, je pense que vous ne savez pas que je suis Callidon, je n'ai jamais dansé ailleurs qu'au Louvre. Me prenez-vous pour quelque secrétaire ou auditeur? Qu'est-ce que je puis avoir qui me déguise tant? Est-ce que je n'ai pas mes plumes? » Il disait ceci parce qu'étant nu-tête, de peur de gâter sa belle chevelure, il tenait à la main son chapeau à demi caché sous son manteau. — « Il est vrai, Monsieur, réplique l'autre qu'à la plume on connait l'oison. »

Si ces Messieurs ne dansent pas, ils gênent les danseurs, et poursuivent les couples en contrefaisant leurs pas. Enfin, l'un de ces trouble-fêtes trouve son maître. Il a heurté et insulté un jeune homme vêtu de noir, qu'il prend pour un bourgeois; l'autre, son égal, l'appelle dans la rue, lui fait mettre l'épée à la main et le tue. Le bruit en vient jusqu'au bal qui continue très gaiment; à Paris on ne s'inquiète guère de ces misères. Seul, un vieillard,

---

(1) Voir la chanson des *Plumets* et la réponse de La Sablière, (*Tallemant*, tome VIII, p. 32).

un provincial, a été surpris de l'audace des intrus: « Eh! quoi, n'est-il plus permis aux gens de notre condition de se réjouir? Voilà une chose étrange que l'on ne puisse plus être le maître chez soi dans Paris ; c'est la résidence de la cour qui en est la cause. Le courtisan veut avoir le dessus. Heureuses sont les villes provinciales, où le père de famille va au bal en robe de chambre et en pantoufles! Il y prend plaisir à voir danser ses enfants, sans craindre qu'un indiscret leur fasse ou leur dise quelque chose mal à propos [1]. » Le provincial est trop exigeant, les bals de l'aristocratie ne sont pas plus tranquilles, et les courtisans sont aussi grossiers entre eux que chez les bourgeois.

Au milieu de tous ces épisodes, on perd à chaque instant de vue la petite intrigue du roman, qui sera bientôt résumée. Nous avons déjà vu une partie des aventures de Néophile, le fils du riche financier Æsculan [2]. C'est un des nombreux soupirants d'Aurélie, une jeune veuve coquette, habitant avec sa sœur et sa mère tout près du Luxembourg. Néophile aime cette maison hospitalière où l'on reçoit force visites, en dépit d'une grand'mère rébarbative, qui vient de temps à autre donner la chasse aux galants. Il est bien accueilli d'Aurélie, grâce à sa fortune, et s'il se brouille avec elle, l'adroit Polyandre aura bientôt fait de les réconcilier. En récompense, Néophile présente son nouvel ami à son père, qui l'associe à ses affaires et le prend même pour confident de ses amours. Cette confiance l'honore autant qu'elle l'embarrasse. Le vieux financier est le rival de son fils, et tous deux chargent Polyandre de plaider leur cause auprès de

---

(1) *Polyandre*, tome I, livre II, p. 195 et suivantes.
(2) Dans le chapitre III, p. 47. — Ces aventures de Néophile sont entrées dans l'*Amour médecin*.

la jeune veuve, sans se douter qu'il l'aime lui-même. Comment fera-t-il pour concilier tous ces intérêts ? La tâche n'est pas au-dessus de son habileté, mais le roman finit avant que la destinée de tous ces personnages soit réglée. Autour d'eux s'agitent quelques comparses, de ces parasites attirés par les grandes fortunes, un pédant, un poète extravagant, un alchimiste, une sorte de fou qui s'intitule l'Amoureux universel. Tous ces noms, énumérés dans le titre du livre, montrent que le roman de mœurs, avec ses personnages grotesques, reste un genre mal défini, intermédiaire entre la satire et la farce.

Tel qu'il était, avec ses qualités et ses défauts, le *Polyandre* obtint si peu de succès, qu'en 1656 l'abbé de Pure ne craignait pas de le citer dans une scène de sa comédie de la *Précieuse*[1], comme le plus détestable roman du siècle, ce qui n'était pas peu dire. De longues années plus tard, le célèbre bibliophile Caumartin de Saint-Ange écrivait cette note sur un feuillet de garde de son exemplaire du *Polyandre*[2] : « L'auteur, quel qu'il soit, n'ayant pas

---

(1) Cette scène résumée par Sauval (*Antiquités de Paris*, in-folio, tome III, p. 77), nous servira plus tard (chapitre des *Jeux d'esprit*) à donner quelques détails sur la pièce perdue de l'abbé de Pure ; voici le texte de Sauval : « Un de nos amis qui, s'est le premier raillé des Précieuses, et qui a publié leurs extravagances, introduisit dans une comédie des Précieuses un poète, qui, à l'instigation de la principale actrice, expose au hasard de la loterie la réputation que doivent tenir les poètes et les romanciers français. Je ne vous en ferai point la liste, ni ne vous dirai point l'ordre qu'il leur donne. Vous vous contenterez de savoir que, comme il n'y a rien au monde de plus libre et de plus divers que l'opinion, l'auteur de cette comédie et de cette loterie porte, en quelques endroits, le même jugement de nos poètes que fait M. Furetière dans sa *Nouvelle allégorique*, et que s'il parle du *Polexandre* comme du roman le mieux écrit et l'un des plus agréables de notre temps, en revanche il parle du *Polyandre* et de la *Solitude de Cléomède*, comme de livres qui ont ruiné les libraires qui les ont fait imprimer, aussi bien que la *Science universelle* et quelques ouvrages du même auteur. »

(2) Cet exemplaire appartient aujourd'hui à M. Livet.

donné la suite des aventures de Polyandre, Néophile, Aurélie et autres qu'il a mises en scène, je crois que le lecteur n'y perd pas beaucoup. » C'était vraiment jouer de malheur, puisque ce livre inachevé contient en germe plusieurs comédies de Molière, et qu'il mérite à ce titre d'être examiné de près [1].

On n'y trouvera point, comme dans les autres romans de Sorel, la trace de nombreuses lectures [2]; c'est le récit d' « aventures modernes arrivées à Paris. » L'auteur a soin d'ajouter qu'il a pris ses précautions pour égarer les recherches ; mais tout finit par se savoir dans ce Paris du XVIIe siècle, vraie grande ville de province, et l'on n'a pas trop de peine à reconnaître les originaux du *Polyandre*. Le poète Musigène avec sa vanité, ses haillons, sa longue barbe et ses prétentions à l'élégance, est probablement la caricature du vieux Neufgermain [3]. Le nom du pédant glouton, Gastrimargue, figurait déjà, en 1624, dans le *Roman des Indes* de Lannel. Sorel a repris ce nom

---

(1) On lit dans l'édition du *Tartuffe* donnée par M. Livet en 1882, p. 33 : « Molière, qui lisait les romans de Sorel, a pu prendre dans le *Polyandre* le nom de Madame Pernelle, qui s'y trouve. » Toutes les recherches qui vont suivre m'ont été suggérées par ce passage de M. Livet. Elles étaient terminées quand M. Monval a réimprimé dans le *Moliériste* (juillet et septembre 1888) un extrait du *Polyandre* (scène de Madame Ragonde), suivi de quelques notes qui n'ont pu m'être utiles.

(2) Sorel a emprunté quelques traits à la comédie des *Visionnaires* (*Polyandre*, tome II, p. 14); il a résumé les pièces lancées contre le professeur Montmaur, et mis dans sa bouche un éloge de la cuisine, tiré de la tragi-comédie de la *Lucelle*, 1576, de Louis Le Jars (*Polyandre*, tome II, p. 153 et suiv.); enfin il a relu le *Recueil général des caquets de l'accouchée*. Toutes ces réminiscences sont insignifiantes.

(3) Le nom de *Musigène* rappelle celui de *Musidore* qui désignait Maillet dans le *Francion*. En 1648, Sorel devait avoir en vue un bouffon bien connu, Neufgermain, « le vieux badin », comme l'appelle Ménage en 1652. Le même grotesque reparaîtra sous d'autres noms dans le *Parasite Mormon* de Sorel, 1650, dans le *Poète extravagant* d'Oudin de Préfontaine, 1653, et dans le *Roman bourgeois*.

expressif pour l'appliquer à Montmaur, le professeur au Collège de France, qui depuis quelques années sert de plastron aux beaux esprits. On l'accable d'épigrammes [1], on l'injurie en grec, en latin et en français ; mais il n'en perd pas un coup de dent, et continue de fréquenter les meilleures tables, en particulier celles du comte d'Avaux et du financier Emery [2], chez qui il paye son écot avec des devises. Pour le grotesque Orilan, l'Amoureux universel, il semble un personnage échappé du *Berger extravagant* ; il rappelle le rôle d'Hylas dans l'*Astrée*, comme Lysis rappelait celui de Céladon. Cependant cette figure grimaçante n'est pas toute de fantaisie. Plusieurs de ses traits font penser au poète L'Estoile, qui vient de divertir Paris par ses folies, et de dépenser une jolie fortune en amourettes [3]. Sorel pense certainement à lui, quand il fait dériver le nom d'Orilan « de quelques mots grecs, qui signifieraient un Soleil ou un Astre courant et agité [4] ; » il trouvait même le pseudonyme trop transparent, et voulait le remplacer par celui de Pamphile.

Si les autres personnages du roman sont plus difficiles à reconnaître, l'abondance et la précision des détails circonscrivent nettement les recherches. Il s'agit de retrouver, aux environs de 1648, un financier influent, « lié avec les grands de l'Etat », vicieux, spirituel, aimant les femmes et les gens de lettres, et n'ayant qu'un fils, qu'il a fait élever avec le plus grand soin. Ce fils, à peine sorti de l'Ecole de droit, courtise une jeune veuve habitant près

---

(1) Elles sont toutes réunies dans l'*Histoire de Montmaur* par M. de Sallengre, la Haye, 1715.
(2) *Mémoires* d'Olivier d'Ormesson, édition Chéruel, tome I, p. 779, notes.
(3) Tallemant, *Historiette* de l'Estoile, tome V, p. 88.
(4) Sorel, Avertissement du *Polyandre*.

du Jardin du Luxembourg, et devient le rival de son père. Tous ces détails s'appliquent, à la date indiquée par le romancier, c'est-à-dire vers 1648, au surintendant Emery, à son fils le président de Toré, et à sa future belle-fille Geneviève Le Cogneux, veuve de Philippe Le Cirier. Les modèles de Sorel sont donc retrouvés; nous connaissons Æsculan, Néophile, ainsi que la dame très légère de leurs pensées [1].

Toute la première partie des aventures de Néophile ne s'explique qu'à condition que la belle Aurélie loge à proximité du Luxembourg [2]. Or, Geneviève Le Cogneux demeure avec sa tante, Madame du Boulay, femme du gouverneur du Luxembourg ; ce point précis suffit pour établir l'identité des personnages. Mais comment se fait-il qu'Aurélie nous soit représentée comme la maîtresse de la maison, et qu'elle partage son appartement avec sa sœur cadette et sa nièce ? Ces traits ne s'appliquent plus à Geneviève Le Cogneux, mais à une autre Parisienne en vue ; pour égarer les curieux, Sorel a fondu deux histoires en une, et si la clef de son roman n'est pas un passe-partout, elle ouvre deux portes.

C'est rue des Francs-Bourgeois [3] qu'il faut aller chercher cette autre ruelle célèbre, où trois jeunes femmes

---

(1) Tallemant, tome IV, p. 16, 24, 27, 30. — *Historiette* des Le Cogneux, et *Historiette* d'Emery et de son fils le président de Toré. — Veuf dans le roman de Sorel, Emery est marié dans la réalité, mais si peu que rien ; il devient le rival de son fils (Tallemant, tome IV, p. 30). — Sur Geneviève Le Cogneux, remariée le 6 décembre 1646, voir le *Dictionnaire* de Jal au mot Particelli et le *Dictionnaire des Précieuses* de Somaize, éd. Livet, tome I, p. 231 ; tome II, p. 385.

(2) En sortant de la maison d'Aurélie, Néophile n'a que deux pas à faire pour arriver au Luxembourg, où son carrosse l'attend.

(3) *Catalogue des Partisans*, 1649, au mot Guillaume Cornuel.

reçoivent tous les jours nombreuse compagnie. On aime fort à dauber sur le prochain :

> Chez Cornuel, la dame accorte et fine
> Où gens fâcheux passent par l'étamine,
> Tant et si bien qu'après que criblés sont,
> Se trouve en eux cervelle s'ils en ont,
> Si pas n'ent ont, on leur fait bien comprendre
> Que fats céans, onc ne se doivent rendre,
> Et six yeux fins, par s'entre-regarder,
> Semblent leur dire « Allez vous poignarder [1]. »

Sorel n'a pas laissé à Madame Cornuel tout son esprit, cet esprit célèbre qui la fit comparer à Célimène[2], mais il n'a eu garde de lui enlever son amant. Le brutal Thrasomède du roman, l'homme d'épée orgueilleux, est le baron de Genlis qui vient d'être tué en duel, il y a quelques mois, à la grande satisfaction de son rival, le marquis de Sourdis[3]. Tous les autres détails coïncident. Hypéride, la sœur cadette d'Aurélie[4] ressemble tout à fait à Marie Le Gendre, la belle-fille aînée de Madame Cornuel. Toutes deux, belles, blondes, fières, n'aiment que les gens de cour et d'épée ; toutes deux ont eu l'idée d'entrer en religion et sont ressorties du couvent. La nièce d'Aurélie, la douce et sensée Phronyme, forme un contraste parfait avec Hypéride : ainsi la seconde belle-fille et compagne de

---

(1) La Mesnardière, *Poésies*, in-folio, 1656, p. 54.
(2) Epitaphe de Madame Cornuel, par Chaulieu dans le *Recueil des pièces curieuses et nouvelles*, la Haye, Moetjens, 1694, in-12.
(3) Tallemant, *Historiette* de Madame Cornuel, tome V. p.132. Sorel s'est contenté de supprimer le mari insignifiant de Madame Cornuel pour la confondre avec Geneviève Le Cogneux.
(4) Hypéride figure dans le *Polyandre*, tome I, p. 43, tome II, p. 248, 258, 260, 316, 362.
Phronyme paraît dans le même roman, tome I, p. 43, 413 ; tome II, p. 275, 285, 368.

Madame Cornuel, Marguerite Cornuel, est tout l'opposé de Marie Le Gendre [1]. Le contraste entre ces deux caractères inspirera plus tard à Mlle de Scudéry une longue histoire, qui contiendra exactement les mêmes détails que le *Polyandre*.

La vieille mère de Madame Cornuel, cette « veuve d'un secrétaire du roi [2] », crainte et respectée dans toute sa nombreuse famille, ne vivait plus en 1648 ; mais Sorel n'a pas eu de peine à la remplacer. La première fois que Madame Ragonde apparaît dans le roman, elle est immédiatement reconnue par Polyandre [3] « qui a assez vécu dans Paris pour savoir qui elle était. » Il existe bien à ce moment une vieille bourgeoise, la joie et la terreur de tous les Parisiens. Tout le monde connaît cette bonne Madame Pilou, avec son costume antique, sa laideur effroyable, qui fait dire aux poètes burlesques que les monstres du Tartare sont autant de dames Pilous [4], et son humeur acrimonieuse qui l'a fait surnommer « la Morale vivante [5]. » Par devoir, par plaisir, elle se mêle de morigéner toutes les jeunes femmes trop coquettes : « Quand je vois,

---

(1) Le *Grand Cyrus*, tome V, livre III, p. 840-1205. Histoire de Cléodore (Marie Le Gendre) et de Léonise (Marguerite Cornuel). — Les belles-filles de Madame Cornuel sont appelées « ses nièces » par Mlle de Scudéry et ses « filles » par Somaize (*Dict. des Précieuses*, t. I, p. 58). Sorel fait de l'une la sœur cadette et de l'autre la nièce d'Aurélie, mais ajoute-t-il, elles se disent entre elles ma sœur, car elles sont de même âge (*Polyandre*, tome II, p. 585). Ces différences sont insignifiantes.

(2) *Polyandre*, tome II, p. 321. — Madame Cornuel est fille de dame Claude de Galmet, veuve de Jean-Jacques Bigot, sieur des Gaschelières, nommé secrétaire ordinaire de la chambre du roi, le 23 octobre 1588, et plus tard intendant du duc de Guise. (Cabinet des titres. *Dossier Bigot*, N° 7468, pièces 190, 191, etc.)

(3) *Polyandre*, tome II, livre V, p. 315.

(4) *L'Enfer burlesque, ou le VI° livre de l'Énéide travestie*, 1649, p. 29 :
　　　　　Ces laides masques, ces lidrons
　　　　　Sont autant de Dames *Pilons*.

(5) Sauval, *Antiquités de Paris*, tome II, p. 189.

disait-elle, ces nouvelles mariées, qui vont donnant du timon de leur carrosse contre les maisons, je me mets à crier : Plomb à vendre ! » c'est-à-dire qu'on peut les prendre, et qu'elles sont à la disposition des galants. Un seul trait la distingue de Madame Ragonde : elle est pieuse, assidue aux offices de sa paroisse, mais point crédule ni bigote. « A son fils, qui se rendait malade à force de courir à toutes les dévotions, elle disait : Mon Dieu ! Robert, à quoi bon se tourmenter tant, veux-tu aller par de là paradis [1] ? » Madame Pilou ne mourut qu'en 1668 et fut très fière d'avoir son portrait dans les romans de Mlle de Scudéry [2] : « Mademoiselle, s'écriait-elle, d'un haillon vous avez fait de la toile d'or ! » La vieille dame n'avait probablement pas été aussi satisfaite de la caricature de Sorel.

Il ne reste plus à retrouver que le personnage le plus important du roman, Polyandre. Que ce nom désigne Sarasin dans la *Journée des Madrigaux*, c'est une simple coïncidence [3] qui ne deviendra décisive que si elle est confirmée par des traits de caractère. Polyandre, au dire de Sorel, est un homme d'intrigues, « un homme qui vaut autant que plusieurs autres », qui sait se multiplier, comme cet ami obligeant dont Mme de Sévigné écrivait toujours le nom au pluriel [4]. Personne ne remplirait mieux ces conditions que Sarasin ; l'agent de Madame de Longueville et du prince de Conti était passé

---

(1) Tallemant, *Historiette* de Madame Pilou, tome IV, p. 10, 350 et suiv. — It. Loret, *Lettre* du 7 juin 1653.

(2) *Clélie*, tome I, liv. I, p. 296. Portrait d'Arricidie ou de Madame Pilou.

(3) Ce nom n'est pas la propriété exclusive de Sarasin. Il désigne un inconnu dans les *Aventures de Polyandre*, par le sire de Beaulieu, 1624, et sert de pseudonyme au voyageur Bernier, dans les *Relations, lettres et discours de M. de Sorbière*, 1660, in-12.

(4) L'abbé d'Hacqueville est appelé *les* d'Hacqueville à cause de son obligeance. (Lettre de Mme de Sévigné, tome II, p. 385, etc.).

maître en fait d'intrigues. Homme de lettres et homme d'argent, trésorier de Caen et poète de ruelles, il avait toutes sortes d'esprit[1], sans compter l'esprit des affaires, et il n'a pas dû conclure avec Émery un marché de dupes. Au début du roman, nous voyons qu'il est à peine revenu d'un petit voyage dans sa patrie ; ce n'était pas un voyage d'agrément. Le *Polyandre* est achevé d'imprimer le 15 mars 1648 ; en juillet 1647, Sarasin a été prié « d'aller dans une île en Basse-Bretagne, pour avoir trop parlé du gouvernement[2]. » D'autres détails plus caractéristiques compléteront plus tard ce signalement ; mais nous connaissons dès à présent tous les principaux personnages du roman.

Ils se divisent, comme on l'a vu, en deux classes. Avec les uns, avec les bouffons tels que Gastrimargue ou Orilan, Sorel en a pris à son aise : il a jeté ces héros grotesques dans les aventures les plus invraisemblables ; pour les autres, il n'a presque rien inventé, il a reproduit simplement leur histoire. Or, tous ces personnages vont repasser sous les yeux de Molière, qui a connu, non-seulement leurs portraits dans le roman, mais leurs personnes dans le monde : ni Madame Pilou, ni Madame de Toré, ni Madame Cornuel, ni Sarasin surtout, n'étaient des étrangers pour lui. Mais, à la différence de Sorel, il a tout changé, tout bouleversé, au gré de sa puissante fantaisie ; il s'est borné de parti pris, en 1664, à imiter un

---

(1) Dans le *Recueil des pièces en prose* de Sercy (1658), tome IV, p. 187, *Amilcar le divertissant* ou Sarasin prend modestement pour devise un feu d'artifice. Dans la société précieuse, Sarasin s'appelle plus souvent Amilcar que Polyandre. Mlle de Scudéry, qui avait la manie de débaptiser les gens, n'a pu s'empêcher de donner à Sarasin un nom africain, qu'elle avait pris dans l'*Astrée* (4e partie, livre 9).

(2) *Mémoires* d'Olivier d'Ormesson, Ed. Chéruel, tome I, p. 386.

roman oublié depuis vingt ans, et ce sont ces imitations qu'il s'agit maintenant d'étudier en détail.

Voyons d'abord les aventures de Gastrimargue, le dernier des parasites[1]. On se lasse de tout, même de dîner en ville. Gastrimargue songe donc à s'établir ; il veut avoir une table et une femme à lui, et il charge son ami Hermotin de lui procurer l'une et l'autre. Celui-ci lui propose plusieurs partis, et en première ligne, une beauté déjà mûre, la fière Chrysante. Hermotin, à qui elle a jadis refusé sa main, ne serait pas fâché de la mystifier en même temps que Gastrimargue ; il rit sous cape à l'idée de lui présenter le vieux pédant, vêtu de sa longue soutane comme un haut magistrat. Celui-ci fait bien quelques objections : il a des goûts simples et la riche Chrysante a les défauts de ses qualités, elle est folle de luxe, et veut avoir un train de maison magnifique. Après tout, Gastrimargue ne demande pas mieux que d'être magnifique, quand il aura épousé une fortune. Bien stylé par Hermotin, il se laisse présenter dans la maison, où sa longue barbe, son costume et ses discours produisent la meilleure impression sur Chrysante. Enfin elle a trouvé un prétendant à sa guise, et qui accepte tout son programme : bijoux, velours, dentelles, elle ne sait plus que désirer, et Gastrimargue promet toujours, les promesses ne lui coûtent rien ; ils sont enchantés l'un de l'autre, c'est une affaire presque conclue. Mais quand le vieux galant se voit persécuté par tous les marchands qu'Hermotin a instruits de son mariage et lancés à ses trousses ; quand il a été contraint, pour la première fois de sa vie, de payer un grand dîner à tous les parents de sa fiancée, et de leur promettre même une indemnité puisqu'il va les priver

---

[1] *Polyandre*, tome II, livre VI, p. 536 à 613.

d'un héritage ; quand Chrysante elle-même, avant d'aller plus loin, réclame impérieusement un carrosse, il demande grâce, il se retire et supplie son ami de lui procurer une autre femme.

Hermotin se dévoue encore, et le conduit chez Callire, une jolie fille qui a plus de beauté que de fortune, et surtout que de modestie. C'est une coquette fieffée : elle entend trouver dans le mariage une liberté complète, et fait à Gastrimargue une déclaration de principes qui le mettrait en fuite, s'il n'était retenu par sa beauté. Le pédant continue donc sa cour à travers mille incidents burlesques : un jour une laveuse de vaisselle lui gâte sa belle soutane et le renvoie tout morfondu ; une autre fois, il reste enfermé de longues heures dans un cabinet vitré, d'où il peut contempler à loisir un jeune blondin en conversation intime avec sa fiancée. Quand celle-ci se décide à le recevoir, c'est pour lui demander de prêter sa parure de boutons de diamants au petit cousin, qui doit la mener au bal. Pour le coup, la colère l'emporte, il dit vertement son fait à Callire et renonce à elle comme à Chrysante.

On n'a pas eu de peine à reconnaître dans cet épisode l'idée et les scènes principales du *Mariage forcé*. Dorimène est à la fois coquette comme Callire, et dépensière comme Chrysante. Molière a simplifié et fondu deux caractères en un seul. Pressé par le temps, il suit quelquefois le texte de Sorel d'assez près, mais même alors il corrige, il supprime les plaisanteries outrées, comme le repas offert aux héritiers frustrés, il abrège les longueurs et rappelle d'un mot l'incident des marchands ; ce qu'il conserve, il l'anime et le rend plus dramatique. La longue scène où Gastrimargue et Chrysante font assaut de promesses, et cherchent à s'éblouir mutuellement par leur luxe, est devenue méconnaissable. Sganarelle est en extase devant la beauté de Dorimène, il la dévore des yeux, il admire en détail sa future propriété ; quel chagrin quand cette jolie personne répond si sèchement à sa tendresse, et qu'il voit sous l'ingénue percer la harpie ! De même le petit blondin n'est plus à la cantonade derrière un vitrage; il vient parler à Sganarelle, il lui offre son amitié. Le dénouement de Molière est bien plus vif aussi que celui de Sorel : Gastrimargue s'en tire à bon compte, il n'a perdu que son temps et son argent, il crie ; mais Sganarelle, le mari par force, se tait : les grandes douleurs sont muettes.

Molière a donc modifié le récit du roman, mais il ne le trouvait pas médiocrement gai, puisqu'il y est revenu. En cherchant bien, peut-être trouverons-nous encore, dans ces Amours de Gastrimargue, les aventures de Monsieur de Pourceaugnac. Que faut-il pour que le mariage de cet intrus soit rompu ? Il suffit que les deux parties se déplaisent, que le gentilhomme limousin prenne sa future pour une éhontée, et qu'il passe, lui, pour un débauché couvert de dettes, un bigame et le reste. Mêmes incidents chez Sorel.

La première fois que Callire voit Gastrimargue, « elle se contraint peu pour lui », elle rit, elle chante à gorge déployée, et comme son maître de danse vient lui donner sa leçon, elle saisit notre Docteur par la main, et bon gré mal gré, l'entraîne dans un branle désordonné. Cette liberté d'allures donne à réfléchir à Gastrimargue, et s'il s'obtine quelque temps dans ses projets, il est bien forcé de rompre après mille avanies, et de recourir une fois de plus à son ami.

Cette fois Hermotin a son affaire, une personne d'âge, raisonnable, pieuse, et par dessus le marché « mille-soudière », comme dit le peuple, ayant cinquante francs de rente par jour. Cette perle des épousées n'est pas parfaite; elle est avare, laide, jalouse; mais Gastrimargue n'a plus le droit d'être si difficile, et il se laisse conduire chez Géronte. Callire et Chrysante, convoquées par l'astucieux Hermotin, l'ont précédé dans la maison, et l'accueillent de la belle façon. L'une lui reproche sa légèreté, ses soupçons injustes, ses calomnies : chacun sait bien que le blondin qu'elle embrassait l'autre jour, est une cousine qu'elle avait pris plaisir à habiller en garçon. L'autre l'accuse de fourberie; il n'est qu'un gueux couvert de dettes, il n'a pas seulement pu trouver à louer un fiacre; avec quelles ressources aurait-il entretenu son ménage ? Et Géronte écoute, indignée, ces récriminations ; elle se compare, elle, vieille et laide, à ces jeunes femmes trompées par le libertin. Pourquoi est-il venu demander sa main ? quel fonds pourrait-elle faire sur lui ? Mais voici le dernier coup. On entend à la porte les piaillements d'un marmot : c'est un enfant, soi-disant abandonné par Gastrimargue, que le commissaire du quartier vient lui remettre entre les bras, malgré toutes ses protestations. C'est encore un bon tour d'Hermotin.

Deux marmots ou trois font plus de bruit qu'un seul, et que leur mère les présente, elle aura plus de succès qu'un commissaire. C'est ainsi que Molière a fait la scène en s'inspirant d'un autre épisode du roman. Artéphius, l'associé de l'alchimiste Théophraste, a pris la fuite. Tous ses créanciers arrivent à la maison pour réclamer leur dû, et parmi eux une femme éplorée : « Elle tenait un enfant par la main, qui en avait trois autres à sa suite qui se tenaient chacun par la cotte, comme s'ils eussent joué à ce jeu où les enfants se tiennent l'un l'autre par la queue. Elle disait qu'elle était la femme légitime d'Artéphius, que ces enfants étaient de lui et d'elle, et que s'assurant sur son affection elle lui avait donné tout ce qu'elle avait, or, argent, pierreries, et que si on ne les trouvait chez lui elle était ruinée[1]. »

Ici, Molière n'a pas seulement demandé à Sorel des scènes de détail, mais l'idée même et le cadre de sa pièce. Il ne lui restait plus qu'à dresser contre Monsieur de Pourceaugnac, un certain nombre de « ces batteries », pour lesquelles il ne se met pas en grands frais d'imagination, et qu'il prend toutes faites autour de lui. Ainsi la fameuse scène des apothicaires qui poursuivent Monsieur de Pourceaugnac, la seringue en joue, est empruntée, comme on le sait, à une petite comédie de Chevalier, aussi malpropre que triviale. Chevalier a été incapable de rajeunir, de rendre supportable un lieu commun de carrefour déjà ancien, puisqu'on le trouve déjà cité en 1635, dans les *Visions admirables du Pèlerin de Parnasse,* un petit ouvrage de Sorel[2]. Chez Molière seul ces bouffonneries sont amusantes ; il ne se pique pas d'originalité, mais d'invention, il transforme tous ses larcins et jamais il n'est plus gai, plus naturel que dans ses réminiscences.

Voyez encore le parti qu'il sait tirer du plus mince détail. Qu'est-ce qui rend Monsieur de Pourceaugnac si comique? C'est qu'il ne sait jamais s'il est de robe ou d'épée; à chaque instant il oublie sa prétendue noblesse et se montre ferré sur la procédure. De même le vieux pédant Gastrimargue, avec sa soutane de soie et son long manteau, passe, à son

---

(1) *Polyandre,* t. II, p. 156.
(2) Sorel, *Visions admirables du Pèlerin de Parnasse,* p. 67.

insu, pour un conseiller ou pour un président de chambre, et il est accepté comme tel par des sottes. Ses discours pompeux, tout semés de citations de collège, devraient le trahir, et pourtant Chrysante ne se doute de rien, elle règle à l'avance le train de sa maison et dicte à Hermotin ses conditions : Madame la présidente ne peut décemment aller aux offices sans moins de trois laquais qui portent l'un sa queue, l'autre son carreau, l'autre son aumônière, « et quant à Gastrimargue, sa position voulant aussi qu'il se fasse porter sa queue, il lui faut encore d'autres laquais pour sa suite. » Ces propositions ne seraient de mise que pour un magistrat, mais Gastrimargue les accepte sans sourciller, « il ne contredit point » à toutes ces cérémonies, « puisque les femmes mettent là leur point d'honneur. Il ne s'est point fait encore porter la queue, mais à la fin il faudra bien imiter les autres, puisque de moindres que lui le font. »

Comme toutes ces équivoques sont devenues plus plaisantes chez Molière, et comme l'avoué gentilhomme est plus naturel ! Son rôle était si bien composé que le public prit d'abord Monsieur de Pourceaugnac pour un personnage réel, pour un vrai Limousin de passage à Paris. On l'avait vu aux représentations de la pièce, il s'était fâché tout rouge :

> A ce qu'on conte,
> L'original est à Paris...
> Il jure, tempête et s'emporte...
> Et veut faire ajourner l'auteur
> En réparation d'honneur [1].

---

(1) Robinet; (*Lettre* en vers du 23 nov. 1669), citée par M. P. Mesnard (*Molière*, tome X, p. 400). Robinet ajoute :
> Peut-être est-ce quelque rieur
> Qui de ce conte est l'inventeur.

L'original, c'était le pédant Gastrimargue transformé par Molière, et affublé d'un prénom commun dans le Limousin, Léonard, le nom du patron du pays.

Les grotesques de Sorel n'entrent pas seulement dans les farces de Molière : celui-ci leur fait quelquefois plus d'honneur, et se souvient d'eux jusque dans ses comédies de caractère. C'est ainsi que Musigène, le poète extravagant, et ce fou d'Orilan, l'amoureux universel, vont inspirer une tirade de Tartuffe.

Néophile a rencontré au Luxembourg Polyandre, en compagnie de Musigène, et s'est empressé de lui montrer tous ses billets doux. Le dernier est d'Aurélie, qui l'invite à venir la voir au plus tôt ; aussi le jeune galant prend à peine le temps de recevoir les félicitations de ses amis, et s'esquive, « avec une petite révérence et un coup de chapeau. » Le voilà parti. — « Quoique Musigène ne fût pas un homme des plus judicieux du monde, il s'étonna de la légèreté de Néophile, qui montrait ainsi librement devant tant de personnes, les lettres qu'il avait reçues des femmes, et mettait en péril la réputation de celles qui le voulaient favoriser [1]. » Tournons quelques pages. A la fin du bal bourgeois, la société veut s'amuser aux dépens d'Orilan : on l'accuse d'avoir composé un vaudeville contre toutes les demoiselles du quartier, on lui dit de se mettre à genoux, nu-tête, un flambeau à la main, pour leur faire amende honorable. Orilan s'exécute tout en protestant de son innocence ; jamais il n'a profané de la sorte les faveurs d'Apollon, ni outragé les jeunes beautés qui reçoivent depuis si longtemps ses hommages ; « il eût été bien malheureux de déshonorer des autels sur lesquels il avait sacrifié [2]. » Réunissez et rejoignez ces développements

---

(1 et 2) *Polyandre*, tome I, p. 38 et 218.

si différents, ajoutez-leur quelques vers de la satire de *Macette* [1], et vous aurez la tirade de Tartuffe :

> Tous ces galants de cour, dont les femmes sont folles,
> Sont bruyants dans leurs faits et vains dans leurs paroles,
> De leurs progrès sans cesse, on les voit se targuer ;
> Ils n'ont point de faveurs qu'ils n'aillent divulguer,
> Et leur langue indiscrète, en qui l'on se confie,
> Déshonore l'autel où leur cœur sacrifie.
> Mais les gens comme nous brûlent d'un feu discret,
> Avec qui, pour toujours, on est sûr du secret.

Cet exemple montre combien il faut examiner de près les imitations de Molière ; il excelle à changer les intentions et les situations, on en trouverait plus d'une preuve dans la même scène. Tartuffe commence par copier la galanterie gauche et les gestes grossiers d'un étudiant de Corneille, novice en amour [2]; plus loin, c'est peut-être l'abbé

---

(1) Satire XIII de Régnier, souvent citée par les commentateurs. Macette dit en parlant des hommes d'église :
> Ils sont trop obligés au secret de nature,
> Et savent, plus discrets, apporter en aimant
> Avecque moins d'éclat plus de contentement

Molière change l'application de ces vers. — Dans son livret intitulé *Alcippe ou du choix des galants*, 1661, in-12, p. 74, Somaize distingue les *galants de cour* ou les courtisans, et les *galants de ville* ou de robe : il donne la préférence à ces derniers, parce qu'ils « possèdent nécessairement ce qui doit être le plus considéré et ce qui est le plus considérable pour les dames, la discrétion. »

(2) La *Veuve*, Acte I, scène III :
> Après m'avoir des yeux mille fois mesurée,
> Il m'aborde en tremblant, avec ce compliment :
> « Vous m'attirez à vous, ainsi que fait l'aimant. »
> (Il pensait m'avoir dit le meilleur mot du monde.)
> Entendant ce haut style, aussitôt je seconde,
> Et réponds brusquement, sans beaucoup m'émouvoir :
> « Vous êtes donc de fer à ce que je puis voir. »
> Ce grand mot étouffa tout ce qu'il voulait dire,
> Et pour toute réplique il se mit à sourire.
> Depuis il s'avisa de me serrer les doigts;

Cotin qui fait les frais de la déclaration à Elmire. L'abbé vient de recevoir un sonnet, qui prouve l'existence de Dieu par la vue d'une jolie femme, et il félicite sa correspondante « de sa piété assez extraordinaire ». — « Il est de bon sens d'adorer ainsi la divinité dans ses plus parfaits ouvrages. Un tableau de Champaigne n'est pas l'œuvre du hasard, encore moins la beauté vivante... Voilà une belle méditation, Madame, et qui me met bien à couvert du reproche que l'on m'a voulu faire, que je m'arrêtais trop à regarder les belles personnes. Il faut s'y arrêter, Madame, pour s'élever à la première beauté, dont les autres sont descendues. En l'état où nous sommes, on ne peut voir le Créateur qu'en ses créatures, et c'est dans les plus parfaites qu'on le voit le plus parfaitement [1]. » Cette contemplation n'est pas tout à

>   Et retrouvant un peu l'usage de la voix,
>   Il prit un de mes gants : « La mode en est nouvelle,
>   Me dit-il, et jamais je n'en vis de si belle,
>   Vous portez sur la gorge un mouchoir fort carré. »

Si l'on rapproche de cette imitation, une conversation de la même comédie de *la Veuve*, acte III, scène III, où M. Levallois a déjà signalé (*Corneille inconnu*, p. 113), l'origine de la scène I du *Misanthrope*, on aura la preuve de ce fait affirmé par Brossette, que Molière a commencé le *Misanthrope* avant d'avoir fini le *Tartuffe*.

(1) Cotin, *Œuvres galantes*, 1663 et 1665, p. 357, 358. — Molière a certainement imité Corneille; nous n'oserions pas être aussi affirmatif au sujet de l'emprunt fait à l'abbé Cotin. Pour être assuré que Molière a lu, dès 1664, les *Œuvres* de l'abbé Cotin, il faudrait être sûr qu'il s'est rencontré et brouillé avec lui dès ce temps là, comme l'affirme de Visé (*Mercure galant* de 1672, p. 212.) Quoi qu'il en soit, l'imitation nous semble probable à cause de l'identité de plusieurs expressions. Voici le même développement chez deux auteurs bien différents ; les idées seules, et non plus les mots, rappellent le couplet de Tartuffe.

1° Vauquelin de la Fresnaye, *Amours chastes*, sonnet 66 :

>   En cet ample univers, je ne trouve pourtant
>   Chose où se montrent mieux ses œuvres non pareilles
>   Qu'en vos perfections, du monde les merveilles,
>   Qu'admire un bel Esprit d'esprit au ciel montant.
>   Donques vous admirant, j'admire aussi, Madame,
>   Ce grand Dieu qui dans vous a mis la sainte flamme,
>   Qui me brûle partout avec tant de rayons.

fait celle de Tartuffe, mais ce sont bien ses propres expressions :

> Nos sens facilement peuvent être charmés
> Des ouvrages parfaits que le Ciel a formés,
> Ses attraits réfléchis brillent dans vos pareilles ;
> Mais il étale en vous ses plus rares merveilles :
> Il a sur votre face épanché des beautés
> Dont les yeux sont surpris, et les cœurs transportés,
> Et je n'ai pu vous voir, parfaite créature,
> Sans admirer en vous l'auteur de la nature,
> Et d'une ardente amour sentir mon cœur atteint,
> Au plus beau des portraits où lui-même il s'est peint.

Mais ce sont là des traits isolés et des imitations de détail ; Sorel a fait beaucoup plus pour Molière, il lui a fourni les rôles les plus importants, et l'exposition tout entière du *Tartuffe*.

Les principaux personnages du roman sont réunis chez Aurélie, et conversent avec beaucoup d'animation, quand un laquais vient annoncer l'arrivée de la grand'mère de ces dames[1]. Aussitôt le brave Thrasomède s'enfuit avec Musigène, Orilan et Néophile se retirent dans un coin de la chambre, Aurélie et ses compagnes cachent les romans, mettent en évidence l'*Introduction à la vie dévote*, et

---

2° Le Père le Moine, *Peintures morales*, 2ᵉ partie, 1643, in-4°, p. 676, 691, 860 : « Si nous regardons avec des yeux instruits et spirituels (la beauté) ce rayon de la souveraineté de Jésus-Christ sur le visage des personnes bien faites, nous n'aurons pour elles que des inclinations innocentes et respectueuses, et par les déférences mêmes, et les devoirs que nous leur rendons, nous serons avertis de l'obéissance absolue et de l'entière sujétion que nous devons au Roi des anges et des hommes. Pourquoi n'apprendrons nous pas à respecter sa royauté sur le visage des personnes qui la représentent ? nous respectons bien la livrée d'un prince sur son valet de pied, et faisons honneur à sa couronne, représentée sur un écusson de plâtre. »

(1) *Polyandre*, tome II, livre V, p. 313 à 385.

se jettent sur leurs ouvrages d'aiguille. Elles n'étaient pas assises que Madame Ragonde fait son entrée : sous son chaperon de taffetas noir, « son visage difforme eût fait peur aux petits enfants ; » ses yeux cerclés de rouge flamboient, sa voix éraillée tremble de colère. Ah ! elle n'est guère satisfaite du train qu'on mène céans ! Les carrosses à la porte et le vacarme des valets, les galants dans l'escalier, la cave et la dépense laissées grandes ouvertes aux domestiques, le gaspillage à la cuisine, elle a déjà tout vu et elle félicite ses petites-filles ! Pensent-elles lui en imposer, avec deux ou trois points d'aiguille, et ne dirait-on pas que ces demoiselles travaillent depuis quatre heures du matin ? Et à l'oisiveté, à la coquetterie, à la gourmandise et au luxe d'aujourd'hui, elle oppose les vertus d'autrefois, le travail, la frugalité, l'économie. Tandis qu'elle prêche à perte d'haleine, un renfort inattendu lui arrive. Polyandre s'était dissimulé à son entrée ; il revient déguisé, ressemblant « à quelque frère Oblat ou à quelque solliciteur de couvent » dont il a la mine et le costume. « De quel ordre êtes-vous, mon bon frère ? » D'un ordre qui permet au soi-disant précepteur de Néophile « de vivre dans le monde, comme le médecin au milieu des malades », d'un ordre qui se propose de réformer le luxe et la coquetterie. Et Polyandre ou le bon frère Polycarpe, « le moindre de tous ceux qui cherchent la voie du salut », prêche à son tour sur les vices du siècle. Madame Ragonde l'écoute avec ravissement, elle rabroue vertement ses petites-filles qui n'ont pu s'empêcher de rire, et elle supplie le saint personnage de revenir souvent les morigéner. Aurélie aime trop les visites, Hypéride est trop orgueilleuse, Phronyme n'est pas si sage qu'elle en a l'air et se complait à lire des livres dangereux. Polyandre lui promet qu'il s'emploiera de toutes ses forces à cette mission, et Madame Ragonde, un peu calmée, se décide à accepter une collation. Elle part enfin et Aurélie l'accompagne respectueusement jusqu'à l'antichambre, où sa petite servante avait eu tout le loisir de s'endormir profondément. Le petit chien de la maison en a même profité pour lui arracher sa coiffe en se jouant. Tandis que la pauvre fille se rajuste toute honteuse, Madame Ragonde « la crie d'être si nonchalante, » et s'inquiète au sujet de son souper qui sera mis trop tard au feu. Elle saisit brusquement le bras de sa servante, fait une couple de révérences à la compagnie, et s'en retourne comme elle est venue.

Certes le récit bouffon de Sorel, avec ces discours interminables de Madame Ragonde et de Polyandre, ne vaut pas la scène rapide de Molière, cette exposition si dramatique, où tous les personnages se jettent l'un après l'autre dans la conversation pour donner la réplique à Madame Pernelle. Mais enfin la scène de Molière était bien tout entière dans ces pages du *Polyandre* ; il ne s'agissait, comme toujours, que de l'en tirer. Qu'aucun soupçon n'effleure plus la réputation d'Aurélie, qu'elle reste aimable avec tout le monde, même avec Madame Pernelle. elle deviendra la femme d'Orgon. Les caractères de Madame Ragonde et de Polyandre ont été plus difficiles à modifier, mais ces modifications mêmes sont instructives, et peuvent toutes s'expliquer.

Et d'abord pourquoi Molière, qui ne dissimule jamais ses emprunts, a-t-il substitué au nom de Ragonde celui d'une autre vieille bourgeoise, Madame Pernelle, qui ne fait que passer dans le roman[1] ? Ce nom de Ragonde aurait prêté à l'équivoque. S'il désigne encore quelquefois les

---

(1) *Polyandre*, tome I, p. 145-146.

vieilles ridicules au costume suranné, un autre sens, très ancien lui aussi, tend à prévaloir. Dans le *Berger extravagant* de 1628 figure déjà une Madame Radegonde, « femme mal vivante » ; « on n'ose prononcer son nom sans mettre une révérence parler devant [1]. » Ce nom est donc la plus cruelle injure. Une vieille dame, apostrophée de la sorte par les laquais de sa voisine, commande aux siens de riposter par « quelque chose de plus fâcheux, » et ils ont de la peine à trouver ; l'autre entre en fureur, elle crie aux armes, tue, tue...; mais il faut lire toute la scène dans Tallemant [2]. Le mot reparaît, avec le même sens injurieux, dans les *Epigrammes* du chevalier de Cailly, publiées en 1667 [3]. On trouve dans le même livre un autre nom de femme galante, celui de Dorimène [4], que Molière n'a pas craint d'appliquer à la Coquette du *Mariage forcé*, et à la marquise du *Bourgeois gentilhomme*. Il est évident qu'il ne pouvait exposer à une confusion pareille la mère d'Orgon, respectable malgré ses travers, et l'on comprend pourquoi Madame Ragonde est devenue Madame Pernelle.

Elle a changé de nom et aussi de visage, elle n'a plus cette laideur monstrueuse de l'original ; que nous importe la figure de Madame Pernelle pourvu qu'elle ait bon bec ? Mais son costume antique, son esprit d'ordre et d'économie, sa piété crédule et sermonneuse, sa langue drue, savoureuse, abondante en proverbes et même en

---

(1) *Berger extravagant*, livre VIII, p. 118.

(2) Tallemant, *Historiette* de Madame de Vervins, tome VI, p. 160. « Voilà dame Ragonde, voilà la Martingale qui passe. » Sur le sens très grossier du mot Martingale, voir le *Ballet de la Fontaine de Jouvence*, dansé chez Gaston d'Orléans, II° partie, 5° entrée.

(3) *Epigrammes* du chevalier de Cailly, réimprimées dans le *Recueil de pièces choisies* de la Monnoye, La Haye, 1714, tome I, p. 167, 219, 257.

(4) *Epigrammes*, p. 181. A Dorimène.

calembours, voilà ce que Molière a trouvé bon à prendre
chez ce témoin grognon des temps passés, voilà ce qu'il a
conservé, après des suppressions et des retouches. Tantôt
il corrige les mots d'esprit trop lourds. Les petites-filles
de dame Ragonde « emploient la moitié de la journée à
s'habiller et le reste à babiller. Ce ne sont pas des
damoiselles, ce sont des dames oisives, ou des dames
oiseuses, comme disait très bien ces jours passés un fort
habile docteur, en parlant de leurs semblables. » A cette
plaisanterie Molière en substitue une autre, plus naturelle
et depuis longtemps populaire[1], sur le bavardage des
assemblées ou des visites :

> Mille caquets divers s'y font en moins de rien,
> Et, comme l'autre jour un docteur dit fort bien,
> C'est véritablement la tour de Babylone,
> Car chacun y babille, et tout du long de l'aune.

D'autres développements ont disparu, parce qu'ils étaient
trop longs ou trop particuliers[2]. Madame Ragonde,
en train de pester contre les vices du temps, se moque de

(1) Il n'est guère probable que Molière ait été obligé de chercher ce jeu de mots dans un lourd traité théologique du Père Caussin (*la Cour sainte*, 1624, chap. VII), comme le dit le commentateur Auger. La plaisanterie est beaucoup plus ancienne ; on la trouve déjà citée dans les *Serées* de Bouchet, tome I, p. 431, 438 : « Quelqu'un demanda d'où venait ce mot de babil, à qui il fut répondu, qu'on tenait ce mot du nom qui fut donné à la tour de Babylone, ainsi nommée de l'ignorance des langues, et de la confusion de parler, quand on ne sait ce qu'on dit, quand ce qu'on dit ne sert à rien, et quand on ne l'entend point. »

(2) *Polyandre*, tome II, p. 352 et suivantes: Railleries sur les blasons. — La clef du *Polyandre* une fois retrouvée, il était facile de vérifier dans les Armoriaux et les Epitaphiers si Madame Ragonde décrit exactement les blasons des originaux du roman. Sauf une allusion très vague à l'étoile qui figure dans les armes de Madame Cornuel, née Bigot de Beaulieu, les blasons décrits dans le *Polyandre*, tome II, p. 352 et suivantes, sont de pure fantaisie, et l'on devine facilement pourquoi. Indiquer les blasons authentiques, autant valait désigner les

ces bourgeois gentilshommes, qui ne reconnaissent plus dans leurs blasons l'enseigne de la boutique paternelle, et qui ne craignent pas de poser une couronne de comte ou de marquis au-dessus des « patenôtres » ou des « gibecières » figurant dans leurs armoiries. Elle insiste, elle accumule les exemples de ces noblesses plus grotesques les unes que les autres, elle en cherche jusque dans sa propre famille.

Tous ces détails sont exacts; mais combien de spectateurs intéresseront-ils, et combien de temps resteront-ils vrais ? Molière ne les emploiera pas, même quand ils sembleront en situation, même dans la bouche de Madame Jourdain[1], qui, pas plus que Madame Ragonde, ne veut voir ses petits-enfants « s'enducailler. »

Plus loin il supprime encore des traits comiques, mais étrangers à son plan. Lorsque Madame Ragonde a bien prêché contre la gourmandise, contre les ambigus, les bisques et les béatilles, Aurélie lui présente une assiette chargée de confitures : « Elle ne fit pas la difficile, ayant accoutumé à manger de tout ce qu'on lui présentait, lorsqu'elle était hors de chez elle, et qu'il ne lui en coûtait rien[2]. »

---

personnages par leur nom. Madame Ragonde s'est donc bornée à railler en général les armoiries des marchands, comme on le faisait souvent autour d'elle. On sait que, jusqu'à la fin du XVII° siècle, chacun pouvait choisir les armoiries qui lui plaisaient, à condition de les faire enregistrer par d'Hozier. La Bruyère se moquera encore de ces nobles « qui font passer la couronne de leur enseigne à leur carrosse. » La devise des marchands ne subissait pas de moindres transformations, elle devenait un *cri*. Une famille d'anoblis, citée par le Père Menestrier, avait pour devise *Respice finem* ; un mauvais plaisant « en coupa la proue et la poupe, » ce qui faisait *Espice fine*. Une autre famille de marchands de Riom avait pour enseigne un Saint-Esprit, avec la devise *Veni, Sancte Spiritus* ; leurs descendants anoblis s'appelèrent les De Veni. (*Mémoires* de Boisjourdain, tome II, p. 465.)

(1) Le *Bourgeois gentilhomme*, scène XII.

(2) Ce trait est déjà dans le *Berger extravagant*, livre XI, p. 346.

Madame Pernelle n'aurait garde de rien manger chez sa belle-fille, la colère l'étouffe. Laissez-la se concentrer, cette colère ; qu'elle s'exprime d'abord en petites phrases sèches, entrecoupées, au lieu de s'évaporer dans de longs discours ; qu'elle aille grandissant de réplique en réplique ; qu'elle gronde à la fin, qu'elle éclate, et que la pauvre Flipote en reçoive le dernier contrecoup ! Ainsi la scène sera mieux conduite que dans le roman, la sortie de Madame Pernelle ne sera plus retardée par des incidents puérils, et le soufflet donné à Flipote sera mieux amené, mieux appliqué.

Où Sorel avait-il rencontré lui-même la pauvre petite servante, tout en larmes, toute rouge sous sa calle blanche ? Il est facile de constater qu'avant de composer la longue diatribe de Madame Ragonde, il avait relu les *Caquets de l'Accouchée*, ce recueil où la bourgeoisie est peinte de main de maître, où les commères se plaignent à l'envi de la religion qui s'en va, du luxe qui confond toutes les conditions, de la dépense en habits et festins. Une de ces « vieilles chaperonnées » abuse, comme Madame Ragonde, du juron familier : « Merci de ma vie[1] ! » Une autre, la femme d'un procureur, arrive à l'assemblée, « avec sa petite émerillonnée de servante. » C'est la Flipote de Sorel et de Molière.

Nous arrivons à Polyandre, le personnage le plus important du roman auquel il a donné son nom. A l'entrée de Madame Ragonde, il sort sournoisement pour se déguiser : « Ayant un habit noir de drap de Hollande, sans aucune dentelle, il était fort propre à contrefaire un homme modeste et contempteur des vanités du monde. Premièrement il avait rehaussé ses bottes, jusque par-dessus le

---

[1] *Recueil général des caquets de l'accouchée*, 1623, 2ᵉ et 5ᵉ journée. Sorel avait déjà imité ce recueil dans le *Francion*.

genou, cachant ses aiguillettes et ses bas à botter, comme des ornements superflus. Après, il avait mis son collet en dedans, si avant qu'il ne lui en sortait qu'un pouce en dehors, puis ayant tiré de sa poche une calotte de maroquin, qu'il mettait quelquefois lorsqu'il était enrhumé, ou lorsqu'il était obligé de se tenir longtemps découvert quelque part, il avait resserré presque tous ses cheveux en dessous, et ayant aussi rabaissé sa moustache, il ressemblait à quelque frère Oblat, qui venait de la campagne, ou à quelque solliciteur de couvent [1]. » Tous ces détails ont leur valeur. Il était d'autant plus facile à Polyandre de dissimuler son collet, qu'on les portait alors si petits, « qu'il semblait que l'on se fût mis une manchette autour du col [2]. » La mode changera plus tard et Molière pourra se moquer en 1661

.... de ces grands collets jusqu'au nombril pendants [3].

Mais Tartuffe, le gentilhomme gueux, n'a ni le moyen ni le désir de suivre ces variations de la mode ; la pauvreté même de son costume, de couleur sombre sans le moindre ornement, lui sert d'enseigne. Si Polyandre a réussi, sous son habit séculier, à ressembler à un religieux, Tartuffe aura moins de peine encore à ressembler à ces pieux laïques, universellement respectés en 1664 ; il prendra les allures et le costume des jansénistes, moins pour rendre hommage à leur vertu, que pour se rendre service à lui-même, et pour faire plus de dupes. Le raisonnement et les textes conduisent à cette conclusion.

Bien que les renseignements fassent presque complètement défaut sur le costume porté par Tartuffe à la

---

(1) *Polyandre*, tome II, livre V, p. 337.
(2) Sorel, les *Lois de la galanterie*, 1ʳᵉ édition, 1644, article X.
(3) *L'Ecole des maris*, acte I, scène I.

première représentation de la pièce, en 1664 [1], bien que son nom ne soit pas prononcé dans le pamphlet que nous allons citer, comment ne pas penser à lui en lisant ces lignes, où les jésuites décrivent tous les moyens employés par les jansénistes « pour gagner les séculiers et les engager dans leur parti ? » — « Quant au peuple, ils ne doutèrent pas que la modestie, les cheveux courts, les petits collets, les manchettes médiocres [2], les longs manteaux, les longues prières faites souvent dans les églises, les augustes cérémonies des divins offices, les grandes aumônes, les sévères pénitences, les ardentes invectives contre le relâchement de leurs premiers directeurs, en un mot toutes les choses extérieures qui auraient le caractère d'une grande réforme, n'eussent bientôt son approbation, et toute la tendresse de son cœur pour les nouvelles opinions [3]. »

Ce sont bien ces cheveux courts, ce petit collet, ces manchettes médiocres et ce long manteau, que Molière a dû donner tout d'abord à Tartuffe [4]; c'est ce costume qui

---

(1) *La Critique du Tartuffe* appelle simplement Tartuffe « vrai gueux », et Panulphe « faux riche. »

(2) Les femmes portaient au contraire des manchettes longues : « Les femmes ont appelé *jansénistes*, des poignets qu'elles mettaient par modestie, pour cacher leurs bras. » Œuvres complètes d'Arnauld, 1780, in-4°, tome XXXV, p. 19.

(3) *La secrète politique des jansénistes, et l'état présent de la Sorbonne de Paris, découverte par un docteur, lequel ayant appris le jansénisme, lorsqu'il étudiait en théologie sous la conduite d'un professeur, qui l'enseignait publiquement, s'est enfin désabusé et suit maintenant le parti des catholiques*, (dédicace au chevalier des Trois Ponts, ce 21 mai 1667). Troyes, chez Chrestien Romain, à la vraye foi, près la grande Eglise, 1667. La citation est prise à la page 19.

(4) Pour préciser, nous pensons qu'à la première représentation de 1664, Tartuffe a dû porter un costume noir, analogue à celui d'Orgon, mais plus simple. C'est sous ce même costume que le graveur populaire, Jacques Laigniet, a représenté un mendiant, hypocrite fieffé, Maître Nicolas, se rendant à la messe avec un gros livre d'heures à la main. (Gravures faisant suite au *Recueil des plus illustres proverbes* de Laigniet, 1663).

a soulevé les colères des dévots, et qu'il a modifié en 1667, en représentant Panulphe « déguisé sous l'ajustement d'un homme du monde, ...avec un petit chapeau, de grands cheveux, un grand collet, une épée et des dentelles sur tout l'habit. » Molière espérait ainsi rassurer les consciences timorées, séparer d'une manière visible la cause de Tartuffe de celle des honnêtes gens, avec lesquels ce dernier avait intérêt à se confondre; en réalité ces changements étaient contraires à l'esprit de la pièce, ils n'eurent pas grande efficacité, et bientôt les acteurs revinrent insensiblement au premier costume de Tartuffe.

Tartuffe avait fait scandale, malgré son habit séculier; qu'aurait dit la cabale si Molière avait donné à son personnage les dehors équivoques de Polyandre ? qu'aurait-elle dit surtout, si Tartuffe avait prononcé d'une haleine un sermon aussi étendu que celui du roman ? Personne n'eût supporté une pareille scène, bien inutile du reste, car ce sermon eût fait longeur. Molière n'a donc pas conservé le texte de Sorel, il l'a découpé en fragments, il en a retenu l'esprit, les détails, les expressions saillantes. Tartuffe est « le plus humble de ceux qu'inspire l'amour du ciel, » comme Polyandre était « le moindre de tous ceux qui cherchent la voie du salut »; nous ne l'entendons pas prêcher en personne, mais les personnages de la pièce nous répètent la substance de ses discours : lui et son valet déblatèrent à tour de rôle contre les vanités du siècle, « contre les inventions du malin esprit », et tous ces traits viennent du roman de Sorel.

Il n'en serait pas ainsi que ce roman serait encore un utile document, bien propre à nous édifier sur les préjugés des auditeurs de Molière, de ceux qui se scandalisaient de *Tartuffe*, mais s'en allaient applaudir *Scaramouche ermite*, et ne craignaient pas de profaner, eux-mêmes, le costume religieux dans leurs divertissements et leurs mascarades [1]. Sacrilège sur la scène, le sermon de Polyandre n'eût paru dans un salon qu'une bonne plaisanterie. Le dévot Bussy nous raconte en riant une farce, c'est le mot, analogue à celle du roman de Sorel. Un de ses camarades de régiment, un protestant, se déguise en moine Augustin ; du collet de son grand manteau de deuil il se fait un capuchon, et vient prononcer un sermon édifiant dans une gentilhommière du Bourbonnais [2]. Ces plaisanteries de société étaient surtout le triomphe de Polyandre ou de Sarasin ; celui-ci avait même un double talent, il faisait sur le champ et successivement le bon prédicateur et le mauvais, aussi bien l'un que l'autre. Madame de Longueville lui disait : « Sarasin, prêchez comme un cordelier », et il prêchait comme un cordelier ; — « Prêchez comme un capucin », il prêchait comme un capucin. Il eût prêché comme Bourdaloue, ajoute Segrais, si Bourdaloue eût existé [3]. Bien qu'il jouât avec le même talent tous les personnages, les philosophes cartésiens comme les amoureux transis [4],

---

(1) Sur les mascarades de capucins et de capucines, voir les *Mémoires* de Mlle de Montpensier ; — it. *Mémoires* de Conrart ; — it. Loret, *Lettres* du 13 février et du 16 mars 1658, et *lettre* du 9 juin 1652. Le duc de Lorraine, pour aller incognito entendre les violons à la place Royale, emprunte l'écharpe noire d'une abbesse, et rencontre, ainsi travesti, Mlle de Rambouillet, qui trouve la plaisanterie du meilleur goût :

      Avec cette veste sacrée,
      Il faisait la sainte sucrée,
      Avec tant de naïveté
      Que l'on eût dit en vérité,
      Que c'était une mère abbesse,
      Ou bien quelque grande moinesse.

(2) *Mémoires* de Bussy, édition L. Lalanne, tome I, p. 71.
(3) Segrais, *Mémoires-anecdotes*, p. 70 et 116.
(4) *Clélie*, tome VI, livre 3, p. 1207 et suiv. ; it. *Clélie*, tome IX, livre 3, p. 1223 et suiv.

son rôle favori était celui du religieux, et il finit par prendre l'esprit de son rôle. Après les sermons improvisés, vinrent les poésies légères où il mêlait la galanterie à la religion, plus tard les poésies sacrilèges et ordurières[1]. Au fond, Sarasin était un parfait sceptique, qui n'hésitait point « à faire de dévotion métier et marchandise » ; il en remontrait au besoin à l'aumônier de son maître, et n'hésitait pas « à servir la messe du prince de Conti », avec la même ardeur qu'il avait servi ses débauches[2]. Sans doute il y a encore loin de cette hypocrisie à celle de Tartuffe : chez l'un c'est un travers d'esprit, un manque de goût et de scrupules ; chez l'autre l'hypocrisie est le tout de l'homme. Mais en quelque temps que Molière ait lu le roman de Sorel, il se rencontra avec Sarasin à la cour du prince de Conti, il connut le personnage, et quand il l'eut revu sous le masque de Polyandre, il ne l'oublia pas pour son Tartuffe.

Voilà donc Sarasin associé à l'abbé Roquette, à Charpy

---

(1) Voir la pièce intitulée le *Directeur* dans les *OEuvres* de Sarasin, 1658, in-12, p. 35 et 36.

    Iris, dont les beaux yeux dès le premier moment
    De votre confesseur me firent votre amant,
    Ce n'est pas en amant que je vais vous écrire,
    Mais en vieux directeur qui tâche à vous instruire,
    Et qui dans son écrit vous donne une leçon
    Digne du père George ou du père Ormeçon.
    Avant que vous laver ou que d'être habillée,
    Faites du fond du cœur ce bel acte de foi :
    Je crois que Daphnis m'aime et qu'il n'aime que moi.
    Puis, ayant cet objet présent à la mémoire,
    Usez de l'oraison dite éjaculatoire,
    Pendant le long du jour chantant souvent cela :
    Dieu que n'est-il ici ! Dieu que ne suis-je là ! etc.

Baillet (*Jugements des savants*, in-12, tome IX, p. 271), indique qu'il y avait d'autres de ces pièces, non imprimées. Les *Manuscrits Conrart* (tome XIX, in-4°, p. 632) en conservent une, parfaitement obscène.

(2) *Mémoires* de Daniel de Cosnac, 1852, in-8°, p. 14.

de Sainte-Croix, à Arnauld d'Andilly, qui parmi ses pénitentes préférait les belles, à l'abbé de Pons, qui citait Saint Paul à Ninon de l'Enclos pour la toucher, aux jésuites et aux jansénistes, à tous ceux qui passent, à tort ou à raison, pour être les modèles de Tartuffe. La comédie de Molière serait bien mauvaise si elle ne ressemblait à personne. Mais jusqu'où vont ces ressemblances? Dans Tartuffe qu'est-il resté de l'abbé Roquette « à la petite mine basse et dévote » dont parle Lenet? Qu'est-il resté de Sarasin, écrivain délicat, amuseur de société spirituel et quelquefois grossier, âme servile? Presque tout chez Sorel, presque rien chez Molière. Celui-ci n'a pu s'empêcher de penser aux hypocrites qu'il avait rencontrés à la cour du prince de Conti ; il en a voulu peut-être aux directeurs sincères qui avaient éloigné son ancien protecteur de la comédie ; mais de ces souvenirs ou de ces ressentiments, il ne reste pas trace dans la pièce. Elle n'est pas plus le portrait d'un homme qu'elle n'est la satire d'une secte, et le mot de Racine : « On avait dit que les jésuites étaient joués dans cette comédie, les jésuites au contraire se flattaient qu'on en voulait aux jansénistes », ce mot reste toujours le vrai. Et il n'en peut être autrement, puisque l'hypocrisie consiste précisément à prendre toutes les couleurs, et que Tartuffe est à la fois janséniste et jésuite, dans le mauvais sens du mot, janséniste pour le monde, jésuite pour lui-même et pour ses plaisirs.

Puisque le personnage est pourtant sorti, avec tous ses comparses, du roman de *Polyandre*, et que le roman ne ressemble pas à la comédie, c'est ici le lieu de comparer les procédés de deux arts si différents. La recherche des clefs est permise, et possible, quand il s'agit d'écrivains médiocres, tels que Sorel ; ce n'est qu'une affaire de temps et de patience: si l'on trouve chez eux des caractères vivants, ils ont vécu. Mais un auteur de génie, comme Molière, observe et ne copie pas ; il invente, il transforme tous les traits particuliers qu'il a pu réunir, pour les subordonner à la conception d'un type général. Aucun ne présentait autant de difficultés que celui du Tartuffe, fait de contrastes qui s'opposent et se concilient. L'hypocrisie agit dans l'ombre, et il faut la montrer à l'œuvre, l'étaler à la vive lumière de la scène ; elle ne parle pas, elle murmure, elle soupire, et il faut lui donner le verbe haut, lui prêter des discours tels qu'ils ne laissent place à aucune équivoque ; elle est odieuse, il faut la rendre comique ; elle est habile, il faut la couvrir de ridicule. Cette complexité même et ces difficultés vaincues font le mérite du rôle de Tartuffe ; jamais l'art de Molière n'a été si simple et si habile.

Quand Tartuffe paraît, on sait le mal dont il est cause, il a creusé sa mine, et son entrée est un coup de théâtre :

Laurent serrez ma haire avec ma discipline.

Son nom même est équivoque et inspire le mépris. Tandis que l'exact La Bruyère donnera à son hypocrite un nom d'ermite véritable[1], Molière a sans doute ramassé pour le sien un sobriquet injurieux, dans les bas-fonds de la littérature populaire[2]. « Ce gueux qui lorsqu'il vint n'avait

(1) Le nom de Saint Onuphre, ermite de la Thébaïde, est porté assez souvent au XVIIe siècle. Il figure dans le *Roman de Bérenger*, par le sieur Bonnet, 1645, in-12, et dans la *Vision miraculeuse d'un ermite envoyée à Mgr le prince de Condé en son dernier logement du bois de Vincennes*, Paris, 1650, Mazarinade signée frère Antoine de Saint Onufre, ermite de Notre-Dame du Val Adam, dans la forêt de l'Ivry (sic).

(2) « Comme Montufar, Panulphe, Onuphre, le nom de Tartuffe, dit Sainte-Beuve, présente dans une onomatopée confuse quelque chose d'en-dessous et de fourré. » Si l'on veut ; mais la phrase laisse entendre que ces noms ont été inventés de toutes pièces, par les auteurs français qui les ont employés, et ce dernier point ne serait pas exact.

pas de souliers », ce coquin qui se prétend gentilhomme ruiné, ce « dévot de place» n'était pas rare à cette époque : on rencontrait souvent de ces misères orgueilleuses à la porte des églises ou dans les jardins publics. Justement, Sorel nous a dépeint longuement un de ces mendiants gentilshommes, qui opère au Luxembourg, et dont l'attitude et le langage lui inspirent de longues réflexions : « C'est grand cas, que quantité de gens, qui demandent la charité, abusent aujourd'hui du titre de gens de condition pour faire plus de pitié[1]. »

Tartuffe est plus habile, il ne demande pas la charité, il l'accepte pour les autres ; mais ses titres et sa prétendue noblesse n'en imposent qu'au crédule Orgon. Son parler haut, ses manières communes, son appétit trop grand,

On vient de voir l'origine du nom d'Onuphre ; celui de Montufar désigne déjà l'Hypocrite dans la Nouvelle espagnole de Barbadillo, la *Fille de la Célestine*, traduite par Scarron. Il est bien possible que le nom de Panulphe ait été indiqué à Molière par le prince de Condé, qui s'intéressait si fort au Tartuffe ; il rappelle en tous cas le nom de l'ermite Wasnon ou Wanulphe, patron de la ville de Condé en Hainaut (*Bollandistes*, 1er octobre, tome I, p. 303). Reste le nom de Tartuffe. M. Hippolyte Lucas (Journal général de l'Instruct. publ. 1864, p. 542) a depuis longtemps signalé une gravure populaire, représentant une vieille Macette appelée la *Tartufe*. Elle fait partie de la collection factice de gravures, qui accompagne le *Recueil des plus illustres proverbes de Jacques Laigniet*, 1663 (Bibliothèque de l'Arsenal, nouveau fonds, N° 6-677). Si cette collection contient des gravures certainement postérieures à 1663 *(Acquisition de l'Alsace, Couronnement d'Hortensius*, etc.*)* elle en contient d'autres antérieures à cette date, comme l'*Enfant fourré de malice*, auquel il est déjà fait allusion dans les *Œuvres diverses* de Sorel, 1663 ; elle contient aussi beaucoup de types populaires anciens, tels que Jodelet, le Savoyard, Dorie ou Gribouille, Jean des Vignes, etc. Il est extrêmement probable que la *Tartufe* est, elle aussi, antérieure à 1663, et que ce mot désigne un défaut physique. Un témoin digne de foi nous assure avoir vu le même nom et la même figure de la *Tartufe*, dans une gravure du règne de Louis XIII, qui sera retrouvée un jour ou l'autre au Cabinet des Estampes de la Bibliothèque Nationale.

(1) *Polyandre*, tome I, p. 130.

même pour le grand siècle, ses oreilles rouges et sa mine fleurie, tous ces détails et bien d'autres, nous donnent l'idée d'un personnage de comédie. Son langage aussi est vulgaire, à de rares exceptions près ; il abuse des termes mystiques ; un casuiste du grand monde y mettrait plus de discrétion.

C'est le masque qui est vulgaire, comique, le caractère fait horreur. Ancien bénéficier, peut-être ancien clerc de procureur, renvoyé pour indélicatesses, homme de la basse classe, plein de rancunes et d'appétits, il s'est introduit dans une riche maison. Dur avec les domestiques, souple avec les maîtres, violent, vindicatif, et capable pourtant de se contraindre, il se fait tout à tous ; il prêche à chacun la dévotion qui lui convient : à une vieille bourgeoise, la réforme du luxe et des habits ; à un naïf, comme Orgon, une piété puérile ; à une femme d'esprit, la morale des accomodements. Quel est donc le défaut de la cuirasse ou de la haire ? Cet habile homme, qui profite même de ses sottises, et qui, à genoux, domine encore, doit succomber naturellement, dupe de ses instincts libidineux et de son audace excessive. Il se croit sûr de lui, il aime à se jouer de la difficulté ; Tartuffe hypocrite est attiré vers la franche Elmire, comme le misanthrope Alceste est séduit par la coquette Célimène. Et voilà ce froid calculateur aveuglé par la passion, il se fait jouer par une honnête femme bien avant d'être démasqué par la justice, dans un dénoûment plus naturel et plus conforme aux mœurs du temps qu'on ne le suppose généralement[1]. Comme il a trouvé le succès dans un de ses vices, il trouve le châtiment dans

---

(1) Comparer à ce dénouement, un procès intenté sur une dénonciation calomnieuse, où le roi intervient personnellement. *Mémoires de Lefèvre d'Ormesson*, tome II, p. 579. Affaire du marquis de Courboier. (Décembre 1669).

un autre, il s'entraîne lui-même à sa perte. Telle est l'unité du personnage : tout est logique, tout se tient chez lui. La grande scène de Sorel et ce sermon improvisé n'étaient qu'une farce, un épisode détaché, assez mal lié à l'action principale ; Polyandre n'était qu'une charge, ou tout au plus un portrait. Tartuffe au contraire est un caractère, dont le *Contemplateur* a trouvé les traits dans les livres, dans la vie, et surtout dans sa propre pensée, miroir intelligent qui rend au public plus que le public ne lui a prêté, et qui donne aux passions un relief, une intensité qu'elles n'ont jamais dans la réalité.

C'est dans ce sens que l'on peut appeler la comédie du Tartuffe une œuvre vraiment originale. La conception du caractère principal, à la fois odieux et comique, l'art avec lequel tous les personnages secondaires sont groupés autour de lui, la marche rapide de l'intrigue, l'ensemble dramatique en un mot, n'appartient qu'à Molière. On peut étudier son œuvre en elle-même, abstraction faite de toutes les imitations qu'elle récèle, car les imitations ne sont jamais qu'un élément accessoire dans ses pièces. Si l'on admet cependant qu'aucun génie, et celui de Molière moins que tout autre, ne crée quelque chose de rien ; si l'on est curieux de rechercher quels détails ont pris place dans l'œuvre d'art, aucun ouvrage ne nous sera plus utile que celui de Sorel, parce qu'il n'en est aucun que Molière ait lu avec plus de profit. Pour apprécier le *Polyandre* à sa valeur, il suffit de le comparer avec la Nouvelle trop vantée, traduite par Scarron [1]. En somme, il y a très peu de ressemblance entre Tartuffe et Montufar ; ce personnage étranger et étrange, qui conquiert toute une ville à force de momeries pieuses, n'a donné qu'une idée à l'hypocrite français, et cette idée même, Molière l'a bien

---

[1] Les traits pris à l'Arétin sont insignifiants (Molière), t. V, p. 349.

modifiée : pour rendre l'épisode de la dénonciation comique, il a été obligé d'y ajouter un jeu de scène du *Dépit amoureux*, et de jeter Orgon aux pieds de Tartuffe agenouillé. Combien a-t-il trouvé plus à prendre dans ces pages que Sorel avait, non pas traduites, mais tirées de son propre fonds, observées en pleine réalité ! La condition de Tartuffe, faux noble, le cadre où il se meut, ses comparses et ses victimes, le ton même et les expressions de ses discours, sont dans le *Polyandre*. Pour créer Tartuffe, il suffisait de réunir, de souder l'un à l'autre deux personnages différents du roman, de prêter au faux gentilhomme du Luxembourg le langage de Polyandre, de l'introduire chez d'honnêtes gens, et de rendre dramatique un récit bouffon. C'était beaucoup, et Molière seul pouvait le faire ; mais enfin c'est dans l'ébauche de Sorel qu'il a trouvé les principaux éléments de son chef-d'œuvre.

Ce roman a encore un autre intérêt et appelle des remarques plus générales. Il est temps de réunir ce que nous avons dit des emprunts si variés et si divers de Molière à Sorel, de résumer par avance ceux que nous aurons encore à relever, et de montrer dans ces emprunts une certaine suite, une certaine logique. Ni dans l'*Etourdi*, ni dans le *Dépit amoureux*, on ne trouve aucune réminiscence des romans de Sorel. Il est donc probable que Molière n'a lu ces romans qu'après son retour à Paris, mais dès lors il les imitera jusqu'à la fin de sa carrière. Ces emprunts sont déjà importants, comme nous le verrons plus tard, dans les *Précieuses ridicules ;* ils se continuent presque sans interruption pour *Sganarelle*, pour l'*Ecole des Maris*, pour les *Fâcheux*, pour le *Remerciement au Roi*, et nous amèneront ainsi jusqu'au *Mariage forcé*. Le *Mariage forcé* précède le *Tartuffe*, et l'*Amour médecin* le suit. Il est clair que Molière a été amené à faire ces petites pièces à cause de la grande, et qu'il en avait trouvé l'idée dans le même livre auquel il venait de faire d'importants emprunts pour son *Tartuffe*. Le même fait se reproduit plus tard. Quand on voit l'*Avare* succéder immédiatement à *Amphitryon* dans la même année, il est naturel de supposer que c'est la lecture d'une autre pièce de Plaute qui a amené la seconde imitation. Mais en même temps que Plaute, Molière a imité Sorel dans sa pièce de l'*Avare*, et cette imitation a rafraîchi ses souvenirs. Quand Louis XIV ou Colbert lui a demandé de joindre une mascarade turque à une action comique, la mascarade d'Hortensius s'est immédiatement présentée à son esprit ; l'action comique, elle était indiquée dans le *Berger extravagant* et dans les *Lois de la Galanterie*, comme nous l'avons vu. Sorel était donc devenu comme son fournisseur attitré de bouffonneries. L'année suivante, quand il s'agit de faire à la hâte pour les fêtes de Chambord, un divertisement comique du même genre, et d'unir encore une fois sa verve à celle de Lulli, Molière se ressouvient de Sorel, et il revient prendre dans le *Polyandre* le sujet, les scènes principales de *Monsieur de Pourceaugnac*. Même dans les pièces où Sorel n'a presque rien fourni à Molière, dans le *Misanthrope*, dans les *Femmes savantes* et dans le *Malade imaginaire*, on peut encore relever des réminiscences isolées, qui prouvent que Molière ne l'a jamais perdu de vue. Nous en avons dit assez pour montrer l'intérêt des romans de Sorel, et nous croyons avoir le droit de lui appliquer, en la modifiant légèrement, une expression connue : « il a été le commencement et la matière d'un grand comique. »

CHAPITRE VIII

Le roman de mœurs ou le « roman comique » au XVIIe siècle. — Rareté de ces romans. — Ce qui en tenait lieu. — Les idées des lettrés du XVIIe siècle sur le roman. — Pourquoi le roman comique, le genre préféré de Sorel, n'a jamais été qu'une exception.

Malgré l'insuccès du *Polyandre*, Sorel ne renonça pas à ses idées. En 1650, en collaboration avec l'abbé de la Mothe-le-Vayer, l'ami de Molière et de Boileau, il fit encore paraître un petit livre comique, le *Parasite Mormon* qui contenait de nouvelles attaques contre le pédant Montmaur, et quelques épisodes amusants comme celui du diseur de bons mots, incapable de demander à boire sinon avec une pointe. Ce sont des plaisanteries de cette espèce que les petits marquis attendaient de Molière, quand ils l'invitaient à dîner [1] ; le sieur de la Hérissonnière leur aurait donné toute satisfaction. Le véritable intérêt du livre est ailleurs, dans une apologie du roman de mœurs, ou, comme on disait alors, du roman comique. Sorel croit l'avoir inventé ; il en est aussi fier, suivant ses propres expressions, que s'il avait découvert l'Amérique, il ne se lasse pas d'expliquer les difficultés et les mérites de son genre favori. En réalité, ce genre passait presque inaperçu ; l'abbé d'Aubignac ne le cite même pas dans la préface de *Macarise*, où il énumère toutes les variétés possibles du roman. Sorel lui-même n'a pu consacrer à l'histoire du genre qu'un chapitre très court de la

---

(1) *La Critique de l'Ecole des femmes*, scène II.

Bibliothèque française, et il commence à désespérer de son avenir. On peut donc se demander pourquoi les livres de cette sorte sont si rares au XVIIe siècle.

Dirons-nous qu'ils n'étaient guère possibles qu'au commencement du siècle, et qu'alors même les mœurs répondaient plutôt au roman héroïque? Mais si ces romans héroïques, tant raillés par Sorel, contiennent en effet une part de vérité, et si l'on retrouve dans la vie réelle toutes les folies des *Amadis :* des capitaines qui s'évanouissent en quittant leur maîtresse, portent à la guerre ses couleurs, et lui renvoient des prisonniers avec charge de baiser le bas de sa robe; des écuyers qui supportent la prison et la torture plutôt que de livrer un secret [1]; des aventuriers qui font l'amour à des princesses, et des princes allant conquérir des royaumes pour des aventurières [2]; des reines de France, qui se font enlever par de vieux paladins; des femmes, qui traversent la France entière à toute bride, et se chargent pour leurs amants des négociations les plus périlleuses ; — si tel épisode de la Fronde, avec son mélange de violons, de fifres, d'écharpes bleues et de rubans, rappelle à ce point une bataille de l'*Astrée* que les acteurs eux-mêmes en font la remarque [3], combien plus vrais seront les romans comiques, l'histoire des hommes de petite condition s'élevant par leur ingéniosité aux plus hautes fortunes !

Ici les noms se pressent, c'est Bartet, l'agent de la Palatine; c'est Gourville, l'ancienne casaque rouge des La Rochefoucauld; c'est Mazarin, ce Gil-Blas de génie ; ou

---

(1) *Mémoires* de La Porte.
(2) Tallemant, *Historiette* du duc de Guise.
(3) Le siège de Marcilly dans l'*Astrée* et le siège de Paris pendant la Fronde. — La remarque est du cardinal de Retz. (*Mémoires*, janvier 1649, tome II, p. 171 et 172).

Nicolas Fouquet, ou l'abbé de la Rivière, ce prédécesseur de Dubois, dont Boileau disait énergiquement :

................Le sort burlesque, en ce siècle de fer,
D'un pédant, quand il veut, peut faire un duc et pair [1].

Sortez de la cour, quittez Paris, toujours fertile en originaux, et voici la province si variée de mœurs et de costumes ; les sujets s'offrent en foule, mais presque jamais ne tentent la plume des romanciers. Si l'on oublie les raretés, les essais isolés, on ne trouvera dans tout le cours du XVIIe siècle que deux livres de cette sorte, ayant obtenu un réel succès, le *Francion* de Sorel et le *Roman comique* de Scarron. Encore tous deux sont-ils inachevés ; leurs auteurs semblent n'avoir écrit que par accident, simplement pour protester contre les romans romanesques, et ni l'un ni l'autre n'ont abusé de la complaisance du public.

Sans doute ce public se fournissait ailleurs pour ce genre de livres. Les pires romans picaresques trouvaient toujours des traducteurs et même des versificateurs [2], tous passaient pour des chefs-d'œuvre. Il faut voir en quels termes Chapelain les recommande au bon Lancelot [3], qui les lira, non pour son plaisir, mais pour composer sa grammaire ! D'autre part on écrivait aussi de ces ouvrages en latin, et beaucoup de bons esprits ne voyaient dans ce genre qu'un pastiche de l'antiquité. Ainsi Théophile s'est amusé à conter en latin précieux les amours d'une vieille esclave. Dans les *Fragments* mêmes de son *Histoire*

---

(1) Boileau, *Satire* I, édition de M. Gazier, p. 26.
(2) *Lazarille de Tormes, sa vie, ses fortunes et ses adversités, traduites en vers français* par le sieur de B., 1653. in-4°. — *La Fouyne de Séville, ou l'hameçon des bourses*, traduit de l'espagnol par Le Métel d'Ouville. 1661, in-8°.
(3) Lettre de Chapelain à Lancelot, 21 déc. 1659. (*Mélanges* de Camusat, tome II, p. 74).

comique française, l'épisode le plus bouffon, celui du pédant ivre, qui se croit dans un vaisseau ballotté par la tempête, et qui jette les meubles par dessus bord, par les fenêtres, est emprunté à Athénée [1] ; une autre scène, la dispute scolastique des deux pédants [2], est déjà dans Barclay, le premier en date des nombreux imitateurs de Pétrone [3].

Tous ces livres faisaient tort au roman comique français ; ajoutons, si l'on veut, la distinction des genres. On ne proscrivait pas au XVIIe siècle la peinture des mœurs bourgeoises et même populacières ; mais elle paraissait mieux à sa place ailleurs, dans les livrets des conteurs populaires, dans les ballets, (plusieurs, parmi ceux qui furent dansés à la cour de Louis XIV, représentent tous les petits métiers, tous les *cris* de Paris), dans les satires [4], et surtout dans les farces. Tous les romans comiques, même les meilleurs [5], ceux de Sorel et de Scarron, semblent

(1) Noté par Sorel, *Remarques* sur le XIVe livre du *Berger extravagant*, p. 533.

(2) *Euphormion*, 1re partie, chap. 27. — *Fragments d'une Histoire comique*, chap. III. — Les deux pédants de Théophile disputent pour savoir an odor sit in pomo ou ex pomo : il se pourrait bien que cette dispute ait inspiré celle sur la forme ou la figure d'un chapeau.

(3) Inutile d'énumérer ces romans fastidieux. Les meilleurs sont le *Peruviana*, Dijon 1645, in-4° par l'avocat Morizot, qui raconte l'histoire du règne de Louis XIII, à la manière de Lannel dans son *Roman des Indes* ; et surtout le *Gyges gallus* du père Zacharie de Lisieux, qui rappelle de loin le *Diable boiteux*.

(4) Le *Roman bourgeois* de Furetière n'eut qu'une édition, au XVIIe siècle. Son *Voyage de Mercure*, qui n'est autre chose qu'un roman comique en vers, en eut au moins quatre (4e édition, Paris, André Boulinié, in-12°), et ses satires furent toujours très estimées.

(5) A plus forte raison les mauvais, comme les *Amours folâtres et récréatives du Filou et de Robinette*, Bourg en Bresse, 1629, in-12, qui paraissent être la satire des amours grotesques du poète Neufgermain. (Comp. l'*Historiette* de Tallemant sur Neufgermain et l'article du dictionnaire de Jal). Nous n'aurions pas cité ce petit roman s'il ne contenait, p. 71 et suivantes, les noms et l'esquisse des médecins *Tant pis* et *Tant mieux*.

procéder de la farce, tous versent dans le grotesque. Plus tard la comédie reprendra l'héritage de la farce et nuira encore au roman comique. Pour représenter devant la cour de Louis XIV les joyeusetés rabelaisiennes, les vieux fabliaux, les contes populaires qui s'étalent, crus et grossiers, dans le *Francion*, ce ne sera pas trop de la verve, mais aussi de l'art et du goût de Molière.

Ainsi le roman comique était remplacé par d'autres formes littéraires ; il n'était nulle part parce qu'il était un peu partout. Mais, parler ainsi, c'est constater un fait plutôt que l'expliquer, et la vraie cause de cette stérilité, il faut la chercher dans l'esprit même de toute la littérature au XVIIe siècle, dans son effort soutenu vers la noblesse et la grandeur, son mépris des détails et des choses extérieures, sa prédilection pour les études abstraites et aussi pour les termes les plus généraux. Quelle place doit-il rester pour un genre qui vit précisément de détails et de contrastes, d'observations menues et d'expressions pittoresques ? Ce ne seront pas les sujets qui manqueront au roman comique, mais les lecteurs, et ces lecteurs on pouvait déjà les compter sous le règne de Louis XIII ; Sorel n'en eut jamais autant que d'Urfé et que Gomberville. L'*Histoire comique de Francion*, œuvre d'un bourgeois orgueilleux, plut aux bourgeois survivants de la Ligue ; elle fut longtemps réimprimée pour la province, toujours amie des contes gaulois, mais plus vite oubliée à Paris. Le vrai bourgeois du XVIIe siècle, c'est le bourgeois gentilhomme et bel esprit, qui, malgré la courte échappée de la Fronde, songe moins à censurer les grands qu'à les copier, et à partager leurs plaisirs et jusqu'à leurs opinions littéraires.

Or ces opinions sont singulières. La vogue de l'*Astrée*

passée, on est revenu au roman héroïque et chevaleresque. Les critiques italiens du XVIe siècle dérivaient le mot de roman de rômê, force[1] ; l'idée, sinon l'étymologie, a prévalu : les grands exploits, les longues aventures y sont de règle. Qu'il sorte tout armé d'une imagination gasconne, ou qu'il rappelle, par allusions, l'histoire contemporaine, le roman est toujours une sorte d'épopée qui a besoin de fables et de merveilleux, et qui doit nous transporter loin de notre temps et de notre pays. Tous les auteurs s'accordent à le définir « un poème en prose[2], » et font des romans comme ils feraient des poèmes épiques ; l'un n'est pas plus difficile que l'autre. Est-ce que la Calprenède ne conduit pas ses héros, il s'en flatte, « d'une manière approchante de celle d'Homère, de Virgile, du Tasse et autres écrivains de même nature[3] ? » Et Sapho, « cette admirable fille, » ne croit-elle pas ressembler « à l'illustre aveugle que la Grèce admire[4] ? » Ne nous jette-t-elle pas comme lui, en pleine action, quitte à résumer les faits antérieurs dans un long récit ? Pellisson insinuera même que le grand mérite d'Homère est de ressembler à Mlle de Scudéry[5], et Ménage citera encore l'Odyssée et l'Iliade,

---

(1) Voir les traités de Giraldi et de Pigna, cités par Huet, Traité de l'origine des romans, p. 2,

(2) Furetière lui-même le dit, Roman bourgeois, édit. Fournier, p. 26. — Desmarets de Saint-Sorlin, en réponse à son frère qui trouvait le Clovis peu conforme à l'histoire, écrit : « Le roman et le poème ne diffèrent que d'une chose, savoir que l'un est en prose et que l'autre est en vers. » Autographe cité par M. Kerviler, Revue hist. et nobiliaire, tome IX, 1878, p. 394.

(3) La Calprenède, préface de la 3e partie de Cassandre.

(4) Mlle de Scudéry, (Clélie, 1re partie, livre III, p. 1378, — ibid. tome IX, livre 2, p. 1124 à 1149) fait un long éloge d'Homère.

(5) Menagiana 1715, tome II, p. 9. — Manuscrits Conrart, in-4°, tome XIX, p. 861. Discours sur Homère à des précieuses qui ne le goûtaient point. « Mon cher Chrysothée, Homère est comme les plus honnêtes gens, qui ne charment pas le monde dans une première conversation, etc. »

à ceux qui trouvent la *Clélie* trop longue ou même ridicule. En effet, mal en avait pris à Mlle de Scudéry, lorsqu'après avoir affublé à l'antique, dans le *Cyrus*, tout le personnel de l'hôtel de Rambouillet, elle s'était avisée de rendre le même service aux visiteurs de son petit salon. M. et Mme de la Calprenède avaient supporté Condé comme héros de roman ; mais ils déclarèrent hautement que Pellisson, Conrart et les autres habitués du Samedi n'avaient rien de romanesque[1]. Ils demandaient à leur rivale, quand elle mettrait en roman « les bourgeois et les marchands de la rue Saint-Denis et Quincampoix, » et ces bourgeois eux-mêmes trouvaient le projet ridicule : ces beaux livres devaient être réservés à l'aristocratie.

Si telles étaient les idées en cours sur le roman, tout essai pour le renouveler, soit par la description des mœurs familières, soit par la simple analyse des passions, devait longtemps échouer. En 1627, une intéressante tentative dans ce sens, *La Chrysolite ou le Secret des Romans* d'André Mareschal[2], n'avait aucun succès et n'obtenait qu'une épigramme obscène de La Mesnardière[3], le médecin des précieux. Les mêmes questions étaient encore agitées dans de longues conversations par les précieuses bourgeoises de l'abbé de Pure. L'une d'elles ne désespère pas de « lire un jour un roman merveilleux, sans y voir autre chose que des effets d'amour et de tendresse, sans aucun mélange de vaillance ni de bravoure[4]. » Mais l'assemblée

---

(1) *Tallemant*, tome VII, p. 62. Mêmes plaisanteries de la Calprenède, citées dans la *Précieuse* de l'abbé de Pure, 4° partie, p. 74 ; ajouter ce que dit Tallemant sur les romans de Gomberville.

(2) Mareschal raconte une histoire d'amour, sans incidents romanesques ; dans sa préface il dit : « qu'il suivra partout la raison, et sans elle, il ne voudrait même pas qu'on le louât. »

(3) *Poésies* de la Mesnardière, in-folio, 1656, p. 33.

(4) La *Précieuse*, 1″ partie, p. 268 ; Ibidem 4° partie, p. 44 et suiv. Ces deux conversations sur les romans sont déjà citées par M. Fournel

est unanime à protester contre le retranchement des belles aventures, sans lesquelles on ne ferait que des livres ennuyeux ; il faut conserver les grandes catastrophes et les grandes phrases. Le temps de Mme de la Fayette n'était pas encore venu.

L'étude des passions ne suffit donc pas pour exciter l'intérêt; on veut pour sujet des expéditions guerrières, et pour héros des personnages antiques ou du moins anciens, point de contemporains sinon des princes, jamais de bourgeois. A diverses reprises, Sorel a protesté contre ces romans prétendus historiques, « vrai moyen d'oublier l'histoire. » La guerre qu'il avait déclarée à d'Urfé et à ses contemporains, il l'a reprise contre La Calprenède et Mlle de Scudéry : il s'est moqué de ces livres interminables « comme la corde, ou la natte, qu'on peut allonger sans fin, en y ajoutant toujours de la filasse ou de la paille[1] ; » il défiait ces romanciers de faire des livres comme les siens : « On pourrait dire que s'ils savent si peu comment il faut composer des livres à l'antique, ils en devraient faire, qui fussent entièrement à la moderne, sans les troubler par un mélange monstrueux. Mais ils n'ont garde de l'entreprendre pour la difficulté qu'ils y trouvent. S'ils voulaient raconter des choses, comme arrivées en ce temps-ci, ils auraient beaucoup de peine à garder la bienséance. Chacun s'en établirait juge et en connaîtrait les défauts, au lieu qu'en décrivant des choses anciennes et hors de connaissance, observées même dans des pays qui ne furent jamais, ils y emploient des lois et des coutumes si bizarres qu'ils veulent, sans crainte d'en être

---

dans son chapitre sur les romans comiques.(*La Littérature indépendante au XVIIe siècle*).

(1) Sorel, *Connaissance des bons livres*, chap. de la *Censure des romans*, p. 119.

repris. Il n'y a que les bons peintres qui fassent des portraits bien ressemblants, mais il est fort aisé de faire des portraits à l'aventure et tels qu'ils pourront venir [1]. » Malgré la différence des styles et des sujets, on pense à Molière combattant le préjugé si répandu chez ses contemporains, qui voyaient dans la comédie une œuvre inférieure à la tragédie et plus aisée [2]. Non, il n'est pas aisé « d'entrer, comme il faut, dans le ridicule des hommes, » et Sorel lui-même avait le droit de défendre ses romans, quoiqu'il fît des caricatures plutôt que des portraits.

Il écrit encore dans l'Avertissement du *Polyandre* : « On prétend que cela est ravissant de ne voir que des affaires de rois et d'empereurs, de princes et de princesses, et que les grands évènements, qui leur arrivent, doivent remplir l'esprit d'une satisfaction non pareille. Mais il y a d'autres gens, qui aiment mieux voir de petites aventures d'une visite de Paris, ou d'une promenade, telle qu'il en pourrait arriver à eux ou aux personnes de leur connaissance, parce que cela leur paraît plus naturel et plus croyable. » Le nombre de ces gens-là ne devait pas être considérable, et il devait être lent à s'accroître, puisque Marivaux se croyait obligé de renouveler la même déclaration [3], et trouvait encore devant lui les mêmes

---

(1) Sorel, *Connaissance des bons livres*, chap. de la *Censure des romans*, p. 109.

(2) *La Critique de l'Ecole des femmes*, scène VI.

(3) « Il y a des gens dont la vanité se mêle de tout ce qu'ils font, même de leurs lectures. Donnez leur l'histoire du genre humain dans les grandes conditions, ce devient là pour eux un objet important. Mais ne leur parlez pas des objets médiocres, ils ne veulent voir agir que des seigneurs, des princes, des rois, ou du moins des personnages qui aient une grande figure. Il n'y a que cela qui existe pour la noblesse de leur goût. » Commencement de la II° partie de *Marianne*, cité par M. Larroumet, dans son ouvrage sur Marivaux, p. 335.

préjugés que Sorel et ses successeurs immédiats. Si le talent de Scarron, ce style rapide, ce mélange heureux d'imagination et d'observation valurent au *Roman comique* un succès mérité, les raffinés n'en trouvaient pas moins « sa matière trop basse [1]. » Ce fut bien pis, quand parut le roman, médiocre du reste, de Furetière. Tous les gens de lettres, et même ses collègues, lui reprochèrent durement son sujet et son style trop bourgeois : Il se moquait des honnêtes gens ; il aurait dû être chassé de l'Académie, pour avoir fait un livre pareil ! Celui qui parlait ainsi, et qui demandait, comme Louis XIV, qu'on ôtât de lui ces magots [2], était le fils d'un cabaretier.

Ainsi le genre préféré de Sorel ne fut jamais qu'une exception et n'obtint que des succès de surprise ou de scandale, dans le siècle où tout allait au grand. Cela est vrai de la première comme de la seconde moitié du XVIIe siècle. Entre 1660 et 1700, on ne rencontre que quelques rares nouvelles, ou romans comiques très courts, et la plupart dissimulés dans les Recueils d'autres pièces. Il faudra du temps, pour que les héros de roman, après avoir porté la lance, puis la houlette, puis l'épée, ne portent plus rien du tout. Les débuts du roman de mœurs sont difficiles, sinon modestes, et pour se faire sa place au soleil, il devra revenir encore une fois d'Espagne, plus aimable, plus honnête, et paré du style étincelant de Le Sage.

(1) C'est l'expression de Segrais dans le *Segraisiana*.
(2) *Dialogue entre M. le Maistre et M. Despréaux*, par Charpentier, reproduit dans les *Factums* de Furetière 1694, tome II, p. 422. — Mêmes critiques dans la *Guerre des auteurs* et le *Parnasse réformé* de Guéret.

DEUXIÈME PARTIE

SOREL ÉCRIVAIN PRÉCIEUX

CHAPITRE IX

Les jeux d'esprit et de société des précieux. — Sorel écrivain précieux et adversaire des précieux. — Ses amis. — Son recueil de jeux. — Intérêt qu'offrent les jeux pour l'histoire des mœurs et pour l'histoire littéraire. — Comment les petits jeux, d'abord simples et plus tard maniérés, suivent les évolutions de la société précieuse.—Les petits jeux au commencement du XVIIe siècle.— Les *Jeux académiques* ou les jeux compliqués des Italiens, adoptés seulement par les derniers précieux. — Le jeu de la *Perte du cœur*. — La *Chasse d'amour*. — Les *Loteries* et les *Gazettes*. — Origine italienne de la *Gazette de Tendre*. — Comment les précieux ont raffiné les petits jeux français. — Le jeu des *Maximes*. — De la mauvaise foi des précieux attaquant les *Maximes du Mariage* de Molière. — Le jeu des *Proverbes* et le jeu des *Mariages*. — Du rôle des proverbes dans la littérature du XVIIe siècle. — La *Comédie des proverbes* et la *Comédie de chansons*. — Le *Ballet des Incompatibles*. — Le jeu des *Bêtes* et le jeu du *Corbillon*. — Les petits vers précieux et les pastiches en vieux langage. — Les pièces de Sorel imitées par La Fontaine et par Scarron. — La satire de la société précieuse par Sorel. — Les *Lois de la galanterie*. — Emprunts faits à cette pièce par Molière, 1º Pour les *Précieuses ridicules*, 2º pour l'*Ecole des Maris*, 3º pour le *Bourgeois gentilhomme*. — La date des *Précieuses ridicules*. — Des attaques contre les précieuses, qui ont précédé la comédie de Molière. — Pourquoi Sorel n'a pas compris la portée des *Précieuses ridicules*.

S'il suffit, pour faire connaître un auteur de second ordre, de montrer ce qu'il a d'original, le rôle de Sorel est presque fini, et notre tâche aussi. Après le romancier, nous n'aurons plus guère à étudier de près que l'historien. Les vingt dernières années de sa vie vont être consacrées à des compilations de toutes sortes, d'un moindre intérêt. Il n'a pas vécu, cependant, entre les rayons de sa bibliothèque ; il a toujours aimé le monde qui ne le détestait pas, tout en se défiant de son humeur maligne. Jeune, il fut le visiteur assidu des premiers cercles qui aient imité l'hôtel de Rambouillet ; sur le tard, nous le retrouvons dans toutes les ruelles qui ont succédé à cette illustre société, et qui en sont comme la monnaie, petite monnaie et bien mêlée. En feuilletant les lettres écrites par Sorel vers 1660, et en cherchant à déchiffrer les initiales de ses correspondantes, nous serons vite édifiés sur ses relations.

Jusque dans ses dernières années, il a habité sa maison située au n° 16 de la rue Saint-Germain-l'Auxerrois. Tout près de lui logeait une excellente musicienne. « Qu'il vous suffise d'apprendre, nous dit-il, que cette belle est ma voisine de si près, que s'il me prenait fantaisie de l'aimer, je n'aurais qu'à faire un trou à la muraille de ma chambre pour lui faire entendre à toute heure mes plaintes et mes soupirs, et devenir ainsi le Pyrame de cette Thisbé [1]. » Plusieurs détails nous portent à croire, qu'il s'agit de la rivale de l'illustre Sapho, de Madame du Buisson ou Damophile [2], qui s'est fait peindre en Muse, assise à une table chargée de livres, et flanquée d'une lyre et d'une lunette astronomique. Elle et Sorel seraient dignes l'un de l'autre. D'autre part, le *Roman bourgeois* nous montre Sorel assidu chez une certaine demoiselle Angélique,

---

(1) Sorel, *Œuvres diverses ou discours mêlés qui sont le Nouveau Parnasse*, etc., 1663, p. 284.

(2) Sur Damophile voir le *Grand dictionnaire des Précieuses*, de Somaize, édition Livet, tome I, p. 68. Mlle de Scudéry se moque plus d'une fois d'elle dans le *Grand Cyrus*.

laquelle, suivant l'élégante expression de Furetière
« conserve son nom au poil et à la plume¹ », c'est-à-dire
qu'elle écrit et signe ses œuvres de son nom de baptême
qui lui paraît suffisamment précieux. Comme Somaize
attribue à une demoiselle Angélique Petit ² la Nouvelle
de *l'Amour échappé*, insérée dans le *Roman bourgeois*,
voici une autre des amies de Sorel retrouvée ; elle aussi
sait les langues, les mathématiques et même l'escrime.
Le médecin Guy de la Brosse et le bon abbé de Marolles ³
nous aideront à traduire les initiales de Mme de M***. Tous
deux ont introduit Sorel dans le cercle de leur cousine,
Mme de Montbel ; il rencontre chez elle Mme Deshoulières,
le poète Linières et l'abbé Cotin : un tel voisin porte
toujours malheur.

La maîtresse du logis a écrit de sa main, dans un beau
recueil, les portraits de tous ses visiteurs, et celui de
Linières n'est pas le moins flatté. Linières préférait
Madame Deshoulières, qui se moquait de lui, et Madame
de Montbel préférait Linières, qui se moquait d'elle.
Entre temps, comme il ne se piquait pas de fidélité à
ses deux amies, il s'en allait jusqu'à Rennes, en ramenait
triomphalement une Bretonne, lui signait une promesse de
mariage, passait le contrat,⁴ et se dérobait au dernier

---

(1) Cette expression proverbiale existe depuis longtemps dans la
langue. (*Curiosités françaises* d'Ant. Oudin, p. 434. *Il est bon au poil et
à la plume*, idiotisme, propre à plusieurs choses.) Furetière a voulu
jouer avec les proverbes, comme Mascarille dans les *Précieuses ridicules*.

(2) Somaize, *Grand Dict. des Précieuses*, tome I, p. 192. — Sorel a
dédié à Mlle Petit, une pièce intitulée le Tombeau d'Angélique. *Œuvres
diverses*, p. 435.

(3) *Mémoires* de l'abbé de Marolles, 1755, in-12, tome III, page 321.

(4) Sorel, *Œuvres diverses*, pages 346, 388, 421, 451, etc. — Madame
Deshoulières fait allusion au même fait dans le Portrait de Linières :

    Il aime la satire, et croit qu'il est permis
    D'aimer en divers lieux, de faire des promesses,
    De signer des contrats pour fourber ses maîtresses...

moment « par crainte de la gueuserie. » Il avait développé ces raisons dans une petite pièce qui semble perdue, et qui nous aurait peut-être donné quelques détails sur les représentations du *Dépit amoureux* à Paris ; elle est intitulée *Poésies diverses, ou Dialogue en forme de satire du docteur Métaphraste et du seigneur Albert sur le fait du mariage*[1]. Il nous est resté seulement la lourde réplique de Sorel, exhortant le volage Linières à faire une fin, et traçant à son usage une belle *Carte du Mariage*.

Enfin Sorel est du dernier bien avec deux cousines homonymes[2], dont l'une est « un ange » et l'autre « un génie. » Comme l'ange a pour initiales L. V. D. L. M. D., comme « le génie » s'appelle Uriane de son nom de précieuse et que l'anagramme de son nom véritable est exactement « *je vous aime,* » il s'agit certainement de Melle Le Vieux de la Motte d'Esgry, et de Melle Amélie Vieux ou Le Vieux, la célèbre maîtresse de Patru, de Conrart et de plusieurs autres. Uriane en particulier était une précieuse renforcée : Patru, lui écrivant de la campagne, n'osait appeler l'herbe par son nom, et trouvait comme périphrase « le poil de la terre.[3] » On pourrait encore essayer de reconnaître, parmi ces amies de Sorel, la Nymphe des Vergers, ou Mademoiselle Des Jardins[4] ; essayer de traduire les initiales Madame D. L. C. par

---

(1) Indiquée par Quérard, au mot Linières.

(2) Sorel, *Œuvres diverses*, pages 284, 289, 296, 297, etc. — Somaize, *Grand Dict. des Précieuses*, tome I, p. 235, appelle Mme Le Vieux, Urione ; Sorel a changé une lettre du nom pour l'anagramme. — Cabinet des titres, dossier le Vieux, N° 66, 411, p. 65 : M. Nicolas le Vieux, sieur de la Motte d'Esgry a pour fils Olivier le Vieux, substitut de M. le procureur général en la chambre du trésor.

(3) *Œuvres* de Patru, tome I, lettres à *Olinde*, autre surnom d'Amélie le Vieux.

(4) Sorel, *Œuvres diverses*, p. 242, 395, etc.

Madame de la Calprenède, et Mademoiselle D. L. par Mademoiselle de Lauvergne, une autre sotte décrite par Somaize; à quoi bon ? Nous savons à quelle espèce de précieuses Sorel eut affaire.

Il s'est donné beaucoup de mal pour leur plaire. Tantôt il venait leur lire une pièce rarissime du XVIe siècle, un Dialogue[1] entre la Reine Margot, et un cavalier gascon incapable d'apprécier l'Amour platonique ; tantôt il s'en allait recueillir pour elles toutes les nouveautés, la *Carte des précieuses* du Comte de Maulevrier, la *Carte du Royaume d'Amour* de Tristan L'Hermite, les billets de Mme de Choisy. Il faisait même imprimer toutes ces bagatelles ; c'est lui qui donna au libraire Charles de Sercy l'idée de publier un recueil de pièces en prose, pour faire pendant à son recueil de vers, si apprécié de Cathos et de Magdelon[2].

Voilà donc un Sorel nouveau, précieux et secrétaire des précieux, mais qui n'a perdu ni son esprit narquois, ni ses qualités d'observateur. S'il courtise toutes les précieuses, il ne se soucie point d'en épouser aucune, ni de « descendre avec elle le Fleuve de Tendre, il préfère demeurer sur le rivage.[3] » Il ne porte pas seulement

---

(1) Ce dialogue a été retrouvé par M. Bazin, dans un livre de Sorel, le *Nouveau recueil des pièces en prose*, 1644, Nicolas de Sercy. Le texte donné par Sorel est conforme à celui des *Manuscrits Conrart*, in-4°, tome IV, page 649. Cette petite pièce était bien connue dans la société précieuse. Quand Voiture veut perdre son rival, le duc de Montmorency, qui a moins d'esprit que de bravoure, il l'écoute causer avec Mme de Sablé, arrange leur conversation à la manière du dialogue du Cavalier gascon, et l'envoie transcrite à l'intéressée ; celle-ci craint le ridicule et donne au duc son congé (le *Grand Cyrus*, tome I, p. 135 à 163).

(2) Le *Recueil des pièces en prose*, Paris, Charles de Sercy, 1658, est la réimpression, avec des additions, du Recueil publié par Sorel, dès 1644, chez Nicolas de Sercy. Nous distinguerons ces deux recueils seulement par les dates : Recueil de Sercy, 1644, et Recueil de Sercy, 1658.

(3) Sorel, *Œuvres diverses*, p. 281.

dans le monde l'habit d'Alceste, « ce bel habit gris, avec des rubans verts [1] », il a aussi son rude bon sens. Écoutez-le plutôt rabrouer le poëte amateur, Belastre, qui veut lui lire « des vers à la cavalière [2]. » — Qu'entendez-vous par ces vers à la cavalière? N'est-ce pas à dire de ces méchants vers dont tout le monde est fatigué? — Belastre se hasarda de répondre que c'étaient des vers faits par des gentilshommes qui n'en savaient point les règles, qui les faisaient par pure galanterie, sans avoir lu de livres, et sans que ce fût leur métier. — Hé par la mort, non pas de ma vie, reprit chaudement Charles Sorel, pourquoi diable s'en mêlent-ils si ce n'est pas leur métier? Un maçon serait-il excusé d'avoir fait une méchante marmite? Cependant il se coule mille millions de méchants vers sous ce titre spécieux de vers à la cavalière [2], qui effacent tous les bons, et qui prennent leur place [3]. » Ces brusques échappées de bon sens, nous les retrouverons à chaque instant dans les œuvres galantes de Sorel ; s'il a quelquefois sacrifié au mauvais goût des précieux, il a souvent aussi fait leur satire.

Le plus curieux de ces livres galants, celui auquel on

---

(1) Le costume du *Misanthrope* est ainsi décrit dans les Recherches de M. E. Soulié sur Molière p. 85, « un haut de chausses et justaucorps de brocart rayé or et soie gris, doublé tabis, garni de rubans verts etc. » — Il est impossible de ne pas remarquer le costume de Sorel ou d'Hermogène dans la *Maison des Jeux*, 1642, tome I, livre 4, page 586, car il fait le sujet d'une question dans le Jeu des *Merveilles* ou de l'*Admiration* : « Je m'étonne, dit Agénor, de vous voir aujourd'hui vêtu de gris avec des rubans verts, comme si vous aviez peur que l'on vous prît sans vert, au lieu qu'il n'y a pas six jours que je vous vis avec un habit noir plus modeste qu'un bénéficier. »

(2) Ce titre fut longtemps à la mode. Voir les *Œuvres cavalières ou pièces galantes et curieuses* de M. B. D. R. Cologne, P. du Marteau, 1671, in-12.

(3) Furetière, *Roman bourgeois*, livre II, p. 288.

peut rattacher tous les autres, est un recueil de jeux [1], qui les décrit tous, depuis les plus simples jusqu'aux plus compliqués, et qui échappe à la banalité des recueils de ce genre. Il n'est pas d'étude plus minutieuse, et plus fatigante que celle des jeux, qui « valent pourtant la chandelle », et qui sont souvent instructifs. Ce sont de petits jeux ; mais des siècles, des mœurs, des sociétés diverses se peignent dans les petits jeux ; ils sont sans cesse en mouvement, ils vont et viennent d'une caste à une autre, ils passent de pays en pays, si vite, que nous risquerions de nous égarer à les suivre tous. Restons donc dans le cercle des amies de Sorel et comparons leurs amusements favoris à ceux de la génération précédente. Combien la société parisienne a changé depuis le commencement du siècle, on le verra jusque dans ces minuties, où l'on peut encore glaner des faits et des dates intéressantes pour l'histoire littéraire.

Les ruelles pédantes, décrites dans le chapitre des Nouvelles, étaient restées ignorées de la bourgeoisie moyenne. Celle-ci s'amusait à moins de frais dans ces assemblées naïves, où, selon Tallemant, un moyen de se bien marier, c'est d'exceller aux jeux innocents [2]. La cour non plus n'en connaît pas d'autres : c'est avec eux que Mlle de la Fayette amuse le royal ennui de Louis XIII [3] ;

---

(1) Sorel commença la *Maison de Jeux* en 1625 et la termina en 1635, comme il le dit lui-même dans l'avertissement de *la Science des choses corporelles*, 1635, et comme le prouvent plusieurs allusions du texte (t. I, p. 600, ; t. II, p. 385). L'ouvrage fut encore remanié et attendit jusqu'en 1642 avant de trouver un éditeur ; cette première édition n'eut aucun succès, tant les jeux italiens qu'elle décrit paraissaient encore bizarres. La réimpression de 1657 fut au contraire très bien accueillie ; presque tous les Recueils de Jeux, *Maisons académiques*, et autres ouvrages du même genre, qui ont paru jusqu'à la fin du XVIIIe siècle, ont copié Sorel, quelquefois textuellement.

(2) *Tallemant*, tome VII, pages 16 et 17. *Historiette* de Mme de Turin.

(3) *Mémoires* de La Porte, *Collection Michaud*, pages 18 et 19.

ils suivent même les armées en campagne, et nos officiers français apprennent aux Suédois [1] à jouer au *gage touché* ou à *votre place me plaît* ; ils ne sont même pas dédaignés chez l'illustre marquise, qui donne le ton à la société polie, et qui restera toujours plus gaie, plus jeune que ses filles. Dans cet hôtel de Rambouillet, que nous voyons de loin très grand et un peu triste, on s'amuse comme des enfants ; les évêques y sont de première force au ballon, et les dames ne dédaignent ni les barres, ni le colin-maillard. On y fait déjà des petits vers, mais on préfère en entendre de beaux. On y cause de tout, mais sans prétention, et la littérature, et la grammaire elle-même n'entrent qu'en passant, comme un jeu. Mais quand cette société choisie aura suivi sa pente naturelle vers la recherche, quand ce défaut se sera accentué dans les ruelles qui l'imitent, alors la subtilité, la fadeur se montreront jusque dans les petits jeux. Les plus simples paraîtront puérils, même aux petits bourgeois ; ils dédaigneront, comme « peu nobles, » les plus jolis jeux du XVIe siècle, comme *Je vous prends sans vert* [2], ou comme les *Valentins* [3], longuement décrits dans l'*Astrée*. En revanche, ils ressusciteront pour leur usage les amusements compliqués, jadis en honneur dans les petites cours italiennes [4], et dans les

---

(1) *Lettres et papiers d'État* de Richelieu, édition d'Avenel, tome IV, p. 259, et tome VIII, p. 84. *Œuvres* de Saint Amant, édit. Livet, tome II, p. 37.

(2) « Si le jeu n'est pas *noble*, il est divertissant » dit, à ceux qui le dédaignent, un personnage de la petite comédie de La Fontaine : « *Je vous prends sans vert.* »

(3) Le Jeu des *Valentins* est décrit dans l'*Astrée*, 1re partie, livre III, et dans le roman de *Diotrèphe, histoire valentine*, 1624, in-8°, par Camus.

(4) On les appelait les Jeux académiques ou encore les Jeux de Sienne, du nom de la ville où ils étaient le plus en honneur. Les principaux recueils italiens, dépouillés par Sorel, sont le *Parfait courtisan* de Castiglione, la *Conversation civile* de Guazzo, et surtout les *Cent Jeux d'esprit* d'Innocent Rhinghieri, Bologne, 1551, in-4°, ainsi que le *Dialogue*

Académies pédantes où se réunissaient les beaux esprits des deux sexes [1]. Ces laborieuses bagatelles rempliront la *Clélie* et bien d'autres livres, aux environs de 1660 ; elles firent le succès du recueil de Sorel, qui obtint coup sur coup deux éditions, en 1657, en pleine préciosité ; l'auteur put dédier son livre à une de ses amies, chez qui, il nous le dit, on mettait tous les jours ces jeux en pratique. Il suffira d'énumérer ceux qui offrent un petit intérêt littéraire et dont on peut suivre les transformations.

Le maître du jeu vient de distribuer aux dames et aux cavaliers les noms les plus savants du monde : il a devant lui Hélène, la ruine de Troie, et la chaste Lucrèce, et Didon, et Ulysse, et Amadis, le beau Ténébreux. Sur un signe, quelqu'un pousse un soupir et s'écrie : « Hélas ! j'ai perdu mon cœur. — Qui vous l'a pris ? — C'est Cornélie la savante, ou telle autre — Aussitôt tout le monde d'interpeller la coupable : Ah ! Madame, pourquoi tant de cruauté, faut-il ainsi devant tant de monde commettre des larcins, et joindre au larcin l'homicide ? Car n'allez-vous point priver

---

des Jeux de Bargagli, Sienne, 1572, qui a eu plusieurs éditions. Ces jeux bizarres ne seront pratiqués en France que par les précieux. Le sieur Philippe de Villiers traduisit en français, au XVIe siècle, cinquante des Jeux de Rhinghieri, mais cette traduction passe complètement inaperçue. On ne trouve aucune allusion aux jeux italiens, dans les Mémoires français du XVIe siècle, et l'érudit Lacurne de Sainte-Palaye (Bibl. Nationale, *Manuscrits du fonds Moreau*, n° 1518, mot *Jeux*) ne les cite que d'après Sorel. Dans les Recueils de Jeux français du XVIe siècle, tels que le *Discours des champs faez* de Taillemont et le *Printemps* de Jacques Yver, les acteurs se contentent de raconter des histoires d'amour et de jouer aux *Ventes*, aux *Métiers*, au *Corbillon*, aux *Merveilles* et autres jeux français très simples.

(1) Ces petites académies étaient décriées, en Italie même, au commencement du XVIIe siècle. Boccalini, dans les *Cent premières nouvelles et avis de Parnasse*, traduct. française, Paris, 1615, in-12, p. 102, les tourne en ridicule parce que « la vraie poésie des femmes est l'aiguille et le fuseau. »

de vie celui qui ne peut si longtemps vivre sans cœur[1]?»
Si Cornélie déconcertée par le bruit, ne rejette pas aussitôt
la faute sur sa voisine, ou si, à son tour, elle n'accuse pas
son voisin de lui en avoir fait autant, ou si elle confond
tous ces surnoms compliqués, un gage. Qu'est-ce que ces
mièvreries? Un ancien jeu français, pratiqué surtout par
les enfants[2], qui s'amusaient à pleurer, à prendre des
figures d'enterrement en criant : « Hélas ! J'ai perdu mon
pauvre Gigonnet. » Les Italiens ont supprimé les cris, et
obtenu un jeu galant qui plaît à l'abbé Cotin, et que Mlle
de Scudéry[3] elle-même ne trouve banal que parce qu'on
en a abusé.

La *Chasse d'Amour* est un amusement du même genre ;
le grave Conrart en raffolait[4], et Gilles Boileau n'a pas
manqué de le railler de ce goût pour un jeu légèrement
ridicule. Le maître demande où s'est caché l'Amour, « ce
méchant petit garçon, qu'on lui avait donné à garder. » —
Sans doute dans les yeux d'Hélène ou de Cornélie. — Et
chacun de crier: « A l'Amour, à l'Amour ! »; l'un appelle des
chiens, l'autre des faucons, comme en une chasse. Si Cornélie
ne se dérobe pas, comme tout à l'heure, on « la poursuit, non
seulement par les paroles, mais par la course. » C'est la mise
en action d'une allégorie souvent développée par les vieux

---

(1) Sorel, *Maison des Jeux* 1643, tome I, p. 245 à 249. *Jeu de la perte des cœurs.*

(2) Le rare volume intitulé *Les 36 figures contenant tous les jeux, qui peuvent être inventés et représentés par les enfants, tant garçons que filles*, Paris 1587, in-4°, décrit :
    Le jeu aussi recomblé de soulas
    Assez connu que l'on appelle hélas !
    J'ai bien perdu mon pauvre Gigonnet.

(3) *Les Jeux de Mathilde d'Aquilar*, par Mlle de Scudéry, p. 29.

(4) Gilles Boileau dit méchamment de Conrart que dans tous ses vers il a l'air « de crier à l'amour. » C'est une double allusion à son jeu favori et à ses vers langoureux.

poètes français [1], en même temps qu'un jeu d'attrape plus délicat que l'ancien jeu de la *Mouche*, où l'on poursuivait une personne en lui lançant une grosse pelote de laine.

Nous devons encore aux Italiens les jeux de la *Gazette* et de la *Loterie*. La loterie publique ou la loterie d'argent [2] ne réussit en France qu'assez tard. Vaugelas, qui dirigeait l'entreprise, était bien pauvre, et pourtant il en compromit le succès pendant des années, en voulant lui conserver l'ancien titre français de « *Blanque* [3]. » Enfin cette bienheureuse loterie fut tirée en 1659. Tout le monde avait pris des billets sous des noms imaginaires ; les deux gros lots furent gagnés par M. Parisot, maître des comptes, sous le nom de Petitjean, et par M. Gilbert, conseiller au Parlement, sous celui du marquis de Mascarille. En même temps les précieux organisent, toujours à l'instar des Italiens, des loteries d'esprit de toute espèce : on se marie au sort pour une soirée ou pour une saison ; on tire au sort des portraits et des bouts-rimés à remplir, des mots nouveaux et des expressions burlesques à propager dans le monde [4]; tout est mis en loterie, tout, sauf le bon sens. Faut-il nous arrêter à la plus compliquée de ces loteries, imprimée par

---

(1) *La Chasse et le départ d'amour*, d'Octavien de St-Gelais, 1509. — *La Chasse d'amour*, de Belleforest, 1561, le *Cerf d'amour*, de Passerat, etc.

(2) On cite, pourtant, quelques loteries à la cour des Médicis. Palma-Cayet, *Chronologie Novennaire*, livre II, décrit une de ces blanques, où le billet du prince de Navarre, le futur Henri IV, qui avait pris pour devise deux mots grecs, vaincre ou mourir, sort plusieurs fois. Ces loteries reparaîtront de temps à autre à la cour et seront tournées en ridicule dans la petite pièce du comte de Cramail, intitulée la *Blanque des illustres filous*.

(3) Sauval, *Antiquités de Paris*, in-folio, tome III, p. 77 et suivantes.

(4) Nous reviendrons sur ces loteries dans le chapitre de la *Langue des Précieuses ridicules*.

les soins de Sorel [1] ? Faut-il décrire les gros billets, en petit nombre, remplis des assurances d'un amour éternel, et les moindres, simplement d'estime, d'inclination ou d'affection naissante ? Faut-il montrer les amants languissants, qui apportent, au lieu d'argent, des vœux, des larmes, des soupirs, et les amants galants qui donnent de belles paroles et des déclarations bien tournées ; le tarif établi où l'on voit combien en amour un ou plusieurs soupirs valent de faveurs ; enfin, au jour dit, cette belle loterie tirée par un petit enfant, fils d'une mère plus belle que Vénus, et déguisé en Amour? Si fortes que soient ces extravagances, elles seront encore dépassées par celles des grandes dames de l'aristocratie [2]. Mais ces dernières se lasseront bientôt de ces jeux d'esprit ; elles préféreront gagner des bijoux massifs aux fêtes de la cour, ou bien organiser ces loteries de charité, décrites par Bussy, où la charité bien ordonnée commençait par les bienfaitrices elles-mêmes.

Les Italiens parodiaient depuis longtemps les Gazettes, comme les Loteries. Ils s'imposaient dans leurs réunions joyeuses de donner comme gages des *Nouvelles imaginaires* et d'improviser des *Gazettes* de tel ou tel pays, ou même de sociétés particulières [3]. Un pareil jeu aurait manqué d'intérêt en France, où les journaux n'existaient

---

(1) *Recueil* de Sercy, 1658, tome I. La *Loterie d'amour*. — it. *Antiquités de Paris*, tome III, p. 77. Sauval se moque des loteries qui remplissent le dernier volume de la *Clélie*, notamment le tome IX, livre II, p. 757 à 774.

(2) Somaize, *Grand Dict. des Précieuses*, tome I, p. 191, cite une de ces loteries : La *Loterie d'amour ou la métamorphose galante de la duchesse de Châtillon en amour*, par Mademoiselle Desjardins, 1661, in-12.

(3) Dans l'épigramme de d'Aubigné citée par le Dictionnaire de Littré :
　　　　Vous vous êtes fait huguenot,
　　　　A ce que dit la gazette,
il s'agit des Gazettes manuscrites ou des nouvelles à la main. Dès 1609, il parut une satire contre les nouvellistes, intitulée la *Gazette*, Rouen, Petit, 1609, in-8°.

pas¹ ; mais à peine la gazette de Renaudot eut-elle été fondée, en 1632, que les parodies affluèrent. Sauvage à Bruxelles, Sorel et Guy-Patin à Paris, ne se lassent pas de parodier le journal officiel, Sorel, en particulier, qui avait touché à tout, et qui devait être journaliste. Lorsqu'il a raillé la Cour et qu'il s'est bien moqué des grands dans ses petites feuilles², il invente des Monstres fantastiques, de la famille du fameux Serpent de mer ; il fait des récits de voyages imaginaires que Sorbières appelait avec un peu trop de complaisance « les romans des philosophes, » mais que Swift lui-même aurait pu lire avec plaisir. Avant Gulliver, le héros de Sorel, le capitaine Brisevent, a visité les îles des Pygmées, des Géants et des Amazones, d'où il a rapporté de merveilleuses inventions. Dès 1632, il propose d'établir à Paris des lignes, non pas même d'omnibus, mais de tramways, sans compter les phonographes et les téléphones³.

Quelques-unes de ces gazettes clandestines de Sorel étaient vraiment comiques, et méritaient d'être conservées ; elles servirent de modèles, pendant la Fronde, à tous les courriers de pays imaginaires, et Sorel lui-même rentra à ce moment dans la lice, pour composer une des rares *Mazarinades* qui supportent la lecture⁴. A la conclusion de la paix, ces gazettes politiques redevinrent, comme au-delà des Alpes, un simple jeu de société, un jeu galant.

---

(1) Rhinghieri et Bargagli décrivent déjà longuement le jeu des *Courriers* et des *Gazettes* ; Sorel les copie, *Maison des jeux*, tome II, p. 386.

(2) Pour toutes ces gazettes, réimprimées en partie dans les Recueils de Sercy de 1644 et 1658, voir la *Bibliographie* des ouvrages attribués à Sorel.

(3) *Recueil de Sercy* de 1644, p. 86, 120, 193, etc.

(4) La mazarinade de Sorel, intitulée le *Commerce des nouvelles rétabli*, raconte les démêlés du gazetier Renaudot et de ses fils ; elle a été plusieurs fois réimprimée à titre de document pour l'histoire de la presse.

Les beaux esprits de l'hôtel de Rambouillet, qui avaient emprunté aux Italiens [1] l'idée de la Guirlande de Julie [2], leur empruntèrent aussi leurs gazettes imaginaires, mais ils n'eurent pas le temps d'en abuser. Au contraire, les *Gazettes de Tendre* tiendront une large place chez Mlle de Scudéry, et Sorel, à son tour, se chargera d'initier toutes les ruelles à ces fadaises.

Lorsqu'au lieu d'imiter les Italiens, les précieux retournent par caprice aux anciens jeux français, ils ont soin de les compliquer; ils retrouvent d'instinct les subtilités galantes des Cours d'amour. Les *Jeux-partis* n'avaient point été oubliés au XVIe siècle, mais devenus, avec le temps, d'une rare naïveté, ils ne différaient plus guère de ces *dayeries* ou devinettes, qu'on peut entendre encore aujourd'hui dans les veillées de village [3]. Ils reviennent à la mode au XVIIe siècle, sous la forme des *Maximes*,

---

(1) La *Gazette de divers endroits*, recueillie dans les *Manuscrits Conrart*, in-4°, tome X, p. 33, est une gazette de l'hôtel de Rambouillet, antérieure au mariage de Julie d'Angennes. — Sur le jeu des *Gazettes* ou des *Fausses lettres*, voir encore la *Clélie*, tome IX, livre III, p. 1387 à 1398.

(2) M. Livet a indiqué la *Guirlande* italienne de la comtesse Beccaria, 1595, comme l'origine de la *Guirlande de Julie*. Ce titre et ce genre de poésies étaient si communs en Italie qu'on en faisait de semblables pour les comédiennes et même pour les podestats. Ex. : la *Ghirlanda di varii fiori di diversi tessuta all illustriss. Antonio Zeno, podesta di Trevigi*, 1613, in-4°. D'autre part le duc de Montausier s'est laissé devancer, en France même, par un petit avocat de Nimes, Jean Barnier : la *Guirlande donnée aux dames de Nimes par l'amour*, citée par Haag, (*France protestante*, tome I, p. 861) ; par Passerat (le *Jardin d'amour* à la marquise de Monceaux) ; par Jean Le Maire des Belges, (la *Couronne Margaritique en l'honneur* de Marguerite d'Autriche.) Les fleurs sont remplacées par des marguerites ou des pierres précieuses, symboles des vertus de la princesse.

(3) Les *manuscrits Conrart*, in-4°, tome XIX, p. 661 et 705, contiennent un bon texte des *Adevineaux amoureux*. Sorel, *Maison des Jeux*, 1642, tome I, p. 298 et sq, cite un grand nombre de ces questions d'amour.

qui, tantôt développées dans de longues conversations, tantôt réduites en quelques vers, sont toujours discutées par les amis de l'auteur, avant de recevoir leur expression définitive[1]. Pour se dérober à cette épreuve, certains précieux publient leurs pensées sous forme de Thèses [2], d'Arrêts, d'Edits ou d'Ordonnances, et reprennent ainsi un vieil usage attesté par l'*Astrée*[3], aussi bien que par les livrets populaires. Nos bons aïeux donnaient même la forme du catéchisme aux enseignements les plus profanes, et imitaient, sans scrupule, les commandements de Dieu et de l'Eglise [4].

Tous ces petits faits nous ramènent aux comédies de Molière. Lorsque Mlle Desjardins réduisait en maximes et en vers la tirade de Cathos sur « une recherche dans les formes[5], » elle se trouvait peut-être aussi spirituelle que Boucher, versifiant les *Maximes* de la Rochefoucauld. Les traductions de ce genre étaient très goûtées des précieux ; il n'en fut pas de même dans une autre circonstance. Molière, qui ne dédaignait rien, a probablement jeté les yeux sur quelque vieux Doctrinal ou Catéchisme des femmes mariées ; il aura arrangé cette poésie naïve « d'une bonne âme, » avant de la faire lire

---

(1) Voir la *Clélie*, tome VIII, p. 1359, et les *Mémoires* de Bussy, édition Lalanne, tome II, p. 156.

(2) *Thèses ou conclusions amoureuses* de Sorel et du comte de Cramail déjà citées — *Edit d'amour* de l'abbé Regnier-Desmarais.

(3) Quand les bergers pénètrent dans le temple de feuillage élevé à la divine Astrée, Hylas découvre sur l'autel la table des XII lois d'amour, auxquelles il substitue sournoisement les lois de l'Inconstance. (*Astrée*, IIe partie, livre V.)

(4) Voir les livrets modernes de cette espèce, énumérés dans l'*Histoire de la littérature populaire* de Ch. Nisard, t. II, p.355, 373, etc. —

(5) Les *Règles de l'amour* dans le *Récit de la farce des Précieuses*. — La conjecture de M. P. Mesnard, (*Molière*, t. X, p. 186, 187), qui voit dans cette traduction en vers un débris de la première version des *Précieuses ridicules*, ne nous paraît pas fondée.

par Arnolphe à Agnès; le tour spirituel des couplets rappelle en effet les Maximes en vogue dans les ruelles, et les précieux de bonne foi se contentaient d'opposer aux *Devoirs de la femme mariée* les *Maximes de la Coquette* [1]. De plus, Molière avait pris la précaution d'annoncer onze maximes et non dix ; mais ses ennemis voulurent absolument qu'il eût songé à parodier le Décalogue [2]; ils le lui répétèrent sur tous les tons, ils l'accusèrent de sacrilège, et le poète irrité leur répondit avec une animosité qui présageait *le Tartuffe*.

L'ancien jeu des *Proverbes* n'a pas été moins modifié que les *Jeux-partis;* il a pris mille formes, décrites à satiété dans le Recueil de Sorel [3], et souvent si compliquées qu'elles impatientent les précieux eux-mêmes [4]. Les proverbes n'ont pris une si grande place dans les jeux, que depuis leur exclusion du style et même de la conversation des honnêtes gens. C'est encore Sorel qu'il faut interroger sur cette proscription, qui ne laisse pas

---

(1) C'est ce qu'a fait le sieur de la Croix dans la *Guerre comique* ou la *Défense de l'École des Femmes*. — Il est permis d'opposer ces minuties à la conjecture de M. Despois qui dit (*Molière*, tome III, p. 215 et 217, notes) que les *Devoirs de la femme mariée* sont imités d'une scène de Plaute (*Asinaire*, acte IV, scène I).

(2) *La Vengeance des Marquis*, scène V : « Nous voulions savoir si le Peintre, après avoir fait un sermon dans une de ses comédies et mis les dix commandements, n'aurait point dans cette dernière (l'*Impromptu de Versailles*) parlé des sept péchés mortels et de quelque autre office journalier, afin de lui en faire faire après quelque réprimande, mais pourtant avec toute la douceur imaginable. » Texte cité par M. Despois (*Molière*, tome III, p. 362) avec d'autres textes semblables de Boursault et de Donneau de Visé.

(3) Il faut, non seulement improviser des charades et des comédies, mais savoir par cœur tous les proverbes commençant par la même lettre, ou finissant par la même rime, raconter sur chacun une anecdote historique, improviser des phrases proverbiales en vieux langage, etc.

(4) Sarrasin, *Œuvres*, 1658, p. 65. Sonnet à Cloris.

d'avoir influé sur notre littérature [1]. La cour de Henri IV usait des proverbes, tout autant que le peuple ; et les maîtres de langues les recommandaient aux étrangers [2], à l'égal des pointes ou calembours, une autre élégance de la conversation plus difficile à attraper [3]. Non seulement les proverbes populaires français et les allusions aux fables connues [4] étaient d'usage courant, mais les beaux esprits leur en ajoutaient d'autres, tirés des anciens, comme on le voit dans ce manuel de conversation de 1614 [5]. Si la jolie Pancharis trouve son cavalier Philandre trop flatteur, elle lui conseillera de « mettre un bœuf sur sa langue, » ou « de faire comme le Lion, quand il est malade, il engloutit un singe, » c'est-à-dire de dévorer toutes ces singeries. Et Philandre à son tour protestera de sa sincérité : « il n'a pas la langue au cœur, mais le cœur sur la main. »

L'abus devait amener la satiété. Bientôt on se moquera de nos vieux poètes, auxquels les proverbes avaient porté

---

(1) Sorel donne des dates précises, qui manquent dans la préface si complète du *Livre des proverbes* de Le Roux de Lincy.

(2) *Des actions du jeune gentilhomme, divisées en forme de dialogues*, par Samuel Bernard, genevois, Strasbourg, 1613, in-12, dédié à ses élèves, les comtes de Holock. « Aussi ai-je peinturé le parterre de ce petit jardin de sentences dorées et agréables, de proverbes communs, etc. »

(3) *Traité de la Cour*, par du Refuge, 1622, p. 10: « Les pointes et les plaisantes rencontres font aussi partie de l'affabilité et servent à assaisonner notre parler, à condition de n'en pas abuser. »

(4) Voici un échantillon de ce style. Les financiers ou partisans se plaignent d'un de leurs commis, qui a dénoncé leurs agissements : « Beaufort se sert de la patte de ce lourdaud pour tirer les marrons du feu... Depuis ce temps-là ce serpent était demeuré dans ses masures jusques à ce qu'ayant senti que l'air s'échauffait contre les financiers, il a commencé à lever la tête, et le col enflé de venin, etc. » *Tableau de la calomnie en faveur des financiers*, 1623, in-12, p. 19.

(5) *Manuel d'amour* (1614) in-12, par A. T., Paris, Antoine du Bueil, p. 73, 74, etc.

bonheur. Le satirique Régnier, lui-même, si habile à les enchâsser dans ses vers, sera l'objet des plus sottes critiques [1]. Si Sorel emploie encore quelques proverbes dans la prose du *Berger extravagant*, c'est après de longues explications : il déclare n'avoir prêté de ces locutions qu'aux bouffons, aux valets et aux bourgeois, et toujours avec une intention comique. [2] Voilà déjà et nettement exprimé le principe suivi plus tard par Corneille, qui réserve pour le valet du *Menteur* tant de proverbes populaires, y compris le vers fameux :

Les gens que vous tuez se portent assez bien,

dont on lui attribue à tort l'invention [3] ; c'est le même principe que suivra Molière, comme on l'a déjà vu, et comme on le verra encore, dans la pièce des *Précieuses ridicules*. Les vieux proverbes, la sagesse et la poésie du peuple, sont abandonnés par les honnêtes gens, et ne servent plus dans le monde et au théâtre qu'à produire des effets comiques.

A peine l'emploi des proverbes est-il ainsi restreint, aux environs de 1627, comme nous l'apprend Sorel, qu'ils entrent dans une foule de jeux d'esprits. Le comte de Cramail les accumule dans la bouche d'un *Courtisan*

---

(1) *Remarques* sur le XIV° livre du *Berger extravagant*, p. 583.

(2) *Remarques* sur le IX° livre du *Berger extravagant*, p. 302 et sq.

(3) Corneille a déjà fait allusion à ce proverbe dans *Mélite*, acte III, scène VI :

Et mon frère, qui sait comme il s'en faut guérir,
Quand tu l'aurais tué, pourrait n'en pas mourir.

Il est également cité dans la *Comédie des proverbes*, du comte de Cramail, 1633, dans l'*Agésilan de Colchos*, de Rotrou, et dans les *Curiotés françaises*, d'A. Oudin, 1640, p. 558, *Tous ceux que vous avez tués se portent fort bien*, idiotisme. Vous n'avez jamais tué personne.

grotesque[1]; il en fait des ballets avant Benserade, il en compose même toute une comédie, la *Comédie des proverbes*[2]; mais sur ce point il a été devancé par Sorel, qui, non content de ce tour de force, écrit encore une Comédie uniquement composée de Chansons.

L'abbé d'Aubignac n'avait garde d'oublier cette petite pièce dans ses *Conjectures académiques*; elle lui prouvait, par analogie, que l'Iliade n'est. elle aussi, qu'une collection de chansons cousues bout à bout; d'autre part au XVIIIe siècle, on voyait dans cette comédie l'origine du vaudeville et de l'opéra-comique [3]. En réalité ce n'est qu'un centon d'innombrables chansons, diverses de date et d'origine : chansons de guerre et d'amour, chansons des rues et des bouges, chansons des hardis compagnons, s'en allant gaîment sur les routes faire leur tour de France, chansons légères des muguets du Louvre, chansons de laboureurs. graves et dolentes. Si le tour de force est puéril, l'intérêt historique de la pièce, qui contient plus de douze cents chansons, dont beaucoup sont perdues, n'en est pas moins assez vif, et il était bon de restituer à Sorel une œuvre

---

(1) Le *Courtisan grotesque* fait des jeux de mots dans le genre de ceux du marquis de Bièvre. Sorel transcrit cette pièce dans le *Berger extravagant* et ne fait pas la moindre allusion, en 1627, à la comédie du comte de Cramail. Il en résulte que cette comédie n'a été composée que plus tard, vers 1633, date de la 1ʳᵉ édition connue. Suivant Léris, elle aurait été jouée dès 1616 ; suivant Goizel, dès 1609. Ces dates sont absolument arbitraires et correspondent simplement avec les dates de la publication des *Prologues facétieux*, du comédien Bruscambille (1609 et 1615). Rien ne prouve que ce comédien ait écrit le *Prologue* de la comédie des Proverbes, et en tous cas il écrivait encore des prologues analogues en 1632, comme le remarquent les frères Parfaict.

(2) Dans le projet de comédie burlesque sur la *Conquête de la Toison d'Or* (*Berger extravagant*, livre IX, p. 196,) le rôle du roi Phinée est déjà entièrement composé de proverbes.

(3) *Dictionnaire des théâtres*, de Léris, p. 25 et 85.

qui a lassé la patience des bibliographes [1]. Elle fut plus d'une fois imitée, à la joie de l'auteur, et il y eut même un moment où les précieuses s'écrivaient des lettres, toutes en chansons [2].

Les proverbes, qui nous ont conduits aux chansons, nous conduiront encore au jeu des *Mariages* [3] ou des locutions proverbiales. Rabelais se moquait déjà des mauvais jeux de mots en honneur dans l'île des Ennazins, sans succès du reste, car ces fades plaisanteries, le mariage du bœuf et de la moutarde, de la pelle et du fourgon, etc., sont encore très goûtées au commencement du XVIIe siècle. Toute une pièce du comte de Cramail leur est consacrée ; le fameux *Ballet des Incompatibles* n'est pas autre chose, et n'est lui-même que la copie de ballets antérieurs [4]. Les précieux invitèrent l'Amour à tous ces mariages et les développèrent à satiété : on vit Desmarets de Saint-Sorlin écrire les Amours de la Règle et du Compas ; la Mesnardière, ceux du Lys et de la Rose ; Sarasin, ceux de la Roche et du Caillou :

Pleurez, pleurez mes yeux et fondez-vous en eau :
L'absence du Caillou met la Roche au tombeau.

C'est dans ces bagatelles que les précieux montrent tout leur savoir-faire ; il n'est pour ainsi dire pas de petit jeu

---

(1) Elle est de Sorel, comme le prouve un passage du *Francion*, édition de 1626, cité et discuté dans l'Appendice (Bibliographie des ouvrages attribués à Sorel.)

(2) Voir dans les *Œuvres* de Mme Deshoulières, tome II, les lettres en chansons à M. Deshoulières.

(3) Voir dans les *Jeux de l'inconnu*, 1630, la pièce intitulée *Nopces, noces*. — it. Sorel, *Maison des Jeux*, tome I, p. 523 et suivantes. — it. la *Flûte de Robin*, et les nombreuses éditions de cette petite pièce dans le *Manuel* de Brunet.

(4) Voir le *Ballet des mariages sans dégoût*, etc. et *Le ridicule des rencontres antipathiques*, réimprimés dans les tomes IV et VI des *Ballets de cour*, édition Paul Lacroix.

qu'ils n'aient transformé, d'une manière plus ou moins heureuse.

Tout le XVIe siècle avait joué au *Jardin-Madame*[1], où l'on imite les cris de tous les animaux : la société de l'hôtel Rambouillet, moins bruyante, s'était contentée de jouer aux *Poissons*[2], une variété facile des *Proverbes ;* mais cet amusement, illustré par Voiture et le prince de Condé, paraît trop simple aux derniers précieux. Supposez que, dans une réunion, chaque personne choisisse un nom de bête qu'elle indique au maître du jeu, et que celui-ci mette ces bêtes en vente. L'art du maître consistera à faire valoir sa marchandise, à mêler habilement les traits des personnes et des bêtes qui les représentent ; celui des clients, à deviner ces rapports et à soulever les masques pour leurs achats. Il y aura là bien de l'ingéniosité. Ce talent fit précisément la gloire et la fortune de Benserade, et la longue pièce du Recueil de Sercy, où le jeu est décrit comme nouveau, doit avoir été composée sur ses indications[3]. Si jamais La Fontaine a joué à ce jeu, il a dû y exceller, lui qui mettait son art et son plaisir à passer,

---

[1] Sur le jeu du *Jardin-Madame*, voir les *Escraignes dijonnaises*, de Tabourot des Accords, p. 10, cité par Littré au mot *Jardin*.

[2] Le mot *Poisson* fournit un grand nombre de proverbes. (Voir le dictionnaire de Trévoux et le dictionnaire de Littré). Le jeu consiste à insérer ces proverbes dans de petites histoires improvisées.

[3] Dans le *Recueil* de Sercy de 1658, le *Jeu des bêtes* est inséré dans le *Voyage d'Alcippe* à Rennes, qui fait partie du tome III. Ce tome III a paru en 1660, et Benserade est à Rennes cette même année 1660, comme le prouve sa lettre à l'abbé d'Aubignac, *Roman des lettres*, p. 511. — Le jeu des bêtes était déjà pratiqué à Paris, depuis une dizaine d'années, et quand les noms qu'on y gagnait étaient bien appliqués, ils restaient aux joueurs. Ce fait explique toutes les pièces des *Manuscrits Conrart*, in-4°, tome XXI, p. 357, *Etrennes à M. Esprit pour la taupe, le hibou, le grillon, la tortue*, et aussi la petite pièce de Sarrasin adressée à une dame surnommée la *Souris*.

par des nuances insensibles, des personnes aux bêtes, qui savait mêler leurs physionomies sans les confondre, et réunir deux portraits, non pas même dans une fable, mais souvent dans un seul vers. En tout cas, il n'a pas ignoré le *Jeu des bêtes*, et c'est dans une des petites pièces, inspirées par cet amusement, dans la *Souris* de Sarrasin[1], qu'il paraît avoir pris un des traits les plus délicats de la fable des *Animaux malades de la peste*.

Terminons par l'antique jeu du *Corbillon*. Tous les Recueils en décrivent, encore aujourd'hui, une variété naïve (*J'aime mon amant par a, par b, par c*, etc.), qu'Arnolphe n'aurait certainement pas permise à Agnès, et qui n'est pourtant qu'une simple énumération d'adjectifs. A ces puérilités les beaux esprits substituaient des phrases plus compliquées. Le comte de Cramail aime sa maîtresse « parce qu'elle se coiffe bien et qu'elle le coiffe mieux encore ; » il l'aime à pied, à cheval, en voiture, et ces « raisons sans raison » occupent une quarantaine de pages dans son livre[2]. Plus tard, il s'agira d'expliquer par le même procédé n'importe quelle question galante. Ainsi

---

(1) Comparer ces vers de La Fontaine :
    Les tourterelles se fuyaient,
    Plus d'amour, partant plus de joie....
au commencement de la *Souris*, *Œuvres* de Sarrasin, 1658, p. 25 :
    Cependant la machine ronde
    Qu'en prose on appelle le monde,
    Qui par amour seul se maintient
    Et que le seul amour soutient,
    Des soins de l'Amour délaissée
    S'en allait bientôt renversée.....
    Le coq la poule haïssait,
    Le moineau sa femme laissait.....

(2) Les *Pensées du Solitaire*, par le comte de Cramail, 1630, in-8°, tome II, livre 2, p. 180, les *Pourquoi à Lydie*. — Comparer Sorel, *Maison des Jeux*, tome I, p. 174, le jeu des questions ou des pourquoi.

chez Mme de Sablé, le marquis de Sourdis démontrera par cinquante raisons, « pourquoi l'Amour est peint, les yeux bandés, nu et enfant[1]. » On se rappelle les phrases analogues du *Discours sur les passions de l'amour* : « L'amour est toujours naissant. Les poètes... le représentent comme un enfant — ils n'ont pas eu raison de le dépeindre comme un aveugle ; il faut lui ôter son bandeau et lui rendre désormais la jouissance de ses yeux[2]. » Il est curieux de songer que Pascal a pu entendre les bagatelles du marquis de Sourdis, et que leur souvenir s'est peut-être présenté à son esprit, lorsqu'il écrivait la plus éloquente des œuvres de salon, le plus profond des jeux d'esprit[3].

Ce n'est plus un jeu, mais une affaire que les petits vers pour la société précieuse. Entre Malherbe et Boileau, deux maîtres rigoureux, la poésie s'amuse et fait l'école buissonnière. Certes, on en avait griffonné à l'hôtel de Rambouillet de ces pièces légères, mais pendant de longues années, on n'y avait pas attaché d'importance ; vite écrites, elles étaient vite oubliées. La bourgeoisie économe copiera, imprimera les siennes : elle tiendra non-seulement bureau, mais registre d'esprit. Si aucune poésie ne plaisait à Sorel, celle des précieux l'exaspérait. Que de fois on l'entendit faire la grosse voix contre les petits vers de pacotille, contre les Dialogues plus ou moins poétiques,

---

(1) Les Italiens connaissaient déjà cette forme raffinée du jeu. Dans la petite cour, décrite par Guazzo, quelqu'un pose cette question : Pourquoi l'Amour est-il peint avec un poisson dans une main et une fleur dans l'autre ? — C'est parce qu'il est le seigneur de la terre et de la mer. — La pièce du marquis de Sourdis a été transcrite, sans explications, par M. de Barthélemy dans son ouvrage sur les *Amies de Madame de Sablé*, p. 309.

(2) *Pascal*, édit. Havet, tome II, p. 255 et 260.

(3) Voir l'étude de M. Gazier sur *Pascal et Mlle de Roannez* dans la *Revue politique et littéraire*, 24 nov. 1877.

où les pigeonnes, les fauvettes, les chiens et les chattes précieuses échangeaient des fadeurs [1]! Dans cette poésie des Recueils, une variété mérite pourtant quelque attention, ce sont les pastiches en vieux langage, ou l'imitation des poètes du XVe et du XVIe siècle, léguée par Voiture à La Fontaine, mais aussi à l'abbé Cotin [2]. L'engoûment pour ces vieux poètes était devenu si fort, que Sorel lui-même se crut obligé de les imiter ; mais, pour ne pas rompre tout à fait avec ses principes, il mettait leurs vers en prose. Venait-il de lire les poésies de Mademoiselle des Roches, et d'autres auteurs du XVIe siècle, il écrivait un *Différend de Beaux Yeux et de Belle Bouche* [3], que La Fontaine a trouvé à son

---

[1] A une représentation de l'*Ecole des femmes*, un spectateur soutint que c'était une tragédie, parce qu'il y était question de la mort d'un petit chat. (Voir les *Amours de Calotin*, de Chevalier, 1664, Acte I, scène III.) C'était probablement un précieux, habitué aux pièces de ce genre. En 1688, Mme Deshoulières fera encore une tragédie : *(La Mort de Cochon)* inspirée par les amours de sa chatte avec le chien du duc de Vivonne.

[2] Saint-Amant (édition Livet, tome I, p. 322,) cite tous les vieux poètes ou prosateurs qu'on s'amusait à pasticher, entr'autres Tabourot des Accords. Au dire de Tallemant, l'abbé Cotin lisait souvent cet auteur ; il a écrit en tête du fameux *Madrigal sur un carrosse de couleur amarante*: « En faveur des Grecs et des Latins et de quelques-uns de nos Français, qui affectent ces rencontres aux mots, quoique froides, j'ai fait grâce à cette épigramme. » Tabourot dit de même : (*Bigarrures*, édition de 1662, p. 82, chap. des *Equivoques* ou des *Entends-trois*). « Ces amphibologies ont été estimées si fréquentes entre les Grecs et les Latins, que les philosophes ont dit et jugé tous les mots du monde être sujets à diverses interprétations ; Cicéron en son second de Oratore, etc. »

[3] Le dialogue de Sorel avait déjà paru dans le Recueil de Sercy de 1644 ; La Fontaine l'aura lu probablement dans le Recueil de 1658. Les précieux s'exerçaient souvent sur ce thème. Ainsi le *Recueil de plusieurs pièces galantes de ce temps*, 1663, in-12, p. 187 (B. de l'Arsenal, Bl. 7315) contient un *Dialogue de la bouche et des yeux*, différent de celui de La Fontaine. Sorel lui-même avait développé une question de la *Conversation civile*, de Guazzo, livre IV, où quelqu'un demande quel est le meilleur truchement en amour, les yeux ou la langue. Il avait lu dans Estienne Pasquier (*OEuvres*, in-folio, tome II, p. 798,) le *Plai-*

goût et qu'il a remis en vers ; avait-il feuilleté Villon, il composait un *Testament comique* [1] qui a précédé celui de Scarron, et qui a pu lui inspirer le sien.

Il remontait même plus haut. Dans son *Berger extravagant*, pour se justifier d'avoir habillé l'Amour, il cite les miniatures d'un vieux manuscrit du *Roman de la Rose*, où il a vu le petit Dieu représenté avec une tunique[2]. C'est à ce vieux roman qu'il renvoyait les précieux, quand il les voyait se disputer entre eux l'honneur d'avoir inventé les *Cartes,* les *Guerres* et les autres fadaises allégoriques [3] ; ou bien, il leur rappelait les farceurs du Pont-Neuf, et les petits écoliers de son temps, qui, trente ans auparavant, faisaient déjà des pièces de ce genre [4]. S'il lui arrive d'en composer lui-même, il y mettra du moins une intention satirique. C'est ainsi qu'il écrit une *Relation du Siège de Beauté*, à l'adresse des jeunes officiers, qui, au retour d'Allemagne ou de Poitiers, emploient à tout propos les termes militaires, surtout dans leurs déclarations galantes. Ils ne comprirent pas la raillerie ; vingt ans plus tard, le duc de Saint-Aignan s'amusait encore à versifier la pièce de Sorel pour Mlle de Fontanges [5], et les petits abbés eux-mêmes continuaient à passer *la Revue des Cœurs au*

---

doyer en faveur de l'œil contre la parole, ainsi que les poésies semblables de Mlle Des Roches.

(1) Le *Testament de Clyante*, dernière pièce du Recueil de Sercy de 1658, est une suite de legs burlesques. Clyante lègue « aux Précieuses cinq cents années de sévérité et d'orgueil. »

(2) Le *Berger extravagant*, remarques sur le livre IX, p. 292.

(3) *Bibliothèque française*, 1664, p. 150.

(4) C'est à ce propos que Sorel se brouille avec son vieil ami Furetière, comme on le verra dans le dernier chapitre.

(5) Le *Triomphe de l'amour sur le cœur d'Iris*. (Hist. amoureuse des Gaules, édit. P. Boiteau, tome III, p. 23), est la copie versifiée de la pièce de Sorel. Molière s'est souvent moqué des mêmes métaphores ;

service d'Iris [1]. Sorel eut d'autres surprises du même genre. Un projet d'*Almanach d'Amour*, qu'il avait lancé en plaisantant dans le *Berger extravagant* [2], fut pris au sérieux, et fit la fortune littéraire de deux précieux, de Messieurs Yzarn et Lontier. Plus tard vient la vogue des Portraits. Tous les galants composent le Portrait de leur belle, et plus on a de galants, plus on a de Portraits. Les dames font exprès de se tromper aux petits jeux, où l'on demande des Portraits comme gages ; c'est à qui en remettra le plus [3]. A ce moment Sorel publie sa *Description de l'île de la Portraiture*, où tous les habitants sont occupés à se peindre les uns les autres. L'écrivain a beau railler, il nous représente un de ces hommes, tels qu'on en voit quelquefois, trop faibles pour résister à leur temps, trop intelligents pour le suivre toujours, et les confidences de cet esprit gaulois, égaré dans les ruelles, ne sont pas à dédaigner.

ainsi dans l'*Ecole des Maris*, acte II, scène VI, Sganarelle dit en parlant de Valère :

Mais c'est un mal pour lui de s'être mis en tête
De vouloir prendre un fort qui se voit ma conquête.

Les Italiens parodièrent ce passage, et dans le *Baron de Fæneste* déjà cité, on vit Arlequin procéder, sur la scène, à l'attaque d'un fortin qui représentait le cœur d'Eulalie.

(1) Pièce du *Recueil de Pellisson et de la comtesse de la Suze*.

(2) Le *Berger extravagant*, livre III, p. 143, 144, et *Remarques*.— Le *Recueil* de Sercy de 1658 contient deux almanachs du même genre, décrits par M. Livet dans son édition de Somaize, tome II, p. 277. Sorel en fit lui-même une troisième, *Œuvres diverses*, p. 349; il reprenait son bien.— Dans le ballet de la *Déroute des précieuses*, cité plus loin, il est question d'un *Almanach des Précieuses* qui a dû suivre de près la pièce de Molière, et qu'on n'a encore pu retrouver. C'est probablement le même que Sorel désigne sous le nom d'*Almanach des Coquettes* (*Bibliothèque française*, de 1664, p. 170.)

(3) Voir le jeu décrit, page 42 à 44, dans le *Voyageur fortuné dans les Indes du Couchant ou l'amant heureux contenant la découverte des terres inconnues qui sont au-delà des trois villes de Tendre*, in-12, par A. D. S. (Antoine de Somaize).

Ce qu'il pensait en définitive des précieux, il nous l'a dit dans une petite pièce intitulée les *Lois de la Galanterie*. En apparence on dirait une de ces parodies des Lois somptuaires, telles qu'en écrivaient les Espagnols et les Italiens[1]; en réalité c'est un code aussi minutieux qu'ironique de la vie élégante à Paris, la seule ville où le vrai galant puisse dignement exercer ses talents[2]. Rien de plus instructif que ces prescriptions puériles, toutes formulées aussi gravement que celle-ci : « Les galants peuvent aller quelquefois chez les baigneurs pour avoir le corps net, et tous les jours ils prendront la peine de se laver les mains avec le pain d'amande ; ils auront soin aussi de se faire laver le visage presque aussi souvent. » Ils ne se lavaient donc pas tous les jours, on pouvait être de la dernière propreté sans cela ? Que serait-ce si nous écoutions au XVIe siècle, la reine Marguerite minaudant avec le cavalier gascon : « Voyez ces belles mains, et encore que je ne les aie point décrassées depuis huit jours, gageons qu'elles effacent les vôtres. »

L'observation de Sorel ne s'arrête pas seulement à ces dehors ; à mesure qu'il écrit, l'ironie augmente, elle claque, elle cingle. La toilette ridicule des coureurs de ruelles, leur noblesse plus ou moins authentique, les emprunts et les

(1) Sur les *Pragmatiques* de Quevedo, le *Traité de la vie de la Capitale*, etc., voir la thèse de M. Mérimée sur Quevedo. Sorel a lu toutes ces petites pièces espagnoles, analogues à celles qu'on faisait autrefois en France. Cf. le *Doctrinal de cour* de Pierre Michaut, 1522, in-8°.

(2) *Lois de la galanterie* (article I, p. 1) « Paris, ville incomparable et sans pair, de laquelle lorsque les vrais galants sont éloignés, ils se trouveront comme les grands poissons de la mer dans une petite mare, où ils ne peuvent nager, faute d'eau. » — Voiture (*Lettres*, édit. Ubicini, tome I, p. 68) écrit de Nancy : « Je me souviens d'avoir vu quelquefois meilleure compagnie dans les ruisseaux de Paris, que je n'en ai encore rencontré dans la chambre de la duchesse Nicole. » ibid. « Il me semble que ce n'est pas danser en cadence que de danser à Metz..... »

escroqueries qui la soutiennent, leurs bassesses devant leurs supérieurs et leurs grossièretés avec les petites gens, leur fatuité, leurs prétentions littéraires, tout cela est peint. Tandis que les contemporains, depuis Faret jusqu'au chevalier de Méré, depuis Vaugelas jusqu'à Mlle de Scudéry, s'évertuent à définir « l'honnête homme » avec des raffinements infinis, et à le parer de toutes les qualités imaginables, Sorel nous le montre tel qu'il le voit; il le toise des pieds à la tête, qui est vide. Après tant d'éloges de la préciosité, qu'on est donc heureux d'en entendre la satire !

Les divers éditeurs de Molière ont cité depuis longtemps, mais sans les attribuer à leur véritable auteur, les *Lois de la galanterie*; ils ne pouvaient donner un meilleur commentaire des *Précieuses ridicules*, puisque Molière a lu et imité de près la petite pièce de Sorel [1]. Grâce à elle, nous pouvons suivre pas à pas le marquis de Mascarille allant en « visite spirituelle. » Il arrête une chaise à porteurs, car « c'est une chose infâme que de se couler de son pied, d'un bout de la ville à l'autre, et rien de si laid que d'entrer crotté chez les dames. Vous pouvez, vous devez, pour le plus sûr, vous faire porter en chaise, dernière et nouvelle commodité si utile, qu'ayant été enfermé là dedans, sans se gâter le long des chemins, l'on peut dire que l'on en sort aussi propre, que si l'on sortait de la boîte d'un enchanteur. » Et Mascarille est si convaincu de cette vérité, qu'au risque de « se briser, » il passe par les portes les plus étroites, et se fait déposer dans le vestibule même de Gorgibus. Il met pied à terre, il s'avance ; nous connaissons les moindres détails de sa toilette, ce

---

(1) Sorel cite les *Lois de la galanterie* et déclare qu'il en est l'auteur, dans la *Connaissance des bons livres*, p. 365, et dans la *Bibliothèque française*, 1664, p. 360.

chapeau minuscule perché sur une immense perruque, ce rabat de la taille « d'un honnête peignoir, » ces flots de rubans, ces vastes canons, et tous ces détails, Sorel les a déjà notés, presque avec les mêmes expressions que Mlle Desjardins[1]. Il se présente, il salue, avec quelle grâce, vous le savez; il s'assied dans un fauteuil, non pas comme il fait aujourd'hui à la Comédie française[2], une jambe très haut croisée sur l'autre, mais commodément, posément; il faut qu'il soit à l'aise pour tirer son gant, peigner ses cheveux, ajuster ses canons, et tous ces mouvements de la dernière conséquence, ont déjà été réglés par Sorel, comme les figures d'un menuet. Il ouvre la bouche, et ses compliments pour l'entrée, et toutes les sottises qu'il va dire, sont prévus : on sait d'avance comment il va parler du temps qu'il fait et des pièces nouvelles, nommer tous les écrivains qu'il protège, débiter des chansons et des impromptus de poche, et promettre un exemplaire de ses œuvres richement relié ; il ne serait pas un vrai galant s'il n'offrait à ces dames la comédie, les violons, le bal, la collation. Sorel a même indiqué les répliques de Jodelet: Mascarille n'oubliera point de demander: « Vicomte, as-tu là ton carosse[3] ? » pour faire valoir son ami, comme il

(1) *Récit de la farce des Précieuses*, réimprimé dans *Molière*, édition Despois, tome II, p. 129.

(2) C'est en 1694 seulement que M. de Coulanges (*Chansonnier*, tome II, p. 1, cité par M. Livet) constate un tel changement dans les habitudes des jeunes gens.

        Je trouve que les jeunes gens
        Aujourd'hui prennent trop leurs aises :
        Chez les dames, au bon vieux temps,
        Prenaient-ils les meilleures chaises ?
        En voyait-on de renversés,
        Les jambes, les genoux croisés ?

(3) « De quelque condition que soit un galant, nous lui enjoignons d'avoir un carrosse, s'il en a le moyen ; d'autant que lorsqu'on parle aujourd'hui de quelqu'un qui fréquente les bonnes compagnies, l'on

est prescrit dans les *Lois de la galanterie.* Rien n'est omis dans cette petite pièce ; c'est la première ébauche des marquis ridicules, et Molière n'aura plus qu'à donner à ce dessin un peu gros la couleur et la vie.

Il se souvenait si bien des *Lois de la galanterie,* qu'il les a encore imitées deux ans plus tard, dans l'*Ecole des Maris.* Sganarelle a repris les traits et les expressions pittoresques de Sorel, pour railler ces « Messieurs les Galants, » les jambes emprisonnées dans leurs grands canons, et marchant « écarquillés ainsi que des volants[1]. » Sganarelle jure bien de ne « jamais porter les sottises qu'on porte, » et conclut ainsi :

Quoi qu'il en soit, je suis attaché fortement
A ne démordre point de mon habillement.
Je veux une coiffure, en dépit de la mode
Sous qui toute ma tête ait un abri commode ;
Un beau pourpoint bien long et fermé comme il faut,
Qui, pour bien digérer tienne l'estomac chaud ;
Un haut de chausse fait justement pour ma cuisse ;
Des souliers où mes pieds ne soient point au supplice,
Ainsi qu'en ont usé sagement nos aïeux...

Sorel avait dit avant lui [2] : « Vous savez que comme le cordon et les aiguillettes s'appellent la petite-oie, on appelle un jabot l'ouverture de la chemise sur l'estomac,

---

demande incontinent : a-t-il carrosse ? et si l'on répond que oui, l'on en fait beaucoup d'estime. » *Les Lois de la Galanterie*, VII.

(1) Sorel parlait des bottes évasées à la mode en 1644, « et de ce rond de bottes fait comme le chapiteau d'une torche dont l'on a tant de peine à conserver la circonférence, qu'il faut marcher en écarquillant les jambes. » — Pour la démarche, l'inconvénient de ce rond de bottes était le même que celui des canons. Despois a noté ce rapprochement (*Molière*, tome II, p. 361) et oublié les suivants.

(2) Sorel, les *Lois de la galanterie*, tome I, du Recueil de Sercy, 1658, pages 63 et 67.

laquelle il faut toujours voir avec ses ornements de dentelle, car il n'appartient qu'à quelque vieil penard d'être boutonné tout du long.... Il faut prendre pour bons gaulois et gens de la vieille cour ceux qui se tiennent à une mode qui n'a plus de crédit, à cause qu'elle leur semble incommode ; il serait ridicule de dire : Je veux toujours porter des fraises, pour ce qu'elles me tiennent chaud ; je veux avoir un chapeau à grand bord, d'autant qu'il me garde du soleil, du vent et de la pluie; il me faut des bottes à petites genouillières[1], pour ce que les grandes m'embarrassent ; je ne veux pas porter de grands canons aux jambes à cause qu'ils m'empêchent de marcher. C'est n'entendre pas qu'il se faut captiver un peu pour être toujours bien mis. Ne dit-on pas qu'il ne faut point penser à avoir toutes ses aises en ce monde ? » L'imitation est évidente bien que le passage ait été abrégé et rendu plus vif; Molière qui venait de prendre le discours d'Ariste dans la Préface des *Remarques* de Vaugelas[2], emprunte à Sorel les répliques de Sganarelle. Il rend la grammaire dramatique et met des traits de caractère dans une gravure de mode. Le contraste entre les deux frères se marque dans des détails de toilette, avant de porter sur des choses plus sérieuses, et nous devinons dès l'abord comment ils seront divisés jusqu'à la fin de la pièce. C'est avec le même bonheur que Molière a encore tiré de la même pièce de Sorel des indi-

---

(1) Plus loin, Sorel parle « des bottes mignonnes » à la mode. Cf. *Molière*, tome II, p. 360 :
    De ces souliers mignons, de rubans revêtus.
(2) Vaugelas, Préface des Remarques, S. XI: « il est justement des mots comme des modes. Les sages ne hasardent jamais à faire ni l'un ni l'autre... — « Molière, *Ecole des Maris*, scène I :
    L'un et l'autre excès choque, et tout homme bien sage
    Doit faire des habits ainsi que du langage......
Ce rapprochement a été signalé par M. Marty-Laveaux, *Œuvres de Corneille*, tome XI, p. XI.

cations pour le rôle de Dorante, le noble ami de Monsieur Jourdain [1].

Toutes ces imitations constatées, il reste à terminer une discussion commencée précédemment [2]. Les *Lois de la galanterie* ont été publiées dès 1644, dans le *Nouveau Recueil des pièces les plus agréables de ce temps* (Paris, chez Nicolas de Sercy,) recueil qui n'a eu qu'une seule édition extrêmement rare. Ces *Lois* ont été reproduites, avec plusieurs additions et changements, dans le premier tome du *Recueil*, beaucoup plus commun, publié chez Charles de Sercy (Paris, 1658 et 1660). Quel est le texte que Molière a eu sous les yeux ? Certainement celui de 1658, car il a reproduit des expressions et des détails qui manquent dans la première édition[3], et tous ces détails font partie du rôle de Mascarille,

(1) Imitations déjà vues dans le chap. du *Berger extravagant*.
(2) Voir plus haut la fin du chapitre du *Francion*.
(3) Voici les principaux changements, qu'il faut tous rapprocher de la scène IX, des *Précieuses ridicules*. — *Molière*. « Mascarille, après s'être peigné et avoir ajusté ses canons. — *Sorel*. » Après que vous serez assis et que vous aurez fait vos premiers compliments, il sera bienséant de tirer de votre poche un grand peigne de corne, et de peigner doucement vos cheveux « (*Lois de la galanterie*, édit. de 1658, p. 82.) — *Molière*. « C'est la coutume ici qu'à nous autres gens de condition les auteurs viennent lire leurs pièces nouvelles. » — *Sorel*. « Pour faire l'habile, vous nommerez ordinairement tous les savants de Paris, et direz qu'ils sont de votre connaissance et qu'ils ne font point d'ouvrage qu'ils ne vous le communiquent pour avoir votre approbation ». (*ibid* p. 88). — *Molière*. — Mascarille promet aux précieuses de les conduire chez « les grands comédiens. » — *Sorel*. « Vous ne devez pas manquer non plus de faire voir les nouvelles pièces de théâtre aux dames, soit que vous fassiez venir les comédiens chez elles, ou que vous reteniez une loge à l'Hôtel de Bourgogne ou au Marais » (*ibid*. p. 81.) — *Molière*. « Que vous semble de ma petite-oie ? La trouvez-vous congruante à l'habit ? — Tout-à-fait. — Le ruban est très bien choisi. » — *Sorel*. « En général il faut être averti de rendre les choses convenables, et quand on aura des habits de belle étoffe, d'avoir aussi des collets et des manchettes de belle dentelle, de bien assortir la couleur des bas de soie et des galants ou rubans... » (*ibid*. page 70).

lequel est vraiment l'âme de la pièce. Comme l'achevé d'imprimer du premier tome du *Recueil* de Sercy est du 20 mai 1658[1], et que Molière est définitivement de retour à Paris au mois d'octobre de la même année, il s'ensuit presque nécessairement que les *Précieuses ridicules* ont été composées à Paris [2], et que la représentation du 18 novembre 1659 est bien la première.

N'est-on pas curieux de savoir, au risque d'être un peu déçu, comment la pièce nouvelle fut accueillie par celui qui avait eu l'honneur d'inspirer quelquefois Molière, par Sorel. Elle lui fit plaisir sans doute ; mais, pas plus que son entourage, il n'en comprit la portée. C'est qu'en effet, avec toute leur malice, les *Lois de la Galanterie* n'étaient pas une exception ; bien des écrivains, tout en appartenant comme Sorel au monde des ruelles, ne laissaient pas de les tourner en ridicule, et de railler, plus ou moins bien, leurs propres défauts chez les autres. C'étaient tantôt des attaques particulières et accidentelles, comme cette *Comédie de la Précieuse* [3], que l'abbé de Pure fit jouer

---

(1) *Recueil des pièces en prose les plus agréables de ce temps*, Paris, Ch. de Sercy, 1658, in-12, B. de l'Arsenal (B. L. 172061 *bis* A.)

(2) Si elles avaient été représentées à Rouen, pendant le court séjour qu'y fit Molière dans l'été de 1658, Thomas Corneille n'aurait pas manqué de le rappeler dans sa lettre à l'abbé de Pure du 1ᵉʳ déc. 1659, où il parle si dédaigneusement du succès de « la farce des Précieuses à Paris. »

(3) L'abbé de Pure a raconté lui-même, dans son Roman « La Précieuse, » 3ᵉ partie, 1657, p. 458 à 499, pourquoi et comment il avait fait la pièce portant le même titre. Le passage a été cité par M. J. Couët (*Moliériste* d'août 1880), mais sans aucune explication, de telle sorte que l'exactitude du compte-rendu restait à prouver. Comme cette comédie perdue intéresse indirectement Molière, nous entrerons dans quelques détails.

Une jeune fille romanesque, nommée Aurélie, s'était entichée d'un poète ridicule, auquel la famille, conseillée par l'abbé de Pure, avait vainement opposé un élégant cavalier ; on tente alors une dernière épreuve, et l'on emmène à l'improviste Aurélie au théâtre italien,

par les Italiens, en 1656, pour détourner une jeune fille de sa connaissance, une intime amie de Mme de la Calprenède, de se marier sottement avec un poète ridicule ; tantôt des satires plus générales, comme celle de l'abbé

qui donne justement une pièce nouvelle « portant ce seul titre, la *Précieuse*. » L'héroïne est « une jeune fille préférant un faux poète à un galant effectif et de condition. » Aurélie reconnait aussitôt « qu'on l'a jouée sur le théâtre, et que sa passion a été exposée au peuple, pour lui en faire concevoir, par un conseil public, une honte particulière. » Que diront ses amies, notamment cette grande-duchesse, « femme d'un écrivain enrichi par les lettres, » et passionnée comme lui pour la chasse ? (On reconnait facilement M`me` de la Calprenède. Comp. Tallemant, tome VI, p. 385, et Loret, *Lettre* du 31 mars 1660). Ses amies ne diront rien, mais elles « ont assisté à la comédie, » et « s'en sont très bien diverties. »

C'est ainsi qu'Aurélie raconte la comédie de l'abbé de Pure, et cette analyse est exacte, car elle est confirmée par le témoignage d'un contemporain, déjà rapporté dans le chapitre du *Polyandre*. Le minutieux Sauval nous a conservé une scène entière de la *Précieuse*, occupée par une de ces Loteries d'esprit, si goûtées dans les ruelles, et ses indications concordent parfaitement avec celles de l'abbé de Pure.

Si la pièce contenait quelques allusions littéraires, c'était avant tout « une leçon particulière, » une de ces farces, si communes alors sur les petits théâtres. Arrivait-il quelque esclandre, il se trouvait toujours de bonnes gens pour indiquer aux comédiens la scène à faire, et conduire ensuite, par le plus grand des hasards, le héros ou l'héroïne à la représentation de leurs propres mésaventures. (Comp. *Francion*, livre II, p. 81, le récit de la farce des commissaires ; it. *Tallemant*, tome VI, p. 230, la farce jouée à Mademoiselle Tallemant, que les comédiens représentent mariée « Tallemant quellement ; » it. Molière, l'*École des Femmes*, Arnolphe :

De grâce, n'allez pas divulguer un tel conte,
On en ferait jouer une farce à ma honte.)

Si telle était la comédie de l'abbé Pure, il est évident que Molière n'a pu l'imiter en rien, et que l'accusation de plagiat portée contre lui par Somaize (*les véritables Précieuses*, scène VII) est absurde. Il est cependant possible que Molière ait eu, après coup, la curiosité de connaître la comédie de la *Précieuse*, en conversant avec les comédiens italiens. Le rôle de la Précieuse a été joué par l'actrice de la troupe italienne, qui portait au théâtre le nom d'Aurélie (d'où le nom donné à la jeune fille dans le roman) et qui s'appelait en réalité Brigida Bianchi, femme Romagnesi. Or, lors du départ de la troupe italienne en juillet 1659, cette actrice resta à Paris avec Trivelin, comme l'atteste *le Registre de La Grange*. Aurélie était en relations avec Molière, et lui a adressé un sonnet élogieux, dans son rarissime

d'Aubignac [1], qu'on avait pourtant surnommé le père du précieux [2], et qui n'était pas tendre pour sa progéniture. Mlle de Scudéry elle-même ne se lassait pas de railler ses maladroites imitatrices [3], celles qui faisaient leur Sophie [4], suivant la curieuse expression restée dans la langue populaire. Bref, les bons mots, les plaisanteries, les livrets satiriques contre les Précieuses, faisaient le tour de Paris ; il en venait de partout, il en venait jusque de Pézenas [4], où des gens s'étaient assis dans le fauteuil de Molière, sans y retrouver son esprit. Mais c'est précisément parce que ces railleurs étaient si nombreux, qu'ils ne virent, et Sorel avec eux, dans l'auteur des *Précieuses Ridicules*, qu'un railleur de plus.

Nul doute que les derniers survivants de l'hôtel de Rambouillet n'aient assisté avec plaisir aux mésaventures « de deux pecques provinciales, » de deux petites bourgeoises [5]; ils ressemblaient si peu, ils le croyaient du moins, à ces caricatures, ils voyaient ce petit monde de si haut, et la différence était si grande entre les salons [5] et

recueil de poésies (Aurelia Fedeli, comica italiana, *I Rifiuti di Pindo*. Paris, Cherrault, 1666, in-12, Bibl. Nat., BL, Y. 5061). Les Éloges de Molière, p. 83 ; de l'abbé de Pure, p. 84 ; de Corneille et de Racine, p. 82, sont reproduits à l'Appendice.

(1) La *Nouvelle histoire de temps* traite de haut les Précieuses, « qui maintenant se donnent à bon marché. » Cité par M. Larroumet, notice des *Précieuses ridicules*, p. 47.

(2) De Visé l'appelle ainsi dans la *Défense de Sophonisbe*.

(3) Voir toute la fin du *Grand Cyrus*, et *Clélie*, tome IX, livre II, p. 672.

2· On lit dans Somaize, *Grand dictionnaire des Précieuses*, éd. Livet, tome I, p. 27 et passim, *Sophie* — Mlle de Scudéry.

(4) *Le Portrait de la Coquette*, Paris, Ch. de Sercy, in-12, achevé d'imprimer le 2 juillet 1659. C'est une satire des Précieuses, datée et envoyée de Pézenas, où s'était réfugié Juvenel de Callencas. Ninon de Lenclos crut s'y reconnaître et riposta la même année par la *Coquette vengée*.

(5) On avait dédaigné de tout temps à l'Hôtel de Rambouillet les ruelles rivales. La *Mijoréade*, ou la description du pays des Mijorées,

les bureaux ou les *réduits* d'esprit ! Mais à leur tour, ces réduits où brillait Sorel, ces cercles infimes, il nous le dit expressément [1], ne se sentirent pas plus touchés par la comédie de Molière, qu'ils ne l'avaient été par le roman de l'abbé de Pure, et dans ce portrait satirique ils ne reconnurent que leurs voisins et leurs inférieurs. Ainsi tous se dérobaient ; si Molière n'avait pas pris directement à partie Mlle de Scudéry, s'il n'avait pas ouvertement parodié la fameuse *Carte de Tendre,* sans compter bien des passages du *Grand Cyrus* [2], la vieille demoiselle n'aurait pas défendu de faire allusion devant elle aux *Précieuses Ridicules* [3] ; elle aurait goûté la pièce, et

d'Arnauld de Corbeville, (*Manuscrits Conrart*, in-4°, tome X, p. 617,) est déjà la satire des réunions de la vicomtesse d'Auchy.

(1) Sorel, *OEuvres diverses, Lettre précieuse à des précieuses.*

(2) Il est facile de rapprocher la grande tirade de Magdelon, scène IV, sur « une recherche dans les formes, » de ces deux passages.1° le *Grand Cyrus*, tome V, livre III, p. 880. Bélésis arrive à Suse, où Hermogène le conduit « à la promenade » de la ville. « Eh bien, Bélésis, trouvez-vous quelqu'une de nos belles qui puisse raisonnablement prétendre à la gloire de vous vaincre ? — Je trouve leur beauté admirable, mais s'il faut vous dire la vérité, je n'en ai point vu qui m'ait donné une certaine émotion de cœur et d'esprit, qui pour l'ordinaire suit le premier instant que l'on voit une très belle personne que l'on doit aimer, et qui précède toujours l'amour que l'on a pour elle. » 2° it. *Cyrus*, tome VI, p. 1093 à 1094. « Rien de plus ridicule que ces galanteries de famille qui se font à la vue de tout le monde. Car enfin, pour faire que la galanterie produise de jolies choses, il faut que celui qui la fait, aime seulement pour aimer, *sans songer d'abord s'il épousera ou s'il n'épousera pas, car lorsque la pensée du mariage naît au cœur d'un amant dans le même temps que sa passion,* je soutiens qu'il est moins galant qu'un autre, qui sans savoir pourquoi il aime, ni par quelle voie il sera aimé ne laisse pas de le faire. Je suis même persuadé que les amants, *qui ont des pères et mères qui s'opposent à leur amour*, sont bien souvent plus galants que les autres, etc. »

(3) Nous le concluons du moins de ce fait. Un anonyme, qui est très probablement Somaize, a écrit un petit livre intitulé *La Politique des Coquettes*, histoire véritable dédiée à Mlle de Scudéry, Paris, Jean Ribou, (achevé d'imprimer le 4 nov. 1666). Le livre contient des portraits satiriques et semble une première ébauche du *Grand dictionnaire des Précieuses*. L'au-

avec presque toutes les précieuses elle aurait pensé, elle aurait dit : « Courage, Molière, voilà la bonne comédie ! »

Des maladroits vinrent tout gâter. Un alcôviste de qualité fit interdire pour quelques jours les représentations de la pièce ; un courtisan, un de ceux qui avaient suivi le jeune roi à Saint-Jean de Luz, envoya des Pyrénées une apologie des précieuses et des marquis [1] ; Somaize cria, sur tous les tons, à des gens qui ne voulaient pas l'entendre, qu'ils étaient réellement offensés[2]. Alors les personnalités, que Molière avait évitées, sauf une exception, se firent toutes seules ; de vingt lieues à la ronde, on vint à Paris assister à la comédie des *Précieuses* pour y chercher « d'illustres originaux[3], » et ces originaux, les chroniqueurs et les chansonniers les trouvèrent jusque dans l'Hôtel de Rambouillet[4].

Pour couper court à toutes les récriminations, Molière,

teur annonce que ce second dictionnaire paraîtra bientôt, fait l'éloge du premier Dictionnaire, du *Procès des précieuses* et des *Véritables précieuses*, mais ne prononce pas le nom des *Précieuses ridicules*.

(1) *Dialogue de la Mode et de la Nature*, 1662 (anonyme, in-12, Bibl. de l'Arsenal). Suivant l'avertissement, cet ouvrage a été composé par un homme de cour, durant les conférences de Saint-Jean de Luz, et revu par lui pour la seconde édition. Nous n'avons pu retrouver la première, où les allusions aux *Précieuses ridicules* seraient sans doute encore plus frappantes. Le livre est tout entier à la louange des marquis de contrebande, p. 45 et 46, et des Précieuses. Tout au plus conseille-t-il à celles-ci d'être un peu plus naturelles. Ce livret fort curieux prouve que la pièce de Molière fut envoyée à la cour, pendant le voyage des Pyrénées. Le fait n'était affirmé que par le *Segraisiana*, 1721, p. 212.

(2) Somaize, préface des *Véritables précieuses*, édit. Livet, tome II, p. 9.

(3) Donneau de Visé, *Avis au lecteur*, des *Amours d'Alcippe et de Céphise*.

(4) *Tallemant*, tome VII, p. 227. — Dans la petite Mascarade déjà citée, la *Déroute des Précieuses*, réimprimée par M. Fournel (*Contemporains de Molière*, tome II, p. 561, notes) figure une chanson, où M᠎ᵐᵉ de Rambouillet et son amie Mˡˡᵉ d'Aumale sont désignées par leur nom. Cette chanson figure in extenso, avec les mêmes noms, dans la *Fine galanterie du temps*, in-4°, Paris, 1661, dédiée au baron Chavuel par le sieur Favre, lequel est par conséquent l'auteur de la *Déroute des Précieuses*.

en imprimant sa pièce, insista sur la distinction entre les Véritables et les Fausses précieuses, et fit même jouer, sous ce titre, une comédie du poète Gilbert. Elle aurait tout aussi bien pu s'intituler la Précaution inutile, car peu de gens s'y laissèrent tromper, et ce ne furent pas les femmes. Aucune n'osa plus porter un titre trop compromis; celles mêmes « qui restaient précieuses des pieds à la tête, se défendaient du nom; » bien mieux, elles prétendaient que la chose n'avait jamais existé [1]. Le nom de précieuse, décrié dans la vieille langue française, et qui n'avait réussi à revenir à la mode qu'en passant par l'Espagne et par l'Italie, ce nom était pour toujours rendu ridicule; il avait juste brillé dix ans [2]. C'est à Sorel que nous devons en grande partie ces détails; rassuré par la fameuse distinction, il ne comprit rien aux scrupules de ses amies, et il s'évertua sans succès à remettre le nom de précieuses en honneur parmi elles; passons vite sur la méprise d'un homme d'esprit.

(1)   Vieille contagieuse,
                Voulez-vous donc gouverner la contrée,
                En béguinant faire la *précieuse*?..
Exemple d'Eustache Deschamps, cité par Littré. — Au XVIIe siècle le nom de précieuse est une traduction de l'italien ou de l'espagnol: prezioso, precioso. Ce nom ne vint à la mode que vers 1650, comme le disent l'abbé de Pure (la *Précieuse*, 1re partie, 1656, p. 172) et Somaize (le *Procès des Précieuses*, édit. Livet, tome II, p. 114).

(2) Molière, *Critique de l'école des Femmes*, scène 1. — Comparer Sorel (*Connaissance des bons livres*, p. 370). « On a parlé des Précieuses comme si c'était quelque nouvel ordre de femmes et de filles qui fissent plus les capables que les autres en leurs discours et en leur manière d'agir, mais nous n'en avons jamais vu aucune qui ait voulu avouer d'en être. » C'est pour cela que Sorel essaya de remettre le nom en honneur dans sa *Lettre Précieuse à des Précieuses* (*Œuvres diverses*). Il conservait toutes ses illusions, avec l'abbé Cotin qui ne fut détrompé que par les *Femmes savantes*, et avec l'abbé d'Aubignac qui s'avisa d'imiter les *Précieuses ridicules* de Molière dans son roman d'*Aristandre*, 1664, in-12, p. 269 (Arrêt du grand conseil des Précieuses, apporté par un marquis ridicule ou « un monstre à la mode. »

CHAPITRE X

La langue des *Précieuses ridicules* étudiée à l'aide des ouvrages de Sorel. — La parodie du langage précieux dans les *Précieuses ridicules*. — Pourquoi il est difficile de faire la part de la réalité et celle de l'exagération comique dans la pièce de Molière. — Tout ridicule naît d'une comparaison, et ici les éléments de la comparaison nous échappent en partie : nous voyons que Cathos et Magdelon abusent des *métaphores* et des *périphrases*, mais l'abus qu'elles font des *mots à la mode,* nous ne le saisissons pas, et cet abus, aussi comique que les deux autres, doit être étudié le premier.

1º Les mots. — Nécessité d'oublier la valeur actuelle des mots, et de rechercher les *mots à la mode* en 1659. — Les Dictionnaires ou Recueils des mots nouveaux ou précieux ; pourquoi celui de Sorel est supérieur aux autres. — Etude des mots et des tours précieux dans la pièce de Molière. — Le vocabulaire précieux comprend à la fois des mots anciens et des expressions nouvelles. — Les mots comiques sur les lèvres de Cathos et de Magdelon sont en général des mots très simples, inventés par les précieuses de l'aristocratie, propagés par Mlle de Scudéry, employés par Molière lui-même dans toutes ses comédies, sans intention comique.—Par quels procédés Molière a-t-il rendu ces mots comiques dans le cas particulier des *Précieuses ridicules* ? — 1º Par l'Abus des mots à la mode; 2º par la Répétition; 3º par l'Accumulation ; 4º par les Phrases artificielles.

2º Les métaphores. — Des quelques expressions nouvelles créées par les Précieuses ridicules de Molière. — La métaphore dans les phrases, défaut général des précieux. — Combien il est facile de retrouver dans la réalité les métaphores burlesques de la comédie des *Précieuses*. — Sorel prétend avec raison avoir vu les mêmes dans sa jeunesse : la préciosité de 1659 n'est qu'un recommencement.

3º Les périphrases dans le style. — Comment sont-elles venues à la mode ? — Longue influence de Balzac. — Origine grecque ou latine des périphrases les plus bizarres de Somaize. — Les périphrases dans la conversation des précieuses.

En résumé, la pièce de Molière a frappé tous les précieux de 1659, sans aucune distinction. — Le jargon des précieuses comparé à l'argot des voleurs et des pédants. — Conclusion.

Sorel n'a pas compris toute la portée de la comédie de Molière, mais il reste un utile témoin de la langue des précieuses. Tout en parlant et en écrivant comme elles, il n'était pas dupe de leur « haut style, » qui lui rappelait le mauvais goût des écrivains, dont il s'était raillé dans sa jeunesse. Il ne cessa jamais non plus de poursuivre ce procès des mots nouveaux qu'il avait commencé dans le *Berger extravagant* et dans le *Rôle des présentations aux Grands jours de l'éloquence française* [1]. La prudence seule l'avait empêché de signer ce dernier pamphlet : si l'Académie était patiente parce qu'elle se savait immortelle, Richelieu, son protecteur, envoyait les mauvais plaisants à la Bastille [1]. Dès que tout danger eut disparu, Sorel saisit la première occasion pour revenir à la charge ;

(1) Ce *Rôle des présentations* fut réuni, comme nous l'avons dit, à la *Comédie des Académistes*, au sujet de laquelle Chapelain écrivait à Balzac, le 20 Juin 1638 : « On a fait une mauvaise farce, où nous représentons tous et jusques à M. le Chancelier même, ce qui a fait supprimer la pièce, parce qu'on menaçait d'un voyage en Bastille celui qui s'en avouerait le compositeur. » Une autre lettre de Chapelain, à M. Bouchard, à Rome, datée du 23 Août 1639, parle de la même « comédie satirique qui fut faite il y a deux ans contre l'Académie. » Ces lettres fixent à 1637 la publication de la *Comédie des Académistes*, qui ne fut imprimée qu'en 1650. Son auteur, Saint-Evremont, qui avait pris le pseudonyme du sieur des Cavenets, s'était empressé d'envoyer à

il accusa encore une fois l'Académie de proscrire les mots anciens, et d'accueillir trop facilement les nouveaux, inventés « dans les salons d'Amaranthe et de Sylvie [1]. » Les mêmes idées lui inspirèrent encore, quelques années plus tard, divers traités sur « le nouveau langage français [2], » qui nous serviront à étudier la langue assez compliquée des *Précieuses ridicules*. Avant d'en tirer parti, voyons d'abord quelles difficultés présente le texte si clair de Molière, dès qu'on veut l'examiner en détail.

La pièce des *Précieuses* [3] n'est pas seulement la satire des conversations interminables et de la galanterie fade mises à la mode par Mlle de Scudéry, du *saphonisme* [4], comme disait Godeau, c'est encore et surtout une critique de style et de mots, la critique du langage précieux.

Or, si nous savons par les contemporains que les précieuses « avaient quasi une langue particulière [5], » dont les ridicules ont été exagérés dans la comédie [6], ce grossissement n'est pas facile à mesurer à deux siècles de distance.

l'Académie cette comédie manuscrite, accompagnée d'une lettre insolente qui se terminait ainsi : « Je suis de vos sottises et de vos lâchetés le très grand ennemi. » Conrart a recopié à main posée cette lettre dans ses *Manuscrits*, in-folio, tome V, p. 1033.

(1) Le *Discours sur l'Académie française* de Sorel a paru en 1654 ; il contient des remarques utiles sur les mots nouveaux.

(2) Le principal est le petit traité du *Nouveau langage français*, inséré dans le *Traité de la connaissance des bons livres* (privilège enregistré le 12 janvier 1663, achevé d'imprimer le 17 octobre 1671).

(3) Dans ce chapitre, nous désignons par précieuses, les précieuses en général; par Précieuses, Cathos et Magdelon; par *Précieuses*, la pièce de Molière.

(4) Lettre du mage de Sidon à Sapho. *Manuscrits Conrart*, in-folio, tome V, p. 77 : « Je vois bien que vous allez devenir l'oracle de la galanterie par tout l'univers, et comme on dit le platonisme et le péripatétisme, pour ne point parler du jansénisme et du molinisme, qui sont des choses trop sérieuses, on dira le *saphonisme*, pour exprimer la plus délicate galanterie. »

(5) Expression tirée du *Portrait des Précieuses*, inséré dans le Recueil de Mlle de Montpensier. (6) *Segraisiana*, 1721, p. 212.

Vingt ans plus tard, les camarades même de Molière étaient déjà incapables de l'imiter exactement, et faisaient parler leurs précieuses sur le théâtre, comme des élèves de Ronsard ou de du Bartas [1]. Essayons du moins d'indiquer par quels procédés [2] Molière a obtenu cette exagération comique, et comment il a reproduit la réalité, tout en la dépassant ; une petite phrase de Somaize nous servira de point de départ.

Pour faire la satire des précieuses en général, Molière a choisi deux pecques provinciales, deux petites bourgeoises, qui copient maladroitement les manières et le langage des précieuses de l'aristocratie, de celles qui créent le *bel usage*. Or, chaque fois que Somaize parle des précieuses de province [3], de ces Méridionales surtout, qui ont plus de langue que de jugement, chaque fois même qu'il nous présente une bourgeoise parisienne, une femme de robin ou de libraire qui se pique de bel esprit, il ajoute cette réflexion désobligeante : « Elle parle extraordinairement, elle use beaucoup de mots nouveaux. » Les Précieuses de Molière « parlent extraordinairement, » nous le savons de reste ; nous remarquons sans peine leurs périphrases

---

(1) C'est ce qu'a fait Brécourt, dans l'*Ombre de Molière*, 1674, scène V.
(2) Ces procédés sont ce que nous voulons, avant tout, étudier. Dans leurs éditions des *Précieuses ridicules*, MM. Livet et Larroumet ont donné un commentaire développé des mots, auquel nous renvoyons, et que nous avons essayé de compléter. Si nous nous séparons de M. Livet sur plusieurs points, nous avons profité tout particulièrement de ses recherches, et nous les citons souvent.
(3) Voir pour la province les noms de Mme de Ricardy, p. 211 ; Thomassin, p. 230, etc., dans le 2e *Dictionnaire des Précieuses*, tome I, édition Livet. — Pour Paris, Mme de Beauregard, ibid, tome I, p. 40 ; Josse, p. 116 ; Tarteron, p.230 ; de St-Martin, p. 222, etc. — Pour abréger, nous distinguons les deux dictionnaires de Somaize par un simple numéro d'ordre, 1er et 2e *Dict. des Précieuses*. Les mots précieux ou à la mode sont imprimés en italiques dans notre texte, et en petites capitales dans les notes, pour faciliter les vérifications.

emphatiques et leurs métaphores poursuivies avec une précision fatigante ; laissons donc ces ridicules de côté pour le moment. Mais comment abusent-elles des mots nouveaux, qu'elles répètent, et qui sont aussi comiques dans leur bouche que les phrases les plus extraordinaires de leur invention? Pour reconnaître l'abus, il faudrait d'abord connaître l'usage, et le plus souvent nous ne remarquons pas, ou nous remarquons à faux les mots nouveaux. La plupart, entrés depuis dans la circulation, se sont usés, ont perdu leur relief et ne sonnent plus à notre oreille comme ils faisaient autrefois.

Les uns, élégants en 1659, sont devenus familiers, vulgaires, bas, ont passé du salon à la cuisine, au corps de garde, à la rue : *Ce sont là de ces sortes de choses qui ne se peuvent payer* [1], *ma chère, ma toute bonne* [2], *on n'y dure pas* [3], *danser proprement* [4], *un brave à trois poils* [5], *est-ce qu'on n'en meurt point* [6] ? D'autres, jadis

(1) Cette expression n'est qu'un synonyme du mot élégant IMPAYABLE qui est devenu tout à fait familier. Comparer Molière, les *Femmes savantes*, acte III, scène II.
   Philaminte. — Ah ! que ce *quoi qu'on die* est d'un goût admirable !
         C'est à mon sentiment un endroit IMPAYABLE.
(2) Expressions familières aux précieuses. Dans le *Voyage de la province d'Amour*, de l'abbé d'Aubignac, pièce du *Recueil de Sercy* (1658), tome III, on rencontre la région de *Faible amitié* : « Là, chacun s'appelle par son nom de baptême, et par un article de la coutume du lieu, sont annulés à jamais les anciens titres de MON BON et de MA CHÈRE. »
(3) Expression ancienne, mais encore élégante en 1659. *La Précieuse* de l'abbé de Pure, 1ʳᵉ partie, 1656, p. 30. « Mon Dieu ! ma compagne, quelle pauvreté est-ce-ci ? Comment avons nous passé l'après-midi ? Nous n'avons pas ouï dire chose raisonnable. C'était la plus grande pauvreté du monde : il n'y avait plus moyen d'y DURER. » — Molière, la *Critique de l'école des Femmes*, scène I : « Pensez-vous que je puisse DURER à ses turlupinades perpétuelles ? »
(4) Traduit par Somaize, 1ᵉʳ *Dictionnaire des Précieuses*, danser, « il danse bien, IL DANSE PROPREMENT. »
(5) Plaisanterie tirée du velours à trois ou quatre poils qui est le meilleur. « Caillebot passait pour un BRAVE A QUATRE POILS qu'il ne fallait pas choquer. » Saint-Simon, cité par Littré.
(6) Cette locution aristocratique a fini par s'encanailler sous cette forme

énergiques ou expressifs, ne nous disent plus rien : *billets doux* [1], une fille aussi *spirituelle* que moi [2], *débiter les beaux sentiments* [3], *le beau monde* [4], je suis *enthousiasmée* de l'air et des paroles [5], *il y a de la chroma-*

faubourienne, « TU T'EN FERAIS MOURIR ! » Le valet du *Menteur* (acte I, scène II), l'emploie déjà ironiquement ; elle commençait à passer de mode, en 1655, suivant Scarron, *quatrième Gazette*, 9 février 1655 ; les Campagnards :

    Pour montrer qu'ils savent de tout,
    Savent dire : POUSSER A BOUT,
    EST-CE QU'ON N'EN MEURT PAS ? TERRIBLE
    TOURNER EN RIDICULE, HORRIBLE,
    FAIRE UNE PIÈCE, ESPRIT ET CŒUR,
    Et cent mots de même valeur
    Qui vivent encore au village,
    Longtemps après que leur usage
    Est hors de la cour exclu.

(1) BILLETS DOUX est un mot nouveau en 1659, et il n'y a pas longtemps que Mlle de Scudéry l'a substitué à l'ancien mot POULETS, comme le dit Sorel, *Bibliothèque française* de 1664, p. 102.

(2) Le mot est marqué d'une astérisque dans les *Curiosités françaises* d'Antoine Oudin, 1640, p. 516 : « SPIRITUEL, pour qui a bon esprit, vulgaire. » Il s'est relevé depuis et est devenu synonyme de précieuse :

    Moi, j'irais me charger d'une SPIRITUELLE...

(Molière, *l'École des femmes*, acte I, scène I).

(3) La métaphore conserve toute sa vivacité et elle en produit d'autres. Comparer les *Curiosités françaises*, p. 148 : DÉBITER BIEN SA MARCHANDISE, idiotisme, discourir éloquemment ; et Sorel, *Œuvres diverses*, 1663, p. 350. « C'est là (dans une ruelle) QU'ON ÉTALERA LES BEAUX SENTIMENTS. »

(4) En 1640 (*Curiosités françaises* d'Antoine Oudin, p. 591 et 351, et Sorel, *Lois de la galanterie*, 1644, *passim*), LE BEAU MONDE signifie les belles dames, et l'on dit LE GRAND MONDE pour les personnes de condition. En 1659 les deux expressions sont confondues. Comparer l'*Usage du beau monde*, 1662, in-12, par de Valcroissant, épître dédicatoire : « Tous les avantages que l'on remarque en ceux qui composent LE BEAU MONDE. »—*Précieuses ridicules*, scène XI. « Voilà LE BEAU MONDE qui prend le chemin de nous venir voir. » — Le *Misanthrope*, Acte II, scène I :

    Vous êtes-vous rendue, avec tout LE BEAU MONDE,
    Au mérite éclatant de sa perruque blonde ?

(5) Le mot est affecté et rare. Dans le roman d'*Almahide*, de Georges de Scudéry (cité par M. Livet, notes du *Bourgeois gentilhomme*, p. 205), un grand seigneur s'excuse de l'employer : « S'il était de mes amis, je lui conseillerais d'être toute sa vie auteur ANONYME. — Quoique je n'entende pas trop bien ce dernier mot là, je pense en avoir deviné le sens. — Je lui conseille donc, de renoncer à L'ENTHOUSIASME, pardonnez-moi encore ce terrible mot. »

tique là dedans [1], *remplir les vides de* l'assemblée [2], *il a tout à fait la taille élégante* [3], etc.

D'autres enfin nous paraissent bizarres, qui étaient indifférents. Ainsi, en 1659, l'expression de *haut style* était depuis longtemps employée dans la langue comique [4]. De même l'emploi de *donner bruit,* et du verbe *assaisonner* pris au figuré, est très ancien. Dans cette phrase : Je veux que l'esprit assaisonne la *bravoure* [5], et dans cette autre, donner bruit de *connaisseuse* [6], il n'y a rien à relever, il n'y a

---

(1) Le terme de musique, CHROMATIQUE, est synonyme de langoureux, plaintif ; mais il désigne en même temps un genre de musique fort difficile, et Magdelon l'emploie pour étaler ses connaissances, comme l'abbé de Pure qui vante le style de son *Roman de la Précieuse*, 4ᵉ partie, 1658, p. 408 : « Ses faux tons sont étudiés, et il entend le CHROMATIQUE. »

(2) REMPLIR LES VIDES d'une assemblée, est signalé comme nouveau par Somaize, 1ᵉʳ *Dict. des Précieuses* au mot *Peupler*. Il est repris avec affectation par la comtesse d'Escarbagnas, qui parle avec dédain (scène II) « de ces amants qui servent à REMPLIR LES VIDES de la galanterie. »

(3) Signalé comme nouveau par Somaize, 1ᵉʳ *Dict. des Précieuses*, au mot *taille*. « Il est de belle taille, IL A TOUT A FAIT LA TAILLE ÉLÉGANTE. » Les deux mots sont anciens, mais leur association est nouvelle. Comparer, Bouhours, *Entretiens*. « Le mot AISÉ est nouveau dans le sens et le tour qu'on lui donne quelquefois, UN ESPRIT AISÉ, DES VERS AISÉS, UNE TAILLE AISÉE. »

(4) Le mot est défini par Balzac, *Sur la grande éloquence*, discours VI : « Rien n'est si voisin du HAUT STYLE que le galimatias. » Comparer Corneille, *la Veuve*, acte I, scène III, déjà cité dans le chap. VII :

Il pensait m'avoir dit le meilleur mot du monde;
Entendant ce HAUT STYLE, aussitôt je seconde.

(5) Suivant le Père Bouhours, le mot de BRAVOURE aurait été apporté d'Italie par Mazarin. Sorel (*Connaissance des bons livres*, p. 411), se moque du mot nouveau, et dit que c'est un terme gascon ou périgourdin apporté par M. de la Calprenède.

(6) Les élégants disaient CONNAISSEUX, et le féminin CONNAISSEUSE se rattache sans doute à cette prononciation du mot nouveau, dont se moque Sorel (*Connaissance des bons livres*, p. 398 :) « Quant au mot de CONNAISSEUR ou de CONNAISSEUX c'est un terme très faible pour être employé à tout ce que l'on prétend. Pour ceux qui depuis peu ont mis les CONNAISSEUX dans leurs livres, c'est une affectation de la nouveauté qui n'est pas supportable. »

rien de ridicule, que l'emploi des termes nouveaux et élégants, de *bravoure* et de *connaisseuse*. Puisque la plupart des élégances des Précieuses de Molière, sont lettre morte pour nous, il faut bien interroger les livres et essayer de retrouver, à force de notes, quelques unes des impressions d'un clerc de 1659, entré pour ses quinze sous, au parterre du Petit-Bourbon.

La première chose à faire, c'est de reconnaître les mots nouveaux ou les mots à la mode en 1659, et de voir quel effet ils produisent, quelle que soit leur origine, sur les contemporains. Si l'un d'eux avait pensé à recueillir tous ces mots dans un dictionnaire, notre tâche serait bien simplifiée. Remarquons que ce projet, dont on fait toujours honneur à Somaize, a tenté, avant lui, plusieurs écrivains. Dès 1656 il est entrevu, et reçoit un commencement d'exécution chez Mme de la Calprenède [1]; un peu plus tard, Sorel organise des conférences « sur une langue polie, fort différente de la commune [2], » et en 1658 il publie une Loterie [3], contenant entr'autres lots burlesques les livres suivants : *La Chronique des Précieuses, qui raconte leur origine, et ce qu'elles*

---

(1) Dans *la Précieuse* de l'abbé de Pure, 1657, 2ᵉ partie, p. 463 et suivantes, Mᵐᵉ de la Calprenède, son amie Aurélie, et un homme d'esprit de leur connaissance, travaillent assidûment à un ouvrage intitulé : *Dictionnaire des Ruelles, pour servir à l'intelligence des traits d'esprit, tons de voix, mouvements d'yeux et autres aimables grâces de la Précieuse, œuvre très utile pour ceux qui veulent converser et fréquenter le beau monde, et faire progrès dans les mystères de la Ruelle.*

(2) Sorel, *Œuvres diverses*, 1663, p. 359.

(3) C'est la première Loterie du tome premier du *Recueil de Sercy* de 1658. Somaize collaborait à ce Recueil, car il a réimprimé, dans le tome II, son petit ouvrage satirique le *Voyageur fortuné*, déjà cité. — On sait peu de chose sur la vie d'Antoine Baudeau, sieur de Somaize ; il est probable qu'il était parent du galant marchand Baudeau, cité par Tallemant dans l'historiette de Mˡˡᵉ Paulet, tome III, p. 3, 16 et 17, et dans le *Grand Cyrus*, tome VII, livre I, p. 474 et suivantes.

ont fait de mémorable depuis leur établissement. — Les Précieuses maximes des Précieuses, et les Lois qu'elles observent selon leur institution.— Le Dictionnaire des Précieuses, où le langage vulgaire français est d'un côté de chaque page, et le langage précieux de l'autre.

C'est le titre et le plan du *Grand Dictionnaire des Précieuses* de Somaize, comme Sorel lui-même l'a remarqué, en constatant son droit de priorité [1]. Somaize s'est borné à développer l'idée, « l'invention très galante » que Sorel avait indiquée, en se réservant peut-être de la reprendre lui-même, et qu'il fut bien fâché en tout cas de voir exploiter par un homme dont « l'insolence horrible, » allait « jusqu'à publier le nom et l'âge des dames [2]. » Mais, même incomplètes, les notes réunies par Sorel l'emportent encore sur le livre de Somaize, guide indispensable, mais peu sûr [3], qui, au lieu de noter exactement les expressions nouvelles, se contente trop

---

(1) Sorel, *Bibliothèque française* de 1664, p. 360.
(2) Sorel, *Connaissance des bons livres*, 1671, p. 369.
(3) Sur ces défauts des *Dictionnaires* de Somaize, voir la préface de l'édition des *Précieuses ridicules* donnée par M. Livet. Le second *Dictionnaire* n'est souvent pas plus sûr que le premier, et renferme les mêmes erreurs ou contradictions. Par exemple il est impossible de savoir (comparer le mot CONJONCTION, 1ᵉʳ *dict.*, fin, et le mot LANGAGE, 2ᵉ *Dict.*, p. 119) si l'expression ET CETERA a été rejetée ou non par les précieuses. Somaize se trompe et nous trompe à chaque instant, sur la date et l'attribution des mots nouveaux; par exemple, il attribue à Corneille, 2ᵉ *dict.*, p. 87 et 94, l'expression UN CONCERT ÉCLATANT DE RARES QUALITÉS, déjà employée par Tristan l'Hermite, (*Lettres*, 1632, à l'Archiduchesse des Pays-Bas): « N'êtes-vous pas comme un magnifique CONCERT DE TOUTES CES MERVEILLES ? » De même il attribue à Mᵐᵉ de Scudéry, 2ᵉ *Dict. des Précieuses*, tome I, p. 234, l'expression bizarre AVOIR L'AME PARALYTIQUE, qui est de Desmarets de St-Sorlin (*Visionnaires*, acte III, scène IV):

    La catastrophe d'un amant
    Ne trouve point de sentiment
    Dans ton AME PARALYTIQUE.

souvent d'enregistrer les phrases les plus extraordinaires de Cathos et de Magdelon. Somaize ressemble à ce personnage d'une de ses pièces, à Théocrite, qui a mis sur son affiche, professeur de précieux, et qui enseigne ce qu'il ne sait pas[1]. L'aimable Père Bouhours, le grammairien des salons, aurait plus qualité pour nous apprendre leur vocabulaire. Mais quoi! les longues listes de mots qu'il a dressées sont rarement suivies de commentaires; il se borne à dire : « Ce mot est assez nouveau, ce tour ne me plaît pas ; » le Père Bouhours rend des arrêts, mais ne nous rendrait pas service. Car, ce n'est pas de finesse que nous avons besoin, mais d'un esprit un peu gros, qui critique à tort ou à raison les expressions nouvelles, qui en exagère le ridicule, et nous le fasse pour ainsi dire toucher du doigt. C'est ici que Sorel pourra nous être utile ; depuis longtemps il s'est préparé à ce rôle.

Pourquoi lui était-il si facile, au commencement du siècle, de noter les expressions nouvelles? Peu nombreuses, elles étaient aussitôt remarquées[2] : tous les beaux esprits travaillaient à la langue, mais pour effacer plutôt que pour ajouter. Vaugelas l'avait dit: « Plus de mots nouveaux, ou si peu que rien[3]. » Il n'en est plus de même vers 1659, comme le dit fort bien Sorel : « Jamais il n'y eut une telle licence, comme celle qu'on a prise depuis quelques années ; les mots ne se font plus insensiblement, mais tout exprès et par profession[4]. » Ce ne sont plus seulement les grands

---

(1) Somaize, le *Procès des Précieuses*, édit. Livet, tome II, p. 82 et suivantes.
(2) Sorel, *Connaissance des bons livres*, p. 356 à 359, le dit et en donne des exemples.
(3) Vaugelas, Préface des *Remarques*, § XI.
(4) Sorel, *ibid.*, p. 351 et 424.

ou les savants, mais les femmes, les jeunes gens, tout le monde veut inventer des termes et des façons de parler nouvelles, et réformer la langue à tort et à travers.

Toutes ces innovations, Sorel les arrête au passage et leur demande leurs titres, car beaucoup lui semblent anciennes ou futiles. En insistant, il nous montre clairement que le langage précieux comprend deux espèces de tours et de mots, les uns réellement nouveaux, les autres déjà anciens et qui sont restés à la mode depuis de longues années. Ainsi le mot d'*amusement*, que les précieux croient avoir inventé, date de plusieurs siècles ; *enjoué*, remis à la mode par Mlle de Scudéry est déjà dans Montaigne [1]. C'est des guerres d'Italie que les Français ont rapporté ces adverbes d'exagération, *divinement*, *terriblement*, *furieusement*, etc., si prodigués en toute occasion, qu'on lit dans un roman à la mode : « Cette femme était *furieusement* belle [2]. » Ces adverbes, tant raillés par Henri Estienne, s'emploient de la même façon qu'au XVIe siècle, ou avec des nuances insignifiantes, car bien souvent les changements de la mode sont d'une minutie ridicule [3]. Celui-ci encore est-il assez futile ? « Dire de quelqu'un : *Il a de l'esprit*, cela sent son vieux gaulois ; il faut dire : « *Il a esprit*, » pour être spirituel. Toutefois vous pouvez dire encore maintenant : Cet homme *a de l'esprit*, pourvu qu'on ajoute *infiniment* ou quelque chose de semblable, et même cela se répète ainsi avec affectation : *Il a de l'esprit infiniment, et de l'esprit du beau monde, et du monde*

---

(1) Sorel, *Connaissance des bons livres*, p. 361, 363 et 386. — Les *Précieuses*, scène II. « Ma chère, c'est le caractère ENJOUÉ ».

(2) Sorel, *ibid.*, p. 367 et 353. Un de ces adverbes a été abandonné au peuple : « Une femme RICHEMENT laide. » *Curiosités françaises* d'Antoine Oudin, 1640, p 481. — L'emploi de FURIEUSEMENT n'a pas changé. — Au XVIe siècle on disait IL PARLE DIVINEMENT BIEN et « on se contente à cette heure-ci de dire IL PARLE DIVINEMENT. » (Sorel, *ibid.* p. 354).

civilisé[1]. » Si fine que soit la nuance remarquée par Sorel, elle n'a pas échappé aux Précieuses de Molière : elles n'ont garde de dire : *Il a de l'esprit*, tout court; mais « *Il a de l'esprit comme un démon*. — Et du *galant, et du bien tourné*. »

La mode, continue Sorel, n'a pas été moins capricieuse pour les locutions proverbiales et les proverbes. Jadis élégants, ils n'entrent plus aujourd'hui dans la conversation, qu'à titre d'exceptions plus ou moins brillantes, et par raillerie ; encore faut-il être bien sûr de soi pour railler de la sorte[2]. Telle lettre de Voiture n'a souvent pour but que d'amener d'une manière piquante un de ces proverbes défendus, et pour *traiter* Mlle Paulet *de Turc à More*, il est capable d'aller jusqu'en Afrique[3]. Naturellement Mascarille et ses partenaires se croient aussi forts que Voiture ; ils se jouent comme lui avec les proverbes, ils les accumulent, et n'en tirent que des niaiseries comme celles-ci : « Je vois ici des yeux qui ont la mine de... *traiter une âme de Turc à More*. — *Je ne donnerai pas un clou* de tout l'esprit qu'on peut avoir.— Vous avez plus de peine que de mal, et *votre cœur crie*

---

(1) Sorel, ibid., p. 366.— Comparer Clélie ou Mlle de Scudéry parlant de son invention de la Carte de Tendre : « Pensez-vous que je trouve bon... que ce que j'ai fait pour n'être vu que de cinq ou six personnes, QUI ONT INFINIMENT DE L'ESPRIT, QUI L'ONT DÉLICAT ET CONNAISSANT, soit vu de deux mille qui n'en ont guère, QUI L'ONT MAL TOURNÉ ET PEU ÉCLAIRÉ, et qui entendent fort mal les belles choses ? » *Clélie*, tome I, livre I, p. 409.

(2) Sorel (*Connaissance des bons livres*, p. 365) ne donne que le principe; nous avons cherché les applications.

(3) Voiture, Lettre XL à Mlle Paulet, citée dans l'édition des *Précieuses* de M. Livet, p. 203 : « Quand JE TRAITERAI désormais avec vous, faites état que c'est DE TURC A MORE. » Les jeux de mots que Voiture se permettait avec les proverbes, finirent eux-mêmes par paraître ridicules, au dire de Guéret dans la *Guerre des auteurs*, 1671 ; Benserade, qui l'imitait, fut appelé dédaigneusement le *Chevalier des proverbes*.

avant qu'on l'écorche. — *Nos libertés* auront peine à *sortir d'ici les braies nettes.* — Au moins, pour moi, je *reçois d'étranges secousses,* et *mon cœur ne tient plus qu'à un filet.* — *Ma franchise va danser la courante* aussi bien que mes pieds¹. » Quelquefois, nous sentons à peine le ridicule de ces expressions proverbiales, qui devait être très fort pour les contemporains. Quand Magdelon s'écrie : « La nature vous a traité en vraie mère passionnée, et vous en êtes *l'enfant gâté,* » il est probable que, appliquée à ce grand flandrin de Mascarille, l'expression proverbiale d'*enfant gâté,* devait paraître aussi ridicule que l'expression analogue, qui la précède immédiatement dans les *Curiosités françaises* d'Antoine Oudin: « un *enfant de quinze mois,* idiotisme, un fort grand homme, vulgaire². » C'est encore l'emploi des proverbes qui rend ridicule ce fragment de conversation : Cathos demande à Mascarille à quels comédiens il donnera la comédie qu'il a composée ? — « Belle demande ! aux grands comédiens ; il n'y a qu'eux qui soient capables de

(1) Toutes ces expressions proverbiales sont déjà notées comme vulgaires dans les *Curiosités françaises* d'Antoine Oudin, de 1640; les Précieuses de Molière cherchent à les rajeunir par l'ingéniosité de l'application. — *Curiosités* d'A. Oudin, p. 14: « IL RESSEMBLE LES ANGUILLES DE MELUN, IL CRIE DEVANT QU'ON L'ÉCORCHE, il se plaint devant que d'avoir souffert le dommage, vulgaire. — IL NE VAUT PAS UN CLOU A SOUFFLET, il ne vaut rien du tout, vulgaire, p. 106. — SORTIR D'UNE AFFAIRE SES BRAIES NETTES, sans dommage, vulgaire, p. 61. — VOTRE VIE EST EN GRAND BRANLE, SA VIE NE TIENT QU'A UN PETIT FILET, elle est en extrême danger, elle est en danger, p. 59 et 224. » Enfin, l'expression vulgaire FAIRE DANSER UN BRANLE DE SORTIE, faire sortir ou chasser d'un lieu, vulgaire, p. 59, et le vers de Corneille cité par M. Livet :
Je puis vers la prison APPRENDRE UNE COURANTE (m'enfuir),
expliquent la métaphore analogue de la dernière phrase, MA FRANCHISE VA DANSER LA COURANTE.

(2) *Curiosités* d'A. Oudin, 1640, p. 182.

faire valoir les choses[1]. » Cette expression à la mode est très claire, ce qui n'empêche pas Cathos de la commenter niaisement à l'aide d'un vieux proverbe : « En effet, il y a manière de faire sentir aux auditeurs les beautés d'un ouvrage, et *les choses ne valent que ce qu'on les fait valoir*[2]. »

Sorel vient de nous indiquer quelques particularités difficiles à saisir sans lui ; il s'arrête plus longtemps encore aux expressions réellement nouvelles, il les explique, et développe les images effacées pour nous. Ainsi dans les mots nouveaux, *tour d'esprit, esprit bien tourné*, etc., il nous montre « une métaphore prise de ceux qui *tournent* le bois, l'ébène et l'ivoire. » Cette phrase : *Il est en passe de faire quelque chose*, est empruntée « au jeu du mail et à celui du billard, où, pour gagner, il faut *mettre dans la passe*[3]. » Certains hommes *font figure dans le monde*[4], parce qu'ils « y servent d'ornements, comme une statue placée dans la niche de quelque palais. »

Insensiblement le ton change ; le vieil écrivain ne cache pas son dédain pour les expressions nouvelles : Hier, les beaux parleurs *mettaient une question* ou *une personne sur le tapis* ; aujourd'hui ils *se mettent sur*

---

(1) On trouve cette expression chez Corneille, le poète favori des précieuses:

Je ne sais point, Seigneur, FAIRE VALOIR LES CHOSES.

(*Othon*, acte III, scène V).

(2) Le dictionnaire de Cotgrave donne la forme ancienne du proverbe cité par Magdelon. « Rien ne vaut la chose qu'autant qu'on la fait valoir. » On le retrouve plus souvent, surtout après 1659, sous la forme employée par Magdelon : « Les choses ne valent que ce qu'on les fait valoir. »

(3) Ces exemples de Sorel ont déjà été cités par M. Livet dans son édition des *Précieuses ridicules*.

(4) Déjà relevé par Somaize, 1ᵉʳ *Dict. des Précieuses*: « être estimé, FAIRE FIGURE. » — On lit dans des ouvrages récents, UN PERSONNAGE DÉCORATIF, QUI REPRÉSENTE BIEN.

le chapitre de quelqu'un ; quand *se mettront-ils sur son article* ? Bientôt. Si le mot propre leur manque, ils disent à tout propos *une affaire* ou *une machine*. Qu'auriez-vous dit, ô Sorel, de « chose » ou de « machin » ? Ce lexique dégénère en calembours ; les dames se *piquent d'esprit*, et non plus de leur aiguille, et tous les galants sont *gens de mine*. Ils répètent incessamment: *Vous avez bien la mine de faire une telle chose*, ou même : *J'ai bien la mine de ceci ou de cela*, comme si tout en parlant, ils voyaient leur grimace dans un miroir !

Quel est l'intérêt de ces turlupinades? Il n'est pas médiocre, si nous le comprenons bien. Sorel ne commente pas tous les mots nouveaux employés par Cathos et par Magdelon, mais il nous montre comment on doit interpréter ceux qui sont reconnus comme nouveaux, grâce à lui, ou grâce à d'autres. Tous ces mots, indifférents aujourd'hui, étaient remarqués autrefois ; tous pouvaient paraître comiques sur les lèvres de Cathos et de Magdelon, qui faisaient profession de beau langage. D'autres faits nous ramènent à la même conclusion. Sorel transcrit plusieurs pages du second Dictionnaire de Somaize, et met sur la même ligne, trouve également burlesques des phrases, comme *donner dans l'amour permis*, synonyme de se marier, et d'autres plus heureuses, inventées par les grandes dames de l'aristocratie, comme *avoir une certaine sécheresse de reconnaissance*, qui est de Mme de La Fayette, et *rire d'intelligence*, qui est attribuée à Mlle de Scudéry [1]. Il organise une loterie burlesque [2] des fausses Précieuses et condamne celles-ci, par raillerie, à répéter les mots nouveaux propagés par Ménage et par

---

(1) Sorel, *Connaissance des bons livres*, p. 425.
(2) Loterie réelle, et non plus simple annonce burlesque, comme à la page 280.

Mlle de Scudéry [1]. En parlant de cette dernière, Tallemant nous dit de son côté : « Elle a autant introduit de méchantes façons de parler, que personne ait fait il y a longtemps [2]. » Cette réflexion s'applique moins à ces

(1) Voici le texte complet de cette Loterie, telle qu'elle est décrite par Sauval, *Antiquités de Paris*, tome III, p. 83 : « Il me reste à vous rapporter la Loterie des fausses précieuses. Ces faux beaux esprits n'admirent en leur loterie, que des précieux et des précieuses ridicules. Comme aux autres, ils y firent de deux sortes de billets, les uns blancs ou mauvais, les autres bons ou remplis de mots forcés, d'expressions grotesques ou monstrueuses, qui n'entrent point dans le commerce commun et dont ils ont fait imprimer un Dictionnaire qui n'est qu'une petite partie du grand qu'ils veulent opposer à celui de l'Académie française. Dans l'un on lisait PROSATEUR. C'est un nouveau mot, que le précieux M. Ménage a inventé pour opposer à « poète » ; dans l'autre il y avait DÉCONTENANCEMENT, dans l'autre, DÉBIAISER SES SENTIMENTS (a), et dans les autres SERVIR IMPORTAMMENT LA MOINS AIMANTE CRÉATURE DE L'UNIVERS, JE SUIS PEUPLE (b), PARER L'ESPRIT (c), ÊTRE EN CONDITION DE POUVOIR FAIRE UNE CHOSE, et une infinité d'autres mots, vers et épithètes. Ce sont de nouveaux termes et de nouvelles manières de parler, que la précieuse Sapho a souvent répétées dans le *Grand Cyrus* et dans la *Clélie*, et qui ont mérité l'admiration des précieux et des précieuses ridicules, en dépit du bon sens et de la raison. Les principales conditions de cette blanque étaient que les personnes, à qui il écherrait quelque billet où serait écrit quelqu'un de ces mots, et de ces expressions barbares, emploieraient toutes les maximes de la caballe des précieux, pour les établir dans le monde, et que ceux et celles qui auraient des billets blancs seraient dégradés de la dignité de précieux et de précieuses, ne se trouveraient plus dans leurs réduits, ne parleraient et n'écriraient jamais précieusement, mais seraient condamnés à parler et à écrire, comme fait un petit nombre choisi de jansénistes et d'académiciens. Et parce qu'on entend souvent prononcer d'un ton affronteur ces termes ridicules aux Mercredis de M. Ménage, et aux Samedis de Sapho, quelques médisants prétendent que les personnes qui les disent en ces précieux réduits étaient de la Loterie des précieuses ridicules, etc. »

(a) DÉBIAISER SES SENTIMENTS, comp. DÉBIAISER SON HISTOIRE (attribué à M. le Vert (2e *Dict. des Précieuses*, tome I, p. 82).

(b) JE SUIS PEUPLE est encore imprimé en italiques dans les *Caractères* de la Bruyère.

(c) PARER L'ESPRIT, inventé probablement par Mme de La Fayette, quand elle était encore l'élève de Ménage. (*Lettres autographes* de Mme de La Fayette).

(2) *Tallemant*, tome VII, p. 59.

affreux mots de *soupireurs* ¹, *d'importamment,* et à quelques autres semblables, perdus dans ses romans, qu'à toutes les expressions du beau monde, qu'elle a contribué à propager par ses écrits. Sorel, qui jouait volontiers un double jeu, a cité avec éloge, dans sa *Connaissance des bons livres*, ces mots de « l'illustre demoiselle, » qu'il avait raillés dans sa Loterie. Il suffit de relever dans cette liste, *insulter, donner un certain tour aux choses, enjoué, avoir l'esprit bien tourné*, pour montrer que ces expressions n'avaient souvent d'autre ridicule que leur nouveauté ².

Tous ces exemples nous aident à deviner les impressions du public de 1659, à déterminer aussi quelle espèce de mots les personnages de Molière emploieront de préférence. Avant de créer, de leur chef, quelques locutions nouvelles, ils useront surtout des expressions aristocratiques les plus simples, les plus connues, et ils éviteront les raretés, car la première qualité d'une parodie est la clarté. Ainsi Magdelon, invitée par Mascarille à examiner ses rubans, dit comme tout le monde : Ils viennent du mercier à la mode; « C'est *Perdrigeon tout pur* ³, » et elle n'a garde

(1) SOUPIREUR, Le *Grand Cyrus*, tome X, livre II, p. 895. — IMPORTAMMENT, voir la Loterie des fausses Précieuses.

(2) Sorel, *Connaissance des bons livres*, p. 362: « L'illustre demoiselle, qui a composé ces romans, ayant eu l'amitié et la fréquentation de quantité de dames de la cour et de la ville des plus spirituelles, et qui prenaient plaisir comme elle à enrichir notre langue, elle employait dans ses ouvrages les termes dont elles se servaient quelquefois dans leur conversation. » Suit une liste de termes, la plupart restés dans la langue.

(3) Dans sa lettre en vers du 3 février 1663, Loret (cité par M. Livet) parle de même :

De rubans pour six-vingts pistoles,
D'or, d'argent, de vert et d'azur,
Le tout de PERDRIGEON TOUT PUR.

D'autre part, on lit dans une lettre de Scarron à Marigny, (*Scarron,*

d'employer cette locution « *tout pur* » dans l'acception très particulière qu'elle a reçue chez quelques précieuses. De même, le sens de la locution « *de plain pied,* » est encore équivoque en 1659, et les précieux eux-mêmes s'y trompent [1]; Magdelon l'emploie, mais avec une explication qui en précise le sens : « La belle chose que ce serait si d'abord Cyrus épousait Mandane et qu'Aronce *de plain pied* fût marié à Clélie ! » Donc, nous le répétons, le ridicule portera avant tout sur des expressions très simples, comme celles que nous avons relevées plus haut (*avoir la mine, avoir un tour d'esprit,* etc.) de même que dans la *Critique de l'Ecole des Femmes,* Climène se rend ridicule en employant les mots excellents d'*obscénité* et de *s'encanailler,* tous deux nouveaux, tous deux inventés récemment dans le monde de l'aristocratie, l'un par Ménage et l'autre par la marquise de Maulny.

Nous voici arrivés à une première conclusion. Les

édition Bastien, tome VII, p. 206) datée du 8 Mai 1659 : « Il n'y avait point encore de précieuses dans le monde, et ces jansénistes d'amour n'avaient point encore commencé à mépriser le genre humain. On n'avait point encore ouï parler du trait des traits, du dernier doux et du premier désobligeant, quand le petit Ragotin, etc.... Ah ! ma chère, à quoi avez-vous passé le jour ? Ah ! ma chère, BASTONNEAU TOUT PUR. C'est un terme de précieuses pour dire *acheter des étoffes.* » Ni le fournisseur, ni l'expression ne conserveront la vogue. Mme de Sévigné écrit en 1672, lettre du 27 Mai, à Mme de Grammont : « Je fus hier lever pour bien de l'argent d'étoffes chez Gautier. »

(1) On trouve dans le 2e *Dictionnaire des Précieuses,* tome I, p. 243 et 244, la phrase suivante : « Cet homme entre chez Sylvie sans prélude et est pour elle UN GALANT DE PLAIN PIED. », accompagnée d'un commentaire interminable, qui prouve combien l'expression est obscure. L'exemple suivant de Scarron prouve aussi sa rareté. Il dit d'un fâcheux : « M. de *** écrivit l'autre jour à Mme Scarron qu'il passerait des jours entiers à l'attendre DE PLAIN PIED. Un moins plaisant que lui aurait dit DE PIED FERME, et ne dirait DE PLAIN PIED qu'en matière de chambres et d'appartements. » (*Scarron,* tome VII, p. 257). — De même, Mlle Desjardins évite l'expression, quand elle pourrait, et devrait même s'en servir. « Et que serait-ce si l'illustre Cyrus épousait Mandane dès la première année, et l'amoureux Aronce, la belle Clélie ! » *Récit de la Farce des Précieuses.*

exemples donnés par Sorel nous ont prouvé que beaucoup d'expressions, la plupart adoptées par l'usage actuel, pouvaient paraître comiques autrefois ; nous avons ensuite constaté qu'il fallait surtout s'attacher aux expressions de cette sorte, car les raretés ou les exceptions ne jouent qu'un rôle insignifiant dans la pièce des *Précieuses ridicules*. Mais une nouvelle question se pose. Beaucoup de ces mots nouveaux sont déjà entrés dans la langue courante en 1659; on les rencontre à chaque instant chez les écrivains de ce temps. Bien plus, dans toutes ses comédies, dans les titres mêmes de ses premières comédies, l'Etourdi ou les *Contretemps*, les *Fâcheux* [1], Molière s'est servi des mots nouvellement en vogue. Ses ennemis le lui reprochaient, et l'un d'eux disait d'Elise et des autres personnages de la *Critique de l'Ecole des Femmes* : « Ceux mêmes qui font semblant de condamner l'idiome précieux le parlent autant que les autres [2]. » La réflexion est si vraie, que dans la pièce même des *Précieuses*, il n'est pas jusqu'au brave Gorgibus qui ne laisse échapper un ou deux mots précieux, comme : « Je viens d'apprendre de belles *affaires* [3] — pernicieux *amusements*. » Mais alors si Cathos et Magdelon n'ont pas le privilège des mots précieux, comment auraient-elles celui du ridicule ?

(1) Remarque faite par Sorel, *Connaissance des bons livres*, p. 398.
(2) *Panégyrique de l'Ecole des femmes* de Robinet, cité par M. Livet, p. XLII de son édition des *Précieuses*. M. Livet complète la citation par un grand nombre d'exemples qui prouvent bien que Molière a employé des mots nouveaux ou précieux dans toutes ses pièces.
(3) **Gorgibus** emploie le mot AFFAIRE dans deux acceptions différentes. Dans la scène II, quand il s'adresse à La Grange : « Hé bien ! vous avez vu ma nièce, et ma fille ; LES AFFAIRES IRONT-ELLES BIEN ? », le tour n'a rien de nouveau : il est déjà signalé par Antoine Oudin en 1640, *Curiosités françaises*, p. 587 : « LES AFFAIRES VONT DE LA SORTE, idiotisme, sont en cet état. » — Dans la scène XVI : « Je viens d'apprendre de belles AFFAIRES vraiment..... », le mot est employé dans le sens vague et nouveau signalé par Sorel.

Pourquoi les mêmes mots seraient-ils comiques dans leur bouche et indifférents ailleurs? Il y a ici, croyons-nous, une distinction à faire.

D'une chose inefficace ou de mauvais usage, on dit en 1659 : « *Cela ne fait que blanchir.* » On pourrait penser d'abord que l'expression a été inventée par quelque bonne ménagère, et qu'elle est du dernier bourgeois ; en réalité, comme nous l'apprend Sorel [1], c'est une expression militaire, partant aristocratique et chère aux précieuses. Cependant Marinette, une servante, dit tout naturellement à Gros-René :

Les douceurs *ne feront que blanchir* contre moi [2] ;

Arnolphe, un bourgeois grotesque, dit de même :

Et nos enseignements *ne font là que blanchir* [3].

Dans les deux cas, l'expression est indifférente ; mais ailleurs, quand Molière la prête à la précieuse Climène dont tous les mots sont calculés, et que celle-ci l'oppose, d'un ton sec, à une longue suite de raisons irréfutables, est-ce que cette petite phrase, « *tout cela ne fait que blanchir,* » détachée, mise en relief, ne reprend pas toute sa force, est-ce qu'elle ne redevient pas précieuse et ridi-

---

(1) *Connaissance des bons livres*, p. 413 « Ce peut être une métaphore prise d'une chose qui blanchit quand elle est frappée, comme ferait une muraille ; les hommes de guerre appliquent cela à des coups qu'on reçoit, sur quelque cuirasse à l'épreuve, qui NE FONT QUE BLANCHIR l'endroit qu'ils touchent plutôt que de le percer. » Sorel explique de même, p. 412, l'expression nouvelle ESSUYER LES MOUSQUETADES ou toutes sortes d'incommodités : « Cela est dit galamment pour montrer le mépris que les gens de guerre font du péril. De dire qu'ils essuient des mousquetades, c'est comme si les ayant reçues, il ne fallait faire autre chose qu'essuyer ses habits, de même que quand on a jeté dessus quelque ordure. » — Comparer Molière, la *Critique de l'Ecole des femmes*, Scène I. Elise se plaint d'avoir à ESSUYER DE SOTTES VISITES.

(2 et 3) Le *Dépit amoureux*, Acte V, Scène VIII. — L'*Ecole des femmes*, Acte III, Scène II.

cule¹ ? A plus forte raison les termes militaires, prodigués par Mascarille et par Jodelet, produisent-ils tout leur effet, bien qu'ils soient d'origine et de date très diverses. Telle expression emphatique de Mascarille : « Je suis ici commodément *posté*² pour les attendre, » est toute nouvelle ; d'autres, plus anciennes et déjà presque indifférentes, sont employées par les gens les plus pacifiques. Ainsi, dans le *Berger extravagant*, Sorel se moque, dès 1628, des courtisans qui *s'escriment du style pointu* ;³ ailleurs, Parthénoïde ou le bon Chapelain remercie l'abbé de Pure de ses éloges, et de la manière dont il l'a traité « dans des endroits *assez chauds* et assez dangereux.⁴ » Mais, qu'ils soient anciens ou nouveaux, tous ces termes militaires sont également comiques, quand ils sont employés par les foudres de guerre que nous connaissons. Mascarille a bonne grâce à *s'escrimer* de vers, et l'on devine bien l'effet cherché dans des phrases comme celles-ci : « — Nous nous sommes vus tous deux dans l'*occasion* — Et dans des lieux *où il faisait fort chaud.* — Oui, mais non pas aussi *chaud* qu'ici. Hay, Hay, Hay. »

On pourrait multiplier les exemples, et l'on serait toujours ramené à la même conclusion. Lorsque la précieuse Magdelon se rappelle avec horreur la grossièreté de son prétendant, et qu'à cette seule idée, elle est sur le point

(1) La *Critique de l'Ecole des femmes*, Scène VI.
(2) Les *Précieuses* (scène VIII): « Je suis ici commodément posté pour les attendre. » Mascarille est ridicule et emphatique, en s'appliquant à lui seul le mot de posté, exclusivement réservé à un corps de troupes. Dans sa *Bibliothèque française* de 1664, p. 213, Sorel se moque d'un traducteur qui avait osé écrire : Une ville bien postée.
(3) Remarques sur le IX° livre du *Berger extravagant*, p. 311.
(4) *La Précieuse* de l'abbé de Pure, 1658, 4° partie, p. 108. — L'expression est déjà ancienne. Dans le *Railleur* de Mareschal, 1636, le Matamore dit : Cherchons un autre gîte, IL FAIT ICI TROP CHAUD.

de se pâmer, il n'est pas indifférent de constater qu'à ce moment même, elle a encore la force de choisir des mots à la mode et de dire : « *J'ai mal au cœur* de la seule *vision* que cela me fait¹. » Si le grand mot d'*incontestable* est nouveau, ainsi que le mot de *talent*, dans le sens actuel d'habileté², Cathos aura raison de dire : « C'est là une vérité *incontestable*, » et non : « C'est là une vérité difficile à contester ; » le mot d'*incontestable* produit le même effet que le grand mot d'*indéfendable*, prononcé par Climène dans la *Critique de l'Ecole des femmes*. De même, Mascarille dira avec intention : « C'est mon *talent* particulier, » et non, suivant l'ancien usage : « C'est mon élément³, ou bien, « j'y réussis particulièrement⁴. »

(1) Au mot *idée* dans son 1ᵉʳ *Dictionnaire*, tome I, p. 4, Somaize écrit : Les choses que vous m'avez dites me donnent une idée ridicule. Les choses que vous m'avez dites ME FONT UNE VISION ridicule. — VISION est donc précieux et prétentieux dans ce sens. — Les précieuses avaient souvent MAL AU CŒUR. Comparer Sorel, *Œuvres diverses*, 1663, p. 143, « C'est assez pour faire SOULEVER LE CŒUR aux personnes galantes de voir seulement le mari et la femme dans le même carosse. La mode veut qu'ils se fuient l'un l'autre, et en cela cette belle mode s'est fort bien accommodée à leurs sentiments, et n'a rien inventé qui choque leur naturel. »

(2) Sorel, *Connaissance des bons livres*, p. 379 et 410. — Le dictionnaire de Nicot n'indique pas encore le sens d'habileté ; ce sens est si nouveau en 1640 que Desmarets de St-Sorlin se croit obligé de rappeler l'étymologie dans les *Visionnaires*.

Il faut dans la balance en mettre deux ou trois,
Ceux de qui le TALENT plus solide vous semble,
Les peser mûrement, les comparer ensemble.

(3) C'est l'ancienne expression relevée par Oudin en 1640, *Curiosités françaises* p. 177 : C'EST MON ÉLÉMENT, idiotisme, la chose à laquelle je me plais.

(4) On pourrait naturellement étendre cette explication à d'autres comédies de Molière. Quand Bélise va répliquer à la grossière déclaration de Chrysale :

Oui, mon corps est moi-même et j'en veux prendre soin,
Guenille si l'on veut, ma guenille m'est chère,

il n'est pas inutile que Bélise emploie une expression nouvelle, expliquée précédemment :

Le corps avec l'esprit FAIT FIGURE, mon frère.

Ainsi la confusion signalée plus haut n'existe qu'en apparence : les mêmes termes peuvent très bien changer non pas de sens, mais de valeur, être indifférents le plus souvent, et comiques dans le cas particulier des *Précieuses ridicules*. Il importe peu que les personnages de toutes les comédies de Molière emploient de ces mots nouveaux ou précieux, les mots se répandent vite, et l'on parle toujours la langue de son temps ; il est de même indifférent que Gorgibus laisse échapper au hasard un ou deux mots de cette espèce; mais pour Cathos et Magdelon, qui les cherchent et n'en veulent pas employer d'autres, tous leurs mots précieux portent.

Et en effet, jusqu'ici on a raisonné comme si, dans la courte pièce de Molière, ces mots à la mode étaient rares et disséminés à de longs intervalles ; en réalité, ils sont très nombreux et ils brillent, ils éclatent pour ainsi dire l'un après l'autre, à intervalles très rapprochés. Nous nous en rendrions compte facilement, aujourd'hui même, si ces mots étaient imprimés en italiques, comme ils le sont dans ce chapitre, et comme ils l'étaient dans la pièce des *Mots à la mode*, où Boursault s'est amusé à faire prononcer à de petites bourgeoises, le plus grand nombre possible d'expressions nouvelles différentes. Et cependant cet artifice ne suffit pas à tout expliquer, car la comédie de Molière est à la fois plus simple et plus compliquée que celle de Boursault.

Non-seulement les mots à la mode abondent dans la pièce des *Précieuses*, mais plusieurs reparaissent à chaque instant, pour s'imposer à l'attention. Cathos et Magdelon, les pecques provinciales entichées de noblesse et de petits vers, parlent sans cesse de *qualité*, de *condition*, de *beau monde*, de *bel air*, de *galanterie*, de *bel esprit*, et la plupart de ces mots ne sont pas seulement élégants comme les idées qu'ils expriment, ils sont encore nouveaux. Molière ne se lasse pas de les souligner par de malignes plaisanteries : « Vous devriez un peu vous faire apprendre *le bel air* des choses. — Je n'ai que faire *d'air* ni de chansons. » Jodelet et Mascarille, le colonel de cavalerie sur les galères de Malte, n'ont à la bouche que des termes militaires dont l'usage est élégant, mais dont l'abus suffirait dans la réalité à les discréditer chez la dernière des petites bourgeoises [1]. De plus, tous les quatre répètent avec affectation un certain nombre de mots à la mode, que nous avons déjà vus, tels que *furieusement, furieux, horrible, effroyable, dernier, se piquer de, avoir la mine, avoir l'air, avoir l'esprit bien tourné, donner dans, pousser* [2], etc. En y regardant de plus près, l'emploi particulier ou la répétition, même moins fréquente, d'autres mots, nous indique encore qu'ils sont recherchés. Mascarille veut, comme Magdelon, que tout se fasse « *dans les formes* [3]; » les Précieuses emploient encore deux fois les mots *d'irrégulier* et de *surcroît* signalés comme élégants par Somaize, et deux fois l'expression *d'exercer*

---

[1] Voir dans Somaize, *2ᵉ Dict. des Précieuses*, tome I, p. 37, l'histoire de Mˡˡᵉ Bailly, fort embarrassée entre ses deux galants, dont l'un, un magistrat, abuse des termes de chicane, et « l'autre ayant sucé avec le lait l'inclination de la guerre et y ayant passé toute sa vie, mêle assez souvent des mots de cet art, qui ne sont connus que de ceux qui savent les mathématiques. »

[2] Exemples. — Scène IX : « Les madrigaux bien TOURNÉS » — « Cela a un TOUR spirituel et galant. » — « Il a un TOUR admirable dans l'esprit. » Scène XI : « Il TOURNE les choses le plus agréablement du monde ». « Il a de l'esprit comme un démon. — Et du galant et du bien TOURNÉ. » Plus tard on employa de même le mot de TOURNURE, ridiculisé par Boursault dans la *Comédie des mots à la mode* :
  Vous nous offrez des gens d'une agréable ALLURE.
  Il nous faut des partis bien d'une autre TOURNURE.

[3] Scène III : « Une recherche DANS LES FORMES. » Scène XII : « Un bal DANS LES FORMES. »

l'esprit [1], relevée par Sorel. Toutes ces répétitions sont voulues : elles reproduisent avec exagération ce qui se passe dans la réalité, Sorel nous le dit, et avec lui, l'auteur du *Portrait de la Coquette*. « Lorsque la précieuse a fait un recueil de quinze ou vingt mots nouveaux, elle s'imagine avoir fait un fonds admirable, pour paraître agréable et spirituelle dans le monde. Ne vous étonnez pas de l'entendre répéter les mêmes mots au bout d'un quart d'heure [2]. »

Ce procédé de Molière est donc aussi naturel que comique ; en voici un autre plus compliqué. Supposez un instant que Cathos, Magdelon, Mascarille et Jodelet usent exclusivement de mots à la mode, et qu'ils parlent comme on fait dans certaines parodies, très goûtées des contemporains [3] ; il suffira d'en citer une, où le procédé est sensible [4]. Ecoutons la Mode qui parle naturellement à la mode, et qui, pour faire l'éloge des précieuses, use presque exclusivement d'expressions précieuses : « Je vous avoue, Madame, que je ne puis condamner les véritables *Précieuses*, qui *font un peu valoir leurs talents*, que

---

(1) Somaize, 1ᵉʳ *Dict. des Précieuses* au mot *encore* ; 2ᵉ *Dict.* tome I, p. 102 — EXERCER L'ESPRIT est élégant et nouveau comme PARER L'ESPRIT, qui figure dans la Loterie des précieuses vue plus haut. — Les *Précieuses*, Scène IV : Une question galante qui EXERCE LES ESPRITS de l'assemblée. — Scène IX : Cela EXERCE L'ESPRIT. — Scène IV : Le procédé IRRÉGULIER de ces gens-là — ibid. Une tête IRRÉGULIÈRE en cheveux. — Scène IX : Il faut LE SURCROÎT d'un fauteuil. — Scène XI : Il faut donc quelque SURCROÎT de compagnie.

(2) Le *Portrait de la Coquette*, 1659, déjà cité, p. 235 — it. Sorel, *Connaissance des bons livres*, p. 420.

(3) Voir la lettre de Mᵐᵉ de la Fayette, insérée dans les *Lettres* de Bussy, 1725, in-12, tome V, p. 155, et encore *Le génie, la politesse* etc., *de la langue française*, par Templery, 1705, in-12, p. 10.

(4) *Dialogue de la Mode et de la Nature*, seconde édition, 1662, p. 28 ; toutes les expressions en italiques sont nouvelles ou élégantes ; la plupart figurent dans les *Dictionnaires* de Somaize.

j'approuve assez qu'elles dédaignent les *expressions faibles, communes* et *bourgeoises*, qu'elles en *affectent de nobles, de particulières* et *de vigoureuses*, qu'elles ne *se communiquent pas à tous venans*, surtout à ceux qui *disent les choses sans agrément, sans exagération, sans mystère,* et qui *vraisemblablement* n'estimeraient pas la *vertu occulte* de ces Héroïnes, parce qu'elle est *incompréhensible* à tous autres qu'à leurs rares et *précieux* amis. En effet, Madame, n'est-il pas à propos que ces *Muses modernes*, qui *poussent les beaux sentiments*, qui *prennent l'essor* et qui *se soutiennent miraculeusement sur rien et de rien,* qui *jettent de la poudre aux yeux* de tous ceux qui se veulent *ériger en fameux, en uniques, en gens de relief, désertent les sociétés populaires,* où *l'absence d'esprit* n'est capable de produire que *le dernier chagrin,* où personne *ne fait figure,* où *le cheval de bataille des tenans n'est* tout au plus qu'*une intrigue de quartier*, où *la conversation tombe sans être relevée,* où l'on *ne se récrie point sur le fin, sur le fort, sur le tendre, sur le délicat,* où le moindre de tous ces accidents *ferait tomber en syncope* ces *Rares,* ces *Chères,* ces *Incomparables* inconnues aux siècles passés, et l'*Admiration des futurs* ? N'est-il pas de la gloire du nôtre, que les moindres actions de ces *prodigieux Ornements du beau sexe marquent le caractère spirituel,* et que leur *silence* même soit tellement *étudié,* qu'il prouve leur *suffisance* extraordinaire, et fasse paraître par quelque signe, geste ou souris, ou dédain, qu'elles *n'entrent point en commerce avec le commun* ? »

Il est évident que, quand même toutes ces expressions à la mode seraient bonnes, leur entassement suffirait à les rendre ridicules. Cet entassement, cet abus, nous le retrouvons dans la pièce de Molière. Cathos, Magdelon, Mascarille et son compère, parlent souvent comme la Mode ; comme elle, ils débitent des groupes de phrases nouvelles qui se suivent à la file, et dont l'effet est ainsi doublé, multiplié. Et ce que nous venons de dire des expressions est également vrai des périphrases [1] et des métaphores, qui, elles aussi, vont souvent par groupes ; il y a cependant de petites différences. Tandis que la Mode accumule les phrases nouvelles au hasard, nos Précieux observent une certaine gradation ; une expression élégante en entraîne une autre qui l'est davantage, et les tirades finissent par un mot de valeur [2]. D'autre part, comme une parodie de ce genre deviendrait vite fastidieuse, Molière s'est bien gardé d'employer uniformément le même artifice ; il l'a abandonné par endroits pour l'exagérer dans d'autres, et il est arrivé ainsi à un comique plus fort que celui de la Mode. Dès que ses Précieuses ont parlé un instant comme tout le

---

(1) « Voici trois périphrases consécutives dans la même phrase : « Il faudrait être L'ANTIPODE DE LA RAISON pour ne pas confesser que Paris est LE GRAND BUREAU DES MERVEILLES, LE CENTRE DU BON GOÛT, du bel esprit, et de la galanterie. » ANTIPODE DE LA RAISON, resté dans la langue, est relevé par Somaize, 1ᵉʳ *Dictionnaire*, p. LIII. — Balzac, dans sa solitude de la Charente, répétait souvent : « Je suis ici AUX ANTIPODES. Balzac est frontière de Barbarie ; — ne sont-ce pas-là LES ANTIPODES DU LOGIS de M. de Thou ? » Œuvres in-folio, 1665, tome I, p. 14, et tome II, p. 324. (*Relation à Ménandre*). Balzac s'attacha d'autant plus à ce mot d'ANTIPODE que le Père Goulu le lui avait déjà aigrement reproché, et il contribua à le répandre dans le sens d'extrêmement éloigné. Avant 1650, Benserade avait déjà dit en parlant d'une coquette. « C'est L'ANTIPODE DES PRUDES. »

(2) « On voit bien cette gradation dans la phrase de Cathos, Scène V : « Mon Dieu, ma chère, que ton père a la forme enfoncée dans la matière ! que son intelligence est épaisse, et qu'il fait sombre dans son âme ! »

monde, elles se corrigent, et se mettent à parler plus précieusement que les précieuses véritables ne l'ont jamais fait. Il suffira de citer quelques exemples de ce procédé.

Avoir la mine est un terme nouveau, comme on l'a déjà vu, et cette phrase de Mascarille : « *Vous avez toute la mine* d'avoir fait quelque comédie, » est une phrase élégante. Mais quand à cette élégance Mascarille ajoute une série d'expressions recherchées, et qu'il dit : « Je vois ici des yeux, *qui ont la mine d'être de fort mauvais garçons, de faire insulte aux libertés*, et *de traiter une âme de Turc à More,* » quand Cathos dit à son tour, en réunissant deux termes nouveaux : « *Il a la mine de danser proprement,* » Cathos et Mascarille parlent avec une affectation ridicule. Le même procédé est visible dans les phrases suivantes, insignifiantes à première vue. Il n'est pas besoin de feuilleter longtemps les comédies de Molière, pour reconnaître combien les jurons familiers (*Dieu me damne, Tudieu, Morbleu,* etc.) sont d'usage dans la bonne compagnie. Mascarille aurait donc bonne grâce à souligner d'un *Tudieu* une phrase banale. L'affectation est visible, quand ce *Tudieu* accompagne une expression « *avoir le goût bon,* » si souvent employée dans le monde aristocratique, que les précieux eux-mêmes commencent à s'en lasser, et le disent : « *Tudieu, vous avez le goût bon !* »

De même *mettre sur le tapis une question galante* est déjà bien recherché ; *mettre sur le tapis une question*

---

(1) Les *Précieuses*, Scène IX : — L'expression élégante AVOIR LE GOÛT BON est souvent employée par Pascal, par La Bruyère, et par le chevalier de Méré, quoique celui-ci ait écrit : « Il serait à désirer de faire en sorte qu'il EÛT LE GOÛT BON, car si je me veux expliquer, il faut bien que je me serve de ce mot dont tant de gens abusent. » (Cité par M. Collet, *Fait inédit de la vie de Pascal,* p. 33.)

galante qui *exerce les esprits* de l'assemblée, dépasse la mesure. Ce ne serait pas une faute, mais une élégance, que de dire *renchérir sur le ridicule, sur le vrai*, ou sur toute autre chose[1]; Cathos est pourtant ridicule en disant : « Je trouve que c'est *renchérir sur le ridicule* qu'une personne *se pique d'esprit*[2], et ne sache pas..., etc. » Le défaut commun de toutes les phrases précédentes est le rapprochement et l'accumulation voulue d'expressions saillantes.

Dans la dernière phrase *renchérir sur le ridicule*, nous avons vu une élégance que les précieuses n'ont pas inventée, mais dont elles abusent : c'est une construction à la grecque, un adjectif *substantivé*, comme on disait au XVIe siècle, et précédé d'un article[3]. Les adjectifs neutres sont en train de prendre la place de tous les substantifs correspondants; mais parmi ces nouveaux venus, quelques-uns sont plus élégants que les autres, au dire des grammairiens, par exemple *le sérieux, le ridicule, le fin, le tendre*[4], etc. Non-seulement Cathos et Magdelon ont une prédilection marquée pour ces adjectifs, savent *le fin des choses, le grand fin, le fin du fin*, mais elles les associent entre eux, et disent : « J'ai un *furieux tendre*

(1) Sorel, (*Connaissance de bons livres*, p. 370), n'ose pas encore employer l'expression nouvelle et dit : « On a enchéri sur la vérité. »

(2) Cet exemple est des plus propres à montrer combien il faut de temps aux mots pour entrer dans le bel usage. SE PIQUER DE est déjà cité dans le *Francion* de 1623, parmi les termes chers aux courtisans ; Vaugelas le rejette en 1647; en 1663, tous les écrivains l'emploient, mais il est encore élégant, remarqué, puisque Sorel le tourne en ridicule dans un jeu de mots cité plus haut.

(3) Ce tour n'avait jamais été abandonné. Ainsi nous avons vu Balzac tirer de belles expressions « DU PROFOND de son esprit, comme les perles de la mer. »

(4) Le Père Bouhours, cité par M. Livet, Lexique des *Femmes savantes*, p. 200. — Sorel, *Connaissance des bons livres*, p. 368 : « On dit également : Il y a du TENDRE ou de la TENDRESSE en quelque chose. »

pour les hommes d'épée, » et elles les introduisent de gré ou de force, dans d'autres phrases nouvelles. Ainsi *donner dans* [1] est, suivant Sorel, un terme de guerre, qui se dit en plusieurs façons élégantes : *donner dans le sens de quelqu'un, donner dans le galimatias ;* de même *pousser* est nouveau dans plusieurs significations, dans celle-ci par exemple que Scarron trouvait déjà ridicule [2], *pousser les beaux sentiments,* et encore dans cette autre *pousser une matière, cela est trop poussé.* Aucune de ces élégances ne suffira toute seule aux Précieuses de Molière, mais elles diront : « Ma cousine *donne dans le vrai de* la chose. — Nous n'avons garde de *donner de notre sérieux dans le doux de* votre flatterie. — Il faut qu'un amant sache *débiter les beaux sentiments, pousser le doux, le tendre, le passionné. — Cela est poussé dans le dernier galant.* »

Toutes ces phrases, quoique faites avec des mots connus, avec des expressions nouvelles, mais déjà répandues, sont artificielles. Nous voyons maintenant comment Cathos et Magdelon sont ridicules en usant des mots nouveaux qu'elles n'ont pas inventés, et que les servantes de Molière peuvent employer sans inconvénient. Telles, si comparaison peut suivre raison, les deux sœurs du conte de Perrault s'en allaient puiser à la même source, mais au retour, l'une ne laissait tomber que des perles de sa bouche, et l'autre que des crapauds.

(1) Sorel, *Connaissance des bons livres*, p. 402. « De dire DONNER LÀ-DEDANS pour signifier qu'on se range à quelque avis, c'est en parler comme si on DONNAIT DANS quelque barricade, au lieu que cela se peut faire paisiblement et sans violence. Il y a pourtant des occasions où cela est dit fort proprement, à cause de l'impétuosité qu'on témoigne, etc. »

(2) Scarron écrit à un ami qu'il est POUSSÉ à partir pour l'Amérique par les POUSSEURS DE BEAUX SENTIMENTS.

Les autres défauts de Cathos et de Magdelon sont plus faciles à saisir. La plupart des expressions élégantes que l'on vient de voir, sont des métaphores ou des images. Les précieuses, en effet, se piquaient moins de créer des mots nouveaux que d'étendre les acceptions des mots anciens. Ce trait se retrouve chez Molière. Il n'y a qu'un mot nouveau dans les *Précieuses ridicules*, celui de *pommadé*, et c'est Gorgibus qui le fabrique. Mascarille et les Précieuses se contentent d'inventer des images, et ce sont tantôt des pauvretés : *frugalité d'ajustements*, un habit qui *souffre une indigence de rubans* ; tantôt des extravagances : Mascarille *imprime ses souliers en boue ;* ses plumes sont mieux fournies, plus grosses que toutes les autres, elles ont de l'*embonpoint*. Le plus souvent, les Précieuses de Molière se contentent de substituer aux métaphores déjà entrées dans l'usage, d'autres métaphores analogues. Ainsi l'on connaît déjà toute une série d'épithètes empruntées au temps, et appliquées à l'esprit (*un visage serein, avoir le front chargé d'un sombre nuage, un temps pesant, un esprit pesant*) ; il n'en faut pas moins pour que Cathos se décide à risquer deux métaphores semblables, et pour qu'elle s'écrie : « *Que son intelligence est épaisse, et qu'il fait sombre dans son âme* ¹ ! » Il n'en coûte pas plus pour étendre le sens des termes de grammaire et, pour dire : « Des gens qui sont tout

---

(1) *Curiosités françaises* d'A. Oudin, 1640, p 412. ESPRIT PESANT, idiotisme, lent ; TEMPS PESANT, idiotisme, humide et mélancolique. — ibid. p. 209. « Le verbe FAIRE sert à ce qui concerne l'état du temps comme faire beau, faire bon, faire mauvais, faire sec, FAIRE CROTTÉ; Item, faire jour, faire vent, FAIRE CLAIR, faire obscur ou SOMBRE. » L'expression d'INTELLIGENCE ÉPAISSE, relevée par Somaize, est formée par analogie sur les exemples précédents; c'est aussi un souvenir du latin : crassum ingenium — ; Bœotum in crasso jurares aere natos.

à fait *incongrus en galanterie* [1], » comme on dit encore aujourd'hui, un procédé, une tenue, un homme *corrects*. De même, Sorel nous apprend que le mot *fonds* entre dans un grand nombre de locutions nouvelles: *On fait un grand fonds* sur la parole de quelqu'un, *on a un grand fonds* d'esprit ; aucuns ont même *un grand fonds* de paresse. Du moment que l'esprit n'est plus seulement une dignité (Sorel l'avait dit avant Mme de Sévigné [2]), mais un *fonds*, une fortune, on peut le dépenser et faire, comme Mascarille, « *une furieuse dépense* en esprit, » on peut en *toucher les revenus*. « Cette proposition peut-elle être avancée par une personne qui *ait du revenu* en sens commun [3], » dit Climène, en développant l'expression à la mode, laquelle devient tout à fait ridicule chez Somaize : « Vous avez *dix mille livres de rente en fonds* d'esprit, qu'aucun créancier ne peut saisir ni arrêter [4]. »

Ainsi, c'est par des métaphores que les Précieuses de la comédie, aussi bien que les vraies, essaient d'enrichir la langue. Non-seulement la métaphore envahit le mot, l'adjectif, la phrase, mais elle passe d'une phrase à une autre, et encore à une autre, et ne disparaît que devant

---

(1) Balzac avait déjà dit *(Lettres choisies*, édition Elzevier, 1656, p. 154): « Une INCONGRUITÉ EN architecture. » Il est curieux de suivre la fortune de cette expression. Dans le *Bourgeois gentilhomme*, Acte IV, scène I, Dorante dira : « Vous y trouverez (dans ce dîner) des INCONGRUITÉS DE bonne chère et des BARBARISMES de bon goût. » Une précieuse, citée par Somaize (2ᵉ *Dictionnaire des Précieuses*, tome I, p. 202) était allée plus loin : « Manger des confitures avec une fourchette, c'est faire une IMPIÉTÉ en débauche. »

(2) Sorel, *Connaissance des bons livres*, p. 384. « Il faut dire d'une dame: ELLE EST BEL-ESPRIT, ainsi qu'on dirait d'un homme. On peut assurer que c'est faire une qualité et une DIGNITÉ du titre de BEL-ESPRIT.

(3) La *Critique de l'École des Femmes*, scène VI.

(4) Somaize, les *Véritables Précieuses*, scène VI, édition Livet, tome I, p. 22.

une nouvelle métaphore. Des métaphores, Molière en a mis partout, chaque fois qu'il a fait parler des Précieuses ; dans la *Critique de l'Ecole des Femmes*, dans les *Femmes savantes*, dans les *Précieuses ridicules*, le procédé est partout identique. Ainsi Mascarille est d'abord un chasseur qui vient chercher le mérite sur les terres de Magdelon, et qui, pour ne pas rentrer bredouille, apporte son gibier avec lui. Un peu plus loin, c'est un plaideur *s'inscrivant en faux* contre son interlocutrice, et citant comme témoin la Renommée ; celle-ci, sans *jouer* avec la réputation des Précieuses, *accuse juste*, *compte* ou *conte* exactement *ce qu'elles valent*, et ces expressions, communes à la procédure et au jeu de piquet, ne sont là que pour amener la phrase finale : « Vous allez *faire pic, repic et capot* tout ce qu'il y a de plus galant dans Paris. [1] »

L'exagération est évidente, mais la littérature et les conversations des ruelles méritaient bien ces critiques ; le style figuré, nous dit l'auteur du *Portrait de la Coquette*[2], y était de règle, et tous les précieux en faisaient vanité, tous méritaient le plaisant surnom de *Figuriborum*, que Mme de Sévigné applique au neveu du

---

(1) L'expression de s'inscrire en faux était déjà employée dans la langue comique : Comparer Corneille, la *Suite du Menteur*, Acte I, scène III, v. 285.
Cliton. — C'est l'original même, il vaut ce que je vaux :
  Si quelque autre s'en mêle, on peut s'inscrire en faux.
Molière rend à l'expression toute sa force, en la rapprochant d'accuser juste. Les *Précieuses ridicules*, scène IX. « Ah ! je m'inscris en faux contre vos paroles. La Renommée accuse juste en contant ce que vous valez.» Voici les expressions intermédiaires, en commençant par la fin : Des cartes, qui valent? — compter son point — accuser son point — l'accuser juste ou exactement, mot qui est lui-même nouveau, au dire de Sorel, *Discours sur l'Académie française*, p. 296. On dit plutôt accuser vrai, accuser faux.

(2) Le *Portrait de la Coquette*, p. 214 « Il faut que le discours (du galant) soit figuré, car ce n'est pas assez d'exprimer les choses naturellement. »

comte d'Avaux, l'ami de Voiture. Si nous ne les entendons plus converser, nous avons leurs écrits, leurs lettres, qui sont, comme ils le disaient eux-mêmes, « la présence des absents, » « l'image de la conversation[1], » et qui nous offrent à profusion des passages dignes de la pièce des *Précieuses*. Le maréchal d'Albret, sur le point de prendre la voiture publique, écrit « Je vais me jeter dans les bras d'une Crenan, pour m'y laisser transporter à Paris en toute diligence[2]. » N'est-ce pas le pendant de la phrase de Cathos, sur le fauteuil « qui vous tend les bras? » Devant les beaux yeux de Magdelon, Mascarille demande « s'il y a ici sûreté pour lui; il veut *caution bourgeoise* qu'on ne lui fera point de mal. » C'est la caution d'une marquise ou d'une comtesse qu'il aurait pu avoir. Chez Mme de Fiesque, on délivrait au musicien Lambert un sauf-conduit en règle, pour le garantir contre les beaux yeux de Mlle d'Outrelaize, son élève[3]. Les allégories, les métaphores prolongées font si bien partie de la préciosité, que tous ceux qui ont passé par cette école en gardent quelque chose. Même les écrivains les plus sobres, comme La Rochefoucauld[4] et Mme de la Fayette[5], ceux qui se flattent le mieux « d'avoir renoncé

---

(1) Sorel, *Œuvres diverses*, page 278 — *Clélie*, tome XII, livre 3, page 1130.

(2) Lettre à la marquise d'Huxelles, reproduite p. 41, dans le livre de M. de Barthélemy, *La Marquise d'Huxelles*.

(3) *Recueil des pièces choisies*, Sercy, 1662, tome II, p. 346, *Sauf-conduit de Mlle d'Outrelaize à M. Lambert*.

(4-5) Mme de la Fayette, Lettre à Huet datée de novembre 1662. « Les cœurs de campagne brûlent à bien plus grand feu que ceux de la cour, et il me semble même que ceux de la cour brûlent mieux à la campagne qu'à Paris. Ce pauvre Segrais aura tout loisir de brûler à St-Fargeau, il ne lui manquera que du feu. Mais je ne crois pas qu'il en puisse trouver-là pour allumer une allumette. »

Lettres de Mme de Sévigné, Édit. Monmerqué, t. III, p. 206. Le duc de la Rochefoucauld vient d'apprendre à Mme de Sévigné une bonne nouvelle : « Si je suis le premier à vous apprendre ceci, voilà déjà

aux fleurettes, » dès qu'ils plaisantent, dès qu'ils sourient, sont désarmés contre la métaphore et retombent dans leur ancien défaut.

Ces ridicules grandissent encore chez les précieux de second ordre. La fameuse *Carte de Tendre* n'est, suivant l'expression même de Mlle de Scudéry, que le développement galant d'une locution courante, « *savoir la carte d'un pays*[1]. » Somaize, à son tour, se fera « l'historiographe des *Terres inconnues*[2], » prudemment laissées de côté par la bonne demoiselle, et le même procédé, manié par Sorel[3], aboutira encore à la niaiserie et à la grossièreté pures. Sachons du moins gré à ce dernier de nous avoir donné une indication juste et originale; il a très bien senti que ce faux goût, auquel il sacrifiait comme tout le monde, n'était rien de nouveau, et que les précieux revenaient[4], sans le savoir, à une ancienne mode.

Et en effet, ce mauvais goût si commun en 1659, la France et toutes les nations voisines l'avaient déjà connu

la lettre de M. de Coulanges à demi-payée ; mais qui nous paiera le temps que nous passons ici sans vous? Cette perte est si grande que vous seule pouvez m'en récompenser, mais vous ne payez point ces sortes de dettes-là. J'en ai perdu bien d'autres et pour être ancien créancier, je n'en suis que plus exposé à de telles banqueroutes. »

(1) *Clélie*, tome I, livre 1, p. 392. — « Du moins, répliqua Herminius, ne serais-je pas marri de savoir combien il y a de *Nouvelle Amitié* à *Tendre* — A mon avis, reprit Aronce, peu de gens SAVENT LA CARTE DE CE PAYS-LÀ » L'expression revient encore trois ou quatre fois avant la description de la carte elle-même. — Comparez Sorel, *Bibliothèque française* de 1664, p. 153, et Saint-Simon, cité par Littré : « Madame des Ursins SAVAIT LA CARTE de la cour. » — On dit encore aujourd'hui : PERDRE LA CARTE.

(2) Somaize, *Le Voyageur fortuné*, etc. déjà cité.

(3) Sorel, *Œuvres diverses*, *L'Enfant fourré de malice*, lettre à Clorinde.

(4) Nous nous bornerons à ajouter deux ou trois citations aux réflexions de Sorel, *Bibliothèque française* de 1664, chapitre intitulé : *Des progrès de la langue française*, p. 231 ; et *Connaissance des bons livres*, 1671, chap. *Du Bon Style*, p. 333 à 348.

quelque cinquante ans auparavant; il s'était appelé de tous les noms : *euphuisme, gongorisme, cultisme,* ou plus joliment, *secentisme*[1], le mal du XVIe siècle. Tandis que les Espagnols faisaient avant nous leur Dictionnaire[2] et leur Comédie des Précieuses ridicules, les Italiens accusèrent un Français, l'historiographe Pierre Mathieu[3], d'avoir causé tout le mal, et se vengèrent en envoyant à Paris le cavalier Marin. Il y trouva à qui parler. A côté de Pierre Mathieu, nous avions les romanciers Nervèze, des Escuteaux, et leurs disciples de province, tous passés maîtres en fait de métaphores, d'antithèses et d'allitérations puériles. On se lassa enfin de *ronsardiser* en prose. Et quand Mlle de Gournay le regrettait en disant : « Le langage simple nous fait voir que c'est un Français qui a parlé, la figure et la métaphore nous montrent que c'est un homme qui raisonne et qui discourt,[4] » le Père Garasse, qui avait bien de l'esprit, mais surtout du grossier, répliquait : « Je tâche d'écrire nettement et sans déguisement de métaphores, tant qu'il nous est possible ; je sais que la chose est malaisée, car je pense qu'il en est des métaphores

---

(1) Voir l'article de M. Francesco d'Ovidio, intitulé : *Secentismo-spagnolismo,* dans la *Nuova Antologia,* 15 oct. 1882.

(2) Sur la *Boussole du Cultisme,* et la *Précieuse macaronique* de Quevedo, voir la thèse de M. Mérimée, p. 303, 309. — Françaises et Espagnoles cultivaient également la métaphore, mais celles-ci empruntaient les mots nouveaux à la langue de leur pays, celles-là forgeaient des mots grecs et latins et s'attiraient ainsi des plaisanteries dont le sel échappe aux étrangers. Ne dites plus : Donnez-moi une goutte, mais une PODAGRE de vin, dit la Précieuse de Quevedo (*La Culta latiniparla,* 1635, p. 96).— Donnez-moi mes CHIROTÈQUES, mes gants, dit la Béatrix de Calderon. (*On ne badine pas avec l'amour,* traduction Linguet).

(3) C'est ce que dit La Mothe-le-Vayer (*Œuvres,* in-folio, tome I, p. 451, *Considérations sur l'éloquence française.*) — Tallemant (tome IV, 322 à 324) joint à P. Mathieu le poète Porchères l'Augier. »

(4) *L'Ombre* de Mlle de Gournay, édition de 1641, *Sur la Version des Poètes antiques,* p. 279.

comme des femmes, c'est un mal nécessaire. » La simplicité avait donc prévalu ; Malherbe et Coeffeteau avaient rendu à la prose française la précision et la netteté. Mais Balzac revint bientôt au style figuré [2] ; ses disciples exagérèrent ses défauts, et les précieux retrouvèrent à leur insu le mauvais goût de Nervèze et de des Escuteaux.

Telles sont les idées que Sorel, plus ingénieux critique qu'habile écrivain, a exposées dans deux chapitres, intitulés l'un: *Des progrès de la langue française*, et l'autre : *Du bon Style*. Si on a la curiosité de vérifier ses assertions, non-seulement on verra les prosateurs du commencement du XVIIe siècle dépasser en hardiesse[3] les poètes qui les suivent, mais on trouvera chez eux, et à la lettre, soit les passages critiqués par Molière à diverses dates, soit les expressions mêmes de la pièce des *Précieuses*.

Bornons-nous aux rapprochements les plus frappants, car il en est évidemment de trop faciles. Si les *vols de cœurs* et les *assassinats de franchises* sont aussi communs dans les premières années du siècle qu'en 1659[4],

---

(1) La *Somme théologique* du Père Garasse, 1625, citée par Sainte-Beuve, *Port-Royal*, édit. in-12, t. I, p. 391.

(2) Sorel *(Connaissance des bons livres*, 1671, p. 340) montre que Balzac, dans sa définition de l'Eloquence, cette « faiseuse de bouquets, » accumule les figures au moment même où il les défend.

(3)   Ou plutôt sa valeur en cet état réduite,
    Me parlait par sa plaie et hâtait ma poursuite,
    Et pour se faire entendre au plus juste des rois,
    Par cette triste bouche, elle empruntait ma voix.

Comparer ces vers du *Cid*, qui paraissaient trop hardis, trop métaphoriques aux contemporains (*Corneille*, édit. Marty-Laveaux, tome XII, p. 593), à la Dédicace du *Bouclier d'honneur* à Louis XIII, par François Béning, in-8°, 1616. L'auteur appelle les vingt-deux blessures du brave Crillon, « les oriflammes du courage; ce sont vingt-deux présidents en robe rouge, vingt-deux bouches pourprines, qui proclament bien haut sa vertu. »

(4) Dans *l'Orphyse de Chrysante* de Sorel, 1625, livre III, ce petit marquis est proche parent de Mascarille: « Il disait, en se souriant

le fait ne prouve rien ; car nous avons déjà vu combien le vocabulaire de la galanterie a peu changé dans le cours du XVIIe siècle. Mais voici des exemples plus particuliers. Le vicomte de Jodelet prie Cathos de l'excuser s'il ne lui fait pas un impromptu : « Il se trouve un peu *incommodé de la veine poétique*, pour la quantité *des saignées qu'il y a faites* ces jours passés. » Dans une petite pièce du comte de Cramail, un Courtisan grotesque de 1627 sert la même excuse à une dame ridicule : « Le Courtisan *s'était fait saigner par la veine poétique*, et lui en avait-on tiré trois palettes à volant, si bien qu'il ne s'amusait qu'à tenir quelques discours de poix-résine. » Bien que Molière ait pu lire cette phrase transcrite dans le *Berger extravagant*[1], bien qu'il ait pu la rencontrer dans une des nombreuses éditions du Recueil du comte de Cramail, lequel contient un renvoi à Aristote, chapitre des béguins, à réunir au chapitre des chapeaux, on n'a pas besoin de lui prêter une réminiscence : il lui a suffi de jouer sur le même mot que le comte de Cramail, et de développer comme lui une image effacée. La même raison explique d'autres analogies. Si les yeux de Cathos *se mettent sur leur garde meurtrière*[2], les

---

dans le temple, qu'il n'eût jamais pensé que l'on eût commis les larcins si effrontément, comme de lui dérober le cœur devant tant de témoins et que l'on y eût commis des méchancetés si insignes que de blesser un homme jusqu'à la mort en un lieu sacré. » — Même phrase dans *l'Astrée*, IIe partie, livre 3.

(1) *Berger extravagant*, *Remarques* sur le livre IX, p. 305. — La pièce du *Courtisan grotesque* fait partie des *Jeux de l'Inconnu* souvent réimprimés. Voir dans ce livre l'énumération burlesque des œuvres du Herty (un fou enfermé aux petites maisons), précédée du Catalogue des sources : 1° Aristote, en son *Traité des Béguins*; 2° Polybe, au *Traité des neiges d'antan*, etc.

(2) Dans MEURTRIÈRE nous voyons comme M. Larroumet (Edit. des *Précieuses*, p. 137, note 6) une simple épithète d'ornement, et non, comme le dit Littré, l'indication d'une garde particulière. Cette épithète

incomparables charmes de Frémonde, la maîtresse d'Hortensius, *se tiennent si bien sur leurs pieds en assaillant*[1], qu'ils sont irrésistibles. Les deux phrases sont sorties d'une métaphore banale, « des yeux *provocants*. » Il en est de même pour les métaphores tirées des jeux. Cathos et Magdelon « vont *faire pic, repic et capot* tout ce qu'il y a de plus galant dans Paris ; » le Berger extravagant, plus ambitieux, voulait « *donner échec et mat* à tous les galants de l'Europe. [2] »

A plus forte raison serait-il facile de retrouver des métaphores développées, qui sont de véritables lieux-communs. La comparaison des plaisirs de l'esprit aux plaisirs de la table, qui inspire de si belles choses à Climène et à Trissotin [3], est plus ridicule encore, dans un pamphlet contre Balzac daté de 1630[4], et dans les *Caractères* du Père Le Moyne de 1643[5]. Trissotin ne parlait que des plats de résistance; le Père Le Moyne ne nous fait grâce, ni des hors-d'œuvre, ni des confitures, ni des vins de liqueur, et nous retient à table plusieurs pages durant.

De même, quand Trissotin compare son livre à un enfant

---

de MEURTRIÈRE pouvait s'appliquer à toutes les positions, à tous les coups indistinctement, et elle a dû être employée souvent dans les salles d'armes du XVII° siècle. Ainsi l'abbé de Pure décrit (*Précieuse*, 2° partie, 1657, p. 123) un provincial qui veut absolument raconter son duel à une précieuse : « Il fit au commencement le modeste, mais il n'en mentit pas moins impudemment sur la fin, et commença à me montrer sa main MEURTRIÈRE, tirer son bras, montrer la cicatrice. »

(1) *Francion*, livre IV, page 144.
(2) Le *Berger extravagant*, livre I, p. 51.
(3) La *Critique de l'École des femmes*, Scène III. — La tirade de Trissotin : « Pour cette grande faim qu'à mes yeux on expose.... » est, comme on le sait, la parodie d'une petite pièce de l'abbé Colin, intitulée *Festin poétique* et imitée elle-même, d'une lettre de Voiture.
(4) *Conférence académique sur le différend des lettres de Narcisse et de Phyllarque*, par Musac, 1630, p. 33.
(5) Le Père Le Moyne, les *Peintures morales*, in-4°, 2° partie, 1643 Préface.

nouveau-né, à qui l'approbation de Philaminte doit servir de mère, il ne fait que copier Sorel et l'abbé de Pure [1]. Celui-ci insiste encore plus longuement sur l'image : l'éditeur de son livre devient une nourrice, et les épreuves, des langes. Mais jamais personne n'a développé cette comparaison avec un luxe de détails aussi répugnants que deux écrivains de 1610, qu'il est presque impossible de citer; quoique l'un se dise Auvergnat, ce n'est pas une excuse [2].

Enfin le sonnet de Cotin sur la fièvre de la princesse Uranie est imité littéralement d'une poésie de Maynard,

---

(1) La *Précieuse* de l'abbé de Pure, 4ᵉ partie, 1658, *Préface:* « Une petite bizarrerie de mon libraire m'empêcha seulement de donner des langes à cet enfant, etc. » : — Sorel, *Œuvres diverses*, 1663, p. 257, à Mᵐᵉ D. R.. « Je vous déclare que l'honneur que vous faites à mes livres de les lire, est une seconde naissance plus glorieuse que la première, et c'est ce que j'appelle proprement mis au jour, étant exposés aux clartés de votre jugement. »

(2) *Les Tuileries d'amour*, par E. le Jay, Senlisien, avocat au Parlement, Paris, 1610, in-12; Bibl. de l'Arsenal, B. L. Nº 16.977. — Aux dames de Senlis. — Mesdames, cet ouvrage à demi-né, (suivent tous les détails physiologiques), n'espérait plus de salut ni aspirait davantage à la perfection de son être désespéré de ses travaux, mais enfin m'étant souvenu de vos libérales faveurs et trop favorables libéralités j'ai dès l'heure même imploré votre assistance, aucunement assuré que vos beaux esprits, sujets à de tels enfantements, ne dénieraient le secours à la naissance de leurs semblables. Vous voici ! fort à propos, suis-je délivré ! Voyez ! ce petit ne tend plus les mains, ni recherche rien que vos bras pour être porté dans ce grand temple gaulois, et là se faire consacrer à la postérité sur les fonts de la mémoire. »

Le bouquet de la feintise, etc., par Bernard Astier, avocat du pays d'Auvergne, Lyon, 1610, in-12; Bibl. de l'Arsenal, Nº 15,531. A Madame de la Chaux : « Cet enfant pas moins de mon esprit, qui se plaint ce me semble, de l'indigence de son père, appréhende le long voyage qu'il a à faire, si vous ne lui enseignez les chemins... Vous ne lui devez point, Madame, refuser cette grâce, car il est votre filleul de qui le père vous a rendu marraine, le second jour de sa nativité, de crainte qu'il avait qu'en son indisposition il mourût sans baptême. Il est encore nu, comme vous l'avez vu, à cause de la pauvreté de ses parents, revêtez-le, je vous prie..... Que s'il ne parle pas le bon français, il ne faut point qu'on s'en étonne, puisqu'il est auvergnat, etc..... »

qui avait été lui-même précédé par Balzac[1]. On retrouve un développement analogue chez Mlle de Scudéry[2], et si les jolies choses de ce genre sont plus rares dans ses romans que dans ses lettres, c'est uniquement parce que ses romans sont écrits plus vite et moins soignés.

Les textes confirment donc le rapprochement indiqué par Sorel ; le commencement et le milieu du XVIIe siècle se ressemblent et se rejoignent, comme il l'a dit. Au contraire, si l'on poursuivait cette revue de la littérature au-delà de 1659, après les *Précieuses ridicules*, on constaterait, comme les précieux eux-mêmes l'ont fait[3], un retour marqué à la simplicité ; on verrait, suivant l'expression d'un poète de ruelle, « le style des honnêtes

---

(1) *Œuvres* de Balzac, in-folio, t. II, p. 116, 7 octobre 1628 : « La fièvre n'a pas porté à Adamante le respect qui est dû à une personne de sa condition et l'a traité si rudement que... etc. » — Comparer Maynard *Poésies* in-4°, p. 198.

> Vos drogues ne servent de rien,
> La goutte a juré de vous suivre ;
> Marquis, vous la traitez si bien
> Que c'est vous qui la faites vivre.
> Vous la frisez chaque matin,
> Et la mettez dans votre chambre,
> Sur des matelas de satin,
> Et des sachets de musc et d'ambre ;
> Elle est trop mollement chez vous
> Pour espérer qu'elle s'en aille.

(2) *Manuscrits Conrart*, in-folio, tome V, lettre de Mlle de Scudéry à Godeau, du 1er Mai 1654. Elle vient de faire à Godeau une querelle de jalousie : « C'est une jalousie si modeste, qu'on en fait tout ce qu'on veut, et qui ne ressemble point du tout à celle qu'on représente comme une Furie. Je la portai il y a quelques jours au Louvre, où je fus voir le ballet, qu'elle me laissa regarder fort paisiblement ; je la menai aussi hier au Cours, où elle me laissa en repos, et je m'en vais la porter chez Mme Robinean où je ne sais comment elle me traitera..... »

(3) 1° *Menagiana*, tome II, p. 188. — 2° Le Pays, *Amitiés, amours, amourettes*, 1665, in-12 p. 359.

gens devenir tout uni, comme leur habit [1]. » Même les écrivains les plus pittoresques de la fin du siècle, s'il leur arrive d'imiter leurs prédécesseurs, se sentent obligés de baisser le ton, d'atténuer les métaphores trop vives. Et il en ira ainsi, jusqu'à ce que la préciosité réapparaisse, en face de Voltaire, et que toute cette histoire se répète sous d'autres noms, car, en littérature comme ailleurs, rien ne finit que pour recommencer.

Après les métaphores, voyons les périphrases qui ne sont que des métaphores allongées. Les mots indiquent l'idée, les métaphores la dessinent et la peignent, les périphrases la développent. Elles se rencontrent donc chez les meilleurs écrivains, comme chez les pires, et Somaize manque quelquefois de dérober les expressions de Racine [2]; elles ne sont mauvaises que par abus, et cet

---

(1) Ces comparaisons sont quelquefois possibles. La Bruyère semble avoir imité les réflexions sur la vieillesse, que Pascal a tirées de la *Dévotion aisée*, et citées dans la X* *Provinciale* : « Il peut être permis de se parer en un âge qui est la fleur et la verdure des ans, etc. » Cf. La *Bruyère* édit. Servois, p. 229. « Une trop grande négligence comme une excessive parure dans les vieillards multiplient leurs rides. »

Il. comparer la première phrase de La Bruyère « Tout est dit, etc. » avec cette réflexion analogue du Père Le Moyne, *Peintures morales*, 1640, p. 287. « Il est très ridicule de se persuader qu'en l'Académie.... les premiers-nés aient pris pour eux tout l'esprit, et que ceux qui ont monté les premiers sur le Parnasse, aient si bien cueilli tous les lauriers, et toutes les fleurs de ce pays-là, qu'il n'y soit demeuré que des orties et des choux, pour ceux qui les ont suivis. » Tout l'Avertissement du Père Le Moyne est dans le même goût.

(2) Somaize, (*Le Secret d'être toujours belle*, Paris, 1666, in-12, p. 29) défend ainsi l'usage du fard :

En hiver quand le jour nous éclaire si peu,
Recourt-on pas à l'usage du feu,
Pour, en dépit du temps, conserver la lumière ?
Avant que le sommeil nous ferme la paupière,
UN ÉCLAT EMPRUNTÉ, qui sans cesse nous fuit,
Ne s'oppose-t-il pas aux ombres de la nuit ?
Et pourquoi la beauté, dont la nature avare
Laisse si peu jouir les objets qu'elle pare,
Ne serait-elle pas conservée avec art ?

abus des périphrases, aussi bien que celui des métaphores, n'est pas particulier aux précieux de 1659, il semble plutôt le privilège de toutes les littératures qui commencent ou qui finissent, qui babillent ou qui radotent. De même que Molière n'a pas condamné les métaphores naturelles, puisqu'il en a prêté à d'honnêtes gens, dans cette pièce même des *Précieuses ridicules*[1], ainsi il a seulement critiqué les périphrases inutiles ou emphatiques. Il les a mises sous toutes les formes ; tantôt elles se substituent au terme propre dans le corps d'une phrase : « Venez nous tendre ici dedans *le conseiller des grâces*;» tantôt elles suivent le terme propre comme attribut ou qualificatif : « L'impromptu est justement *la pierre de touche de l'esprit*[2]. » Dans les deux cas, elles sont également ridicules. Ce sont les plaisanteries de ce genre qui nous frappent le plus aujourd'hui. Nous ne pouvons croire qu'on ait jamais rien écrit « de cette force-là, » et cependant, pour reconnaître le fait, il suffit de parcourir les *Œuvres diverses* de Sorel, les livres de l'abbé de Pure ou ceux du Père Le Moyne, « et des autres *arbitres souverains des belles choses*. » La manie des périphrases était si répandue chez les précieuses, que Mlle de Scudéry elle-même n'y a pu résister, et n'a pas dédaigné à l'occasion les phrases poétiques comme celles-ci : « L'espérance est *le printemps de l'amour*, la joie est *un fard innocent* et admirable, etc.[3] » Non-seulement ces périphrases ont été écrites, mais elles ont été parlées, elles ont passé du style dans la

---

(1) Les *Précieuses*, Scène I. La Grange : « L'air précieux n'a pas seulement infecté Paris, il s'est aussi répandu dans les provinces et nos donzelles ridicules en ont humé leur bonne part. »

(2) Comparer l'expression du Père Le Moyne, *Peintures morales*, 1640, in-4', p. 81: « Les stances sont les CHEVALETS DES ESPRITS, et les ROUES DES OREILLES. »

(3) *Clélie*, tome IV, livre I, p. 449. — *Clélie*, tome I, livre I, p. 151.

conversation, car s'il est ridicule de parler comme les livres, il convient de se rapprocher d'eux, il est bon, disent les habiles, de parler un peu comme l'on écrit, et d'écrire un peu comme l'on parle [1]. Mais ce ne sont là que des inductions ; peut-être ne suffit-il même pas, pour expliquer les périphrases de la pièce des *Précieuses* de citer celles des dictionnaires de Somaize, qui cite lui-même Molière; il convient de remonter plus haut.

On a vu Sorel faire la guerre, dans le *Francion*, aux expressions affectées de Balzac. En feuilletant les lettres du grand épistolier, nous n'aurons que l'embarras du choix entre vingt périphrases aussi bizarres que « *le soleil de la nuit.* » Balzac appelle encore la gelée « *l'âme de la viande;* » les femmes sont « *le mal des yeux;* » les paons, « *des pierreries vivantes;* » la cour, « *le pays où l'on devient bossu à force de révérences;* » les médecins et les médecines, « *de seconds maux;* » les passions qui nous agitent, « *les pieds de l'âme,* » pourquoi pas « *l'âme des pieds ?* [2] » C'est en vain que l'apologiste de Balzac, le

(1) 5ᵉ *Conversation* du chevalier de Méré avec le maréchal de Clairembault.

(2) Balzac, *Lettres choisies*, Elzeviers, in-12, 1656, p. 238. Lettre au comte de Clermont de Lodève, 2 Sept. 1639: « J'eusse bien désiré d'aller passer auprès de vous les belles journées que ma passion m'y promettait. Mais pour cela, ce n'est pas assez d'avoir des désirs et des passions, quoique M. Desportes les appelât autrefois LES PIEDS DE L'AME. Il se faut remuer plus matériellement et avec plus de force. » Comparer la phrase de Magdelon. Scène XII. « Ces Messieurs ont eu fantaisie de NOUS DONNER LES AMES DES PIEDS. ». Molière tombait lui-même dans un ridicule pareil quand, dans les *Amants magnifiques*, 3ᵉ intermède, il faisait dire à un chœur de danseurs :

Et TRACEZ sur les herbettes
L'IMAGE DE VOS CHANSONS.

Chaussons, corrigeait ironiquement Benserade. Cette expression affectée rappelle celle d'un poète qui fit plusieurs pièces pour la troupe de Molière, M. Gilbert: Danser, TRACER DES CHIFFRES D'AMOUR. (M. Gilbert, cité par Somaize, 2ᵉ *Dict. des Précieux*, tome I, p. 82).

Père Ogier, prétend qu'on n'a pas le droit de séparer ces expressions du contexte; il ne sera jamais bon, nulle part, de faire, d'un fagot ou d'une chandelle, le soleil de la nuit. Si ces défauts diminuèrent chez Balzac vieillissant, il en garda toujours des traces. Pascal avait raison de se moquer de celui qui était toujours tenté d'écrire, au lieu de Roi, l'*auguste monarque*[1]; au lieu de Paris, *la capitale du royaume*.

Or, à diverses reprises, Somaize a constaté la longue influence de Balzac, lequel a certainement compté plus de disciples encore que Voiture ; il cite une série de phrases de Balzac, comme l'exemple le plus fort que l'on puisse trouver du style précieux, et justement ces phrases sont copiées avec de légers changements par Cathos[2] ; il conclut en disant que parler précieux et parler Balzac, c'est la même chose. De même, Ménage raconte que les lettres de Balzac étaient le présent le plus agréable et le plus utile à faire aux dames[3], celles-ci les apprenaient par cœur, aussi bien que les romans à la mode, et se servaient souvent de leurs expressions. Balzac eut donc sa bonne part dans cet abus des périphrases ; le mauvais goût et l'envie de se distinguer firent le reste. Bien que, suivant la définition de Bary[4], le rhéteur des précieux, la

---

(1) Balzac, Eloge de Louis XIII dans le *Prince*. « Il pleut et il neige tous les hivers sur LA PREMIÈRE TÊTE DU MONDE. »

(2) Balzac, (cité par Somaize, 2ᵉ *Dict. des Précieuses*, tome I, p. 118). « Bon Dieu, quel exil pour une âme raisonnable ! *Quelle sécheresse de conversation*, et quelle solitude de livres! » — Les *Précieuses ridicules* Scène IV : « Mon Dieu, quels amants sont-ce là! QUELLE FRUGALITÉ D'AJUSTEMENTS et QUELLE SÉCHERESSE DE CONVERSATION ! ON N'Y DURE POINT. »

(3) Dès 1628 les galants envoient le Recueil de Balzac à leurs maîtresses, pour les instruire au beau style, comme on le voit dans la *Lettre de Polydecque sur les lettres du sieur de Balzac*, 1628, in-12, qui accompagne un envoi de ce genre.

(4) Bary, *Rhétorique française*, 1659, réimpression de 1673, Chapitre des différents styles. — Dans le style sublime, « il faut préférer le pluriel au

périphrase et le pluriel emphatique des mots fussent des ornements réservés au style sublime, bien des gens, et Bary tout le premier, cherchaient le sublime, le haut style, dans la simple conversation, et trouvaient seulement le ridicule.

Les habitués des ruelles, exercés au jeu des énigmes, ne devaient pas être embarrassés pour inventer des périphrases ; mais la plupart d'entre eux ne se donnaient même pas cette peine, ils préféraient prendre leurs périphrases toutes faites dans les livres, et mettre les écrivains modernes et même les anciens en coupe réglée. Les précieuses ne savaient pas le grec, mais elles embrassaient ceux qui le savaient [1], et profitaient de leur science. Si le Père Le Moyne, un de leurs amis, ne parle pas de Gorgias, qui ne disait pas un vautour, mais « *un tombeau vivant*, » il rappelle expressément que tous les *Palais* et toutes les *Cartes* allégoriques étaient déjà connus des anciens ; il constate avec plaisir que le rhéteur de la décadence, Philostrate, n'a pas voulu écrire « les yeux » tout court, mais bien « les *hôtelleries de la Beauté*, » et il s'approprie la phrase [2]. De même, beaucoup de périphrases, recueillies dans les deux dictionnaires de Somaize, ont bel et bien une origine grecque ou latine. C'est ainsi que Simonide

---

singulier, se servir des superlatifs, affecter de grands adverbes, user de grands mots, employer les définitions au lieu des mots simples. » — La règle, il faut préférer le pluriel au singulier, explique plusieurs phrases de Molière : « Des yeux qui font insulte AUX LIBERTÉS, — LES INCLÉMENCES de la saison pluvieuse, » etc.

(1) Molière a probablement tiré la réplique d'Henriette d'une scène analogue de de Visé, *Le Gentilhomme Guespin*, 1670, Acte I, scène V. Un fâcheux vient d'embrasser toutes les dames de la société et s'approche de Lisette qui dit :
  Je ne suis pas, Monsieur, de celles que l'on baise.
(2) Le Père Le Moyne, *Caractères des Passions*, in 4°, 1643 p. 819

avait appelé, avant Mlle Le Brun, les poètes, « *les peintres parlants* [1]; » cette périphrase figure déjà dans le *Berger extravagant* en 1628, et doit être sortie de quelque Recueil de collège. Le *conseiller des grâces* est une expression de Martial, traduite par M. de Grenaille dans son livre des *Plaisirs des Dames* [2]. Une autre expression du même genre, le papier ou « *l'effronté qui ne rougit point* [3], » a été tirée probablement d'une lettre de Cicéron, souvent imitée par les précieux, de la lettre à l'historien Lucceius, où on lit : *Epistola non erubescit*; de même, la définition de l'histoire donnée par Cicéron [4], a été empruntée par un précieux obscur, M. de la Porte, et transcrite littéralement par Somaize. Si le Marais est appelé la *République de Platon* [5], c'est une allusion, non pas à toutes les Philamintes du quartier, mais aux grenouilles qui figurent dans une phrase célèbre du *Phédon* : « La terre est fort grande ; nous n'en habitons qu'une petite partie, depuis le Phase jusqu'aux colonnes d'Hercule, répandus autour de la mer, comme des fourmis ou des grenouilles autour d'un marais. » A cette érudition

---

(1) Somaize, 2ᵉ *Dict. des Précieuses* tome I, p. 202. — Sorel, *Le Berger extravagant*, Remarques sur le livre II, p. 49, et *Œuvres diverses*, passim de Sorel.

(2) Souvent cité par les commentateurs de Molière.

(3) Cité par Somaize, 1ᵉʳ *Dict. des Précieuses*, au mot *Papier*. — Cicéron, (*Ad familiares*, liv. V, Ep. 12. La lettre de Cicéron à Lucceius été encore imitée par un autre précieux (*Manuscrits* Conrart, in folio, tome V, page 260:)« Oui, Mademoiselle je brule. Ce terme vous choque-t-il ? Je vous le ferai voir dans Cicéron, d'où j'ai tiré tout le reste. *Ardeo cupiditate incredibili* etc.» — Les précieux lisaient beaucoup Cicéron. Ainsi l'abbé d'Aubignac tirait d'une phrase de *l'Orator*, ch. 49 « Vocum aures sunt judices, » cette métaphore, « LE TRIBUNAL DES OREILLES » tournée en ridicule par de Visé. Tout le passage est reproduit dans le tome XII. p. 508, des œuvres de *Corneille*, édit. Marty-Laveaux.

(4) Somaize, 2ᵉ *Dict. des Préc.* p. 113: L'histoire, LE TÉMOIN DES TEMPS, LA MÉMOIRE DES AGES, LA MAITRESSE DES ANS, LA VIE DES MORTS, etc.

(5). Somaize, 2ᵉ *Dict.* tome I, p. 173. — *Phédon*, chap. LVIII.

de fantaisie, Somaize a bien fait d'ajouter une citation de Rabelais, le rire : *le propre de l'homme.*

Pour prouver que les précieuses ne craignaient pas d'employer en causant des périphrases de ce genre, ou d'autres plus ridicules, il faut chercher dans les livres les passages qui se rapprochent de la conversation. Voyez par exemple Eranthe ou le bon Père Le Moyne, arrêté en contemplation devant un parterre de fleurs, et « s'inclinant comme s'il eût voulu leur accourcir le chemin de sa vue et les recevoir plus fraîches et moins hâlées du soleil. » Nymphodore vient le tirer de sa rêverie : « Hé quoi, Eranthe, vous nous laissez pour entretenir des *Muettes agréables* et des *Mortes de belles couleurs*[1] ? » N'est-ce pas la contre-partie de la phrase de Mascarille : « Attachez un peu sur ces gants *la réflexion de votre odorat ?* »

Mais le témoin le moins suspect et le plus utile, ce sera encore le professeur des précieux, René Bary, qui l'année même de 1659, publiait sa curieuse *Rhétorique française,* et qui la réimprima plusieurs fois, dans le même esprit. On peut dire que les comédies de Molière ont été pour lui nulles et non-avenues. En 1673, un an après les *Femmes savantes*, il écrit des Conversations[2], où l'on entend des

---

(1). Le Père Le Moyne, *Peintures Morales*, 2ᵉ partie, 1643, p. 26.

(2). *Journal de conversation, où les plus belles matières sont agitées de part et d'autre*, par René Bary, Paris, Jean Couterot, 1673. Privilège du 29 sept. 1671. Nous avons suivi la réimpression de 1681, intitulée *l'Esprit curieux*.

Molière paraît bien avoir lu un autre ouvrage du même Bary, *l'Esprit de cour ou les Conversations galantes*, Amsterdam, 1665, in-12, et s'être souvenu de la Conversation LIV, p. 255, intitulée : *De l'Introduction ; Sertore qui est un excellent homme introduit un auteur chez une savante*, pour la présentation de Vadius par Trissotin : « *Sertore.* Voici, Madame, cet excellent homme dont je vous entretenais dernièrement, j'ai cru que vous ne trouveriez pas mauvais que je lui procurasse l'honneur de votre connaissance, que je lui communiquasse un bien que peu de gens possèdent etc. » Comparer Trissotin :

C'est cet ami savant qui m'a fait tant d'instance
De lui donner l'honneur de votre connaissance.....

Philamintes et des Bélises convaincues qui donnent la réplique à des Trissotins assortis. Climène, par exemple, se plaint en minaudant de son soupirant, et dit : « Bélisaire depuis un certain temps vacille dans ses opinions, il est tantôt péripatéticien et tantôt descartiste, il est tantôt lulliste et tantôt épicurien, il s'imagine que je suis la plus belle de toutes les filles et il changera peut-être bientôt d'imagination [1]. » Ce Bélisaire vient entretenir ses amies « de raretés, » de jolies questions comme celle-ci : Pourquoi les ânes ne boivent-ils que du bout des lèvres? — C'est, on l'a deviné, parce qu'à la différence de Bélisaire, ils ont peur de l'ombre de leurs oreilles.

Avant de publier ce commentaire inattendu des *Femmes savantes*, Bary avait déjà fait paraître en 1665 l'*Esprit de cour ou les Cent conversations galantes*, *dédiées au Roi*. On n'a qu'à les feuilleter au hasard, pour y retrouver tous les ridicules des Précieuses de Molière. L'aimable Théotyme n'invitera pas son galant à venir aux vendanges, mais « aux *assises de Bacchus*; » du reste, écoutons-les : « Je sais bien que vous avez de grandes occupations, et qu'à moins d'être fort aimable, il est bien mal aisé de vous attirer aux champs ; mais quoique je n'aie pas toutes les qualités que votre délicatesse demande, j'espère pourtant que vous assisterez aux *assises de Bacchus* [2], que vous viendrez à Coulombe [3]. — Je vous suivrai, je vous le promets, mais ressouvenez-vous, Théotyme, que ma passion a semé des soins, et que comme nous sommes dans la saison des récoltes, il est temps que je recueille des reconnaissances. » Une fois en route, sur les

---

(1) Bary, *l'Esprit curieux*, De l'inconstance, p. 34.
(2) Bary, *l'Esprit de Cour*, sur les Vendanges, p. 204.
(3) Bois-Colombes, probablement.

bords d'un ruisseau, le galant Brictomare invitera Théotyme à contempler son image dans cette « *glace mouvante* [1] », où elle découvrira « *les causes des plus beaux feux du monde ;* » il lui dira de prendre place sur « *ces reposoirs gazonnés*, sous ces *parasols feuillus.* [2] » il ne tarira plus en compliments : « Savez-vous, Madame, comment j'appelle vos cheveux ? Je les appelle de *belles chaines.* — Ce sont, à mon avis, des liens bien déliés. — S'ils étaient forts, ils seraient faibles. — Il est vrai qu'un poil rude et grossier est mal propre à enchaîner des cœurs, mais enfin si votre cœur n'était attaché à ma personne que par mes cheveux, sa servitude dépendrait de peu de chose [3]. »

Assurément, on ne parlait pas toujours ainsi, puisque ce sont là des modèles de conversations, non des conversations véritables, et que nous avons réuni bout à bout quatre de ces modèles. La comédie même de Molière prouve que les précieuses employaient les termes propres en même temps que les périphrases, et qu'elles disaient, tantôt : « Ma chère, il faudrait faire donner des sièges, » et tantôt : « Vite, voiturez-nous ici les *commodités de la conversation.* » Même ces périphrases ridicules disparaissaient le plus souvent, sitôt créées ; il fallait sans cesse en trouver de nouvelles pour briller dans la conversation, sans cesse proposer de nouvelles énigmes : mais les énigmes changeaient et le

---

(1) Bary, *l'Esprit de cour*, 8ᵉ Conversation sur les *Ruisseaux*: Bary aura tiré l'expression de « GLACE MOUVANTE » du *Berger extravagant*, acte III, scène II, de Thomas Corneille.

(2) Bary, ibid. 1ʳᵉ *Conversation* sur la Campagne.

(3) 8ᵉ *Conversation* sur les Cheveux. — Les mêmes périphrases reparaissent, quoique moins nombreuses dans le *Nouveau traité de la Civilité* par Ant. de Courtin, Paris, 1677: on y lit, p. 83 : Hé quoi, Monsieur, attendre que l'on vous fasse entrer ! — On doit, Mademoiselle, dit le cavalier, ce respect au TEMPLE DES MUSES. — Vous faites Monsieur bien de l'honneur à ce cabinet, etc. »

défaut subsistait. Pendant de longues années, les beaux esprits s'amusèrent à substituer aux mots propres des expressions plus ou moins claires. En 1648, Sorel appelait déjà la foire Saint-Germain, le rendez-vous du monde galant, « les États généraux de l'amour ; » en 1673, de Visé citait encore avec orgueil la périphrase que l'ancien ami de Pascal, Mitton, employait pour désigner sa gazette. Il l'avait appelée *la Consolation des Provinces*, sans doute parce que le Mercure galant, apportant aux provinciaux les nouvelles et les modes de la grande ville, avait fait mentir le mot de Mascarille : « Hors de Paris, il n'y a point de salut pour les honnêtes gens. »

Ainsi, le défaut visé par Molière a bien existé dans la réalité, et jusque dans ses bouffonneries, il y a une part d'observation. Il est bien vrai que ces synonymes ridicules ont été écrits par beaucoup de gens, et parlés par quelques-uns. Ces raffinés ne remarquaient pas, mais Sorel l'a remarqué, que leurs plus belles périphrases ressemblaient, à s'y méprendre, aux quolibets en usage parmi le peuple [1] ; ils ne comprenaient pas non plus que d'autres gens, qui ne s'en vantaient pas, et pour cause, avaient éprouvé avant eux le besoin de parler un langage inintelligible aux profanes [2]. Quand Somaize insérait dans

---

(1) Sorel, *Connaissance des bons livres*, p. 421. La comparaison est des plus justes. On n'a qu'à rapprocher les périphrases ridicules citées par Somaize (par ex., 1ᵉʳ *Dictionnaire*, LES CHERS SOUFFRANTS, les pieds) des quolibets populaires recueillis par Oudin dans les *Curiosités françaises* de 1640, p. 456 : PRISON DE SAINT CRÉPIN, des souliers trop étroits ; ibid. un ORFÈVRE EN CUIR, un cordonnier ; un ROSSIGNOL DE MOULIN, ou un âne ; L'AUBE DES MOUCHES, le soir ; une NYMPHE POTAGÈRE, une servante de cuisine. — On pourrait comparer de même les métaphores du langage populaire et celles de Jodelet : « Vos attraits exigent leurs droits seigneuriaux sur toutes sortes de personnes. — *Curiosités* p. 224. Fille de sergent, qui a les YEUX PLEINS D'ASSIGNATIONS, idiotisme, qui a les yeux AMOUREUX ET ATTRAYANTS.

(2) Somaize, 2ᵉ *Dict. des Précieuses*, tome 1 p. 158.

son premier *Dictionnaire des Précieuses*[1] et jusqu'à la dernière page du second, des expressions empruntées à l'argot des voleurs[2], la plaisanterie était de bonne guerre, car l'analogie était frappante entre les deux jargons, tour à tour poétiques ou grossiers à plaisir. Et de même c'est à dessein que Molière[3] a comparé les Précieuses Ridicules au vieux Docteur de la comédie. Si le Pédant Grangier s'était déguisé en marquis ridicule, s'il avait prié Cathos « *d'estropier le silence*, » ou de lui donner *le réceptacle des instruments de l'immortalité, scriptorium scilicet*[4], » Cathos l'aurait probablement compris. En effet, tous les ridicules se touchent, et tout argot, tout jargon, à quelque société qu'il appartienne, est un langage figuré, qui repose sur les mêmes principes.

Abus des mots nouveaux, abus des métaphores, abus des périphrases, tels sont donc les défauts communs de toutes les ruelles, où l'on ne laisse pas d'avoir des prétentions au naturel et à la science infuse. L'illustre Sapho « sait tout sans avoir jamais rien appris, » comme Mascarille[5]; tout ce que dit Mascarille est *naturel*, de même que l'abbé Cotin, il s'en vante, « a accoutumé d'écrire aussi *naturellement* qu'il parle[6]. » Il ne serait donc pas juste de dire que la comédie de Molière n'est que la caricature des précieux; elle est un portrait pour

---

(1) Somaize, ibid, 1ʳ *Dict. des Précieuses*: « L'ARDENT, L'AMEUBLEMENT DE BOUCHE, L'INDISCRÈTE, LE BOUILLON DES DEUX SŒURS, etc. » déjà relevés par M. Marty-Laveaux, *Revue contemporaine*, 15 Mai 1857.

(2) Somaize, 2ᵉ *Dict. des Précieuses*, t. I, p. 206. « Manier LA LONGUE PLUME. » — *Curiosités françaises*, p. 432 : UNE PLUME DE QUINZE PIEDS, une rame de galère.

(3) Molière, Préface des *Précieuses ridicules*.

(4) Le *Pédant joué*. Acte II, scène V; ibid., Acte V, scène X.

(5) Le *Grand Cyrus*, tome X, livre II, p. 569, cité par M. Livet, (édit. des *Précieuses*, p. 114).

(6) L'abbé Cotin, *Œuvres galantes*, 1663, p. 100.

la plupart, et pour tous elle est vraie. Entre l'hôtel de Rambouillet finissant, et ces cercles aristocratiques, où, suivant Mme de Sévigné, le langage « était si sophistiqué qu'on aurait eu besoin d'un truchement[1], » entre les grandes dames de la préciosité et Mlle de Scudéry, entre Mlle de Scudéry elle-même et les précieuses bourgeoises, il n'y avait pas un abîme, mais seulement des degrés, ceux du médiocre au pire. Sans doute, on ne confondra pas Mlle de Scudéry avec son amie, cette Madame de Saint-Ange, qui faisait la bête, et dont Tallemant seul pourrait raconter l'histoire[2] ; tous les précieux n'étaient pas également, ni partout, ni toujours ridicules ; ils voyaient très bien leurs propres défauts chez les autres[3]. Sans s'arrêter à ces distinctions, au moins dans sa pièce, Molière les enveloppa tous dans la même condamnation ; pas plus que Boileau, il n'hésita à ridiculiser la vieille demoiselle, la tête du parti, et après tout, il eut bien raison, jamais satire ne vint plus à propos que la sienne.

Il était grand temps que la préciosité disparût ou se cachât, et que tous ces salons, grands ou petits, fissent place à la cour. Les précieux avaient rendu des services à la première heure, ils avaient poli les mœurs et le langage, épuré le goût, mais leur temps était passé ; toute une littérature ne pouvait s'occuper indéfiniment d'enfantillages. Ces services mêmes, si on les restreint à la langue et à l'orthographe, ils s'en exagéraient

---

(1) *Lettre* à Mme de Grignan du 16 mars 1672, Edition Monmerqué, t. II, p. 538, 541 ; t. III, p. 229 ; — comparer les lettres du cercle de Mme de Sablé, transcrites par Sainte-Beuve dans *Port-Royal*, t. V, p. 667.

(2) *Tallemant*, tome VII, p. 63 et 64.

(3) Voir une excellente critique du langage précieux dans la *Clélie*, tome IX, livre II, p. 678.

l'importance, et leurs amis mêmes n'en étaient pas dupes. Sorel termine durement le chapitre qu'il leur a consacré, en disant : « Nous n'ajouterons plus de foi à ceux qui nous veulent faire croire, que pour deux ou trois méchants mots qu'on a mis en crédit, notre langue va être dans sa perfection, et que les mots qu'on a retranchés ne nous rendent point plus pauvres, parce qu'on en remet d'autres à leur place. Cela serait bon, si on en inventait qui eussent la même signification que les anciens, mais on n'a point cette prévoyance. Les mots sont abolis ou inventés plutôt par hasard que par choix.[1] » C'est ainsi que Sorel, sans se soucier d'une contradiction apparente, termine un long chapitre sur les innovations des précieux, et sa conclusion sera aussi la nôtre. Pour quelques réformes orthographiques, mal discutées, mal établies, depuis longtemps proposées, pour quelques métaphores heureuses, rencontrées au hasard, il n'y avait point lieu de s'enorgueillir ; les gains ne compensaient pas les pertes[2], ni l'injuste mépris des beaux mots vieillissants. « En notre langage, disait un auteur du XVIe siècle, je trouve assez d'étoffe, mais un peu faute de façon[3]. » Les précieuses se chargèrent de cette façon, mais elles rognèrent étrangement l'étoffe.

(1) Sorel, *Connaissance des bons livres*, p. 427.
(2) C'est ce qu'il serait facile, mais très long, d'établir, en dressant la liste exacte des mots gagnés et des mots perdus par la langue, entre 1620 et 1660. Ce travail n'entrait plus dans notre sujet.
(3) Montaigne, *Essais*, livre III, ch. V.

TROISIÈME PARTIE

———

SOREL POLYGRAPHE

CHAPITRE XI

Sorel historien. — Comment il a voulu renouveler l'histoire de France. — Originalité de l'*Avertissement* qu'il a publié à ce sujet en 1628. — Des reproches qu'il adresse aux anciens historiens français. — Les antiquités troyennes et gauloises. — La critique des légendes. — Le costume dans l'ancienne histoire. — L'orthographe des noms mérovingiens. — La royauté chez les Francs. — Le sujet et les limites de l'histoire nouvelle. — Du style qui convient à l'histoire et de la suppression des discours artificiels. — Des obstacles et des préjugés qui ont empêché Sorel de réaliser ses projets. — Sorel historiographe. — Nullité de ses ouvrages. — Il a continué cependant ses recherches historiques, comme en témoigne la *Bibliothèque française*. — Il propose la création d'une Académie d'histoire, mais ne tarde pas à perdre sa pension d'historiographe. — Y a-t-il lieu, comme Sorel le prétendait, de faire une distinction entre le titre d'historiographe du roi et celui d'historiographe de France ?

Les romans, les jeux d'esprit, les curiosités de la langue française qui tiennent la première place dans l'œuvre de Sorel, n'auraient tenu que la seconde, s'il n'avait dû consulter que ses goûts personnels. Ce romancier comique voulait et pouvait devenir un historien sérieux. Quels obstacles l'ont arrêté, comment n'a-t-il pu réaliser dans son âge mûr les rêves de sa jeunesse ? Pour répondre à cette question, il faut remonter quelque vingt ans en arrière, au temps où Sorel retournait contre les historiens la critique qu'il venait d'exercer sur les romanciers. Nous avons déjà signalé son *Avertissement sur l'Histoire de*

France, qui parut la même année que le *Berger extravagant*; si tous les programmes sont beaux, celui-là plus que tout autre méritait d'être rempli. Dans ces cent cinquante pages il y a tant de vues hardies et fécondes, et un sens critique si perçant, que cette œuvre de jeunesse mérite d'être examinée attentivement.

Le début en est très net : « Il y a sujet de s'étonner du peu d'état que l'on a fait jusqu'à cette heure de l'histoire de France dans la France même, et de voir que les hommes de lettres savent mieux le nombre des consuls ou des empereurs de Rome que celui de nos rois, et que pour tout le reste du peuple il sait si peu de chose de ce qui s'est passé ici, qu'il semble être en quelque lieu de bannissement, comme si la plupart des Français ne venaient que d'arriver en France[1]. » A qui la faute s'il en est ainsi ? Pourquoi l'histoire de France, aussi belle que la grecque ou la romaine, aussi fertile en beaux exemples, est-elle négligée dans les collèges, ignorée des enfants, et mal sue des hommes ? Cette histoire n'est pas lue; n'est-ce pas parce qu'elle est illisible ? Telle est du moins la conclusion de Sorel, quand il a passé en revue les historiens français. Il en a vite fini avec le compilateur naïf des vieilles chroniques de Saint-Denis, avec Nicole Gilles « qui s'imaginait sans doute écrire quelque roman des chevaliers de la Table-Ronde. » L'histoire latine de l'Italien Paul Emile ne vaut guère mieux avec sa fausse élégance, et le régent qui l'a traduite en français a perdu son temps. Il faut rendre justice à l'érudition d'Estienne Pasquier, de Papyre Masson et de Fauchet, mais leurs

---

(1) De longues années plus tard, De Visé écrira dans la *Défense de Sophonisbe:* « Nul n'ignore que nous savons mieux l'histoire romaine que l'Histoire de France ».

recherches ingénieuses. savantes même, si l'on veut, sont confuses et mal liées. Si les écrivains anciens ne nous avaient laissé que des histoires de ce genre, des recueils de vieux textes et des discussions interminables, ils seraient depuis longtemps oubliés. L'oubli commence déjà pour les œuvres des érudits français, et le public leur préfère de mauvaises histoires, toujours réimprimées ou continuées par les soins de libraires avides.

Le plus connu de ces historiens de pacotille, du Haillan, a copié Paul Emile : il se pique comme lui d'éloquence et met des discours partout. Pharamond va être élevé à la royauté, vite deux guerriers défendent, l'un, le gouvernement aristocratique, l'autre, le monarchique, « comme si des capitaines allemands savaient la *Politique* d'Aristote. » Si du Haillan écrit trop bien, Jean de Serres, son rival, écrit trop mal : ce méchant huguenot aurait dû rester chez son frère, l'auteur du *Théâtre d'Agriculture*, à garder les moutons. Il dit que « Clovis alla battre les Wisigoths jusque sur leur fumier. » Les fils de Clotilde la trompent « avec des malices cousues de fil blanc. » Brunehaut est « une louve, une mâtine, une vieille dogue. » L'histoire de Jean de Serres est tout entière écrite de ce style, et n'est pas mieux composée que celle de son prédécesseur du Haillan ; l'une et l'autre sont aussi brèves sur les deux premières races de nos rois que prolixes sur la troisième. Et cependant toute notre histoire mérite d'être développée également ; elle est très intéressante dès le début ; si l'on cherchait bien, sous la poussière des vieux manuscrits, on retrouverait tant de faits singuliers, tant de caractères originaux ! Mais il faudrait pour cela beaucoup de science et de conscience, et de Serres et du Haillan n'ont ni l'un ni l'autre. Ni eux ni leurs successeurs n'ont touché à cette forêt de légendes et de superstitions populaires ou érudites, qui recouvre les origines de notre monarchie. Sorel veut y porter la hache résolument.

On le dispensera d'insister sur la vieille légende de Francus, qui n'est plus citée que par les avocats à court d'érudition [1]. Mais cette folie a fait place à une autre : aux antiquités troyennes ont succédé les antiquités gauloises, découvertes, ou plutôt fabriquées de toutes pièces, il y a moins d'un siècle, par un moine italien. Sur la foi d'Annius de Viterbe nos beaux esprits remontent au déluge, et montrent avec orgueil une généalogie des rois de France qui va sans interruption depuis Gomer, petit-fils de Noé, père de tous les peuples cimmériens, jusqu'à Louis le Juste. Les Francs, autochtones comme leurs princes, sont des colons gaulois, qui ont jadis émigré en Germanie, et qui sont revenus après plusieurs siècles, délivrer leur patrie de la servitude romaine : les guerriers venus d'Allemagne étaient issus de la Limagne, comme le prouve l'étymologie [2].

(1) Le Père Garasse, *Mémoires*, édit. Ch. Nisard, p. 281, rappelle l'antiquité de cette légende. Les jésuites de son collége ont été obligés de signer une déclaration sur les droits du roi vis à vis de l'autorité pontificale. « Les Religieux de Saint-Victor, ayant appris par le bruit commun que nous étions obligés de faire cette déclaration, nous envoyèrent un vieux livre, écrit d'un docteur de Sorbonne, Maître Antoine Tiffaud, lequel, par le commandement de Charles V avait traité cette question en vieux termes gaulois. Il fondait tout son discours sur les fables du saccagement de la ville de Troie et sur la venue de Francion dans les Gaules, lequel, à son dire, avait appelé la France de ce nom, comme étant franche des excommunications et des bulles des Papes, ce qui est un grand étourdissement d'esprit. »

(2) C'est ce que dit encore l'auteur d'un long *Traité sur l'origine des Français et de leur Empire*, 1676, traité analysé dans la *Bibliothèque historique* du Père Le Long, tome II, N° 15,430. — Sorel cite d'autres étymologies du même genre.

A quoi bon, réplique Sorel, ces origines fastueuses et ces dérivations ridicules? Pourquoi ne pas reconnaître que les commencements d'un grand peuple sont toujours petits? Les rois de France, et il suffit de s'arrêter à Pharamond, qui n'a pas même pu passer le Rhin, ces rois sont venus de la Basse-Allemagne, de quel canton peu importe, et cela même est impossible à savoir. Les Francs, qui correspondent à peu près aux Germains attaqués par César, ont toujours été en guerre avec les Romains, mais l'affranchissement de la Gaule était leur moindre souci : « Ces braves gens n'avaient probablement pas d'autre dessein que de s'agrandir aux dépens de leurs voisins. » On ne voit pas qu'ils aient envahi la Gaule en masse, d'un seul coup ; ils sont venus par bandes, successivement. Leur nom même, qui devrait s'écrire Franck, et qui a été adouci par les Romains, est un nom collectif de ligue ou de communauté ; il désigne plusieurs nations et signifie libre.

Telle est la vérité que Sorel ne craint pas d'opposer aux fables des historiens officiels, Jacques Charron et Scipion Dupleix. C'est avec la même indépendance, la même hardiesse, qu'il examine l'histoire des nouveaux conquérants, de leurs chefs et de leurs successeurs. Il n'a pas assez de mépris pour toutes les anecdotes ridicules attachées à la mémoire de nos rois. Car chacun a la sienne, depuis le bon roi Dagobert qui s'amusait à couper la barbe de son gouverneur; depuis son fils, si pieux, qu'à l'âge d'un mois il criait Amen en entendant l'évêque Saint Amand, jusqu'à Louis le Débonnaire, si modeste, que s'il était forcé de rire en voyant jouer des farces, il riait sans montrer les dents, jusqu'à Saint Louis qui, forcé de laisser le Saint-Sacrement en gage aux Turcs, leur a suggéré « de mettre par bravade des ronds blancs dans les tapis » où s'exerce leur industrie. Tous les jours on retranche de ces niaiseries dans la Vie des Saints ; pourquoi seraient-elles sacrées dans l'histoire ? Non-seulement il faut supprimer ces traditions puériles, il faut même en écarter d'autres, plus vénérables, quand elles ne sont pas attestées par les contemporains. Ainsi l'origine antique des fleurs de lys, ainsi la sainte ampoule et l'oriflamme, dont Grégoire de Tours, le seul témoin sûr dans la barbarie, ne parle pas et pour cause. Il faut renoncer encore à ces merveilleuses aventures de Roland, lequel n'a pu être trahi par Gannelon, un sujet de Charles le Chauve; « mais, pour ce que les auteurs de romans n'avaient qu'une science confuse de l'histoire, et que ce Gannelon était un traître, ils l'ont remis en avant », de même qu'ils ont substitué les Sarrasins aux Basques ou aux Bandouliers des Pyrénées. Légende que la Durandal, la brèche de Roncevaux et les appels désespérés du cor retentissant dans la montagne !

Une fois en verve, Sorel n'oublie aucun détail. Il se moque des portraits des rois de France, qui figurent tous au complet dans les histoires en renom : les uns, les rois fainéants, les mains basses, la mine niaise, avec un habit de paysan ; les autres, les victorieux, la tête haute, et munis de barbes imposantes, quelques-uns ornés de turbans. « Nous n'avons guère, ajoute-t-il, d'autres portraits véritables que ceux des rois de la troisième race. Ceux de la première et de la seconde sont tous feints, excepté peut-être quelques-uns, dont l'on trouve les originaux dans quelques cabinets, ou que l'on a faits sur quelques médaillles, ou sur les statues des tombeaux, et encore cela n'est-il guère certain. » — Il faut louer Sorel de ces scrupules qui sont rares à son époque et qu'on entrevoit à peine chez quelques artistes ignorés[1]. Vingt ans plus tard, Mézeray en publiant son *Histoire de France depuis Pharamond jusqu'à maintenant*, avait soin de l'enrichir des « Portraits au naturel » de nos Rois, des Reines et des Dauphins, et de quantité de médailles que l'habile graveur Jacques de Bie avait forgées de sa seule imagination : les médisants accusaient même Mézeray de n'avoir composé son ouvrage que pour servir d'explication et de passe-port aux gravures de la *France métallique* ; il n'avait étudié l'histoire de France qu'après l'avoir écrite.

Les réflexions de Sorel sur le costume devaient donc conserver longtemps leur à-propos : celles qu'il a faites sur la transcription des noms anciens ne sont pas moins curieuses. Il consent à ne pas employer une orthographe trop archaïque pour des noms connus, il veut bien écrire Clovis et Clotaire, mais il regrette cette concession aux habitudes du public. Ne se trouve-t-il pas des historiens, plus royalistes que le roi, qui voudraient que Louis XIII s'appelle Louis XV sous prétexte « qu'il y a eu deux Clovis en la première race, et que Clovis est le même nom que Louis, avec une prononciation plus âpre ? » C'est précisément cette prononciation distincte qu'il importe de retenir ; bien loin de supprimer les différences que l'usage même a respectées, il faut les rétablir, quand elles ont disparu. Ainsi « pour Ægidius, capitaine romain, il n'est point à propos de l'appeler Gillon, ni Gilles ; jamais il ne fut appelé ainsi de son temps, il ne faut pas accommoder

---

(1) Suivant Sauval, *Antiquités de Paris*, tome II, livre VII, p. 38, le peintre Jacob Bunel, et sa femme, qui peignirent les portraits des rois et des reines dans la petite galerie du Louvre, avaient pris des cartons sur les monuments les plus anciens, comme le fera plus tard le collectionneur Gaignières.

son nom de telle sorte que l'on ne voie plus de quelle nation il est sorti. »

Insensiblement ces remarques de détail conduisent à des observations plus générales ; la vérité du costume et celle de l'orthographe entraine celle des mœurs. Les fils de Clovis se partagent le royaume de leur père et sont, tous les quatre, rois au même titre, simultanément. « C'était selon la coutume que les Allemands observent encore jusque dans leurs moindres seigneuries. Tous les fils d'un comte se disent comtes et portent pour titre le nom de quelque petit héritage qui leur est laissé, et sont comtes en tel lieu. » Partant, ces rois, fils de Clovis, et tous leurs successeurs sont égaux entre eux. Il n'y a pas lieu d'attribuer une suprématie quelconque à celui qui possède Paris, ville souvent donnée aux puînés, ou laissée en dehors des partages ; il n'y a pas lieu non plus de voir dans le possesseur de Paris le seul roi de France, car l'Ile de France elle-même n'existe pas encore, comme expression géographique et politique. Comment espère-t-on relever le prestige de la monarchie présente avec de pareilles erreurs? L'instant d'après, Sorel tombe lui-même dans une erreur pareille, et déclare que l'opinion qui fait des premiers rois des rois électifs, est « outrageante pour la monarchie ; » il n'a pu échapper entièrement aux préjugés de son temps.

Toutes ces critiques, à leur place dans une préface, ne reparaîtront plus dans le corps de l'histoire que Sorel projette : il veut écrire une narration claire et suivie, non « une chicanerie perpétuelle. » Après avoir lu les traités originaux, compulsé les traités et les « pancartes officielles, » il se contentera « d'en extraire le suc » pour ses lecteurs, il prendra pour lui toute la peine et ne leur laissera que le plaisir. Le titre de son ouvrage en déterminera les limites : ce sera l'Histoire de la monarchie française, c'est-à-dire du gouvernement de nos rois, des guerres et des conseils. Et l'histoire de la nation ? Sorel ne l'a pas oubliée. « Si l'on voulait raconter de quelle sorte l'on s'habille en France, de quel langage et de quelles lois l'on y use, comment l'on y bâtit, qui a fondé les villes, les églises et les collèges, quels arts y ont été pratiqués de tout temps, avec encore la vie des Rois, et une infinité de choses que l'on se pourrait imaginer, ces mots d'Histoire de France pourraient comprendre tout cela. » Mais l'heure n'est pas encore venue pour une entreprise aussi vaste ; il faut construire une maison habitable avant de songer au palais.

Ce n'est pas seulement le fond de l'histoire que Sorel veut renouveler, c'est la forme, la manière de l'écrire. Clarté et simplicité, telles sont à ses yeux les qualités essentielles du style historique. Donc, plus de ces « maximes d'Etat » et de ces réflexions profondes que les écrivains novices vont copier dans Tacite ; plus de ces citations grecques, dont un contemporain, l'historiographe Pierre Mathieu, abusait à tel point « qu'il suffisait de lire les marges de ses livres pour se rendre savant ; » plus de discours non plus, sinon quand ils sont authentiques, quand, prêtés à ceux qui les ont réellement prononcés, ils reproduisent la substance de leurs paroles. Sorel ne se lassera pas de revenir sur cette idée et de critiquer les discours artificiels, les pièces d'éloquence. Les harangues mêmes des historiens anciens, de Thucydide et de Tite-Live, ne trouvent pas grâce devant lui. Assurément elles sont bien écrites et bien composées, elles sont l'explication animée et éloquente des situations. Mais cette éloquence est trop uniforme et brille trop souvent aux dépens de la vérité; ce style, c'est l'homme, l'auteur, et non pas les hommes, les caractères divers, qui se trouvent dans la réalité. En tout cas, l'exemple des anciens ne prouve rien pour les modernes : « Quand on estime tant les anciens historiens à cause des belles harangues, ou des bons mots, et même des bonnes actions qu'ils rapportent, on ne considère pas qu'on ne les peut démentir de ce qu'ils disent, et que si dans notre histoire on attribue aujourd'hui de telles choses à ceux qui n'en ont fait aucune de semblable, on s'exposerait à la risée publique[1]. » Témoin Paul Emile, qui fait parler en latin cicéronien l'accusateur d'Enguerrand de Marigny, l'avocat Hanier, lequel parla mal, et mieux encore Enguerrand lui-même, qui ne parla pas du tout[2]. La vérité vaut mieux que le plus beau latin ou même que le plus beau français du monde.

Telles sont les principales idées du remarquable *Avertissement* de Sorel. Sans doute si on veut les reprendre une à une, on dira qu'elles ne sont pas neuves et qu'on les a rencontrées souvent, au XVIe siècle. Sorel ne s'est pas raillé des préjugés historiques avec plus de force qu'Estienne de la Boétie, qui dans la *Servitude volontaire* comparait les Fleurs de lys aux « anciles » des Romains, ou que l'auteur inconnu de ce « *Discours non plus mélancolique que divers des choses mêmement qui appartiennent à notre France et à la fin la manière de bien et justement en toucher les lucs et guiternes*, 1557[3]. » Dans un cadre de convention, le romancier d'Urfé avait su montrer, comme nous l'avons vu, l'érudition la plus exacte et pousser l'observation des mœurs et du costume

---

(1) Sorel, Traité de la connaissance des bons livres, 1671, p. 313.
(2) Sorel, Bibliothèque française de 1664, p. 333.
(3) Poitiers, Enguilbert de Marnef, 1 vol. in-8°. (Attribué par du Verdier à Jacques Peletier et à Vinet).

plus loin que les historiens de profession [1]. Estienne Pasquier connaissait mieux que Sorel les vieilles institutions ; avant lui, l'exact greffier du Tillet avait tenté de restituer l'orthographe des noms mérovingiens ; avant lui, Nicolas Vignier avait placé la patrie des Francs en Allemagne. D'autres ont même vu plus loin et plus juste. Le roi franc, chef de bande, le roi électif, que Sorel ne voulait point voir, a apparu à François Hotman, un de ces hardis pamphlétaires du XVIe siècle qui étudiaient le passé pour éclairer, ou plutôt pour enflammer le présent. Enfin un contemporain même de Sorel, un de ses amis a deviné l'étymologie adoptée plus tard par Fréret et par Augustin Thierry ; en 1620, le jeune de Gomberville niait déjà que le mot de Franc eût le sens de libre [2] : c'était, suivant lui, un nom se rapprochant de l'humeur de la nation, fière, féroce.

Mais il est moins important de découvrir une vérité isolée dont on n'aperçoit pas les conséquences, que de savoir réunir en faisceau toutes les découvertes des autres, et de se créer une méthode. Et Sorel en avait une : il voulait partout remonter aux textes originaux et les soumettre au bon sens. Irons-nous exagérer son mérite, et demander à un bourgeois du XVIIe siècle, si intelligent qu'il soit, de ressusciter les rois barbares, de montrer la lutte des races qui se heurtent et se mêlent sans se confondre, d'écrire l'histoire des Communes et du Tiers-Etat ? L'histoire ainsi comprise est une sorte de poésie, et

---

(1) Tout en observant avec curiosité les mœurs des Francs et des Gaulois, d'Urfé a adopté le système des antiquités gauloises. (*Astrée*, 3e partie, livre III). C'est probablement ce fait qui a empêché Sorel de louer l'érudition de d'Urfé dans le *Berger extravagant*.
(2) De Gomberville, *Discours des vertus et des vices de l'Histoire*, 1620, cité par Sorel, *Bibliothèque française* de 1664, p. 269.

la poésie était le moindre défaut de Sorel. Il serait allé, comme il le promettait, « en des endroits inconnus du public, » dépouiller les chartes et les gros in-folios, « avec un rompement de tête perpétuel ; » il n'aurait pas manqué de science, mais d'art. S'il lui avait été donné d'écrire non pas seulement l'Histoire de la monarchie, mais une grande Histoire de France, il aurait été plus exact qu'intéressant. En attendant, il avait assez de jugement pour répandre dans le public quelques idées justes, et pour composer un bon livre élémentaire; mais ce livre même, il ne devait pas le faire.

Déjà à la fin de ce libre seizième siècle, les novateurs en histoire étaient entourés de défiances et de haines. On le voit dans cette épitre que l'historien du Haillan, trop malmené par Sorel, adressait à Henri III pour s'excuser d'avoir nié que Pharamond eût institué la Loi salique, et Charlemagne les Pairs de France. Ces préjugés grandiront encore au siècle suivant, quand une monarchie nouvelle sera constituée, avec Richelieu pour ministre et Balzac pour panégyriste ; alors les légendes sur nos premiers rois deviendront des dogmes, et les plaisanteries des sacrilèges. Nobles ou roturiers, tous les serviteurs de la royauté mettront leur point d'honneur à rehausser par tous les moyens l'antiquité de la maison de France, et à l'élever au-dessus de toutes les familles princières de l'Europe. Ce n'est pas assez que cette maison soit grande, il faut qu'elle soit seule dans son propre pays, et qu'elle domine de toute sa hauteur les noblesses d'un jour qui vivent à son ombre. Il ne sera plus permis aux seigneurs français d'avoir une trop longue suite d'ancêtres, et quand la féodalité aura disparu, les érudits du ministère poursuivront encore, pour les détruire, les parchemins trop anciens des vieilles familles féodales.[1] La nation elle-même devait partager ces sentiments et ces préjugés des gouvernants. L'honneur des Français semblait intéressé à ce que l'ancienne Gaule n'eût jamais été conquise par les Allemands, les éternels ennemis du royaume. L'hypothèse des colonies gauloises, « bien plus glorieuse pour la monarchie[2], » s'accrédita de plus en plus, et ses contradicteurs passèrent presque pour des ennemis de l'Etat, ou peu s'en fallut. Ils étaient autrement coupables que les frondeurs qui écrivaient, comme Mézeray, l'histoire des maltôtes et des tailles.

Il est curieux d'observer les origines de ce mouvement et de montrer à l'œuvre la censure officielle qu'on devine, mais qu'on connaît mal. Dès les premières années du XVIIe siècle, les *Recherches* d'Estienne Pasquier furent dénoncées comme séditieuses. Un peu plus tard, le jeune de Gomberville, qui venait d'attaquer les origines gauloises et troyennes, fut inquiété par le garde des sceaux du Vair, et dut renoncer à écrire l'histoire[3]. Pour effacer le souvenir de la *France-Gaule*, un neveu et homonyme de François Hotman, fonctionnaire prudent, composa sous le même titre un roman insipide[4] et le dédia à Richelieu; il

---

(1) Ainsi, qu'un moine de Moulins prétende avoir découvert des chartes établissant que les Capétiens descendent en ligne directe des Mérovingiens, Colbert réunira aussitôt les commissions les plus savantes pour examiner la découverte. (*Lettres* de Colbert, tome V, p. 429.) En revanche, on sait quelle persécution subit l'érudit Baluze pour avoir rattaché dans une généalogie le cardinal de Bouillon aux anciens comtes d'Auvergne et ceux-là mêmes à Charles-le-Chauve.

(2) *Journal des Savants* du 29 mars 1677, cité par le Père Le Long, analysant le *Traité de l'origine des Français* d'Audigier, 1676,.

(3) Préface des *Mémoires du duc de Nevers*, rédigés par de Gomberville.

(4) *Histoire celtique, où sous les noms d'Amindorix et de Célanire sont comprises les principales actions de nos rois et les diverses fortunes de la*

obtint de l'avancement. Tous ces faits nous expliquent que l'*Avertissement* de Sorel, le neveu du principal historiographe de France et son successeur désigné, n'ait pas passé inaperçu. Le jeune écrivain fut prié de corriger son œuvre dans une seconde édition ; il le fit et se tint pour averti ; il prit pour lui la leçon donnée par Richelieu à Chapelain, « que l'histoire doit être une simple narration [1], » et il écrivit à ce même Richelieu une lettre aussi longue que plate, où il l'assurait que ses ouvrages n'auraient plus rien de subversif [2]. Les recherches qu'il avait commencées sur nos vieux historiens français, et qu'il continua pour son plaisir, ne lui servirent de rien ; il écrivit des livres d'histoire aussi mauvais que les autres, plus mauvais même, car il savait ce qu'ils valaient. On n'a jamais fait pis en tout cas que cette description du baptême de Clovis : « Le service s'y fit avec une musique agréable, les cierges y furent allumés de toutes parts, l'on y brûla force parfums, et les prêtres vêtirent des chapes qui leur donnèrent tant de majesté, qu'à voir tout cet appareil, chacun croyait être déjà dans le séjour des bienheureux. Clovis ayant fait une publique confession de sa foi, et reconnu un seul Dieu en Trinité de personnes, demanda Baptême le premier à Saint Remy. Il s'avançait avec une contenance superbe, ayant une perruque gaufrée et parfumée avec un soin merveilleux, de sorte que l'on voyait aisément qu'il y avait de l'excès en cela.

Gaule et de la France (Paris, 1634, in 8°) dédiée à Richelieu par François Hotman, sieur de la Tour. — C'est un roman en prose, et non un poème, comme le dit le Père Le Long.

(1) Lettre de Chapelain à Boisrobert du 9 mai 1633.

(2) Bibliothèque Nationale, *Manuscrits français*, N° 23,342. Lettre autographe de Sorel à Richelieu, suivie de Propositions sur l'Histoire. — Sorel a encore dédié à Richelieu un *Recueil de lettres morales et politiques*, avec un Discours du *Courtisan chrétien*.

Le saint Prélat ne se put donc tenir de lui faire entendre qu'il fallait renoncer à la pompe et à l'orgueil pour s'approcher des sacrements de Jésus-Christ, et que les princes n'étaient rien davantage devant lui que leurs sujets...... Clovis passa alors les doigts dedans ses cheveux pour les mettre en désordre, et ne portant son habit qu'avec de la négligence, il en voulut mépriser la vanité. Témoignant ainsi beaucoup de modestie en cette sainte occasion, il fut baptisé et une multitude incroyable de Français le fut après lui[1]. »

Celui qui parlait ainsi de Clovis, comment devait-il écrire l'histoire de Louis XIV ? On peut le deviner en lisant ces réflexions que son neveu par alliance, Simon de Riencourt, a écrites en tête d'une réimpression de cette histoire : « J'avoue que je n'ai point de part au secret des affaires, et quand même je pourrais avoir quelque mémoire particulier, je me donnerais bien de garde de m'en servir. » Les ouvrages historiques de Sorel sont du papier perdu ; ils ne lui rapportèrent qu'un peu d'argent, à défaut d'autre chose. Ses abrégés furent souvent réimprimés, à cause de leur format commode, et le public y était si bien habitué que Thomas Corneille ne dédaigna pas de continuer, dans le même style, la mauvaise histoire de Louis XIV.

Sorel, qui n'a pu être bon historien, sera-t-il meilleur historiographe ? Son oncle, Charles Bernard, avait exercé ces fonctions avec conscience, accompagnant dans toutes les expéditions le roi dont il était le lecteur et le commensal, voyant de près les hommes et les événements, faisant profiter son histoire de ses souvenirs, et sa famille de ses relations. Sorel lui acheta la succession de sa charge, mais ne sut pas la faire valoir. Mauvais courtisan,

---

(1) Sorel, *Histoire de France*, 1647, p. 11. — Sorel a renchéri sur le récit ridicule de Dupleix.

il ne parut à la cour que pour toucher régulièrement ses appointements; il crut avoir rempli toutes ses obligations, quand il eut terminé à la hâte les ouvrages commencés par Charles Bernard, et c'était de très bonne foi, qu'il signait sur les quittances : « Premier historiographe de France. »

Etrange armée que celle de ces historiographes dont il se croit le premier, parce qu'il a succédé au plus ancien en grade! Dans leurs rangs, le pauvre diable coudoie l'élégant, qui porte des dentelles et des galons d'or en dépit des Ordonnances sous prétexte « qu'un bon historiographe n'est d'aucun temps, ni d'aucun pays[1]; » on trouve de tout parmi eux : des avocats, des romanciers, des poètes, des charlatans, et jusqu'à des hommes très instruits et très occupés. Ecrire l'histoire du monarque ou celle de la monarchie, répondre aux gazetiers étrangers, classer les archives, régler les questions de cérémonial, étudier les généalogies, suivre les plénipotentiaires dans les congrès, et les armées en campagne, on leur fait faire tout cela et bien d'autres choses; on les envoie partout rechercher les titres féodaux pour préparer de nouvelles annexions, ou diminuer les franchises des vieilles provinces. A peine la ville de Nancy a-t-elle capitulé devant Louis XIII, que l'historiographe Théodore Godefroy vient par ordre dépouiller les archives du duché, et remporter à Paris d'énormes caisses de documents. Quand Pierre Dupuy arrive en Auvergne, muni d'une commission royale, pour inventorier les titres du château de Mercurol, les magistrats de Clermont n'osent lui promettre de le soutenir contre la population irritée, les trésoriers de France de Riom lui refusent les

---

(1) *Polyandre*, tome I, p. 398.

clefs du château ; il est obligé d'y entrer par effraction, comme un malfaiteur[1].

Ces missions, souvent périlleuses, n'étaient pas du goût de Sorel. Il alléguait sans doute son rang, ses prérogatives et l'ancienneté de sa charge : le premier historiographe de France doit rester à Paris, voir les choses de haut et de loin ; mais qu'on lui demande des pièces d'éloquence, il en fera tant qu'on voudra. En 1642, quand les armées françaises envahissent les Flandres et la Catalogne, il appelle les peuples à la délivrance, il fulmine contre les exactions des Espagnols, dans un livre qu'un de ses amis comparait trop complaisamment aux *Verrines*. En 1662, Sorel défend encore l'établissement du canal de Riquet par toutes sortes de raisons divines et humaines ; il ne faisait que recopier textuellement un vieux traité, consacré par son oncle au canal du Charolais ; mais qui pouvait s'en douter ? En 1666, pour soutenir la préséance de Louis XIV sur les rois d'Angleterre et d'Espagne, il remonte au déluge, comme ses confrères ; aucune fable ne lui semble plus trop absurde. En même temps il rappelle les droits du roi de France, légitime héritier de Charlemagne, sur la Lorraine et même sur l'Empire, et il menace l'Empereur d'une nouvelle ligue du Rhin. Tous ces traités firent grand bruit en Allemagne[2], et y provoquèrent de véhémentes réfutations ; ils se vendirent même très bien à Paris, si l'on en croit la *Lettre de Mayolas*, du 22 août 1666 :

---

(1) *Mémoires* de Mathieu Molé, Société de l'Histoire de France, tome I, p. 267, Année 1622.

(2) Tous ces traités sont fondés sur le système des colonies gauloises qui excitait à ce moment même une controverse interminable en Allemagne. Voir les Œuvres d'Augustin Thierry, librairie Garnier, tome III, p. 47.

> Un auteur illustre et fameux
> De qui l'esprit est merveilleux,
> Plein de savoir et d'éloquence,
> Dont nous avons la connaissance
> Par la docte variété,
> Agrément, force et netteté
> De ses livres scientifiques,
> Philosophiques, historiques,
> Monsieur Sorel, sans le nommer,
> Qu'on doit justement estimer,
> A mis depuis peu en lumière
> Un ouvrage dont la matière
> Et le titre contient en soi
> La préséance de son roi
> Sur tous les monarques du monde,
> Tant de la terre que de l'onde.
> Au Palais, ce livre est vendu,
> Et tous ceux qui l'ont déjà lu,
> En louent avec avantage
> Le dessein, l'ordre et le langage.

Tous, c'était beaucoup dire, car l'ami de Colbert, Dionys de Sallo critiquait durement ce traité dans le *Journal des Savants*[1], et Sorel lui-même l'estimait à son prix, il n'en était pas dupe.

Il avait courbé la tête ; il n'avait pas brûlé ce qu'il avait adoré, ni réciproquement. Mézeray[2], qui appréciait l'érudition chez les autres, estimait le talent de Sorel et échangeait avec lui ses ouvrages ; le rude écrivain n'aurait

---

(1) Supplément du *Journal des Savants*, 5 Janvier 1665. p. 124.
(2) Nous avons vu un exemplaire de la *Maison de Jeux* de Sorel, éd. de 1657, portant cette note écrite de la main de Mézeray : « Don de l'auteur, esprit très ingénieux et très sain. »

certes pas donné son amitié à un sot. Un curieux traité, annexé à la *Bibliothèque française*, démontre aussi que les recherches historiques étaient restées la passion favorite de Sorel. Il promet à un lecteur intelligent de lui faire connaître en quelques pages les sources principales de l'histoire de France, et il tient parole. Il étudie d'abord avec lui la géographie, la scène avant les acteurs; puis il le conduit comme par la main depuis Grégroire de Tours jusqu'aux historiens de Louis XIV. Aucun nom important n'est omis ; tous les témoins intelligents, qui ont su raconter leur temps, sont jugés à leur valeur, et séparés des copistes ou des compilateurs. Sorel a même des scrupules inconnus à la plupart de ses confrères ; il commence à sentir la valeur pittoresque des vieux textes qu'il se contentait autrefois d'interpréter. Il s'irrite contre ceux qui voudraient rajeunir le français de Joinville, ou traduire en latin les Mémoires de Commynes, de peur qu'ils ne déparent le Recueil d'André Duchesne. Deux mots lui suffisent pour caractériser « le style brusque et martial » de d'Aubigné ou « la gravité sereine » de de Thou. Cependant, il n'a pas la superstition du style, et tout en préférant les histoires bien écrites, il n'hésite pas à recommander, comme une source précieuse d'informations, la Gazette de son ancien ennemi, Renaudot; c'est encore une nouveauté de voir ainsi associés les journaux contemporains et les vieilles chartes. Cette *Bibliothèque historique* n'est pas, comme le disait Moréri, « un trésor inestimable » et sans précédents, mais elle est bien la meilleure de celles qui existent à cette date.

(1) *Bibliothèque française* de 1644, p. 249, *Le Guide de l'Histoire de France*. — Sous ce titre : *la Science de l'Histoire*, Sorel a encore publié un *Guide* du même genre pour les historiens de l'antiquité et ceux des différents peuples de l'Europe. Cet ouvrage est médiocre, mais l'abbé Lenglet-Dufresnoy reconnaît y avoir pris l'idée de sa *Méthode historique*.

Ainsi Sorel revenait toujours à sa première idée : donner de vives et sincères images du passé, transformer l'histoire de France par l'étude des textes. S'il ne lui était pas possible d'écrire cette histoire, de construire le monument, il en connaissait du moins, et il en indiquait les matériaux ; il avait hâte de les voir tous réunis, et dans l'ordre le plus commode. La publication du vaste Recueil des Historiens de la France, commencée par André du Chesne et continuée par son fils, venait d'être arrêtée. Adrien de Valois, auquel Colbert avait proposé de poursuivre l'entreprise, avait répondu: « Vous voulez donc ma mort !» — Eh bien, cette entreprise utile, indispensable, il faut qu'elle s'achève : si elle dépasse les forces des particuliers isolés, c'est à l'Etat à s'en charger, et à grouper tous les travailleurs. On a fait, dit Sorel, une Académie pour l'embellissement de la langue française, on en a fait une pour les curiosités naturelles, pour les mathématiques et pour les mécaniques, une autre pour la peinture et l'architecture, pourquoi l'histoire n'aurait-elle pas la sienne ? Les nouveaux Académiciens, généalogistes, paléographes, feudistes, historiens, érudits versés dans les langues anciennes ou dans les langues modernes, se diviseraient en groupes suivant leurs convenances et leurs talents ; chaque groupe, ayant choisi une période de l'histoire de France, publierait tous les documents s'y rapportant. D'autres savants seraient chargés d'écrire l'histoire particulière des provinces, nécessaire pour étayer l'histoire générale de la France, encore à faire : ainsi répartis, tous ces travaux marcheraient de front. C'est presque le plan, qui sera recommandé dans quelques années par du Cange [1] et repris plus tard par les

---

(1) *Bibliothèque* du Père Le Long, tome III, p. XIX. — Le projet de du Cange est de 1676. Celui de Sorel, imprimé en 1673, dans la *Prudence* est de 1666.

Bénédictins, que Sorel vient de nous exposer. Est-il besoin d'ajouter qu'il se réservait la haute main sur tous ces travaux, et que dans sa pensée le premier historiographe de France était le président désigné de la future Académie ?

Il n'obtint pas cette présidence, il perdit sa pension d'historiographe [1]. Déjà plusieurs faits significatifs lui avaient annoncé sa disgrâce. Tout récemment son beau-frère, le substitut Parmentier, avait failli être destitué par Colbert [2]. D'autre part, bien que Sorel eût commencé à rédiger l'histoire de Louis XIV, le ministre avait désigné Perrot d'Ablancourt à cet office [3], et au défaut de celui-ci, s'en était chargé lui-même. En 1663, le même ministre, pour qui il n'y avait pas de petites économies, régla d'un coup la situation de tous les pensionnés. Les historiographes « au lieu d'être couchés sur l'Etat du Roi, furent employés dans un Etat de gratifiés, ce qui était un moyen de les payer quand on le jugeait à propos, et de supprimer des années entières de ces gratifications, qui n'avaient plus le nom de pensions [4]. » Celle de Sorel fut supprimée une des premières, et ne fut jamais rétablie. Au lieu de patienter comme bien d'autres, ou de signer ses livres comme faisait le vieux Marcassus « principal historiographe du roi, rayé sur la liste de ses

---

(1) Il perdit sa pension d'historiographe ; mais il conserva son titre, comme tous ses collègues, victimes de la même mesure ; dans l'extrait mortuaire, cité par le *Dictionnaire* de Jal, Sorel est encore appelé premier historiographe de France. C'est donc à tort que sur tous les portraits de Sorel, et même sur celui du Cabinet des estampes, les mots d'historiographe de France ont été grattés.

(2) *Lettres* de Colbert, édition P. Clément, tome VII, p. 220.

(3) Sorel, *Traité de la Prudence*, et Pellisson, *Histoire de l'Académie française*.

(4) Dreux du Radier, *Bibliothèque du Poitou*, tome V, p. 362 : Histoire des frères de Sainte-Marthe.

pensions, » il ne cessa de protester contre un arrêt qu'il déclarait, pour son compte, inique et illégal. Les historiographes du roi, disait-il, sont en nombre illimité, et révocables à merci ; la charge d'historiographe de France est un office en titre, un office unique, lequel, créé par le roi Henri III en faveur de du Haillan, a été transmis successivement à Pierre Mathieu, à Charles Bernard, enfin à moi-même. Et il ne se lassait pas de distinguer les deux choses [1]. En fait, cette distinction, si elle avait jamais existé, avait vite disparu dans l'usage [2], car les mêmes hommes sont appelés indifféremment historiographes du roi ou historiographes de France par les contemporains ; ils prennent indifféremment l'un ou l'autre titre dans leurs ouvrages, quelquefois les deux successivement, l'un à la première page, l'autre dans le privilège ou réciproquement. Sorel eut donc tort d'insister sur des droits mal établis ;

(1) Sorel, *Traité de la Prudence*, Propositions, p. 39 et suiv. — it. *Traité de la charge d'Historiographe de France*, inséré dans l'*Histoire de Louis XIII*, p. 5 et 6. — Il est bien vrai, comme le dit Sorel, que Henri III honora du Haillan du premier état d'*historiographe de France*, qu'il fit ériger en titre d'office formé, avec appointements de 1200 écus par an ; mais du vivant de du Haillan, Henri IV donna le même titre à Nicolas Vignier, à Jean de Serres, à Pierre Mathieu et à plusieurs autres. Comparer la Popelinière, *Histoire nouvelle des Français* ou *Dessein de l'Histoire accomplie*, tome II, livre I, p. 371.

(2) C'est ce qui résulte d'un manuscrit de la Bibliothèque nationale, (Français N° 14127, *Recherches sur les auteurs qui ont écrit l'histoire de France par commission des Princes*), et des notes recueillies par Lacurne de Sainte-Palaye, (Mot *historiographe*, ancien fonds Moreau, p. 90.) Cet érudit a pris la peine d'énumérer tous les ouvrages composés par les historiographes, en indiquant chaque fois le titre, (historiographe du roi ou historiographe de France) pris par les auteurs. — La même confusion subsistera jusqu'à la fin du XVIIe siècle. Pellisson s'intitulait historiographe du roi ; Racine ne porte aucun titre sur le brevet de pension, transcrit dans le Dictionnaire de Jal ; Boileau est appelé « grand historiographe de France, » dans un acte notarié du 7 Décembre 1688, recueilli dans le même Dictionnaire. Au XVIIIe siècle tous les historiographes s'appellent en général historiographes de France.

ses réclamations ne servirent qu'à le rendre ridicule. Presque au même temps, sa fortune personnelle, déjà très amoindrie, était gravement compromise par le retranchement des rentes de l'Hôtel-de-Ville et par diverses pertes d'argent. Son beau-frère Parmentier et lui, furent obligés de vendre leur maison de la rue Saint-Germain-l'Auxerrois et d'aller demander l'hospitalité à leur gendre et neveu, Simon de Riencourt. C'est dans la maison de ce neveu, rue des Bourdonnois, que Sorel passa ses dernières années, occupé à d'obscurs travaux de librairie, et complètement oublié. Un instant seulement, une sotte querelle que lui chercha son ancien ami Furetière, vint faire autour de lui un bruit, dont il se serait bien passé.

CHAPITRE XII

Sorel polygraphe. — Sa querelle avec Furetière. — Le cercle de Guy Patin. — Les derniers amis et les derniers livres de Sorel. — Variété de leurs sujets, et services qu'ils peuvent rendre. — 1º Les traités de bibliographie et les mémoires manuscrits de Sorel. — Anecdotes sur le théâtre qui sont sorties de ces manuscrits perdus. — Sorel auteur probable du *Jugement du Cid, composé par un bourgeois de Paris, marguillier de sa paroisse.* — Le *Cid* et l'*Amour tyrannique*. — Les dates du *Polyeucte*, du *Menteur* et de la *Suite du Menteur*. — Sorel combat la règle des trois unités et finit par attaquer les tragédies de Corneille. — Ses préférences pour la comédie et ses opinions comparées à celles de Molière. — Ce qu'il dit de Molière. — 2º Les ouvrages de pédagogie et de sciences. — La *Science universelle* et le *Traité de la perfection de l'homme*. — Une préface de Sorel comparée à la préface du *Traité du vide* de Pascal. — La comparaison du Ciron chez Pascal, chez Cyrano de Bergerac et chez Sorel. — Les emprunts de Cyrano de Bergerac à Sorel. — 3º Les ouvrages de morale. — Les emprunts de La Bruyère à Sorel. — Les dernières années de Sorel. — Conclusion.

Une des tristesses de l'homme qui compte beaucoup d'années, c'est de perdre peu à peu tous ses amis, les uns séparés de lui par la mort, les autres par leur faute. Nul doute que Sorel n'ait cruellement ressenti les injures et la haine tardive de Furetière. C'étaient deux esprits de la même famille que ces deux bourgeois du vieux Paris, si bien faits pour s'entendre, et qui s'étaient entendus pendant des années. Tous deux grands liseurs et grands travailleurs, grands railleurs aussi, ils avaient les mêmes goûts et les mêmes antipathies littéraires; ils logeaient porte à porte, fréquentaient les mêmes ruelles. Est-ce dans une de ces ruelles que la mésintelligence éclata? fut-elle excitée par quelques railleries féminines, on le croirait volontiers, tant les causes apparentes qu'on peut lui attribuer sont futiles.

En 1658, Furetière, qui préparait sa candidature à l'Académie française, publia une *Nouvelle allégorique* insipide, une sorte de catalogue des bons et des mauvais auteurs contemporains, terminé par l'éloge des quarante barons de l'Académie. Sorel, qui n'aimait point l'Académie, fut fâché de voir Furetière passer à l'ennemi, et dans son dépit, il se piqua pour une vétille. La *Nouvelle allégorique* l'avait bien nommé parmi les bons écrivains, ennemis du galimatias; mais elle l'avait désigné en toutes lettres comme l'auteur du *Francion*[1], et cette indiscrétion (c'en était toujours une à ses yeux), lui déplut. Ce fut en vain qu'il pria Furetière d'effacer son nom dans la seconde édition de son livre, le malin abbé se moqua de lui. Aussitôt Sorel, de plus en plus irrité, fit paraître un opuscule où il énumérait toutes les *Guerres allégoriques,* composées depuis le moyen âge jusqu'en 1658, à seule fin de prouver que l'idée de la *Nouvelle* de Furetière n'était pas de la dernière

---

(1) En gros, le sujet de la *Nouvelle allégorique,* c'est la défaite de l'armée du mauvais goût ou du prince Galimatias par les bons écrivains. La 1ʳᵉ édition de cette *Nouvelle*, 1658, p. 38, nomme en toutes lettres Sorel, auteur du *Francion*, capitaine des Ironies; la seconde, revue et corrigée, 1659, p. 45, dit en parlant des Ironies « Un capitaine anonyme, qui leur avait commandé dans sa plus tendre jeunesse, prit soin de leur conduite. » Une note ajoute : *anonyme,* c'est-à-dire sans nom, et c'est celui qui décrit *Francion*, le *Berger extravagant,* et autres livres satiriques et comiques où il ne s'est point voulu nommer, quoiqu'il soit d'ailleurs assez connu. » Cette note, jointe à l'exemple du roman d'*Almahide,* cité précédemment, p. 278, montre en même temps que le mot d'*anonyme* est nouveau en 1658.

nouveauté[1]; il continuait en donnant au futur académicien une petite leçon de français bien inoffensive, et en lui apprenant à ne pas confondre les mots de Pédantisme et de Galimatias[2]; il concluait enfin, et c'était sa véritable pensée, en soutenant la prééminence des sciences sur les lettres, et en faisant l'éloge de son Encyclopédie scientifique, qui se vendait mal.

Ce petit livre, très ennuyeux et pas méchant, ne fit aucun bruit. Au bout de huit ans, nul ne s'en souvenait, sinon Furetière qui s'en vengea cruellement dans le *Roman bourgeois*. Bien des épisodes de ce roman surfait étaient empruntés, comme on l'a vu, à Sorel. Qui, du reste, avait tracé le chemin à Furetière? qui lui avait appris à décrire les mœurs des petites gens et à prendre ses sujets en pleine réalité, sinon ce Sorel qu'il traîna dans la boue? La première partie du *Roman bourgeois* était déjà fort désobligeante pour celui-ci : elle le représentait comme la terreur des ruelles, comme un pédant insupportable, promenant partout ses manuscrits, que personne ne veut entendre; la seconde passa les bornes. Furetière s'acharna sur sa victime, et lui reprocha jusqu'à son nez, « ce nez toujours vêtu de rouge et qu'on pouvait à bon droit

---

(1) On sait combien les précieux étaient sensibles aux critiques de cette espèce. Naguère l'abbé d'Aubignac s'était brouillé avec Mᴹᵉ de Scudéry à l'occasion du royaume de Tendre, dont il prétendait avoir trouvé l'origine avant elle. Mais, plus modéré que Furetière, l'abbé d'Aubignac se contenta d'établir ses droits de priorité dans une lettre pédante et se réconcilia avec sa rivale.

(2) Sorel avait expliqué longuement le sens et l'histoire du mot dans les Remarques sur le IXᵉ livre du *Berger extravagant*, p. 318 : « Ce nom de *galimatias* n'a point d'origine certaine, et toutefois l'on en use maintenant dans les plus sérieux livres, pour signifier le langage que je dis (grotesque) ; mais le premier qui a usé de ce mot est le comédien Bruscambille qui l'a donné pour titre à quelques-uns de ses *Prologues* qui ont été faits pour n'avoir point de sens. » — It. *Francion*, livre VI, p. 225, « le langage le plus galimatias. »

appeler son Eminence [1]. » — Le public du XVIIe siècle, quoique habitué à ces violences, donna tort au railleur [2]. Sans doute l'auteur du *Francion* n'avait jadis pas mieux traité Balzac, mais il s'attaquait à plus puissant que lui, il avait l'excuse de la jeunesse, et Furetière n'en avait aucune, en bafouant de gaîté de cœur un ancien ami. Les curieux comptaient bien que Sorel allait riposter, rendre injures pour injures ; il n'en fit rien. On lui avait parlé du livre qui allait paraître et qui devait flatter ses idées sur le roman ; il l'avait même loué par avance dans la seconde édition de sa *Bibliothèque française* [3]. Le *Roman bourgeois* parut avant celle-ci, mais Sorel eut le bon esprit de ne rien changer à ce qu'il avait écrit, et feignit d'ignorer ces grossières attaques.

D'autres amis lui restèrent fidèles, et les cercles des savants lui tinrent lieu des salons : il renoua avec les compagnons de sa jeunesse, qu'il avait un peu négligés, tandis qu'il fréquentait les ruelles. En compagnie de l'abbé de Marolles, il s'en allait visiter le sieur Robin [4], si fier de sa collection de coquilles, et Morin le Floriste, un homme heureux, au milieu de ses tulipes, de ses papillons et de ses estampes ; on le rencontra plus souvent aussi chez son vieil ami, le médecin Guy Patin. Ils s'étaient connus tout jeunes, l'un déjà célèbre comme romancier, l'autre, pauvre étudiant en médecine, travaillant dans une imprimerie pour finir ses études. La fortune intervertit les rôles, fit

---

(1) *Roman Bourgeois*, p. 220, 222, etc.
(2) Guéret, la *Promenade de St-Cloud* à la suite des *Mémoires* de Bruys, tome II, p. 193, 195.
(3) *Bibliothèque française* de 1667, p. 179.
(4) *Mémoires* de l'abbé de Marolles, 1755, tome III, p. 217 et 218 ; it. Sorel, Traité *de la Perfection de l'homme*, passim.

de l'un un médecin riche, renommé, de l'autre, un écrivain besogneux et oublié, mais elle ne les sépara point. Pendant de longues années, ils eurent des relations communes, les médecins Belin et Sorel de Troyes, le conseiller aux Enquêtes Charpentier, le président Miron et son frère, Robert Miron[1], le substitut Parmentier et le conseiller à la Cour des Comptes, M. de Riencourt. L'érudition précoce du fils cadet de Guy Patin le fit admettre de bonne heure parmi tous ces amis de son père. Sorel semble nous avoir décrit leurs réunions dans l'Avertissement d'un de ses livres intitulé le *Chemin de la fortune* : « Chacun y payant de sa personne et de ce qu'il savait, cela se pouvait appeler une véritable Académie, mais c'était une Académie libre, sans aucun jour arrêté, et sans limiter le nombre de ceux qui s'y pouvaient trouver. » Cette petite Académie se réunissait le plus souvent dans la maison de Guy Patin ou du « sage *Phronyme*. » Laissons-le nous faire les honneurs de cette belle étude, qui reçut tant de fois la visite de Sorel : « Je puis vous assurer que mon étude est belle. J'ai fait mettre sur le manteau de la cheminée un beau tableau d'un crucifix qu'un peintre que j'avais fait *tailler* me donna l'an 1627 : aux deux côtés du bon Dieu, nous y sommes deux en portrait, le maître et la maîtresse. Au-dessous du crucifix, sont les deux portraits de feu mon père et de feu ma mère : aux deux coins sont les portraits d'Érasme et de Joseph Scaliger ; outre les ornements, qui

(1) Robert Miron, maître des comptes, colonel du quartier St-Germain l'Auxerrois, tué le 4 juillet 1652, pendant les massacres de l'Hôtel-de-Ville (*Mémoires* de Conrart, Coll. Michaud, p. 754) ; Sorel ne se consola pas de sa perte : « Depuis le 4 juillet de l'an passé, que nous y perdîmes ce bon M. Miron, qui était fort son ami, il (Sorel) ne m'en parle jamais que les larmes ne lui en viennent aux yeux, quoiqu'il soit bien stoïque. » *Lettre* de Guy Patin du 25 Nov. 1653, Edit. Réveillé-Parise tome II, p. 83.

sont à ma cheminée, il y a au milieu de ma bibliothèque une grande poutre, qui passe par le milieu de la largeur, de bout en bout, sur laquelle il y a douze tableaux d'hommes illustres de côté et d'autre, y ayant assez de lumière par les croisées opposées, si bien que je suis, Dieu merci, en belle et bonne compagnie, avec belle clarté[1]. »

Devant ces images sacrées ou respectables, on devine quelles limites devaient s'imposer aux conversations, très libres quelquefois, mais jamais libertines, dans l'ancienne acception du mot. Quoi qu'en ait dit Bayle qui prêtait volontiers son incrédulité aux autres, le Symbole de Guy Patin et de ses amis conservait tous ses articles[2] ; Sorel, en particulier, n'a jamais fait mystère de ses convictions religieuses. Dans ce petit cercle, on était volontiers frondeur, on ne se gênait pas pour médire des ministres, des jésuites, et de l'antimoine; plus d'une parodie de la Gazette de Renaudot, plus d'un couplet malin contre Richelieu[3] ou contre Mazarin sortit de ces entretiens, mais rien de plus. Les langues étaient hardies, mais les esprits modérés. S'il arrivait aux amis de Guy-Patin de « parler de la royauté ou de la religion, ce n'était qu'historiquement, sans songer à réformation ou à sédition[4]; » ils pouvaient « aller tout près du sanctuaire[5], » ils ne songeaient pas à le démolir.

(1) *Lettre* de Guy Patin à Falconet du 21 avril 1651, tome II, p. 584.
(2) « Le Symbole de Guy Patin n'était pas chargé de beaucoup d'articles. » — Bayle était si content de cette expression qu'il l'a souvent répétée.
(3) C'est chez Guy Patin que Robert Miron composa son fameux rondeau sur la mort de Richelieu :
    Il est passé, il a plié bagage,
    Ce cardinal, dont c'est moult grand dommage.....
(*Mémoires* de Lefèvre d'Ormesson, tome I, p. 11).
(4 et 5) *Lettre* de Guy Patin à Falconet, du 8 Novembre 1658, tome III, p. 100; it. à Charles Spon, du 27 août 1648.

Du reste, « les docteurs du quartier, » comme on les appelait, ne s'occupaient pas toujours de ces graves sujets : l'histoire, les sciences, les lettres, les médailles et les vieux livres, tout était matière à leurs entretiens. Ils préféraient les écrivains de leur temps à ceux de la nouvelle génération. Rarement un ouvrage nouveau, un succès retentissant, arrivait jusqu'à eux. Ces bourgeois instruits vivaient dans leurs souvenirs, et traversaient un grand siècle, sans presque s'en douter.

En énumérant les derniers amis de Sorel, nous avons indiqué d'avance quel est le caractère de ses derniers ouvrages : tous, bien que publiés au milieu du règne de Louis XIV, nous ramènent en arrière et retracent l'état des lettres et de la philosophie sous le règne précédent. Ce qui domine dans ces écrits, c'est l'érudition, ou plutôt la curiosité, qui s'exerce sur tout et ne s'attache à rien ; on y trouve de tout, des faits nouveaux, de vastes lectures, des vues originales, des réflexions littéraires assez fines, et des paradoxes qui n'ont rien d'étincelant, des projets aussi utopiques qu'utilitaires. Somme toute, Sorel nous laisse l'idée d'un esprit hardi, mais brouillon. Il serait trop long d'analyser en détail les nombreux traités qu'il a écrits sur les sujets les plus divers, sur la bibliographie, sur la pédagogie, sur les sciences, sur la morale ; mais on peut essayer d'y recueillir les idées et les faits les plus curieux, et de montrer comment un écrivain oublié éclaire sur quelques points l'histoire des écrivains les plus connus.

Même complétée par le *Traité de la Connaissance des bons livres*[1], la *Bibliothèque française* de Sorel ne

(1) Le traité de la *Connaissance des bons livres* comprend une série de traités distincts qui font suite à la *Bibliothèque française*; les traités sur la langue ont été étudiés précédemment, Chap. X; nous réunissons les autres à la *Bibliothèque*.

répond pas à ce qu'on attendait d'un grand collectionneur de livres tel que lui ; elle est cependant commode, pour connaître rapidement tous les ouvrages français, composés sur tel ou tel sujet, avant 1660. Le plan du livre est simple. Dans une série de chapitres assez mal liés, Sorel commence par indiquer les règles d'un genre littéraire, puis il énumère toutes les œuvres dignes de quelque attention. Connaît-il bien son sujet, il devient intéressant et sort de la sécheresse ordinaire des catalogues. L'adversaire de Balzac raconte en détail l'histoire du genre épistolaire au commencement du XVIIe siècle [1] ; le contemporain de Vaugelas et de Perrot d'Ablancourt discute avec un grand bon sens les diverses théories sur la traduction [2], et raille spirituellement les anachronismes des « belles infidèles ; » l'ancien frondeur et le partisan déterminé des modernes soutient que l'éloquence politique n'est pas déshéritée en France, et qu'elle peut s'exercer aux Etats Généraux, dans les Parlements et dans les Conseils des Rois [3]. La

---

(1) Sorel, *Bibliothèque française* de 1664, p. 92 et suivantes.

(2) Ibid. p. 193 — On aurait aimé à trouver dans ce chapitre quelque renseignement sur la traduction de Lucrèce par Molière, qu'on ne peut se résigner à regarder comme perdue. A défaut du témoignage de Sorel, voici celui d'un ami de Scarron, de Rosteau. (*Sentiments sur quelques livres qu'il a lus*, Bibliothèque Ste-Geneviève, manuscrits Z. F., 95, p. 69). — Rosteau cite avec éloge les pièces de Molière jusqu'aux *Fâcheux* inclusivement (ce qui prouve que la note a dû être écrite vers 1661-1662), et il ajoute: « Cet auteur ne se contente pas de bouffonnerie, il est sérieusement savant quand il lui plaît. La traduction qu'il a faite de Lucrèce, moitié en prose, moitié en vers, en est un argument certain. Il serait à souhaiter qu'elle fût imprimée. »

Le même Rosteau indique, p. 73, un autre manuscrit que nous n'avons pu encore retrouver: « J'ai vu de Régnier écrit à la main l'Entrée qui devait être faite à la Reine Marie de Médicis à Paris, avec toutes les inscriptions composées par lui. Mais la mort de Henri IV survenue inopinément empêcha cette grande cérémonie et fit supprimer cet ouvrage. »

(3) Sorel, *Traité de la connaissance des bons livres*, p. 274 et suivantes.

liberté même, qui manque parfois à cette éloquence, la chaire chrétienne la possède, pleine et entière; les ministres de Dieu donnent aux grands et aux rois telles leçons qu'il leur plaît, et cette forme d'éloquence, les anciens ne l'ont pas connue. Mais le respect de Sorel pour les prédicateurs ne l'empêche pas de combattre leurs scrupules exagérés, et de défendre contre eux le théâtre[1] ; dans la polémique soulevée par les écrits de Nicole et du prince de Conti, il soutient les opinions qu'il a professées toute sa vie. Le chapitre qu'il a écrit sur la « défense de la comédie, » bien que composé de souvenirs déjà éloignés, n'en est que plus curieux ; on ne perd pas sa peine en essayant de le compléter avec d'autres livres du même auteur.

Sorel appartenait à une génération qui avait vu naître le théâtre en France, et qui s'était passionnée pour lui. Ce railleur de la poésie a eu son jour d'enthousiasme: il a accueilli avec une admiration sincère le premier chef-d'œuvre de la tragédie française, « ces combats également grands entre Chimène et Rodrigue, qui entretiennent toute la pièce et qui donnent tant de pitié et de plaisir ensemble. » Qu'importe que les pédants contestent le triomphe de Corneille ? Le poète peut se contenter de leur répondre, comme jadis ce Romain, accusé et victorieux : « On joue encore aujourd'hui le *Cid;* peuple, allons l'ouïr représenter. » — Si ces lignes sont bien de Sorel, comme il y a tout lieu de le supposer, si c'est lui qui a écrit le fameux *Jugement du Cid, par un bourgeois de Paris, marguillier de sa paroisse*[2], il faut l'excuser d'être revenu sur son premier mouvement qui était le bon, et d'avoir mêlé à ses éloges bien des critiques et des plaisanteries

---

(1) Sorel, *Traité de la connaissance des bons livres*, p. 232 et suivantes.
(2) Nous exposerons dans la Bibliographie les raisons qui nous ont fait attribuer ce pamphlet à Sorel.

vulgaires : ni à ce moment, ni plus tard, Sorel, l'auteur du *Berger extravagant,* ne devait renoncer complètement à ses manies.

Non-seulement il disait son mot, le mot du bon sens, dans toutes les querelles littéraires, mais il suivait assidûment toutes les représentations dramatiques, et il consignait au jour le jour ses impressions, dans des cahiers qu'il avait commencés à l'âge de dix-huit ans [1], et qu'il continuait encore en 1666, au témoignage de Furetière. Si jamais l'on retrouve ces manuscrits, que d'historiettes on pourra prendre chez ce Tallemant sans style ! En attendant, il ne faut pas laisser de recueillir les rares anecdotes qui lui ont échappé, et qui se rapportent encore à Corneille.

Tout le monde pense aujourd'hui que si le Cardinal de Richelieu s'est ligué contre le *Cid,* c'est que la pièce contrariait autant sa politique que sa vanité. Mais cette vérité n'en était pas une en 1654 ; après avoir réfuté Pellisson, qui n'attribuait l'opposition de Richelieu qu'à une jalousie mesquine, Sorel avait soin d'ajouter [2] : « Il y a des Mémoires de ce temps-là, qui ne sont pas imprimés, lesquels trouvent une cause plus fine de l'aversion que le Cardinal concevait pour le *Cid* et de l'inclination qu'il témoignait pour l'*Amour tyrannique.* C'est que dans le premier, il y avait quelques paroles, qui choquaient les grands ministres [2], et dans l'autre, il y en avait qui

---

(1) Dans l'avertissement de la *Science des choses corporelles,* 1635, Sorel annonçait qu'il allait tirer de son *Sottisier* « deux volumes d'apophthegmes et de contes modernes ; » ils n'ont jamais paru. — Guéret, *Promenade de St-Cloud* déjà citée, dit que Sorel avait surtout étudié « le détail de la vie des auteurs. » — it. le *Roman bourgeois* p. 237.

(2) Sorel, *Bibliothèque française* de 1664, p. 185. — Le passage de Sorel vient confirmer les textes postérieurs cités par M. Marty-Laveaux (*Corneille,* tome III, p. 17 et 18.)

exaltaient le pouvoir absolu des rois, même sur leurs plus proches. » Ouvrons la pièce de Scudéry, et nous y trouverons, à chaque page, des vers tels que ceux-ci :

> Il n'est point d'autre loi que le vouloir des Rois......
> Les rois sont au-dessus des crimes......
> Les rois ont des sujets et n'ont point de parents......
> Ceux qui tiennent un rang de puissance infinie
> Sont instruits seulement par un divin génie,
> Qui fait toujours céder au cœur d'un potentat
> Cette raison commune à la raison d'Etat.

Voilà des maximes que Richelieu, le « divin génie » de Louis XIII, préférait aux insolentes déclarations de Don Gormaz, et à cette apologie du duel, qui, supprimée à l'impression de la pièce, resta gravée dans toutes les mémoires.

Un autre texte de Sorel n'est pas moins instructif. Autrefois, nous l'avons vu, les acteurs de Paris n'étaient que des « bateleurs grossiers » que la « racaille allait seule écouter. » Leur condition et leur fortune se sont relevées plus tard ; le « premier amoureux de l'hôtel de Bourgogne gagne de huit à neuf mille livres par an[1]; la cour retient les meilleures places au théâtre, et la troupe va souvent donner des représentations dans les maisons particulières. » — « Maintenant, écrit Sorel en 1642, nous avons des comédiens illustres, entretenus des rois et des princes, qui représentent des pièces graves et sérieuses, dignes des plus chastes oreilles et de l'austérité des philosophes[2]. Il n'y a pas fort longtemps qu'il n'y avait à Paris et par toute la France qu'un seul homme, qui

---

(1) Ce chiffre est donné dans le roman de *Polyandre*, 1648.
(2) Allusion à l'édit de Louis XIII en faveur des comédiens du 16 avril 1641.

travaillât pour de telles représentations, qui était le poète Hardy ; et lorsque les comédiens avaient une pièce nouvelle, ils mettaient seulement dans leur affiche que leur poète avait travaillé sur un sujet excellent, ou chose semblable, sans le nommer, pour ce qu'il n'y avait que lui, ou pour ce que, s'il y en avait d'autres, l'on ne les nommait pas non plus pour les distinguer ; et ce n'était pas tant qu'ils fissent scrupule de laisser mettre leurs noms à une affiche de comédiens, qu'à cause qu'ils n'osaient se déclarer auteurs de quelques mauvaises pièces. Mais maintenant que l'on en fait de si belles, et que l'on y emploie même les histoires saintes, il y a de l'honneur à y être nommé. [1] »

Si ces lignes ne sont pas, comme on l'a souvent supposé, une allusion au succès récent de *Polyeucte*, elles conservent pourtant leur intérêt. L'auteur inconnu d'un *Traité sur la disposition du poème dramatique* a constaté qu'à Paris, en 1637, les sujets sacrés, délaissés « de nos poètes et de nos sages mondains, » étaient abandonnés dédaigneusement au théâtre de collège. Sorel nous apprend au contraire que, si médiocres qu'ils paraissent aujourd'hui, le *Saint Eustache* de Baro (1639) et le *Saül* de du Ryer (1639) sortirent du commun. Ces pièces firent du bruit, elles ébranlèrent un préjugé fâcheux, elles

---

[1] Sorel, *Maison des Jeux*, 1642, privilège du 2 juin 1642, tome I, livre III, p. 427-428. — Sorel a exprimé un peu différemment la même idée dans un passage connu de la *Bibliothèque française*, 1664, p. 183. Autrefois les poètes dramatiques n'étaient pas nommés sur l'affiche : ils ne commencèrent à l'être que vers 1625 « depuis que Théophile eut fait jouer sa *Thisbé*, et Mairet sa *Sylvie*, M. de Racan ses *Bergeries*, et M. Gombauld son *Amaranthe*. » Les deux passages ne se contredisent pas ; de leur rapprochement il ressort que les pièces composées « sur les histoires saintes » aux environs de 1642, firent autant d'impression sur Sorel et sur le public que les pièces célèbres énumérées plus haut.

décidèrent peut-être Corneille à entrer dans une voie nouvelle et à donner plus tard son *Polyeucte*, sur la fin de Décembre 1642, ou au commencement de Janvier 1643.[1]

Sorel n'a pu nous donner cette date si contestée de Polyeucte, mais il nous aidera à la confirmer indirectement, en fixant la date du *Menteur* et celle de la *Suite du Menteur*.

(1) Voir la discussion de cette date dans l'édition de *Polyeucte*, donnée par M. Petit de Julleville, (Paris, Hachette, 1887, p. 16.)

« Quelques difficultés subsistent, » dit M. Petit de Julleville, pour la chronologie des pièces suivantes. Ces difficultés sont peut-être en partie résolues si l'on admet les dates de 1644 et de 1645 pour le *Menteur* et pour la *Suite du Menteur*. — Corneille dit que la *Mort de Pompée* et le *Menteur* sont « partis de la même main dans le même hiver. » *Partis* signifie *composés*; mais quel est cet hiver, est-ce celui de 1642-1643, ou celui de 1643-1644 ? Le 22 janvier 1644, Corneille prend un privilège pour l'impression de la *Mort de Pompée* et pour celle du *Menteur*; il est également vraisemblable que les deux pièces étaient achevées ce 22 janvier, et que les deux mois de novembre et de décembre 1643 n'ont pu suffire à Corneille pour les composer. Nous voici donc reportés à l'hiver de 1642-1643, où divers indices nous obligent à rester. — A la date du 10 février 1643, Balzac écrit à Corneille; « Vous serez Aristophane quand il vous plaira, comme vous êtes déjà Sophocle. » Cette allusion ne peut signifier que le *Menteur* venait d'être représenté, mais elle laisse entendre que Corneille, qui travaillait déjà à sa comédie, a fait part à Balzac de ses projets. La même année 1643, Corneille sollicite vainement le droit de faire jouer par qui bon lui semble *Cinna*, *Polyeucte*, la *Mort de Pompée*, qu'il avait fait représenter d'abord par les comédiens du Marais. Dans le projet de lettres patentes rédigé par Corneille, la représentation de la *Mort de Pompée* est un fait accompli. D'autre part Goujet, résumant des lettres perdues de Chapelain, écrit : « Ces lettres montrent aussi que Corneille fréquentait souvent M. le chancelier Séguier et l'hôtel de Rambouillet, et qu'il lisait ses pièces dramatiques avant de les livrer au théâtre. » L'indication marginale porte : « Lettres du 16 août 1643 et du 8 novembre 1652. » — Mais la lettre du 16 novembre 1652 ne pouvait faire allusion qu'à un fait très éloigné, à une lecture antérieure de plusieurs mois, puisque *Pertharite*, la seule pièce dont il pût être question à ce moment, avait été représentée au commencement de 1652. Est-il naturel de supposer que la lettre du 16 août 1643 contenait une nouvelle aussi vieille que la précédente, et que, deux fois de suite, Chapelain se soit borné à rappeler des faits passés depuis si longtemps ? S'expliquerait-on dans ce cas la déclaration si nette de Goujet ? Elle ne s'explique en réalité, que si l'on admet qu'aux environs du 16 août

Dans le *Berger extravagant*[1] et dans ses autres ouvrages il a souvent parlé des bandes joyeuses de Parisiens, qui s'en allaient en villégiature aux environs de Paris; il nous a expliqué aussi un jeu fort pratiqué dans ces excursions, le *jeu du commandement*, qui consistait à improviser des énigmes, des charades, des pièces de vers, à l'instigation d'un maître, choisi par la société. Un recueil de ces pièces[2] écrites « en une journée de vendanges de l'année bissexte, » est arrivé jusqu'à nous ; c'est une première «*journée des madrigaux,*» aussi inepte que la seconde, mais les joyeux compagnons qui y ont pris part, de retour à Paris, se sont réunis « à la Pomme de pin, la veille de la Saint-Martin, » et ont fabriqué, pour leurs œuvres, une sorte de privilège burlesque des plus curieux. Tous les membres de la société y prennent de faux noms, parmi lesquels nous relevons *Paladin; Passelourdin, nouvellement venu de Poitiers avec la plaisante comédie du Marais ;*

1643, Corneille a lu une pièce non encore représentée, laquelle était, suivant toute vraisemblance, la *Mort de Pompée*. En réunissant tous ces indices aux dates du *Menteur* et de la *Suite du Menteur*, établies plus loin, on arrive à conclure que Corneille, ayant entrepris la *Mort de Pompée* et le *Menteur* dans les premiers mois de 1643, a eu toute l'année devant lui pour achever ces pièces; les dates les plus vraisemblables des premières représentations sont les suivantes: *Polyeucte*, fin décembre 1642 ou janvier 1643 ; — la *Mort de Pompée*, fin de l'année 1643 ; — le *Menteur*, été de 1644 ; — la *Suite du Menteur*, été de 1645 ; — *Rodogune*, premiers mois de 1646.

(1) Le *Berger extravagant*, Livre X, p. 258. et Rem. p. 343. — It. fin de la *Maison des Jeux*.

(2) *Le grifonage ou festins, jeux et récréations de la montagne de Grifon, en Brie, décrits en un rondeau, continué par plusieurs reprises en vers burlesques de même rime, avec la métamorphose de Lycidas et de Sylvie, changés, l'un en chêne, l'autre en roche de la même montagne*. etc. 1 vol. in-8, sans lieu ni date, Bibliothèque de l'Arsenal, Belles-Lettres, n° 8844. — On lit à la dernière page: Fin du Grifonage, fait en une journée de vendange, l'année de bissexte. — L'approbation burlesque est à la page 15; la préface nous apprend que le livre a été publié en la saison de la foire et du Carnaval (1645).

Plantebourdin dit Dorante. Cette nomenclature confirme un passage bien connu, où Corneille a constaté lui-même le succès de la pièce du *Menteur :*

La pièce a réussi, quoique faible de style,
Et d'un nouveau proverbe elle enrichit la ville ;
De sorte qu'aujourd'hui, presqu'en tous les quartiers
On dit, quand quelqu'un ment, qu'il revient de Poitiers [1].

D'autre part, dans le second *Dictionnaire des Précieuses* [2], on trouve un jeu de mots, semblable à celui que nous avons relevé dans le Privilège burlesque cité plus haut. L'allusion de Somaize est extrêmement compliquée, et pourtant elle est rapide, elle tient dans un mot, parce qu'en 1660 le *Menteur* de Corneille est dans toutes les mémoires. De ce fait que les auteurs du *Privilège* ont été plus prolixes que Somaize, et qu'à la date du 10 novembre 1644, des Parisiens n'osaient point dire *revenu de Poitiers*, sans ajouter une explication, il s'ensuit que le proverbe n'avait pas encore eu le temps de se répandre, partant, que la pièce de Corneille avait été représentée tout récemment et datait au plus de quelques mois. Ce n'est pas tout. Une importante variante de la *Suite du Menteur*, conservée dans toutes les éditions

---

(1) La *Suite du Menteur*, Acte I, Scène III.
(2) Dans le Privilège burlesque cité plus haut, les expressions *Passelourdin*, *revenu de Poitiers*, et *Plantebourdin dit Dorante*, signifient à la fois que ces personnages aiment les bourdes, et qu'ils prennent de faux noms. On trouve un jeu de mots analogue dans le 2ᵉ *Dictionnaire des Précieuses* de Somaize, édit. Livet, tome I, p. 32, 33 et 64. Somaize appelle un précieux, Dorante de Montenor, et traduit ce nom par M. Dicar de Montmorency. — Montenor avait été le nom précieux du duc Henri de Montmorency, mort sur l'échafaud en 1635 ; le titre Dorante de Montenor signifie donc que M. Dicar est né dans le petit village de Montmorency, dont il ajoute le nom au sien, de manière à rappeler vaguement le nom du grand Montenor ou du duc de Montmorency. Le nom de M. Dicar est menteur ; il est le Dorante, (nous dirions le Sosie), du duc de Montmorency. — Tout ce qui précède est résumé dans la périphrase de Somaize.

de 1645 à 1656, montre Philiste présentant à Dorante un exemplaire imprimé de la comédie du *Menteur*[1]. L'achevé d'imprimer du *Menteur* est du dernier octobre 1644 ; il est donc improbable que la *Suite du Menteur* ait été jouée ce même hiver de 1644, car dans les usages du temps, on réservait la comédie pour l'été ou la morte-saison, pour la saison du moins où le beau monde était absent de Paris. La *Suite du Menteur* a dû très probablement être jouée après Pâques, dans l'année 1645, et Corneille ne s'est hâté de faire imprimer sa pièce, dès le mois de septembre, que parce qu'elle n'avait pas réussi comme son aînée.

On sait quelles discussions soulevèrent ces premières pièces de Corneille. Au sortir du théâtre, quand les applaudissements avaient cessé, quand l'enthousiasme s'était éteint avec les lustres et les feux de la rampe, les spectateurs ne laissaient pas de discuter leur plaisir, et de raisonner sur la nouvelle règle des trois unités ; les plus fanatiques prétendaient même l'appliquer, non-seulement à la comédie, mais encore au roman[2]. Tout le monde alors « se faisait blanc d'Aristote ; » le maréchal de Bassompierre lui-même apprenait dans sa prison les termes techniques, afin de pouvoir converser avec ses visiteurs, et il écrivait gravement dans son *Répertoire* : « La Comédie consiste en Prologues, Prothasis, Epistasis et Catastrophe[3]. »

(1) La *Suite du Menteur*, Acte V, Scène V, édit. Marty-Laveaux, tome IV, p. 388.
(2) Sorel, Le *Parasite Mormon* (1650), inséré dans le tome II de l'*Histoire de Pierre de Montmaur* par M. de Sallengre, La Haye, Van Lom, 1715, in-8°, p. 282 : « Pour ce qui est de l'Unité de Scène ou de lieu, que depuis la *Cassandre*, ils veulent tous faire garder dans les Romans aussi bien que dans les comédies. » Les mauvais plaisants composèrent d'autres romans où la règle était appliquée par raillerie ; ainsi le *Parasite Mormon* et le *Grifonage* cité plus haut, où l'on trouve « l'unité de temps, de lieu et de rimes. »
(3) *Répertoire* de Bassompierre, Bibliothèque Nationale, *Manuscrits latins*, n° 14,224, p. 31.

C'est par affectation, et pour mieux jouer son rôle, que le bourgeois de Paris, marguillier de sa paroisse, a feint d'ignorer ces beaux mots, et déclaré « n'avoir jamais lu Aristote. » En réalité, Sorel connaît aussi bien que personne les nouvelles règles, et il dira bientôt ce qu'il en pense, rien de bon. Certes il ne voudrait pas voir revenir ces pièces grossières, comme le *Ravissement de Proserpine* du vieil Hardy, qu'il a parodié jadis dans le *Berger extravagant*[1], ou comme ce *Fils d'Alceste*[2], où le héros apparaissait réellement,

Enfant au premier acte et barbon au dernier;

mais ce n'est pas une raison pour tomber d'un excès dans un autre. Il se moque des précautions que l'on prend au théâtre, pour observer l'unité de temps : en allumant sur les côtés de la scène, un nombre variable de lumières, dissimulées par des décors ou des perspectives, « certains machinistes furent si ponctuels à garder la loi établie, qu'ils firent paraître le soleil dans son Orient, puis dans son Midi, après dans son Occident, et enfin ils firent voir la Nuit. On s'étonna même comment on n'avait point mis

---

(1) Sorel, le *Berger extravagant*, livre IX p. 187 et *Remarques*, p. 291.

(2) Sorel, *Maison des Jeux*, 1642, tome I, p. 434 : « C'est de vrai une chose bien étrange de voir, en une comédie, qu'un homme, qui était représenté fort jeune au premier acte, vienne au dernier avec une grande barbe blanche, et soit devenu vieil en trois heures. » Cette phrase est reproduite presque textuellement dans la *Connaissance des bons livres*, 1671, p. 210. Elle a été également employée par Racan, (*Œuvres*, édition Tenant de Latour, tome I, p. 357), qui l'applique à une « des pièces les plus pathétiques » qu'il ait vu jouer « dans sa jeunesse », pièce qu'il a longuement analysée. Cette tragi-comédie représentée à l'Hôtel de Bourgogne, vers 1620, était tirée d'un roman de Des Escuteaux que nous avons déjà cité, chap. VI, p. 189 ; la date de 1620 (Comparer *Tallemant*, tome II, p. 358) fait supposer que le *Fils d'Alceste* est une œuvre perdue de Hardy, laquelle resta célèbre comme le type du drame irrégulier.

un cadran au théâtre, pour marquer les heures, les unes après les autres, afin de faire mieux voir aux spectateurs que la pièce était dans les vingt-quatre heures ¹. » En réalité cette fameuse règle n'est pas d'une utilité absolue : elle convient à certaines situations, elle nuit à d'autres, et son plus clair résultat est d'interdire aux poètes une foule de beaux sujets ². La règle de l'unité de lieu est encore plus inutile, surtout avec la division moderne des entr'actes ; les machinistes ont vite fait de changer la décoration, et l'imagination des spectateurs va plus vite encore que les machinistes. Cette règle de l'unité de lieu, Sorel ne veut même pas la discuter, il la réfute par l'absurde : « Je fais faire, dit-il, le tour du monde dans un navire à mon principal personnage, de sorte que suivant la définition qu'Aristote donne du lieu, *locus est superficies corporis ambientis*, il se trouve que, n'ayant point sorti de son vaisseau, il n'a, par conséquent, point changé de lieu ³. » Aucune de ces rigoureuses unités n'est donc indispensable, sinon l'unité d'action ; il n'y a pas de lois nécessaires au théâtre, « sinon les lois du bon sens et de la raison, applicables à toutes sortes d'ouvrages ⁴. » Au lieu de ruser avec des prescriptions futiles, les poètes dramatiques feraient mieux de chercher la vérité des caractères et la vraisemblance de l'action. Quoi de moins naturel que les songes et les oracles, ornements vulgaires de toutes les tragédies ? Quoi de plus étrange que tous « ces monologues de fous, » qui ne servent

(2) Sorel, *Connaissance des bons livres*, p. 209.
(1) Dans la *Maison des Jeux*, 1642, tome I, p. 434 et suivantes, Sorel plaide le pour et le contre ; dans la *Connaissance des bons livres*, 1671, p. 209 à 212, il est l'adversaire résolu des trois unités.
(2) Sorel, le *Parasite Mormon*, 1650, tome II, p. 283.
(3) Sorel, *Conuaissance des bons livres*, 1671, p. 212.

qu'à faire briller un acteur[1] ? Quoi de plus ridicule que ces apostrophes multipliées, que les héros de Corneille adressent à leur passion, à leurs yeux, à leur bras, à toutes les parties de leur corps[1] ? Une fois lancé, Sorel ne s'arrête plus, et sa verve vulgaire ne respecte plus rien dans les tragédies qu'il admirait autrefois ; même les beaux vers du Cid :

Paraissez Navarrais, Maures et Castillans,

ne trouvent plus grâce devant lui.

Pourquoi donc Corneille paye-t-il les frais de la guerre que Sorel a déclarée à la règle des trois unités ? C'est sans doute parce que son règne a trop longtemps duré. Ces lignes ont été écrites en 1650, alors que la tragédie avait tout envahi, et que la comédie ne faisait plus que végéter, malgré la verve de Scarron. Sorel ne regrette pas la farce d'autrefois, la farce des Bruscambille et des Gros-Guillaume, si grossière que, quand elle commençait [2], toutes les femmes

---

(1) Le *Parasite Mormon*, p. 273 à 285 ; — p. 275 : « Vous y verrez une personne parler à son bras et à sa passion comme s'ils étaient capables de l'entendre. Mettons la main sur la conscience. Nous arrive-t-il jamais d'apostropher ainsi les parties de notre corps ? Disons-nous jamais : « *Pleurez, pleurez, mes yeux*, non plus que *Mouchez, mouchez-vous, mon nez ? Çà ! courage, mes pieds, allons-nous en au Faubourg Saint-Germain ?* » — Mêmes parodies dans *Jodelet* ou le *Maître valet*, acte IV, scène II, et dans l'*Étourdi*, acte III, scène I" :
Taisez-vous, ma bonté, cessez votre entretien :
Vous êtes une sotte, et je n'en ferai rien.

(2) *Connaissance des bons livres*, 1671, p. 240 : « Autrefois toutes les femmes se retiraient, quand on allait commencer la farce. » Sorel parle des femmes honnêtes, car Bruscambille apostrophait souvent les autres. (Voir la thèse de M. Rigal sur *Alexandre Hardy*, p. 149 et 150). Il est bon de rapprocher la phrase de Sorel citée plus haut de deux passages du *Berger extravagant*, livre III, p. 144 et 150. Lysis a lu une affiche des comédiens de l'hôtel de Bourgogne « qui promettaient de représenter une incomparable pastorale des plus nouvelles de leur auteur et une farce risible ; » il entre au théâtre avec ses amis, et la pastorale s'achève pour céder la place à la farce. De ce texte il

quittaient le théâtre; il a même goûté médiocrement les pièces de Scarron, qu'il jugeait sans doute trop burlesques[1]; mais qui lui rendra la comédie, « cette naïve image de la vie civile, » qui a le grand mérite de ressembler au roman comique? Il ne cache pas ses préférences pour le genre abandonné par le grand Corneille. La difficulté lui semble plus grande de représenter des hommes ordinaires et des incidents de la vie commune, que « ces grands badauds d'amoureux, » et ces héros de tragédie toujours guindés. C'est un bon signe pour lui de la bonté d'une pièce, quand elle est comprise de tout le monde, et il ne méprise pas, il s'en faut, l'opinion du parterre. Dès 1642, il écrivait: « Si les orgueilleux se croient déshonorés d'aller là d'autant qu'ils disent que ce n'est que pour les gens de pied, comme s'il n'était permis de s'asseoir qu'aux gens de cheval ou de carrosse; si devant un jeu de scène ou un jeu de mots bouffon, ces messieurs des loges pincent les lèvres, en murmurant, que « c'est des railleries à faire rire le parterre, cependant l'on y trouve quelquefois de fort honnêtes gens, et même la plupart de nos poètes, qui sont les plus capables de juger des pièces, ne vont point ailleurs.[2] »

N'est-il pas curieux de constater comment Sorel a été amené par son seul bon sens aux opinions que Molière devait soutenir plus tard avec tant d'éclat? Avant l'*Impromptu de Versailles*, il a encore critiqué la déclamation

---

résulte que la farce faisait partie de toutes les représentations en 1628, et qu'on donnait souvent la petite pièce après la grande, au contraire de qui se fait aujourd'hui.

(1) Sorel ne prononce pas le nom des *Jodelets* de Scarron dans le *Parasite Mormon*, et se contente de citer, comme chefs-d'œuvres de la comédie, les *Visionnaires* et le *Pédant joué*; en revanche il apprécie Scarron comme poète burlesque et loue la *Gigantomachie*.

(2) Sorel, *Maison des jeux*, 1642, tome I, p. 472. — Molière, la *Critique de l'école des femmes*, Scène V.

chantante des grands comédiens, il leur a demandé de débiter les vers naturellement, en les coupant, en les brisant, et en les rapprochant autant que possible de la prose ; afin de répandre cette théorie, il proposait même l'établissement d'un véritable Conservatoire, d'un « séminaire pour la Comédie. [1] » Ajoutons que si l'auteur du *Berger extravagant* admet que les tragédies et même les comédies soient écrites en vers, s'il a fini par comprendre combien le vers donne de force et d'éclat à la pensée, sa conversion n'est pourtant pas complète. Selon lui, la prose, réservée à la farce, ferait souvent merveille dans la comédie ; et bravant les préjugés de presque tous ses contemporains, il adjure les auteurs dramatiques d'écrire quelquefois des comédies en prose, au moins par exception [2].

---

(1) Remarquons pourtant que ces idées sur la déclamation ne sont pas particulières à Sorel ni à Molière. Balzac raconte dans son VI° *Entretien*, 1652, l'histoire d'un de ses voisins, « un boulanger, estimé excellent homme pour le théâtre. Tous les ans, le jour de la Confrérie, il représentait admirablement le roi Nabuchodonosor et savait crier à pleine tête... Il vint de son temps à la ville (d'Angoulême) une compagnie de comédiens qui était alors la meilleure compagnie de France. On y mena Nabuchodonosor un dimanche qu'on y jouait le *Ravissement d'Hélène* ; mais voyant que les acteurs ne prononçaient pas les compliments du ton qu'il se faut mettre en colère, et principalement qu'ils ne levaient pas les jambes assez haut dans les démarches qu'ils faisaient sur le théâtre, il n'eut pas la patience d'attendre le second acte, il sortit du jeu de Paume dès le premier. » — Balzac parle au passé: « Il y avait autrefois un boulanger. » Le *Ravissement d'Hélène*, auquel il fait allusion, est donc probablement la pièce de Sallebray, intitulée la *Troade*, 1640. Quant « à la meilleure compagnie de France » qui joue les pièces simplement, ce ne peut être que la troupe du prince d'Orange, ou celle du duc d'Epernon, d'après le témoignage de Scarron, *Roman comique* (1" partie, chap. II), et plus vraisemblablement celle du duc d'Épernon.

(2) Sorel a exprimé les mêmes idées dans la *Maison des Jeux*, 1642, tome I, p. 435 et suivantes, et dans la *Connaissance des bons livres*, 1671, p. 217, 220, 246.

Sorel vécut assez longtemps pour voir réaliser toutes ces innovations par Molière ; mais à ce moment elles ne l'intéressaient plus. Déjà âgé, il n'allait plus au parterre que de loin en loin ; il ne semble pas non plus avoir conservé de relations avec un homme qui aurait pu le ramener au théâtre, avec un ami de Molière, l'abbé de La Mothe-Le-Vayer, lequel mourut, du reste, dès 1664. Sorel vit certainement jouer les *Précieuses ridicules* [1], et s'il y a remarqué en passant un trait insignifiant emprunté à Scarron [2], à plus forte raison dut-il, dans la pièce nouvelle, reconnaître son propre bien. Mais il n'a très probablement pas connu les pièces suivantes, dont il cite simplement les titres jusques et y compris l'*Ecole des femmes* [3]. Cette dernière comédie ne lui fut révélée que par les attaques du prince de Conti [4] ; en la mentionnant, il recommande à ses lecteurs de distinguer [5] le poète comique Molière du

(1) Sorel, *Lettre précieuse à des précieuses*, déjà citée — it. *Bibliothèque française* de 1664, p. 171.
(2) *Connaissance des bons livres*, p. 189: «... De là viennent les railleries qu'on fait d'un Poète extravagant qui voulait mettre les conciles en vers alexandrins et l'histoire romaine en madrigaux. » — Comparer *Scarron*, tome VII, p. 175, *Epitre chagrine à d'Elbène*.
   J'entreprends un travail pour le clergé de France,
   Dont j'attends une belle et grande récompense :
   C'est, mais n'en dites rien, les conciles en vers ;
   Pour les diversifier, je les fais inégaux,
   Et j'y fais dominer surtout les madrigaux.
Ces vers ont été cités par M. Morillot, dans son étude sur *Scarron et le genre burlesque*.
(3) *Bibliothèque française* de 1664, p. 188 ; it. édit. de 1667, p. 210.
(4) *Connaissance des bons livres*, p. 240. Sorel parle des pièces « qui causent du mal à ce que l'on pense par le mépris des lois du mariage et de toutes les bonnes mœurs. » Il ne fait que rappeler le « traité d'un grand prince » ou le *Traité de la Comédie* du prince de Conti, 1666, p. 23. — Voir encore *Bibliothèque française* de 1664, p. 192.
(5) *Bibliothèque française* de 1664, p. 245 ; it. édition de 1667, p. 271.

romancier François de Molière, et du gentilhomme angevin, Molière, auteur d'un dictionnaire historique ; c'est tout au plus s'il ne cite pas en même temps Molière le danseur, et le sieur de Moulère[1], cavalier gascon, un autre écrivain inconnu de la vieille cour. La distinction était donc nécessaire pour de certaines gens? elle n'était pas inutile dans le petit cercle des amis de Sorel. On s'explique en tout cas que celui qui l'a faite n'ait pas parlé plus souvent d'un auteur qui lui était à peu près inconnu et dont les plus grands succès ne le touchaient plus[2]; l'on comprend pourquoi le nom de Molière tient si peu de place dans la *Bibliothèque française*, où l'on aurait eu tant de plaisir à le retrouver plus souvent.

Telle qu'elle est, avec toutes ses lacunes, la *Bibliothèque* ne manque pas de vues originales. Assez de citations nous ont montré combien ce livre aurait pu être intéressant, si au lieu de le réimprimer, à peu près textuellement en 1667, Sorel l'avait fondu avec le *Traité de la connaissance des bons livres* ; s'il avait pris aussi la peine d'y réunir les faits et les jugements que nous avons été obligés de glaner dans une demi-douzaine d'ouvrages différents. Ainsi cette *Bibliothèque* ne serait plus ce qu'elle paraît trop souvent, une sèche énumération de noms et de titres.

Les défauts et les lacunes sont encore plus visibles dans

---

(1) *Vida y muerte de los Cortesanos por el Senor de Moulère, cavallero Gascon*, in-12, Paris, 1614. — La pièce a été imitée et parodiée par le comte de Cramail dans le *Philosophe gascon*, qui fait partie des *Jeux de l'Incomnu*.

(2) Comparer Guy Patin, lettre du 29 mars 1669, tome III, p. 691: « Plusieurs se plaignent ici et les médecins aussi, vu qu'il n'y a ni malades, ni argent, il n'y a plus que les comédiens qui gagnent au *Tartuffe* de Molière. Grand monde y va souvent. » Ni Guy Patin, ni Sorel n'eurent l'envie de suivre ce grand monde.

la volumineuse Encyclopédie scientifique que Sorel commença dès l'âge de trente ans, et qu'il ne cessa de remanier jusqu'à ses derniers jours, avec une patience louable. Il avait toujours été lié avec des savants, il lisait les livres nouveaux et insérait jusque dans ses romans des allusions érudites, des expériences de télégraphie optique ou des formules d'encres indélébiles. Les projets les plus bizarres et quelquefois les plus pratiques traversaient son esprit ; c'est ainsi qu'il eut l'idée de fonder avec le fils de Guy Patin une société industrielle pour l'exploitation des tourbes combustibles, et une autre qui devait avoir le monopole des Panoramas militaires à Paris. Sorel eut tort de prendre cette curiosité toujours en mouvement pour une vocation sérieuse, et de perdre des années à une tâche qui dépassait sa portée. Disons pourtant à son excuse que cette Encyclopédie ou cette *Science universelle* avait un but utile ; malgré son titre pompeux, elle était surtout destinée aux professeurs et aux écoliers. Sorel pensait que les découvertes des savants et des philosophes modernes devaient dorénavant sortir des cabinets et des livres pour entrer dans l'enseignement public. Plein d'ardeur et de regrets, quand il se rappelle le collège de Lisieux, il esquisse à son tour un plan d'éducation, où l'histoire, qui n'est guère encore enseignée que dans les collèges de l'Oratoire, tient la première place avec les sciences et les langues modernes [1]. Il lui semble tout naturel que l'enseignement des sciences, à tout le moins, soit donné en français, et non plus en latin macaronique ; il cite avec complaisance toutes les tentatives isolées dans cette voie, et la décadence du collège de Richelieu, cette

---

(1) Les *Méthodes* de Sorel font partie du Traité de la *Perfection de l'homme*, p. 359, 361, 364, 382, etc.

école de Cluny aristocratique, lui paraît un vrai malheur. Ce n'est pas tout. Ami du médecin Guy de la Brosse qui réclama durant trente ans la création du Jardin des Plantes, et qui eut le plaisir de l'inaugurer, Sorel insiste avec raison sur l'intérêt des sciences physiques et naturelles, et demande que les écoliers étudient de meilleure heure ces sciences, ainsi que les mathématiques. Il désire aussi que les professeurs fassent dans les classes des expériences et qu'il aient à leur disposition les instruments les plus simples. N'a-t-il même pas l'audace de réclamer pour chaque collège un petit jardin botanique, une collection de minéralogie et de zoologie? Et voyez-vous comme, dans ce système d'études, les yeux des enfants sont réjouis, distraits par la variété des minéraux, des fleurs, des oiseaux et des coquillages? On louerait plus volontiers toutes ces innovations et ces réformes, si elles ne s'étaient montrées, dès ce temps-là, trop avides.

Et, en effet, le temps consacré aux sciences, il faut bien le prendre quelque part[1], le prendre aux lettres. Sorel n'y manque pas; il a lu les ouvrages de l'Allemand Comenius et il a, comme lui, son système pour apprendre toutes les langues indistinctement, et surtout pour en finir rapidement avec les langues anciennes. Faire apprendre par cœur aux élèves des listes de mots usuels, grecs et latins, copier de jolis tableaux de déclinaisons et de conjugaisons, étudier un manuel de mythologie qui dispensera presque de traduire Homère et Virgile, faire des thèmes d'histoire ou d'histoire naturelle, pour gagner du temps, moyens souvent préconisés, souvent condamnés par l'expérience. Les méthodes de Sorel durent lui attirer plus d'une raillerie

---

(1) Comenius, *Janua linguarum*, 1635; *Orbis sensualium pictus*, 1650.

de son ami Guy Patin, qui aimait le latin, parce qu'il avait pris la peine de l'apprendre et qu'il le savait.

Si les *Méthodes* de Sorel contiennent beaucoup d'utopies mêlées à quelques vérités, une partie de son encyclopédie, la partie historique, offre encore quelque intérêt. Ce n'est pas sans raison qu'un Allemand, dont la compilation est encore estimée, a traduit ce livre en latin, sans s'en vanter [1]. Sorel y a donné une idée assez juste du mouvement philosophique avant Descartes; il a résumé avec précision les ouvrages de tous les « Novateurs » italiens, et ainsi il peut souvent dispenser de consulter les originaux rares ou perdus. Ces analyses sont encadrées dans des réflexions sur les progrès de la science, qui rappellent Bacon et qui annoncent Pascal. « Quoique le seul nom de novateur soit odieux à plusieurs personnes, il faut prendre garde que s'il est à appréhender en matière de théologie, il ne l'est pas dans la philosophie naturelle et humaine. » Qu'arrive-t-il cependant lorsqu'un moderne émet quelque opinion nouvelle ? Aussitôt mille voix s'écrient : « Pense-t-il être plus savant qu'Aristote ? » Mais, « aveugles volontaires, » cet Aristote « est-il un second évangile ? » S'il avait accepté sans discussion la science de ses devanciers aurait-il jamais fait des découvertes ? Le monde n'a-t-il rien appris depuis lui ? « L'esprit de l'homme n'est-il pas dans une enquête perpétuelle de savoir, et les sciences sont-elles autre chose que « des recueils d'observations » toujours à compléter ?»

« La doctrine des anciens philosophes ne doit point avoir tant de crédit qu'elle ne cède quelquefois la place aux

---

(1) Morhofii *Polyhistor litterarius*. 3ᵉ édition, Lubeck, 1732, in 4°; livre I, Chap. XV, et livre II, Partie I, Chap. XIII, de *Novatoribus*. — Un autre Allemand, le baron de Stubenberg a traduit toute la *Science universelle* de Sorel, en nommant l'auteur.

découvertes des modernes. » Sorel énumère toutes ces découvertes, faites depuis la Renaissance, et, comme s'il devinait la préface célèbre de Pascal, il conclut en citant les dernières expériences de Torricelli sur le Vide [1].

La *Perfection de l'homme* ne contient pas seulement des rapprochements de cette sorte, mais quelquefois d'utiles explications. En résumant consciencieusement tous les ouvrages scientifiques qu'il a lus, Sorel nous donne la clef de bien des allusions qu'il a faites dans ses romans, et ces allusions sont parfois utiles à connaître, elles nous aideront notamment à commenter une des Pensées les plus obscures de Pascal.

Le premier fragment des *Pensées*, intitulé *Disproportion* ou *Incapacité de l'homme*, est un des plus connus; il est aussi un des plus importants, il a été remanié plusieurs fois sur le manuscrit original, il a attiré à son auteur une longue discussion avec le chevalier de Méré, il a été imité à diverses reprises au XVIIe siècle même, par de grands écrivains ; quelle en est l'origine ? Un très beau passage de la *Physique* de Hobbes, cité dans ces dernières années, paraît répondre à cette question [2]. Hobbes compare, comme Pascal, l'infiniment grand et l'infiniment petit. Cette sphère immense, dont le rayon s'étend de la terre au soleil, n'est elle-même qu'un point, relativement à la distance du soleil aux étoiles fixes. Tout de même, il existe des êtres si petits qu'ils échappent à notre vue, et cependant ils ont des yeux, des veines, une organisation parfaite. L'esprit de l'homme doit faire effort pour admettre ces deux ordres de merveilles, encore qu'elles le dépassent. —

---

(1) Sorel, Traité de la *Perfection de l'homme*, chap. des *Novateurs*, p. 209 à 215, 267 à 270, 275.

(2) Ce passage de la *Physique* de Hobbes (1654) a été signalé par M. Janet. Cf. *Pascal*, édition Havet, tome I, p. 220.

Le rapprochement est frappant : il l'est moins, quand on compare le texte de Hobbes à un texte du Père Mersenne sur le même sujet [1]. Avant de citer un troisième texte, il convient de résumer de notre mieux les deux termes de la Pensée de Pascal. Jadis partisan de Galilée, Pascal représente ici l'univers conformément à la vieille physique. La terre n'est qu'un point immobile, autour duquel tournent le soleil et les planètes attachées au firmament. Au-delà de la portée de notre vue, il y a une infinité d'univers semblables, étrangers l'un à l'autre. Réciproquement, Pascal retrouve un univers dans un ciron ; « dans l'enceinte de cet atome imperceptible, » il voit une infinité de mondes, dont chacun a son firmament, ses planètes, sa terre, en la même proportion que le monde visible.

Il est permis de rapprocher la première partie de l'argumentation de Pascal d'un passage de Cyrano de Bergerac qui, dans son *Voyage dans la Lune*, développe la même thèse, la grandeur du monde visible, mais qui se représente ce monde, comme nous : la terre tourne autour du soleil; il y a autant de soleils que d'étoiles, et chaque soleil emporte un monde.[2] Bien que, dans la suite, Cyrano de Bergerac soutienne la thèse justement opposée à celle de Pascal, et qu'il s'efforce de rendre l'infini compréhensible, accessible à l'homme, l'analogie n'en est pas moins curieuse, et de plus elle n'est pas fortuite. Tournons quelques feuillets

---

[1] Le Père Mersenne, *Quæstiones in Genesim*, 1623, in-folio, p. 127: « Quid obsecro majori dignum admiratione, si culicem inspicias in quo hepar, cor et cerebrum cum venis, arteriis atque nervis adesse certum est ? Illius mihi nervos, musculos et arterias enumera: quod si nequeas et omnes homines in opere tam parvo tanta miracula suspiciant et præ nimia admiratione obstupescant, cur non fateris artificem, qui membra illa tam subtilia compegit ? »

[2] Cyrano de Bergerac, édition Paul Lacroix, lib. Delahays, *Voyage dans la Lune*, p. 37.

et nous verrons dans ce même *Voyage dans la Lune*, la comparaison du ciron dans tous ses détails : « Il me reste à prouver qu'il y a des Mondes infinis dans un Monde infini. Représentez-vous donc l'univers comme un animal ; que les étoiles, qui sont des mondes, sont dans ce grand animal, comme d'autres grands animaux, qui servent réciproquement de mondes à d'autres peuples, tels que nous, nos chevaux, etc., et que nous, à notre tour, sommes aussi des mondes à l'égard de certains animaux encore plus petits sans comparaison que nous, comme sont certains vers, des poux, des cirons : que ceux-ci sont la Terre d'autres plus imperceptibles ; qu'ainsi, de même que nous paraissons chacun en particulier un grand Monde à ce petit peuple, peut-être que notre chair, notre sang, nos esprits, ne sont autre chose qu'un tissu de petits animaux qui s'entretiennent, nous prêtent mouvement par le leur, et se laissant conduire à notre volonté qui leur sert de cocher, nous conduisent nous-mêmes et produisent tous ensemble cette action que nous appelons la vie [1]. » — Bien que les idées de Cyrano de Bergerac soient bizarres, il faut avouer qu'elles sont plus claires et mieux liées que celles de Pascal. Ce qui rend la Pensée de Pascal si obscure, c'est qu'on ne comprend pas pourquoi, même si la matière est divisible à l'infini, les parties de cette matière seraient nécessairement des êtres vivants, semblables à nous. Tout s'explique au contraire, si l'on se place, comme Cyrano de Bergerac a eu soin de le faire, dans l'hypothèse d'un univers animé. Puisque le monde est un être vivant, et que nous autres, êtres vivants, nous sommes des parties de ce monde, l'analogie nous permet d'affirmer que les parties de notre corps sont à notre corps tout entier ce que

---

(1) *Voyage dans la lune*, p. 97.

ce corps lui-même est à l'ensemble du monde. Donc les parties de notre corps sont des êtres vivants, et ainsi de suite à l'infini. Quelle que soit l'hypothèse initiale, la conclusion est logique.

De tout ce qui précède il résulte que la comparaison du Ciron est étrange dans le texte des Pensées ; de plus, elle ne paraît pas avoir été connue de Pascal de tout temps. S'il l'avait connue plus tôt, il l'aurait mise sans doute à sa place naturelle, il l'aurait réunie aux considérations sur les deux infinis, dans l'*Esprit géométrique*, et il ne l'a pas fait. Cette comparaison est donc à la fois étrange et nouvelle, et il est difficile de croire que Pascal, qui n'a jamais prétendu inventer que la disposition de ses idées, et non point ses idées elles-mêmes, n'ait pas pris celle-là quelque part. Et en effet, ce qu'il y a de caractéristique ce n'est pas le ciron[1], donné comme exemple de l'infiniment petit, puisque pour les hommes du peuple aussi bien que pour les savants et les moralistes, il est le symbole de ce qu'il y a de plus petit au monde, et qu'il conserve cette réputation, même après l'invention du microscope. Si l'on parcourt les ouvrages de sciences ou de morale, antérieurs aux Pensées[2], on y trouvera souvent le ciron, soit comparé à l'homme, soit décrit dans sa structure, à peu près comme les animalcules dont parlent Hobbes et le Père Mersenne, quoique moins clairement. Mais on ne verra nulle

---

(1) Il entre dans plusieurs proverbes populaires. Cf. Sorel, le *Berger extravagant*, Rem. sur le livre VIII, p. 251 « aussi petit qu'un ciron. » it. *Curiosités françaises* d'Antoine Oudin, 1640, p. 372. « *J'ai un nom aussi bien qu'un ciron*, vous me devez nommer en m'appelant, et non pas me crier holà, chose, vulgaire.

(2) Ou même postérieurs. Les *Osservazioni del Redi, accademico della Crusca, intorno negli animali viventi, che si trovano negli animali viventi*, Florence, 1684, in-4°, ne sont pas plus explicites à ce sujet que le *Theatrum insectorum, sive minimorum animalium*, Londres, 1634, in-folio.

part qu'il y ait un univers dans un ciron, et c'est précisément toute la question, comme l'a remarqué le chevalier de Méré. Seul, Cyrano de Bergerac paraît avoir exprimé la même idée que Pascal, nous avoir montré comme lui la vie se prolongeant à l'infini. Bref, s'il était démontré que Pascal a pu lire l'ouvrage de Cyrano de Bergerac, l'imitation ou plutôt la réminiscence serait certaine.

Or Pascal a très bien pu lire le *Voyage dans la Lune.* Si nous n'avons plus aujourd'hui de cet ouvrage que l'édition de 1659, le Père Niceron en indique une de 1656 ; il était peut-être imprimé, en tous cas il circulait manuscrit dès 1650, puisqu'un sieur de Prade a dédié un de ses sonnets imprimés en 1650 à *l'auteur des États et Empires de la Lune*. Et Pascal pouvait d'autant plus facilement avoir connaissance de l'ouvrage, qu'il fréquentait chez Jacques Rohault, lié lui-même avec Cyrano de Bergerac. La question paraît donc se résoudre à chercher les sources de Cyrano de Bergerac, lequel n'a sans doute pas inventé ses considérations sur le ciron, ni celles sur la grandeur de l'univers, ni même l'idée du *Voyage dans la Lune*. Ces sources de Cyrano, Sorel nous les indiquera, en même temps que les siennes propres, dans le traité de la *Perfection de l'homme*.

On peut lire dans ce traité une longue page sur l'immensité de l'univers infini[1], « dont le centre est partout; » cette page est du philosophe Giordano Bruno, qui a décrit, avant Cyrano, les soleils innombrables entraînant

---

(1) Sorel, de la *Perfection de l'homme*, 1655, p. 238 et 239, cite le livre de G. Bruno, *De Monade* etc., comprenant le poème de *Immenso, et innumerabilibus, seu de Universo et Mundis*, Francfort, 1591, in-8°, et il traduit par une formule connue les vers de G. Bruno, *de Immenso*, p. 165, Ch. V.

Centrum igitur spacii immensi statuatur ubique;
Undique enim et quaque est versum dimensio tanta.

des terres sans nombre, et qui lui a directement inspiré un développement analogue. Cependant on aurait beau parcourir les œuvres latines et italiennes de G. Bruno, on n'y trouverait rien de semblable au développement du Ciron, mais seulement quelques idées voisines. L'Univers est un grand corps, qui nourrit d'autres animaux moins grands, tels que notre monde. La vie est répandue partout. L'homme, l'insecte, la plante, le rocher même, tous capables de se reproduire ou de s'accroître, sont autant de petits mondes, qui en contiennent en puissance d'autres, semblables à eux-mêmes [1]. Tout ceci est encore très loin de la comparaison du ciron, qui nous occupe. Mais le système vague et obscur de G. Bruno a été résumé sous forme de théorèmes, dans un livre latin très rare, l'*Enchiridion physicæ restitutæ*, 1623, livre que Sorel dit avoir lu. En corrigeant et en étendant singulièrement le sens de deux de ces théorèmes consécutifs du président Espagnet [2], Sorel est enfin arrivé aux réflexions suivantes qu'il a prêtées, dans le *Francion*, au pédant Hortensius : « Sachez que si le monde nous semble grand, notre corps ne le semble pas moins à un pou ou à un ciron ; il y trouve ses régions et ses cités. Or il n'y a si petit corps, qui ne

---

(1) Voir le dialogue italien *del Infinito*, résumé dans l'ouvrage de M. Bartholmess sur G. Bruno, tome II, p. 149, et le poème latin de *Universo*.

(2) *Enchiridion physicæ restitutæ*, Paris, Buon, 1622, in-12, p. 124 et 125 (Bibl. Nat. R. $\frac{2298}{A}$), Proposition CLX. En marge *Homo microcosmus* : Les anciens philosophes ont souvent représenté l'homme comme un abrégé des merveilles de l'univers ; nous supprimons donc ce développement banal qui se termine ainsi : « Merito itaque microcosmus homo dictus est et absoluta Universi imaguncula. — CLXI, en marge : *Quodlibet mixtum est microcosmus*. — Non solum homo, verum etiam quodlibet animal, quælibet planta microcosmus est : sic unum quodque granum aut semen est chaos, cui totius mundi semina compendiose insunt, ex quo exiguus suo tempore mundus proditurus est. »

puisse être divisé en des parties innombrables, tellement qu'il se peut faire que dedans ou dessus un ciron, il y ait encore d'autres animaux plus petits, qui vivent là, comme dans un bien spacieux monde, et ce sont possible de petits hommes auxquels il arrive de belles choses. Ainsi, il n'y a partie en l'univers, où l'on ne se puisse imaginer qu'il y a de petits mondes. Il y en a dedans les plantes, dedans les cailloux et dans les fourmis. Je veux faire des romans des aventures de leurs peuples. Je chanterai leurs amours[1], leurs guerres, et les révolutions de leurs empires, et principalement je m'arrêterai à représenter l'état où peuvent être les peuples, qui habitent le corps de l'homme, et je montrerai que ce n'est pas sans raison qu'on l'a appelé microcosme[2]. »

Cette fois, nous tenons toutes les transformations de l'idée, et le passage du *Francion* nous explique indirectement la pensée de Pascal. Sorel a très bien vu les conséquences du système de G. Bruno, conséquences que le Père Mersenne venait du reste d'exposer et de combattre dans son livre sur l'*Impiété des Déistes, athées et libertins*, 1624; l'auteur du *Francion*, aussi bon chrétien que mauvais plaisant, ne se souciait pas plus d'adopter le panthéisme que de perdre un trait d'esprit : comme il n'avait pas à se piquer d'une logique rigoureuse dans un développement bouffon, il a donné à la comparaison du ciron la forme incomplète, qui reparaîtra plus tard dans les *Pensées*. Cyrano de Bergerac, qui n'était pas gêné par les mêmes scrupules religieux que Sorel, n'a pas hésité, en copiant la page du *Francion*, à faire de l'univers un

---

(1) Le chevalier Perrin reprendra cette idée burlesque d'Hortensius dans ses *Divers insectes, pièces de poésie*, Paris, Duval, 1645, in-12.

(2) *Francion*, (1624) livre XI, p. 436.

être vivant : de là vient la clarté de son argumentation. Pascal est venu à son tour recueillir les idées de Cyrano de Bergerac ; mais, comme Sorel, et pour les mêmes raisons religieuses que lui, il a écarté l'hypothèse du panthéisme qui expliquait tout, et il a tronqué la comparaison du ciron, en supprimant la prémisse. On pourrait rendre cette explication plus vraisemblable encore, en montrant que ce n'est pas une, mais plusieurs fois que la même orthodoxie, la même soumission aux dogmes de l'Eglise, a inspiré à Sorel et à Pascal des opinions semblables : ainsi, ils se sont encore accordés tous deux pour rejeter le système de Galilée, et pour se représenter la terre comme un point immobile, entouré d'une infinité d'univers. Cette explication a posteriori est inutile, et il vaut mieux écarter une dernière objection.

Il serait très simple en effet de supposer que Pascal a lu directement Sorel ; mais cette supposition serait gratuite, tandis qu'il est certain que Cyrano de Bergerac a lu et a imité *l'Histoire comique de Francion*. Sorel, qui venait de parcourir le *Songe* de Képler, le *Nuncius sidereus* de Galilée, les poèmes de G. Bruno, la *Cité du Soleil* de Campanella, et bien d'autres ouvrages du même genre, a soufflé au pédant Hortensius des idées plus bizarres encore que la comparaison du ciron : « Vous savez, dit-il, que quelques sages ont tenu qu'il y avait plusieurs mondes ; les uns en mettent dedans les planètes, les autres dans les étoiles fixes ; et moi, je crois qu'il y en a un dans la lune. Ces taches, que l'on voit dans sa face quand elle est pleine, je crois, pour moi, que c'est la terre, et qu'il y a des cavernes, des forêts, des îles, et d'autres choses, qui ne peuvent pas éclater ; mais que, les lieux qui sont resplendissants, c'est où est la mer, qui étant claire, reçoit la lumière du soleil, comme la glace d'un miroir. Eh! que pensez-vous? il en est de même de cette terre où nous sommes; il faut croire qu'elle sert de lune à cet autre monde. Or ce qui parle des choses qui se sont faites ici est trop vulgaire; je veux décrire des choses qui soient arrivées dans la lune; je dépeindrai les villes qui y sont et les mœurs de leurs habitants, etc.[1] » Mais pour en parler, il faut y aller voir, fabriquer des engins de toutes sortes. Les quelques pages où le pédant Hortensius expose ses projets de voyages fantastiques dans la lune et même dans le soleil ont plus servi à Cyrano de Bergerac, que tous les livres analogues publiés dans les trente années suivantes; il doit la moitié de ses « burlesques audaces » à l'*Histoire comique de Francion*, et au *Berger extravagant*. Il est superflu d'insister sur ces imitations très nombreuses et toutes naturelles [2]. Cyrano de Bergerac devait être attiré

---

(1) *Francion*, livre XI, p. 435.
(2) Résumons les principaux emprunts de Cyrano de Bergerac à Sorel. Plusieurs ont déjà été signalés par MM. Colombey et Fournel:

CYRANO DE BERGERAC	SOREL
Le paysan Gareau veut jeter le chapeau d'un galant par la fenêtre. (*Pédant joué*, acte II, Scène III).	*Francion*, livre VIII, p. 332.
Le pédant Grangier a des lieux-communs tout prêts pour chaque passion. (Le *Pédant joué*, Acte III, Scène I).	it. Hortensius, *Francion*, livre XI, p. 442: it. livre IV, p. 144 et 148, etc.
Les vers servent de monnaie dans la lune. (*Voyage dans la lune*, p. 64).	*Francion*, livre XI, p. 465.
Les philosophes ravis au ciel par l'extase, ibid. p. 46.	Le *Berger extravagant*, livre X.
Le démon de Socrate se glisse dans le corps d'un jeune homme en léthargie, pour retrouver la vigueur, p. 61.	Le *Berger extravagant*, livre X, p. 263, et Remarques, 346 à 351.
Eloge de la crémation des cadavres, p. 112.	*Berger extravagant*, livre XII, p. 402, et Rem. p. 414.

vers Sorel, dont l'esprit offrait avec le sien tant d'analogies, qui aimait, comme lui, à s'aventurer dans les régions des fantaisies et des hypothèses, qui avait, comme lui, plus d'imagination et d'ingéniosité que de vrai savoir. Sorel, qui se jugeait bien lui-même, eut plus d'une fois l'idée de se consacrer à un genre presque nouveau et d'écrire, avant Cyrano de Bergerac, des romans scientifiques. C'est ce projet qu'il aurait dû poursuivre, au lieu de perdre son temps à cette volumineuse Encyclopédie, à laquelle il nous faut encore revenir.

Dans la pensée de Sorel, la *Science universelle* qu'il remaniait sans cesse, devait former un cours complet d'éducation. Aux traités déjà publiés sur les arts, sur les sciences et sur la philosophie, devaient s'en ajouter d'autres : une grammaire, une rhétorique, une poétique, une morale et une politique. La *Politique* de Sorel, qualifiée de « marchandise non commune » par Guy Patin, n'a jamais paru ; mais on peut juger sa *Morale* d'après les

CYRANO DE BERGERAC	SOREL
Le Phonographe, p. 111.	Sorel, *Recueil* de Sercy de 1644, p. 226.
Le Royaume des Oiseaux, dans l'*Histoire des Etats du Soleil*.	*Berger extravagant*, livre X, p. 232.
Les petits hommes diaphanes. *ibid.*	ibid. livre X, p. 233.
Le Royaume des amants où les métaphores sont prises à la lettre. *ibid.*	Tout le *Berger extravagant*, notamment le livre VII.

Quant aux changements ils sont le plus souvent insignifiants. Ainsi les habitants de la Lune, quand on leur demande l'heure, montrent les dents. — Comparez Sorel, le *Berger extravagant*, livre II, p. 222, et Remarques, p. 72. — Charite endormie « avait le visage tourné vers le ciel et la bouche ouverte, tellement que le Soleil luisant dessus comme il faisait, on eût bien dit quelle heure il était, si l'on eût regardé à ses dents larges et disposées avec mesure, sur lesquelles finissait l'ombre de son nez qui était si mince, qu'il semblait être là comme l'aiguille d'un cadran. »

deux fragments qu'il en a lui-même détachés. Au moment où il allait perdre sa pension d'historiographe et ses rentes personnelles, il venait de composer un petit traité intitulé le *Chemin de la Fortune*, où il indiquait à tous le moyen de s'énrichir, et passait en revue toutes les conditions, depuis les mendiants jusqu'aux hommes de lettres, depuis les courtisans jusqu'aux financiers. Le titre séduisant de l'ouvrage ne tenta pas les libraires; déjà oublié, Sorel eut grand peine à en trouver un, qui, flairant un scandale à cause de quelques pages piquantes sur les financiers [1], lui prit la moitié de son manuscrit; quant à la seconde partie, dont personne n'avait voulu, il réussit à la faire imprimer onze ans plus tard, en 1673, quelques mois avant sa mort. Disons tout de suite quel intérêt peuvent offrir ces ouvrages, aussi bien, du reste, que tous les traités de morale français, publiés avant 1687 : ils ont pu être feuilletés par La Bruyère, qui ne s'est pas contenté de rajeunir et d'ajuster aux mœurs de son temps les *Caractères* de Théophraste, mais qui a souvent résumé, en quelques traits brillants, nombre d'œuvres obscures, et dont le livre est comme le dernier anneau artistement ciselé d'une longue chaîne.

On retrouve dans le *Chemin de la Fortune* des souvenirs du *Polyandre*. Sorel a bien décrit la grandeur et la décadence rapide des partisans, leurs spéculations, leur luxe, leur ruine; ses descriptions satiriques rappellent celles des *Caractères*, mais les ressemblances sont surtout nombreuses dans le chapitre de la Cour. Comme

(1) Le livre contient quelques détails curieux sur les charges burlesques créées par le financier Emery, l'Æsculan du *Polyandre*, et plusieurs indications sur d'autres familles de partisans ; il provoqua des réclamations, et au dire de Furetière (*Roman bourgeois*, p. 226), attira un procès à Sorel. Celui-ci se hâta, comme il le dit dans la préface de la *Prudence*, de faire passer les exemplaires du *Chemin de la Fortune* à l'étranger.

La Bruyère, Sorel montre l'importance du nom pour les courtisans [1]. Si ce nom est roturier ou malsonnant, qu'on se hâte de le changer, ou tout au moins d'y joindre la particule ; s'il est noble, qu'on le rehausse, qu'on se cherche des alliances illustres dans le passé, les contemporains n'y regardent pas de si près. C'est qu'à la cour tout peut servir pour se mettre en faveur : nom, grand train, riches costumes, tout, jusqu'à la laideur qui attire l'attention du maître. Mais le meilleur moyen d'obtenir, c'est encore de demander et de se faire voir. C'est un mauvais placement que ces charges très chères, qui ne vous donnent accès auprès du roi qu'une ou deux fois l'an. N'en achetez pas, sinon de permanentes, de quotidiennes. Comptez beaucoup sur vous-même et peu sur les grands ; ils vous abusent par de vaines promesses, ils sont menteurs, intéressés, à tout le moins distraits, indifférents, indolents [2]. Le meilleur est, dès qu'on a trouvé quelque accès à la cour « de voler de ses propres ailes, » de se présenter soi-même au roi ou aux ministres ; « une honnête hardiesse, » une certaine effronterie même ne messied pas.

Est-ce que La Bruyère, chez qui l'on retrouve toutes les réflexions précédentes, ne semble pas répondre à un interlocuteur invisible, à un livre commencé qu'il a sous les yeux, quand il dit : « On n'est point effronté par choix, mais par complexion : c'est un vice de l'être, mais naturel. Celui qui n'est pas né tel est modeste, et ne passe pas aisément de cette extrémité à l'autre, c'est une leçon

---

(1) *Chemin de la fortune*, p. 280, 282, 312. — *Les Caractères*, édit. classique de M. Servois, Hachette, 1885, in-16, Chap. VII, p. 136 : « C'est une grande simplicité que d'apporter à la cour la moindre roture. » It. p. 135 : « Un homme de la cour, qui n'a pas un assez beau nom.... »

(2) *Chemin de la Fortune*, p. 262, 270, 272 — *Les Caractères*, chap. VIII, p. 137 et 138 : « Il est difficile à la cour ». — « Les courtisans n'emploient pas... » — « Combien de gens vous étouffent de caresses dans le particulier... »

assez inutile que de lui dire : « Soyez effronté, et vous réussirez[1]. »

On est plus frappé encore par d'autres analogies. Le plus sûr moyen de réussir, continue Sorel, est de flatter les goûts du prince et de l'imiter, soit qu'il aime les ballets et les combats à la barrière, soit qu'il préfère les processions: « Lorsque Henri III témoignait d'aimer les momeries et les mascarades, tous ses courtisans devenaient baladins ; s'il lui prenait envie de faire le pénitent, chacun se couvrait de sacs et de cilices, et allait en procession, tenant le chapelet d'une main et la discipline de l'autre. Mais il n'importe aux gens de cour ce qu'ils fassent, pourvu qu'ils imitent leur maître et qu'il soit témoin de ce qu'ils font. Oh ! combien on vit alors de dévots contrefaits ! [2] »

Le bon courtisan commence à circonvenir le prince dès sa jeunesse. Quand Louis XIII enfant construisait de petits forts dans le jardin de Saint-Germain, les maréchaux de France ne dédaignaient pas de l'aider et s'empressaient de lui rouler des mottes de terre. Le jeune de Luynes qui le suivait à la chasse, à chaque coup du fusil royal, se précipitait dans les buissons et en rapportait de petits oiseaux, qu'il retirait vivants de dessous sa blouse. C'est ainsi qu'on fait sa fortune [3] ; mais cependant ces règles ne sont pas fixes, invariables: « Tout homme qui vit à la cour doit croire qu'il est comme à une blanque ou loterie, à laquelle souvent ceux qui mettent le plus en retirent le moins, et il se rencontrera quelqu'un qui pour avoir tiré un seul coup, gagnera le premier prix[4]. » Cette comparaison se retrouve

---

(1) *Chemin de la Fortune*, ibid. — *Les Caractères*, Chap. VIII. p. 140.
(2 et 3) *Chemin de la Fortune* p. 297, 298, 302. — *Les Caractères*, Chap. XIII, p. 291: « Le courtisan autrefois avait ses cheveux.... »
(4) *Chemin de la Fortune* p. 307. — *Les Caractères*, Chap. IX, p. 161 : « Qui peut dire pourquoi quelques-uns ont le gros lot ? ou quelques-autres la faveur des grands ? »

dans les *Caractères*, de même que les exemples précédents sont résumés dans la pensée : « Jeunesse du prince, source des belles fortunes. » Celle-là on l'expliquerait difficilement, comme les réflexions sur la dévotion, par l'analogie des situations : Louis XIV dans sa jeunesse n'avait rien à donner et ne pouvait faire de belles fortunes. Il est très vraisemblable que La Bruyère a lu le *Chemin de la Fortune* de Sorel, et qu'il l'a lu avec profit.

Le livre de la *Prudence*, qui fait suite au *Chemin de la Fortune*, offre, à première vue, des analogies plus frappantes encore avec les *Caractères*. Le plan, la suite et les titres des chapitres sont presque identiques. Sorel commence par décrire les *Biens du corps*, la *Santé*[1] et la *Beauté*, et leur rattache un chapitre sur la *Mode* ; il continue par les *Biens de Fortune*, avec des chapitres particuliers sur la *Noblesse*, la *Société et la Conversation*, le *Mariage*, les *Sciences utiles* ou *inutiles* ; il finit par la *Religion*. Ces ressemblances ne sont qu'extérieures, hâtons-nous de le dire, mais Sorel a bien des pages curieuses, celle-ci par exemple, où il compare à grands traits la noblesse orgueilleuse qui se ruine, et la bourgeoisie qui travaille, monte, s'élève. Cette vision, rare au XVIIe siècle, Sorel l'a exprimée avec moins d'éclat, mais non pas avec moins de force que La Bruyère : « On voit, dit-il, selon notre manière de vivre, d'où viennent les grands officiers et les médiocres, et que pourvu que le président soit fils d'un conseiller, le conseiller d'un avocat ou d'un honnête bourgeois ou officier, rien n'empêche que ceux dont les ancêtres n'ont point été estimés nobles, ne se trouvent enfin élevés aux suprêmes dignités de la justice et des

---

(1) Sorel imite ici un petit traité de son ami Guy Patin, le *Médecin charitable*, Paris, Pépingué, 1656, in-8°.

finances par leur mérite ou par leur bonne fortune... Il y a même à remarquer que les enfants de ces gens-là, et quelquefois des moindres ayant pris l'épée, achètent des terres nobles et deviennent comtes et marquis. Ils ont du commandement aux armées,... sont faits ducs et pairs et gouverneurs de grandes places selon les services qu'ils ont rendus au roi ; ils forment donc de nouvelles souches de noblesse, et par un retour merveilleux, ils se voient au rang de ceux qui ont méprisé leurs ancêtres et eux pareillement... Voilà à quoi profite cette naissance qu'on tient ignoble et roturière, laquelle après quelques degrés, vous élève même à la noblesse et vous fait aspirer à toute sorte d'honneurs [1]. »

Si ce rapprochement curieux, mais unique, ne permet pas de dire que la Bruyère a lu la *Prudence*, de même qu'il nous a paru qu'il avait lu le *Chemin de la Fortune*, on reconnaîtra que Sorel savait toujours voir et réfléchir, qu'il a conservé des étincelles de talent jusque dans les plus mauvais et les plus oubliés de ses ouvrages, et que le « Bourgeois de Paris » est resté jusqu'au bout fidèle aux idées de sa jeunesse.

Il n'avait plus longtemps à écrire ni à vivre. Les hommes de sa génération disparaissaient les uns après les autres, et les petites réunions de Guy Patin s'éclaircissaient de plus en plus ; elles furent encore attristées, sur la fin de l'année 1667, par une série de mesures de rigueur qui sont restées inexpliquées. Le fils cadet de Guy Patin, sa joie et son orgueil, fut obligé de fuir précipitamment à l'étranger, et se vit condamné aux galères par contumace. La police envahit son logis et bouleversa sa bibliothèque, où elle ne put

---

[1] La *Prudence*, p. 104 à 106. — Les *Caractères*, Chap. IX, p. 160. « Pendant que les grands négligent de rien connaître... »

saisir que quelques « livres de six sous[1], » des vieilleries et des traités historiques contre les droits du Roi, que le jeune écrivain avait probablement empruntés à Sorel. Le motif véritable de ces rigueurs, on l'ignore encore, puisque Guy Patin et Sorel ne l'ont pas spécifié, et que l'érudit Charles Patin, a demandé, « à imiter Timanthe, le peintre du sacrifice d'Iphigénie[2], en jetant un voile sur sa douleur. » Quoique l'exilé eût retrouvé une belle situation en Italie, son père et Sorel le regrettèrent toujours; avec lui leur belle humeur était partie.

Les infirmités accablèrent les dernières années de Guy Patin; il mourut en 1672, et son vieil ami lui survécut moins

(1) Ces livres, l'*Anatomie de la Messe* de du Moulin, le *Bouclier d'Etat*, l'*Histoire amoureuse des Gaules*, etc., sont énumérés dans une lettre de Guy Patin à Falconet, datée du 7 mars 1668, Edit. Réveillé-Parise, tome III, p. 673. — It. dans les *Mémoires* de Lefèvre d'Ormesson, à la date du 14 Nov. 1667. — Bayle avance à la légère que Charles Patin « envoyé en Hollande par un grand prince, avec ordre d'acheter et de brûler tous les exemplaires d'un pamphlet contre Madame, les *Amours du Palais Royal*, en fit entrer quelques-uns dans le royaume. » On voit bien que Bayle n'a cité les *Amours du Palais Royal* qu'à cause de l'*Histoire amoureuse des Gaules* mentionnée plus haut. Comment Colbert aurait-il donné une mission pareille à Charles Patin, que deux ans auparavant il avait menacé de la Bastille, à la suite d'une polémique avec le *Journal des Savants*? Comment Louis XIV aurait-il pardonné à ce même Charles Patin, qui dit expressément dans son traité latin intitulé *Lyceum Patavinum*, p. 91, qu'en 1681 le roi le voulait recevoir en grâce et qu'il serait retourné à Paris, si on ne lui eût offert à Padoue la première chaire de chirurgie? Il n'ajoute pas, ce qui augmente encore les difficultés, qu'il demanda la recommandation de Colbert, pour obtenir cette chaire. Sa lettre au ministre, (*Lettres* de Colbert, éd. P. Clément, tome V, p. 566), ne fait aucune allusion au passé. — Conclusion : Guy Patin accuse Colbert d'avoir tout fait le mal, on n'en sait pas plus.

(2) *Lyceum Patavinum*, p. 91 : « Timanthum imitari liceat. » Cette érudition nous explique le nom porté par un personnage du *Misanthrope*, Acte I, scène IV :

   Timante encor, Madame, est un bon caractère,
   C'est de la tête aux pieds un homme tout mystère.

de deux ans[1]. La mort de Sorel passa complètement inaperçue ; aucun journal français ou étranger ne la mentionne. Seul, un de ses contemporains, un homme qui avait, comme lui, beaucoup écrit, et à qui il sera beaucoup pardonné, parce qu'il nous a laissé de belles gravures et des mémoires charmants, le bon abbé de Marolles lui rima ce quatrain [2] :

Charles Sorel, nommé Science universelle,
Vous nous avez quittés trop tôt pour notre bien,
Modeste, vertueux, d'un si doux entretien,
Philosophe, orateur, historien fidèle.

Trop tôt est peut-être exagéré, mais Sorel méritait mieux que cette épitaphe aussi plate que touchante.

---

(1) *Dictionnaire* de Jal : « Le vendredi 9me Mars 1074 fut inhumé en l'Eglise M. Sorel, conseiller du roi et premier historiographe de France, décédé avant-hier à l'âge de 72 ans, pris rue des Bourdonnois. (Saint-Germain l'Auxerrois).

(2) *Portraits en quatrains* de l'abbé de Marolles, p. 27 et 40.

CONCLUSION

Nous avons essayé de faire connaître Sorel, l'homme et l'écrivain ; nous avons dit ses qualités et aussi ses faiblesses, les défauts de son caractère et ceux de son esprit. S'il est un art de composer sa vie et ses livres, de discerner de bonne heure son vrai talent et d'en tirer le meilleur parti possible, cet art a manqué à Sorel, qui n'a rencontré qu'une fois le succès et qui a vieilli au milieu de l'indifférence du public. Avec son mépris du style, avec la hardiesse de ses idées plus abondantes que précises, avec le nombre, et la longueur, et la variété de ses ouvrages, il représente un homme du seizième ou du dix-huitième siècle plutôt que du dix-septième ; il est venu trop tard ou trop tôt, pour sa réputation, sinon pour notre curiosité. Cette curiosité même, il la fatigue, et son intempérance de savoir lasse ; il le sentait lui-même, car il a demandé quelque part grâce « pour la diversité de son œuvre. » Toutefois, avant de juger trop sévèrement un auteur qui nous a conduits d'Agnès Sorel aux Précieuses ridicules, il convient de se rappeler que, parmi tous ses livres médiocres, il n'y en a aucun qui soit complètement inutile, aucun qui ne vous livre un rapprochement, un fait, une date, un détail de mœurs ou de langue intéressant ; aucun qui bien ou mal ne nous apprenne quelque chose.

Si l'écrivain n'est pas de ceux qu'on lit pour eux-mêmes et qu'on « prend sans dot, » il a pourtant son mérite et son originalité. Ce bourgeois narquois était un observateur ; ce romancier exact aurait pu faire un bon historien dans un siècle qui n'a guère connu que des narrateurs ou des érudits. On peut regretter que Sorel, après avoir écrit ses romans, n'ait pu se livrer en toute sécurité aux études historiques, et qu'il ait rencontré dès ses premiers pas les mêmes obstacles, qui devaient encore, un siècle plus tard, arrêter Fréret. Mais, tandis que celui-ci, instruit par l'expérience, appliquait ses rares facultés à la chronologie des temps les plus reculés, et se résignait de bonne grâce, au sortir de la Bastille, à étudier « les Babyloniens et les Mésopotamiens, » Sorel, incapable d'une pareille souplesse, et méprisant toutes les antiquités, sauf celles de son pays, céda à une mobilité qui n'était que trop dans son humeur, et dispersa, gaspilla plutôt de tous les côtés, un réel talent.

Ainsi s'est écoulée cette vie, plus occupée que bien remplie. Puisque l'historien n'a tracé qu'un programme qu'il ne lui a pas été donné d'exécuter, il faut le juger sur ses œuvres de jeunesse, sur ses romans, où il a peint avec fidélité les mœurs de son temps, où il a présenté des scènes et des personnages vrais à des lecteurs épris de sentiments faux et romanesques, où il a commencé contre les précieux cette guerre, que d'autres, armés d'un bon sens irrésistible, devaient mener plus tard à bonne fin. Dans le genre même qu'il préférait, Sorel n'a pu donner toute sa mesure ; il s'est fatigué de lutter contre les préjugés de son temps, et n'a écrit ses romans comiques qu'à de longs intervalles. Ce fait nous explique qu'il ait fait si peu de progrès, et qu'il ait conservé jusqu'à la fin les défauts qu'il avait montrés dans ses premières œuvres. Il est souvent grossier, pour ne pas dire plus ; il écrit vite et mal, il ne fait, la plupart du temps, qu'indiquer les situations comiques, ou bien il les gâte par des développements interminables ; en un mot, il n'a pas laissé un livre, mais seulement des bouffonneries. Mais ces bouffonneries ne sont pas à mépriser; ces romans comiques qui semblent sortis de la farce, et c'est leur faiblesse, sont entrés quelquefois dans la haute comédie, et c'est leur honneur. Si le public n'a pas tardé à oublier Sorel, Molière ne l'a jamais oublié ; ne l'oublions pas non plus.

Il est singulier que de tous les ennemis de Molière, si attentifs à signaler chez lui les moindres imitations, il n'y en ait qu'un, du moins à notre connaissance, pour nous avoir parlé, et une fois seulement, de Sorel : « Croiriez-vous, écrivait De Visé, que la scène où Sganarelle dit qu'il devait jeter le chapeau et crotter le manteau de celui qu'il croit le galant de sa femme, fût tout entière dans le *Francion*[1] ? » Très probablement, De Visé n'a jamais pris la peine de vérifier ce rapprochement insignifiant, de même qu'en lisant le *Berger extravagant*, il s'est arrêté à la huitième page : s'il avait réellement lu les romans de Sorel, il se serait empressé de signaler les emprunts que nous avons relevés.

(1) De Visé, *Zélinde*. Scène VIII. — Le même De Visé, dans la préface déjà citée de sa *Mère Coquette*, accuse Quinault de lui avoir dérobé son sujet, et conclut en disant : « Pour ce qui est de quelques autres pensées, où nous nous sommes rencontrés qui ne regardent point la *Mère Coquette*, je crois être obligé de dire qu'elles sont dans le *Berger extravagant* et en d'autres livres et que je les ferai voir s'il en est besoin. » En réalité, Quinault n'a rien emprunté au *Berger extravagant*, et De Visé n'y a pris qu'un trait insignifiant, à la huitième page.

Que tous ces emprunts aient échappé aux contemporains, il importe peu, puisqu'ils existent, puisqu'ils confirment ce que l'on savait d'ailleurs sur Molière, non le plus original, mais le plus personnel des grands écrivains de son temps, qui n'a rien en propre que son génie ; puisqu'ils nous aident à mieux goûter, par comparaison, les comédies les plus connues, et nous montrent tout ce qu'il y a de calculs, de réflexions, et de souvenirs, dans ce qui paraît le naturel, la gaîté et la simplicité mêmes. Il sera toujours intéressant de chercher les sources de cette verve intarissable, d'expliquer raisonnablement la fécondité ininterrompue de ce talent, qui a suffi, pendant des années, aux exigences les plus diverses, au milieu d'une vie active et tourmentée par mille soucis. La critique littéraire ne peut qu'y gagner et aussi la justice. Quand on a bien montré toute la différence qui sépare l'invention de l'originalité, quand on a suffisamment admiré la force comique qui s'est emparée des œuvres les plus inégales pour les transformer et leur donner le mouvement et la vie, il convient de faire la part des devanciers inconnus du grand poète. C'est parce que Sorel a été un de ces devanciers, le plus utile et le plus oublié, que nous l'avons étudié avec patience. Celui qui, vingt ans d'avance, a résumé les théories de la *Critique de l'Ecole des femmes* et de l'*Impromptu de Versailles*, celui qui a touché à presque tous les sujets repris plus tard par Molière, et qui lui a fourni des mots, des situations, des scènes, non pas une ou deux fois et par hasard, mais sans interruption, pour presque toutes ses pièces, pour les *Précieuses ridicules*, pour *Sganarelle*, pour l'*Ecole des Maris*, pour les *Fâcheux*, pour le *Remercîment au Roi*, pour le *Mariage forcé*, pour le *Tartuffe*, pour l'*Amour médecin*, pour l'*Avare*, pour le *Bourgeois gentilhomme*, pour *Monsieur de Pourceaugnac*, et même pour le *Misanthrope*, pour les *Femmes savantes*, et pour le *Malade imaginaire*, celui-là n'était pas un auteur méprisable, et n'est point, aujourd'hui même, une simple curiosité littéraire. Que ceux qui aiment Molière se rappellent quelquefois Sorel, c'est tout ce que nous demandons pour le vieil écrivain gaulois.

APPENDICE

N° I.

LISTE DES PRINCIPAUX ARTICLES CONSACRÉS A SOREL.

1664. — SOREL. — *L'ordre et l'examen des livres attribués à l'auteur de la Bibliothèque française.* (*Bib. française,* 1664, p. 349 à 400 ; édit. de 1667, p. 391.)

1735. — LE P. NICERON. — *Mémoires pour servir à l'histoire des hommes illustres dans la République des lettres.* — *Charles Sorel,* tome XXXI, p. 391-406.

1848. — E. MARON. — Etude sur *le Roman de mœurs au XVIIe siècle,* insérée dans la *Revue indépendante* de février 1848, p. 262, 291.

1858. — E. COLOMBEY. — *La Vraie histoire comique de Francion,* composée par Charles Sorel, sieur de Souvigny. Nouvelle édition, avec avant-propos et notes par Emile Colombey; Paris, Delahays, 1858, in-16.

1859. — J. DEMOGEOT. — *Tableau de la littérature française au XVIIe siècle, avant Corneille et Descartes.* Paris, Hachette, 1859, in-8°, p. 327.

1862. — V. FOURNEL. — *La littérature indépendante et les écrivains oubliés, essais de critique et d'érudition sur le XVIIe siècle.* Paris, Didier, 1862, in-12. (*Le roman comique et satirique,* p. 210.)

1882. — FR. ROBERTAG. — *Zeitschrift für Neue französische Sprache und Litteratur,* Band III, 1882, *Charles Sorel,* p. 228.

1885. — Dr Heinrich Koerting. — *Geschichte des französischen Romans im 17ᵉ Jahrhundert*. Leipzig, Franck, 1887, in-8º ; Band II : *Der Realistiche Roman*, Ch. III, p. 45-118 : *Charles Sorel*.

N. B. — Ces deux études allemandes n'ajoutent à peu près rien aux articles précédents que nous avons consultés avec profit.

Nº II

BIBLIOGRAPHIE DES OUVRAGES DE SOREL.

(Poésies, Romans, Éditions du *Francion*, Traductions du *Francion*, Éditions du *Berger extravagant*, Traductions du *Berger extravagant*, Œuvres galantes ou précieuses, Critique littéraire et Bibliographie, Histoire, Sciences et Pédagogie, Théologie et Morale). — Abréviations: B. N. = Bibliothèque Nationale. — B. P. = Bibliothèques particulières.

POÉSIES.

1. 1616. — *Epithalame sur l'heureux mariage du très chrétien roi de France, Louis XIII de ce nom, par C. Sorel*. P. (Parisien). Paris, Richer, 1616. in-8º.   B. N. 8 Ynp.
2. 1623. — *Vers pour le ballet des Bacchanales par Théophile Viaud, Saint-Amant, du Vivier, Sorel, Boisrobert-Métel*. Paris, Imprimerie royale, in-4º.   B.N. Y. 5980.
   Id. Paris, René Giffard, in-8º pièce.   B.N. Y. 5990.
3. 1626. — *Grand bal de la duchesse douairière de Billebahaud*, (ballet dansé par le Roi en février 1626) ; — *vers du dit ballet par le sieur Bordier, ayant charge de la poésie près de Sa Majesté, par Claude de l'Estoile, Imbert, Sorel, T. R.*. Paris de l'imprimerie du Louvre, in-4º.
   Id. Paris, Mathurin Hénaut, 1626, in-8º. Trois exemplaires différents.   B. N. Y. 5993, 5994 et 5996.

ROMANS.

1. 1621. — *Histoire amoureuse de Cléagénor et de Doristée, contenant leurs diverses fortunes avec plusieurs autres étranges aventures arrivées de notre temps, disposées en quatre livres.* Paris, Toussainct du Bray, 1621, in-12. (Privilège du 27 Nov. 1620.) B. de l'Arsenal. B. L. 15,638. (Roman analysé, sans nom d'auteur, dans la *Vie de Rotrou mieux connue*, par M. Chardon; Paris, Picard, 1884, in-8º.)
2. 1622. — *Le Palais d'Angélie, par le sieur de Marzilly.* Paris, Toussainct du Bray, 1622, in-8º.
B. de l'Arsenal. B.L. 15,437.
3. 1623. — *Les Nouvelles françaises, où se trouvent les divers effets de l'Amour et de la Fortune.* Paris, Pierre Billaine, 1623, in-8º. B. N. Y². 640 A
4. 1645. — *Les Nouvelles choisies, divisées en deux volumes*; (réimpression de l'ouvrage précédent avec quelques additions et changements). Paris, Pierre David, 2 vol, in-8º.
B. de l'Arsenal. B. L. 14,335 *bis.*
5. 1623. — L'*Histoire comique de Francion* (citée plus loin).
6. 1625. — *Les Aventures satiriques de Florinde habitant de la basse Région de la Lune,* imprimé l'an MDCXXV, s. l. in-8º. B. P.
7. 1626. — L'*Orphyse de Chrysante, histoire cyprienne.* Paris, Toussainct du Bray, 1626, in-8º. B. de M. Livet.
8. 1633. — L'*Ingratitude punie où l'on voit les aventures d'Orphyse,* 1 t. 3 vol. in-8º; (réimpression du roman précédent avec quelques changements). Paris, Toussainct du Bray, in-8º. B. de l'Arsenal.
9. 1627 — 1628 — 1633. *Le Berger extravagant* (reporté plus loin).
10. 1634. *La Vraie Suite des aventures de la Polyxène du feu sieur de Molière, suivie et conclue sur ses mémoires.* Paris, Antoine de Sommaville, 1634, in-8º. B.N. Y². 507.
1643 — Id. ibid. 1643, 2 vol. in-8º, cité par Godron de Percel, *Usage des Romans,* tome II, p. 48.
1644. — Id. ibid. 1644, in-8º. B. de l'Arsenal.

11. 1648. — *Polyandre, histoire comique, où l'on voit les humeurs et actions de plusieurs personnes agréables qui sont entre autres le Poète grotesque, l'Amoureux universel, le Fils du Partisan, l'Alchimiste trompeur, le Parasite ou Ecornifleur.* Paris, Augustin Courbé, 1648, 2 vol. in-8º; (Privilège daté du 17e jour de juin 1647, achevé d'imprimer le 15 mars 1648.) B. de l'Arsenal. B.L. 14,752 *bis.*
— 1648. Id. — Tome I, livres I à III, chez la veuve Nicolas Cercy (sic) au Palais. — Tome II, livres IV à VI, chez Augustin Courbé. B. de Dresde.
1650. Id. — Paris, J.-B. Loyson, 2 vol., in-8º. — B. de Besançon.

EDITIONS DE L'HISTOIRE COMIQUE DE FRANCION.

1. 1622. — Dans *l'Avis aux lecteurs* de l'édition du *Francion* de 1633, Sorel dit : « *L'histoire comique de Francion* fut *imprimée* pour la première fois en l'an 1622, mais il n'y avait que sept livres. » Le *Francion*, imprimé en 1622, a dû paraître, pour la première fois, en 1623.
2. 1623. — *Histoire comique de Francion en laquelle sont découvertes les plus subtiles finesses et trompeuses inventions, tant des hommes que des femmes, de toutes sortes de conditions et d'âges, non moins profitable pour s'en garder que plaisante à la lecture, à Paris, chez Pierre Billaine, rue Saint-Jacques, à la Bonne foi, 1623, avec privilège du Roi,* 1 volume in-8º, de 8 feuillets liminaires, 886 pages, et 1 feuillet blanc. B. P.
Le privilège, p. 886, accordé pour six ans à Pierre Billaine, est daté du 5 août 1622. — Le roman comprend sept livres et se termine au livre IX, p. 347 de l'édition de 1633, reproduite par M. E. Colombey, et citée plus loin.
3. 1624. — Id. édition citée dans le *Menagiana*, édit. de 1715, tome III, p. 85.
4. 1626. — *L'histoire comique de Francion où les tromperies, les subtilités, les mauvaises humeurs, les sottises et tous les autres vices de quelques personnes de ce siècle sont naïvement représentés. Seconde édition revue et augmentée de beaucoup.* Paris, Pierre Billaine, 1626, 3 vol. in-8º. B. de l'Arsenal. B.L. 14,734.[A]

5. 1628. — *L'histoire comique de Francion, troisième édition revue et augmentée.* Paris, Pierre Billaine, 1628, 1 vol. in-8º; (Privilège daté du 5 août 1624). B. de Soissons.
6. 1630. — Id. *nouvelle édition revue et augmentée de beaucoup.* Paris, Pierre Billaine, 1 vol. in-8º. B. de Reims.
7. 1632. — Id. Paris, Claude Grisot, 1632, in-8º. B. d'Upsal.
8. 1632. — Id. *dernière édition,* Paris, Thomas de la Ruelle, 1632, 1 vol. in-8º. B. de Copenhague.
9. 1632. — Id. *dernière édition,* Rouen, Ovin, 1832, in-8º. B.P.
10. 1633. — Sorel nous avertit (*Science universelle,* 1641, tome I. p. 350,) que *l'Histoire comique de Francion* a été imprimée *plus de quinze fois,* sans qu'il y eût aucun nom d'auteur, « jusqu'à ce que l'on y a mis celui de Nicolas Moulinet, sieur du Parc. » Ce nom paraît pour la première fois, en 1633, dans l'édition suivante :
La vraie histoire comique de Francion composée par Nicolas Moulinet, sieur du Parc, gentilhomme lorrain, amplifiée en plusieurs endroits et augmentée d'un livre suivant les manuscrits de l'auteur. Paris, Pierre Billaine, 1633, 1 vol. in-8º, privilège daté du 26 août 1633.
B. de l'Arsenal. B.L. 14,734.
11. 1635. — Id. Rouen, (citée par E. Fournier dans ses *Variétés historiques et littéraires.*)
12. 1635. — Id. Paris Jacques Villery et Jean Grignan, in-8º. édit. anonyme, contenant XI livres. B. Méjanes d'Aix.
13. 1636. — Id. Paris, Boulanger, 1 vol. in-8º. B. de Montpellier.
14. 1640. — Id. Rouen, Jean Berthelin, 1 vol. in-8º. B. P.
15. 1641. — Id. Paris, Julian Jacquin, 1 vol in-8º. B. N.
16. 1641. — Id. Rouen, Jean Berthelin, in-8º. B. de Stuttgart.
17. 1641. — Id. Rouen, Jean Osmont, 2 v. in-12. B. de Toulouse.
18. 1643. — Id. Paris, Julian Jacquin, in-8º. B. de Stockholm.
19. 1646. — Id. Rouen, Jean Berthelin, in-8º. B. de Lyon.
20. 1646. — Id. Troyes, Jacques Balduc, in-8. B. de Nancy.
21. 1646. — Id. Paris, Julian Jacquin, in-8º. B. de Tours.
22. 1660. — Id. Rouen, Clément Malassis, 1 vol. in-8º. B. N.
23. 1661. — Id. Rouen, ibid. in-8º. B. de Marseille.
24. 1663. — Id. Rouen et se vend à Paris par la Compagnie des libraires du Palais, 1 vol. in-8º. B. de Bourg.

1664. — N.B. A cette date, suivant Sorel, *Bibliothèque française* de 1664, p. 174, il y a eu plus de soixante éditions du *Francion*.

25. 1668. — Id. Leyde et Rotterdam, chez les Hackes, *soigneusement revue et corrigée par Nathaniel Duez, maitre de langues*, 2 volumes petit in-8º.   B. N.

26. 1672. — Id. *Enrichie dans cette dernière édition de plusieurs chapitres avec une table d'iceux* ; (aucune addition autre que la table détaillée). Paris, chez Charles Osmont, 2 vol. in-12. 1672.   B. de Rodez.

27. 1673. — Rouen, Clément Mallassis, in-12. B. de Rennes.

28. 1673. — Paris, Cardin Besongne, 1 vol. in-8º.   B. P.

29. 1685, 1686. — Leyde, Henry Drummond, 2 vol. in-12 ; 1685 d'après le titre gravé ; 1686, (titre typographié.) B.P.

30. 1697. — la même, *mise en meilleur français*, Amsterdam et Rouen, 2 vol. in-12.   B. de l'Arsenal.

31. 1721. — Id. Leyde, Henry Drummond, avec figures de Bernard Picart, 2 vol. in-12.   B. N.

32. 1721. — Id. ibid. la même, sans figures, *soigneusement revue et corrigée dans cette nouvelle édition*. 2 vol. in-12.

33. 1739. — Id. Cologne, P. Marteau, 3 vol. in-12. B. de Vesoul.

34. 1858. — Nouvelle édition, avec avant propos et notes par Emile Colombey; Paris, Delahays, 1 vol. in-16.

35. 1877. — la même, Paris, Garnier, 1 vol. in-8º.

TRADUCTIONS HOLLANDAISES.

1. 1643. — *Kluctige leven VAN VROLYKE FRANSJE daar in de hedendaegfe ongeregelt heden en bedriegeryen naak telijk vertoont worden. Vyt het François van de Heer DV PARC vertaelt door D. V. R.*
Amsterdam, Voor Johannes Jacot Boeckverkoper op't Rokkin de Beurs, 1643, 1 vol. in-12.   B. de Munich.

2. 5555. — *Kluctige levensgewallen van vrolyke Fransje, 2 deelen in-12º*; (les feuillets de garde et le frontispice arrachés).   B. de Munich.

3. 1670. — *Kluctige leven van vrolycke Fransje. wyt het Françoys van de Heer du Parc vertaelt door D. V. R.*
Amsterdam, by Baltus Boeckholt, Twede Deel overgeset door N. N., 1669-1670, 2 vol. in-12. B. de Copenhague.

TRADUCTION ANGLAISE.

1. 1655. — *The Comical History of Francion, wherein the variety of vices that abuse the age are satyrically limn'd in their native colours. Interweven with many pleasant events and moral lessons as well fitted for the entertainment of the gravest head as the lightest heart. By M. de Moulines, sieur du Parc, a Lorain gentleman. Epig. Horat. Serm. Liber.* 2 : — *Omne vafer vitium ridenti tangit amico.*
Done into English by a Person of honour. London, 1655, 1 vol. in-folio (divisé en douze livres dont chacun a sa pagination propre.) B. British Museum.

TRADUCTIONS ALLEMANDES.

1. 1662. — *Verteutschter Francion gedruckt anno 1662.* (Le titre manque, 1 vol. in-12.). B. de Munich.
2. 1663. — *Lustige Historie des Francions von Niclas von Mulinet*, Franckfurt, bei Thomas Mathee Gœtze. 1663, 1 vol. in-12. B. de Prague.
3. 1668 *Volkomene comische Historie des Francion vor etlichen Jahren durch einen besondern Liebhaber der Sprachen gar artig aus dem Französischen verteutschet und nun in diesem Druck von einem berühmten Mann fleis sig ubersehen und gebessert mit beigef. Kupferstichen.* Leyden, bei den Hackes, 1668, 1 vol. in-12. B. de Besançon.
4. 1714. — *Lustige warhafte und satirische Historie des Francions, in zwei Theilen*, Leyden, Henry Drummond, 1714, 2 vol. in-8°. B. de Dresde.

ÉDITIONS DU BERGER EXTRAVAGANT.

1. 1627. — *Le Berger extravagant*, 4 vol. in-8°, 1627. (N° 2693 du *Catalogue de la B.* du comte d'Haym. 1738.) Cette date de 1627 est probablement inexacte.
2. 1627. — *Le Berger extravagant où parmi des fantaisies amoureuses on voit les impertinences des romans et de la poésie.* Paris, Toussainct du Bray, 1627, un vol. in-8°, comprenant les VI premiers livres. — Permis d'imprimer du 12 juin 1627. Frontispice gravé par Crispin de Pas. B. P.

3. 1627. *Le Berger extravagant, Seconde partie*, 1 vol. in-8º. Paris, ibid., 1627, 1 vol. in-8º. B. P.

4. 1627. — *Le Berger extravagant*, Rouen, *jouxte la copie imprimée à Paris*, in-8º 1627. ¦B. de l'Arsenal. B.L. 16,397.

5. 1628. — *Le Berger extravagant, troisième partie* comprenant les livres XIII et XIV et les Remarques sur les XIV livres. Paris, Toussainct du Bray, in-8º. B. P.

6. 1639. — Id. Rouen, Jean Osmont, 3 v. in-8º. gravures de van Lochon. B. de Dresde.

8. 1639. — Id. Rouen, J. Berthelin, 3 v. in-8º. B. de Stuttgart.

8. 1646. — Id. Rouen, J. Osmont, 3 v. in-8º. B. de Toulouse.

9. 1646. — Id. Rouen, J. Berthelin, 3 v. in-8º. B. Méjanes d'Aix.

10. 1646. — Id. Paris, Th. Giraud, 4 p. en 2 vol. in-8º. B. P.

11. 1653, — Id. Paris, ibid, citée par Godron de Percel. *Usage des Romans*. tome II, p. 43.

12. 1633-34. — Le même ouvrage, réimprimé avec quelques additions et changements sous le titre de *l'Anti-Roman ou l'histoire du Berger Lysis, accompagnée de ses remarques, par Jean de la Lande, poitevin*. Paris, Toussainct du Bray, 2 t. en 4 v. in-8º. B.N. Y² 456. A. 1.-4.
Le pseudonyme de Jean de la Lande, poitevin, est emprunté à un auteur, cité par Sorel, Jean de la Lande, breton, qui a traduit, en 1556, *la guerre de Troie* par Dictys de Crète.

13. 1642. — Id. Paris, Nicolas de Sercy, 2 vol. in-8º. B. P.

14. 1645. — Id. Paris, David, 2 vol. in-8·. B. P.

15. 1657. — Id. édition citée par le P. Niceron.

TRADUCTION ANGLAISE.

1. 1653. — *The extravagant Shepherd, The antiromance or History of the Shepherd of French*, London, printed for Thomas Heath divelling im Russelstreet in Coventgarden, 1654, in folio.

2. 1654. — Id. ibid. 1654. (cité par Hayzlitt, *Collection and Notes*, tome II, p. 569).

3. 1660. *The extravagant Shepherd or the History of the Shepherd Lysis an Anti-Romance, new made English and publiced the second tim·* London, printed for Thomas Bassett. 1660. 1 vol. in folio. B. P.

TRADUCTION HOLLANDAISE.

1. 1656. — *Den Buitenspoorigen Harder oft den Holboligen Lisis, wit het Frans vertaalt.* Amsterdam, gedrukt by Timon Houthaak voor Samuel Imbrecht, 1656, 1 vol. in-12. de VI livres, 276 pages.   B. de Bruxelles.

ŒUVRES GALANTES OU PRÉCIEUSES.

1. 1642. — *La Maison des jeux, où se trouvent les divertissements d'une compagnie par des narrations agréables et par des jeux d'esprit et autres entretiens d'une honnête conversation.* Paris, Nicolas de Sercy, 1642, 2 vol. in-8º.
B. N. 8º Vnp. V. 53,042.
1657. — Id., Paris, A. de Sommaville, 1657. 2 vol. in-8º. B. N.

2. 1669. — *Les récréations galantes, suite et seconde partie de la Maison des Jeux.* Paris, Est. Loyson, 1669, 1 vol. in-12; (n'est qu'un extrait du précédent.) — B. N. 8º Vnp.
1671. — Id. cité par Godron de Percel, dans *l'Usage des Romans*, tome II, p. 54.

3. 1643. — *Relation extraordinaire, venue tout fraîchement du Royaume de Cypre, contenant le Véritable récit du Siège de Beauté*, à Famagouste, 1643, 1 vol. petit in-12.
B. de Rouen. Coll. Leber, Nº 2435.

4. 1643. — *Récit mémorable du Siège de la Ville de Pectus par le prince Rhuma*, Paris, Nicolas de Sercy, in-12, B.P.
1644. — Ces deux pièces sont réimprimées dans la *Nouvelle Histoire du temps*, de l'abbé d'Aubignac, Paris, 1655, in-12, et dans l'ouvrage suivant de Sorel :
Nouveau Recueil des pièces les plus agréables de ce temps, en suite de Jeux de l'Inconnu et de la Maison des Jeux. Paris, Nicolas de Sercy, 1644, 1 vol. in-8º. B. N. Z. 2179.
c

6. 1644. — Le *Recueil de Sercy* de 1644, contient la première édition des *Lois de la Galanterie*, réimprimées en partie dans *l'Histoire du Costume* par Quicherat; en totalité, par M. Lud. Lalanne : *Les Lois de la Galanterie*, (Trésor des pièces rares ou inédites), Paris, Aubry, 1855, in-8º.

7. 1658. — *Recueil des pièces en prose les plus agréables de ce temps, par divers auteurs, imprimé à Orléans et se vend à Paris*, Charles de Sercy, 1658, in-12. réimpression avec additions du *Recueil de Nicolas de Sercy*, 1644.

B. de l'Arsenal, B.L. 17,061 bis. A.

8. 1660. — Id. ibid. B. de l'Arsenal, B.L. 17,061. A.

9. 1660 et 1662. — Le tome II de ce *Recueil* de 1658, deux fois réimprimé, contient une petite pièce de Sorel : l'*Histoire du Poète Sibus*, extraite du *Parasite Mormon*. Sorel n'a eu aucune part aux quatre volumes suivants du même Recueil.

10. 1659. — *Description de l'Ile de la Portraiture*. Paris, Charles de Sercy ; 1659, in-12. B. de l'Arsenal, B.L. 14. (Réimprimée dans le tome XXVI des *Voyages imaginaires* etc., recueillis par Garnier, Paris, 1787-1789, 36 vol,in-8°.)

11. 1662. — *Relation de ce qui s'est passé dans la Nouvelle découverte du Royaume de Frisquemore*. Paris, Thomas Jolly, 1662, 1 vol in-12. avec carte. B. N. 8° Mnp.

12. 1663. — *Œuvres diverses ou Discours mêlés. etc., avec cinquante lettres à des Dames sur divers sujets*, par M. D. S. (Sorel), à Paris, par la Compagnie des Libraires au Palais, 1663, 1 vol. in-8°. (Attribué à tort à Georges de Scudéry par Quérard et Barbier.) B. de l'Arsenal. B.L. 7247, in-8°.

CRITIQUE LITTÉRAIRE ET BIBLIOGRAPHIE.

1. 1634. — *Rôle des présentations faites aux grands jours de l'Eloquence française. Première assise* le 13 Mars 1634, pièce s. l. n. d. in-8°.

Id. réimprimé dans le tome I des *Variétés historiques et littéraires* d'E. Fournier, t. 1. p. 127 à 140.

1650. — Le même, réimprimé avec des additions, à la suite de la *Comédie des Académistes pour la réformation de la langue française*, etc., imprimée l'an de la Réforme (1650) en 5 actes en vers, in-8°, 72 pages, par le sieur des Cavenets.

1863. — It. dans *l'Histoire de l'Académie française* de Pellisson, édition Livet, tome I, p. 455 à 468.

2. 1654. — *Discours sur l'Académie française établie pour la correction et l'embellissement du langage, pour savoir si elle est de quelque utilité aux particuliers et au public*, etc. Paris, J. de Luyne, 1654, 1 vol. in-12. — B.N. Z. 324.

1863. — Id. réimprimé en partie dans l'*Histoire de l'Académie française*, édit. Livet, tome I, p. 468 à 476.

3. 1660. — *Relation de ce qui s'est passé au Royaume de Sophie, depuis les troubles excités par la Rhétorique et l'Éloquence.* (Critique de la *Nouvelle allégorique* de Furetière.) Paris, Est. Loyson, 1659, in-12. - B. de M. Livet.

4. 1664. — *La Bibliothèque française de M. C. Sorel, ou le choix et l'examen des livres français*, etc. Paris, 1664, 1 vol. in-8°. B. N. Q. 520.
$$\overline{3}$$

5. 1667. — Id. *Seconde édition revue et augmentée.* Paris, par la Compagnie des libraires du Palais, 1 v. in-8°. B. de l'Arsenal.

6. 1671. — *De la Connaissance des bons livres ou examen de plusieurs auteurs*, etc. Paris, André Pralard, 1671, 1 vol. in-12. B.N. Z. 316.
$$\overline{A}$$

1673. — id. Amsterdam Henry et Theod. Boom, 1673, 1 vol. in-12. B. P.

—

HISTOIRE.

1. 1615. — *Les vertus du Roi*, panégyrique de Louis XIII, vers 1615 ou 1616. Paris, 1 vol. in-8°. B. N. L. b. ^{36}, 2969.

2. 1628. — *Avertissement sur l'Histoire de la Monarchie française par C. Sorel;* Paris, Claude Morlot, in-8°. B.N.L.^{35},89.

3. 1629. — Le même, tronqué et modifié, en tête du livre suivant:

4. 1629. — *Histoire de la Monarchie française, où sont décrits les faits mémorables et les vertus héroïques de nos anciens rois*, (depuis Pharamond jusqu'en 752.). Paris, Claude Morlot, 1 vol. in-8°. B. de l'Arsenal.

1630. — Id. Boulanger, 2 vol. in-8°. B. de l'Arsenal.
1632. — Id. ibid., 1 vol. in-8°. B. N. L. ^{35}. 90.

5. 1633. — La même Histoire augmentée d'un second volume allant jusqu'en 840. Paris, Camusat, 2 vol. in-8°. B. P.
1636. — Id. ibid., 2 vol. in-8°. B. P.

1647. — Id. sous le titre d'*Histoire de France*. Paris, Boulanger, 1647, in-8·. B.N. L. ^{35}. 90. A.

6. 1640. — *La Solitude et l'Amour philosophique de Cléomède, premier sujet des Exercices moraux de M. Charles Sorel.* Paris, Antoine de Sommaville, 1640, in-4°. B.N.R.1286.

7. 1640. — *Nicolai Sorelli urbis Sezanniensis Præfecti poemata a Carolo Sorello, Franciæ historiographo, in lucem edita.* Paris, Nicolas de Sercy, 1642, 1 vol. in-12, précédé d'une longue biographie latine de Nicolas Sorel par Guy Patin. B. N. Y. 2736.

8. 1642. — *La fortune de la Cour, ouvrage curieux tiré des mémoires d'un des principaux conseillers du duc d'Alençon.* Paris, Nicolas de Sercy, 1642, 1 vol. in-8. B. N. L. b. ^{34}. 857; (plagiat du *Bonheur de la Cour*, par Pierre de Dampmartin, Anvers, 1592, in-12.) B. N. L. b. ^{34}. 857. A.

1644. — Id. seconde édition revue et augmentée. Le privilège du 29 décembre 1641 permet à Charles Sorel, sieur des Iles, de faire imprimer les œuvres de son parent, le prévôt de Sézanne, N. D. S. sieur des Iles et de la Neuville. B.N.

1651. - Id. sous un autre titre : *Discours sur quelques particularités touchant les intrigues de la cour, divisés en trois livres*, Paris, J. B. Loyson, 1 vol. in-8°. B.N.L.b.^{34}.858.

1713 et 1715. — Id. réimprimé à la suite des *Mémoires de la Reine Marguerite de Valois*, édit. J. Godefroy, tome II, Liège, Broncart 1713, et la Haye, Moetjens, 1715. in-8·.

1646. — *Histoire du roi Louis XIII, composée par Messire Charles Bernard, conseiller du roi, en ses conseils d'Etat et privé, lecteur ordinaire de la Chambre de sa Majesté et Historiographe de France.* Paris, Augustin Courbé, 1 vol. in-folio, 1646. B. P.

En tête, un *Discours sur la vie et les écrits de Charles Bernard* et un *Traité sur la Charge d'historiographe de France*. — Charles Bernard composa d'abord l'histoire des guerres de Louis XIII contre les Religionnaires ; la Bibliothèque Nationale possède cet ouvrage, qui ne fut tiré qu'à un petit nombre d'exemplaires, in-folio, 1633, pour le Roi et les Ministres : l'histoire de Louis XIII fut continuée par Charles Bernard jusqu'en 1635, et Sorel la poursuivit jusqu'à la mort de Louis XIII.

17. 1648. — *Traité du bien de la Paix*, cité par Sorel, *Bibliothèque française* de 1667, p. 420.

18. 1658. — *La Flandre Française ou traité curieux des droits du Roi sur la Flandre*. Paris, Cherrault, 1658, in-4°. B. P.

19. 1662. — *Histoire de l z monarchie française sous le règne de Louis XIV contenant tout ce qui s'est passé de plus remarquable entre les couronnes de France et autres pays étrangers depuis l'an 1643 jusqu'en l'an 1661 par C. de S. S.*. Paris, E. Loyson, 2 vol. in-12, citée par le P. Le Long.

1662. — Id. Paris, Cardin Besongne, 1662, 2 v. in-12. B. de Rouen.

20. 1688. — La même, continuée jusqu'en 1688 par M. de Riencourt; Paris, Claude Barbin, 2 vol. in-12. B. P.

21. 1697. — La même continuée jusqu'en 1697, par Thomas Corneille; Paris, E. Loyson, 3 vol. in-8°. — B. de Limoges.

1697. — La même, Paris, G. Cavelier, 3 v. in-12. B. d'Angers.

22. 1664. — *Discours sur la Jonction des Mers par M. Charles Sorel historiographe de France*. Paris, 1664, in-4°.
B. Sainte-Geneviève.

Reproduction presque textuelle du *Discours sur la Jonction des Mers*; Paris, 1613, par Charles Bernard. B.N.L.R. 1006.

23. 1665. — *La Science de l'Histoire avec le jugement des principaux historiens tant anciens que modernes*. Paris, Thomas Jolly, 1665, in-12. B. N. G. 32, 569.

24. 1666. — *Divers traités sur les droits et prérogatives des Rois de France, tirés des Mémoires historiques et politiques de M. C. S. S. D. S.* Paris, par la Société des Marchands libraires du Palais, 1666, in-12. — B. N. L^e, 4141.

1667. — Réimpression du précédent. B. N. L^e, 1911

25. 1668. — Traductions allemandes du précédent: *Divers traités sur les droits du Roi*; (texte allemand et français), s. l. 1 vol. in-4, 1668. B. de Dresde.

1680. — Id., allemand seul; Nuremberg, in-8. B. de Dresde.

1684. — *Kurzer doch eigentlicher Entwurf derer vermeinter französischen hohen Vorzüge, Uebersetzt und wiederlegt von J. L. Sauter*. Nuremberg, 1 vol. in-8.
B. de Dresde.

SCIENCES ET PÉDAGOGIE

1. 1634. — *La Science des Choses corporelles, première partie de la Science humaine, où l'on connait la vérité de toutes les choses du monde, par la force de la raison, et l'on trouve la réfutation des erreurs de la philosophie vulgaire.* Paris, Pierre Billaine, 1634, 1 vol. in-4º (en tête, un quatrain de Guy Patin.)   B. d'Avignon.

1635. — Id. ibid.   B. de la Sorbonne.
1637. — Id. ibid.   B. d'Avignon.

2. 1636. — *Des Talismans, ou figures faites sous certaines constellations pour faire aimer, pour guérir les maladies etc., avec des observations contre les Curiosités inouies de Gaffarel, et un traité de l'Onguent des armes ou Onguent Sympathétique, par le sieur de l'Isle.* Paris, A. de Sommaville, 1636, 1 vol. in-8º.   B.N. 8º R. n. p.
Id. sous cet autre titre: *Les Secrets astrologiques,* etc, Paris, A. de Sommaville.   B.N.

3. 1637. — *La Science des choses spirituelles.* Paris, Pierre Billaine, 1637, 1 vol. in-4º.   B. P.

4. 1641. — *De la confusion et des erreurs des sciences et des moyens d'y remédier.* Paris, Toussaint Quinet, 1641, 1 vol. in-12.   B. N. Z. + 55.

5. 1641. — *La Science universelle,* réimpression de la *Science des Choses corporelles* et de la *Science des choses spirituelles,* augmentée d'un troisième volume. Paris, Toussaint Quinet, 3 vol. in-4º.   B. N. R. + 955.

6. 1644. — Réimpression des trois volumes précédents, suivis d'un quatrième, intitulé *La Perfection de l'âme,* etc. Paris, 1644, Toussaint Quinet, 4 vol. in-4º.   B. N.

1647. — Les mêmes, sous ce titre: *La Science universelle, troisième édition.* Paris, T. Quinet, 4 vol. in-4º.   B N.

7. 1655. — *Traité de la Perfection de l'homme,* etc. *avec les méthodes des sciences,* par M. Charles Sorel, conseiller du roi en ses conseils, premier historiographe de France et de sa Majesté. Paris, Robert de Nain, 1655, 1 vol. in-4º.
    B. N. Lº R. 1286.

8. 1668. — *La Science universelle, dernière édition revue et augmentée de plusieurs traités de l'ancienne philosophie*

et de la nouvelle et des méthodes d'instruction. Paris, Nicolas Le Gras, 4 vol. in-12. — B. de l'Arsenal S. et A. 4106.
1668. — Id. Paris, Jean Guignard le fils, 4 v. in-12. B. de Lyon.
1668. — Id. Paris, Th. Girard, 4 vol. in-12.   B. P.
1660. — *La Science universelle* de Sorel, traduite en allemand par le baron de Stubenberg; Nuremberg, 1660, citée par le *Polyhistor litterarius* de Morhof.

THÉOLOGIE ET MORALE

1. 1634. — *Pensées chrétiennes sur les Commandements de Dieu;* (avec dédicace autographe à la sanguine, pour Monsieur de Balesdens par son très humble serviteur Sorel). Paris, Jean Jost, Rue Saint-Jacques, 1634, in-8º. — B. N. D. 20,357.

2. 1640. — *La Solitude et l'Amour philosophique de Cléomède* déjà citée à l'Histoire.

3. 1638 ? — 1641. — *Recueil de lettres Morales et Politiques* avec un *Discours du Courtisan chrétien ou les moyens de vivre chrétiennement dans la Cour*. Paris, au Palais, chez Pierre Rocolet, chez Antoine de Sommaville, et chez Jean de Bray. — Ouvrage cité par Sorel, *Bibliothèque française* de 1664, p. 371, et dans la *Science universelle* de 1641, tome I, p. 381. — Nous n'avons pu retrouver ce livre; la préface par laquelle Sorel dédie son œuvre au cardinal de Richelieu est transcrite dans un Recueil de la Bibl. Nationale, *Manuscrits français*, Nº 15,220.

4. 1663. — *Le Chemin de la Fortune, ou les bonnes règles de la vie pour acquérir des richesses en toutes sortes de conditions, et pour acquérir les faveurs de la cour, les honneurs et le crédit, entretiens d'Ariste sur la vraie science du monde*. Paris, J. B. Loyson, 1663, 1 vol. in-12
    B. de M. Livet.

5. 1673. — *De la Prudence, ou des bonnes règles de la vie pour l'acquisition, la conservation et l'usage légitime des Biens du corps et de la fortune, et des Biens de l'âme*, etc. Paris, Pralard, 1673, in-12.   B. Ste-Geneviève. R. 765.

N° III

BIBLIOGRAPHIE DES OUVRAGES QUI PEUVENT ÊTRE ATTRIBUÉS A SOREL

1. 1621. — *Les thèses ou conclusions amoureuses contenant* LXVII *articles, adressées aux dames, par le Bachelier Erophile, avec les réponses par le docteur Philarète*; à la suite, *Les antithèses des dames de Cypre contre le Bachelier Erophile et le docteur Philarète.* Paris, Samuel Thiboust, 1621, 1 vol. in-12.   B. P.

1630. — Id. Réimprimé dans le tome Ier, livre IIe, des *Pensées du Solitaire* du comte de Cramail, qui dit que « ces thèses furent portées en masque, soutenues et disputées par des docteurs en amour. »

Dans la *Science universelle*, Sorel dit que son premier maître fut le comte de Cramail, qui ne le retint pas longtemps à son service, mais avec lequel il conserva de bonnes relations. Nous avons cité divers faits [1] qui confirment cette assertion. Il reste à chercher quels sont les ouvrages du comte de Cramail, auxquels son secrétaire Sorel a pu collaborer. Le premier en date est probablement celui qui porte le titre des *Thèses ou Conclusions amoureuses* (1621). Ce livret est cité avec éloge dans les Remarques sur le IXe livre du *Berger extravagant*, et Sorel a repris le pseudonyme d'Erophile dans deux pièces du *Recueil de Sercy* de 1644, p. 120 et 155. Il a encore collaboré au *Tombeau des Romans* et au *Tombeau de l'Orateur français* cités plus loin.

2. 1622. — *La louange et l'utilité des bottes par le chevalier*

---

(1) Rappelons les principaux. Sorel a eu entre les mains et a cité dans le *Francion* de 1623 et dans le *Berger extravagant* diverses petites pièces du comte de Cramail, telles que le *Cérophyte* et le *Courtisan grotesque*, plusieurs années avant qu'elles ne fussent recueillies et imprimées dans les *Jeux de l'Inconnu*, 1630. — Il a donné comme sous-titre à sa *Maison des Jeux* et au *Recueil de Sercy* de 1644: « pour faire suite aux *Jeux de l'Inconnu*, etc. »

Rozandre. Paris, Robert Daufresne, 1622, in-8º, pièce.
B.N. Réserve Li N⁰ H
$\frac{1}{2}$

En tête, un éloge du brave Rozandre, à propos de bottes. Sorel porte le pseudonyme du chevalier Rozandre dans le *Palais d'Angélie*, et il a reproduit textuellement la *Louange des bottes* dans le *Francion* de 1633, livre XI, p. 421 à 425.

3. 1626. — *Le Tombeau des Romans* (par Fancan) *où il est discouru 1º contre les Romans, 2º pour les Romans.* Paris, chez Claude Morlot, 1626, 1 vol. in-12.   B. N.

1634. — Id. réimprimé dans le *Roman de l'Inconnu* (le comte de Cramail), *ensemble quelques discours pour et contre les romans.* Paris, André Soubron, 1634, 1 vol. in-12.
B. de l'Arsenal. B.L. 16,903.
id. sous un autre titre, *L'orateur inconnu pour les romans.* s. l. n. d. 1 vol. in-12.   B. de l'Arsenal. B.L. 12,908.
Sorel a certainement collaboré à ce petit pamphlet, dont il a reproduit toutes les idées, et dont il a rappelé le titre dans la préface du *Berger extravagant*. Il a inséré textuellement dans le *Tombeau des Romans*, p. 6, le pastiche du style des *Amadis*, qui se trouve déjà dans le *Francion* de 1623, (Edition Colombey. p. 128).

4. 1627. — *Méditations amoureuses*. — Dans les Remarques du livre II du *Berger extravagant*, 1646, p. 53 à 55, Sorel a inséré une longue pièce de vers extraite d'un recueil de ses poésies intitulé : *Méditations amoureuses*. Il est possible que ce livre n'ait pas été imprimé, car l'auteur le rappelle, à la fin de la *Science des choses corporelles*, 1635.

5. 1629. — *Le Tombeau de l'Orateur français, ou discours de Tyrsis, pour servir de réponse à la lettre de Périandre touchant l'Apologie pour M. de Balzac.* Paris, chez Adrian Taupinart, 1629, in-12.   B.N. Z. 2174.
Ce pamphlet contre Balzac a été composé par le sieur de Vaux, qui servait de pseudonyme au comte de Cramail. (Comparer Sorel, *Bibliothèque française*, 1664, p. 118, 170. — It. *Mémoires de l'abbé de Marolles*, 1755, tome I, p. 79). Sorel est comblé d'éloges dans ce pamphlet (p. 13, 51, 65, 67, 141, 393), dont il a écrit la fin sous le nom de Tyrène.

6. 1635.— *Les Visions admirables du Pèlerin de Parnasse, ou divertissement des bonnes compagnies et des esprits curieux.* Paris, Jean Gesselin, sur le Pont-Neuf, 1635, 1 vol. in-8º   B. de l'Arsenal. B.L. 14,425.
Id. Paris, Eustache Daubin. B. de Rouen, Coll. Leber, Nº 2429.

Le titre rappelle les *Visions* de Doni, et les *Avis du Parnasse* de Boccalini ; mais le livre est en réalité un recueil de scènes de mœurs parisiennes, plein de réminiscences du *Francion* et du *Berger extravagant*. Le recueil est certainement de Sorel qui annonce dans l'Avertissement de la *Science des choses corporelles*, 1635, qu'il a « un livre de songes et de visions plein de descriptions agréables, » non imprimé, et qui supprime cet avis dans les éditions suivantes de la *Science universelle*.

7. 1637. — *Le jugement du Cid composé par un Bourgeois de Paris, marguillier de sa Paroisse*, in-8º de 16 pages, sans lieu ni date.

Id. en plus gros caractères, in-8º, 24 pages.
Id. réimprimé dans le *Recueil de dissertations sur plusieurs tragédies de Corneille et de Racine*, publié par Granet, 1740, tome I, p. 90.
Id. dans le *Tableau historique... de la poésie française au XVIe siècle*, par Sainte Beuve, 1828, in-8º, tome I, p. 386.
Id. *Œuvres* de Corneille, éd. Marty-Laveaux, t. XII, p. 502 à 504.

Le jugement du Cid composé par un Bourgeois de Paris, marguillier de sa paroisse, est, comme le titre l'indique, l'œuvre d'un bourgeois de Paris, malin et dévot. Sorel, nous l'avons souvent remarqué, faisait sonner bien haut sa qualité de bourgeois parisien. Il a toujours aussi manifesté ses sentiments religieux, et surtout vers le temps où parut le *Jugement*. En 1634, nous le voyons publier les *Pensées chrétiennes sur les commandements de Dieu*; en 1641, un *Recueil de lettres morales et chrétiennes;* excellents titres pour un marguillier. D'autre part, comment le premier historiographe de France, placé directement sous les ordres de Richelieu, aurait-il osé signer un éloge du *Cid*? Le *Jugement du Cid* ne porte pas de nom d'auteur, mais il est facile de retrouver les idées et le style de ce pamphlet dans les autres ouvrages de Sorel.

1º A Scudéry accusant Corneille d'avoir copié la pièce de Guilhen de Castro, l'auteur du *Jugement* répond: « Il m'importe fort peu si c'est traduction ou invention. » Un an auparavant, Sorel s'était exprimé dans les mêmes termes sur la question de l'imitation en littérature. Dans les *Visions admirables du Pèlerin de Parnasse*, 1635, p. 31, il suppose que les dramaturges espagnols se plaignent des emprunts des Français, et il leur réplique: « On vous fait beaucoup d'honneur. »

2º L'auteur du *Jugement* se moque des scrupules de Scudéry, « qui s'amuse à condamner » des expressions comme « au surplus qui est de chicane, » ou bien comme « ce guerrier s'abat, » qui rappelle le mot sabat. Sorel a raillé les mêmes scrupules dans le *Rôle des Présentations* (1634), et plus tard dans le *Discours sur l'Académie française* (1654). Le bourgeois de Paris se moque encore du grand guerrier Scudéry, qui a mal à propos repris le terme de « brigade », et il le lui explique. Ainsi Sorel (*Bibliothèque française* de 1664, p. 212 et 213,) expliquera aux traducteurs le sens des termes militaires de *régiment*, *poster*, etc.

3º Tout en louant le *Cid*, l'auteur du *Jugement* ne ménage pas Corneille ; il aurait même voulu que celui-ci ne fit point imprimer sa pièce, faite, selon lui, pour la scène et non pour la lecture [1]. A la réflexion, on y découvre trop de ces expressions emphatiques et de ces pointes trop communes chez les poètes. Le bon bourgeois s'égaye fort aux dépens des rides qui savent « graver des exploits, » et du sang qui parle et qui écrit sur le sable le devoir de Chimène. On retrouve dans *le Berger extravagant* (1628) les mêmes plaisanteries aussi justes que lourdes. Sorel avait déjà remarqué chez d'autres poètes les expressions qui devaient le choquer plus tard chez Corneille ; il s'était moqué d'avance du rôle joué par le sang dans la poésie, (Remarques sur le VIe livre du *Berger extravagant*, p. 195), et surtout des gravures faites par les rides.

---

(1) On a souvent reproché au Bourgeois de Paris cette faute de goût. Disons, pour l'excuser en partie, qu'il ne fait que rappeler une idée banale de son temps sur les pièces de théâtre, et qu'il répète les expressions de Corneille lui-même dans l'*Examen* de *Mélite*, édition Marty-Laveaux, tome I, p. 135.

(R. sur le VII⁰ livre du *Berger extravagant*, p. 211; Histoire de Fontenay.) — Ce dernier passage nous paraît caractéristique : mais il n'est pas le seul.

5⁰ Suivant le *Jugement*, il y a beaucoup d'invraisemblances dans le *Cid*. Rodrigue est un fou d'aller par deux fois, après le combat, chez le comte ; il devait être assommé, dès la porte du logis, par tous les valets. Don Sanche est un « pauvre idiot qui au lieu de venger sa maîtresse et de se battre avec Rodrigue, attend sur ce sujet l'honneur de ses commandements. » Les mêmes diatribes reparaissent dans un petit roman publié par Sorel en 1650. Quand on vient de relire l'un après l'autre le *Parasite Mormon* (édition de Sallengre, 1715, p. 274 à 281) et le *Jugement du Cid*, il est presque impossible de ne pas attribuer les deux ouvrages au même auteur, tant la ressemblance des idées et du style est frappante. Pourquoi d'ailleurs, en 1650, Sorel choisirait-il comme sujet principal de ses critiques le *Cid*, si ce sujet ne lui était pas particulièrement familier ?

6⁰ L'auteur du *Jugement* et Sorel ont le même ton brusque, ils coupent de même leurs phrases. Le début du *Berger extravagant*: « Je ne puis plus souffrir qu'il y ait des hommes si sots que de croire... », ce début annonce celui du *Jugement*: « Je n'ai pu assez m'étonner de l'insolence de ceux qui ont osé faire vendre publiquement des libelles au désavantage du Cid. » Il serait trop long de relever toutes les expressions du *Berger extravagant* qui reparaissent dans le *Jugement* : « Une bonne partie de cette pièce est pleine de pointes si étranges — Cela n'est point bien parler — Mais voici de belles pensées. — Ces rides me font imaginer que l'on voit.... » On pourrait multiplier ces rapprochements pour d'autres ouvrages. Dans le *Jugement*, Don Sanche, « ce pauvre idiot, » n'ose se battre sans l'aveu de Chimène « et attend sur ce sujet l'honneur de ses commandements. » Ainsi, dans le *Parasite Mormon*, satire des tragédies héroïques, « les grands badauds d'amoureux » n'osent se frapper eux-mêmes de leur poignard : « Que dirait leur maîtresse s'ils avaient été si hardis que de sortir de la vie sans son congé ? »

En résumé, rien n'empêche de croire que Sorel ait composé le *Jugement du Cid*, et il y a de fortes raisons pour lui attribuer ce pamphlet.

8. 1632 à 1643. — *Gazettes comiques*. — *Gazette et Nouvelles ordinaires de divers pays lointains, de la boutique de Mr Jacques Vaulemenard, musicien ordinaire de la basse Andalousie*[1], *le 9 Janvier 1632*, in-4°, pièce.   B.N. Lc², N° 10.

Le Courrier véritable, du bureau des postes établi pour les Nouvelles hétérogènes, le dernier jour d'Avril, 1632, in-4°, pièce.   B. N. L C², N° 11.

Le courrier véritable, arrivé en poste, on le vend à l'enseigne du divertissement nocturne, Rue du mauvais passage, in-4°, pièce, Janvier 1633.   B. N. L c², N° 12.

Dans son ouvrage intitulé *Richelieu et la Monarchie absolue*, 1884, tome I, p. 438 à 442, M. le vicomte G. d'Avenel nous parait avoir attribué à tort ces *Gazettes* à Sauvage. Elles sont de Sorel qui les a réimprimées textuellement, en changeant les titres et les dates, dans le *Recueil de Sercy* de 1644, et dans le *Recueil de Sercy* de 1658. Le *Recueil de Sercy* de 1644 contient de plus une *Gazette hétéroclite* de Mai 1632, et une *Gazette*, tout court, de 1643, qui ont probablement paru isolément.

9. 1649. — *Mazarinades*. — *Le courrier plaisant, apportant de plaisantes nouvelles dédiées aux curieux*. Paris, chez la Vve J. Remy, 1649, in-8°.   B. de l'Arsenal, *Mazarinades*, tome VI.

L'auteur raconte le siège du fort de Carême par le prince Carnaval, et reproduit souvent textuellement une *Guerre des jours gras et des jours maigres* que Sorel a insérée dans les Rem. du VIIIe livre de *l'Anti-Roman*, tome II, p. 145 à 152.

1649. — *Le Commerce des nouvelles rétabli ou le Courrier arrêté par la Gazette*. Paris, in-4°, 1649.

B. de l'Arsenal, *Mazarinades*, tome XXXVI, p. 47.

Cette Mazarinade qui contient de curieux détails sur la presse au XVIIe siècle, a été réimprimée presque en entier dans le *Catalogue des Mazarinades* de Moreau et dans *l'Histoire de la*

---

[1] Double allusion au méchant style du gazetier Renaudot, et au proverbe déjà cité par Antoine Oudin, *Curiosités françaises*, 1640, p. 759, *Parler français comme* etc.

Presse, par Hatin. Tous deux la déclarent une des meilleures pièces du temps. Elle est de Sorel, comme le prouve la répétition d'une expression bizarre : « *Madame l'histoire* et *Messieurs les Mémoires, ses agents*, » expression que Sorel avait déjà employée dans le *Recueil de Sercy* de 1644, p. 362.

10. 1610. — *La Comédie de Chansons*, Paris, Toussaint Quinet, au Palais, 1640, 1 vol. in-12.   B. de l'Arsenal.
Réimprimée dans le tome IX de l'*Ancien théâtre français*, Paris, chez P. Jannet, 1857, in-16,   (Bib. elzévirienne).
It. dans le tome II du *Théâtre français au* XVIe *et au* XVIIe *siècles*, par E. Fournier ; Paris, Laplace-Sanchez, in-12.

En 1622, J. B. Andréini fit représenter à Paris *la Ferinda*, comédie chantée où tous les personnages employaient un dialecte différent, le mauvais allemand, les patois napolitain, vénitien, etc. Cette pièce donna probablement à Sorel l'idée de composer la *Comédie de Chansons*[1]. Il l'avait presque achevée dès 1626, car il en résume assez longuement l'intrigue dans l'édition du *Francion* qui parut la même année 1626[2], mais il ne publia sa pièce qu'en 1640. Dans l'intervalle cette pièce avait subi divers remaniments, comme le prouvent les citations ajoutées des vers de Saint-Amant[3], et diverses allusions au siège de la Rochelle et à la querelle de Balzac et du Père Goulu, 1627, 1628[4]. En même temps, Sorel qui ne voulait point reconnaître cette œuvre assez scabreuse, avait pris la précaution de modifier le passage décisif de l'édition du *Francion* de 1626; dans l'édition de 1633 (édit. Colombey, p. 472) il n'est plus question d'un centon de chansons populaires, mais d'une pièce, composée « de vers pris d'un côté et d'un autre, dans Ronsard, dans Belleau, dans Baïf, dans Desportes, dans Garnier et plusieurs autres

---

(1) *Francion*, édition Colombey, livre XI, p. 472.
(2) *Francion*, édition de 1626, B. de l'Arsenal, livre XI, fin, p. 864 et sq: « La comédie était composée de chansons françaises et n'y avait pas un mot, qui ne fût tiré des plus vulgaires, etc. »
(3) *Saint-Amant*, édition Livet, tome I, p. 37. — *Comédie de Chansons*, Acte I, Scène VI : « Portés sur l'aile du silence. »
(4) *Comédie de Chansons*, Acte I, Scène VII :
   Nous aurons la Rochelle en dépit de Calvin.
   La volonté me change d'aller à Montauban.
Ibid. Acte II, Scène III :
   « Io, io, la Rochelle est rendue. »

poètes plus récents 1.» Cependant le véritable auteur se
trahit encore dans la préface de la *Comédie de Chansons* :
« Ne savons-nous point, dit-il, qu'avec de la simple paille l'on
fait aujourd'hui des corbeilles, des vases, des guirlandes, et
d'autres gentillesses qui sont plus estimées pour leur artifice
que pour leur étoffe? Qui nous empêchera de croire que de
même, ayant ingénieusement entrelacé des discours bas et
populaires, cet agréable enchaînement les rend beaucoup
plus estimables? » Cet éloge des discours bas et populaires,
Sorel seul pouvait l'écrire. Pour l'allusion aux petits
ouvrages de paille, il l'a répétée dans son roman de
Polyandre, tome I, p. 380, 391.

11. 1650. — *Le Parasite Mormon, histoire comique.* Paris,
1650, in-8º, réimprimée dans *l'histoire de Pierre de Montmaur* par M. de Sallengre, la Haye, van Lom, 1715, in-8º,
tome II, p. 175 — 312.

Ce petit roman fait partie des pamphlets dirigés contre le
professeur Montmaur ; il est imité de la Nouvelle espagnole
de Marie de Zayas : le *Châtiment de l'Avarice*. Comme on
le voit dans l'Avertissement de « l'un des auteurs de ce
livre au public, » le *Parasite Mormon* est l'œuvre collective
de plusieurs amis. L'abbé de Marolles nomme un de ces
amis, l'abbé de la Mothe-Le-Vayer, dans le *Dénombrement
de ceux qui lui ont fait présent de leurs ouvrages.*
(*Mémoires*, tome III, p. 324.) Sorel faisait partie
de la même société, et l'on reconnaît son style et
ses idées dans le *Parasite Mormon*. Sous le pseudonyme de Louvot, il a parodié le *Prince* de Balzac, fait
l'apologie des romans comiques, répété plusieurs plaisanteries du *Francion* et du *Polyandre*, et attaqué la règle des trois
unités dans les mêmes termes que dans la *Connaissance des
bons livres*. Les *Variétés historiques et littéraires*, tome
VII, p. 117, contiennent une petite pièce intitulée l'*Histoire*

Ibid. Acte II, Scène II :
   « Elle répondra. car elle a lu
   Toutes les lettres à Père Dolu. »
(1) On reconnaît quelques-uns de ces vers dans la *Comédie de Chansons*,
Acte II, Scène IV: «O nuit, jalouse nuit, contre moi conjurée.» (Desportes.)
— Plus loin, Scène I, la chanson chère à Malherbe :
   « D'où venez-vous, Jeanne ? »

du poète Sibus, extraite du *Recueil de Sercy* de 1658, tome II, p. 202 à 252. E. Fournier attribuait déjà l'*Histoire du poète Sibus* à Sorel, et sa conjecture était exacte. Cette *Histoire du poète Sibus* n'est qu'un fragment, un épisode détaché du *Parasite Mormon* (édition Sallengre, tome II, p. 252.)

12. 1670. — *L'Histoire des Pensées mêlée de petits jeux*. Paris, E. Loyson, 1670, 1 vol. in 12. B. N. Y², 550. Recueil de petits jeux de société surannés. C'est probablement un des derniers ouvrages de la vieillesse besoigneuse de Sorel.

N° IV.

(Se rapporte aux pages 4, 6, 7, 8 du chapitre I)

L'ORIGINE DE LA LÉGENDE D'AGNÈS SOREL ET LES FRESQUES ALLÉGORIQUES DU CHATEAU DE LA GUERCHE EN TOURAINE.

Il est admis aujourd'hui qu'Agnès Sorel ne parut pas à la cour de France avant l'année 1444, et qu'elle n'a pu, par conséquent, exercer sur le roi Charles VII l'influence heureuse qu'on lui a si longtemps attribuée. Telle est la conclusion du dernier historien de Charles VII, M. G. du Fresne de Beaucourt. Mais autre chose est de rejeter une tradition inexacte, autre chose est de rechercher la date et l'origine de cette tradition. M. de Beaucourt pense que la légende d'Agnès Sorel a été fabriquée de toutes pièces, à la fin du XVI° siècle, par l'historien du Haillan [1]. Divers faits, cités par Charles Sorel, laissent supposer que la légende remonte beaucoup plus haut. Les homonymes d'Agnès Sorel sont nombreux en Picardie [2]; on trouve même assez facilement des ascendants de la favorite, qui ont les mêmes armoiries parlantes [3]. Ce

---

(1) M. G. du Fresne de Beaucourt, *Histoire de Charles VII*. Paris, Tardieu, in-8°, tome III, p. 281.
(2) Voir les textes cités par M. Peigné-Delacourt dans deux brochures: *Agnès Sorel était-elle tourangelle ou picarde ?* et *Analyse du Roman du Hem*.
(3) Manuscrits Gaignières, *Dénombrement du Comté de Clermont en Beauvaisis*, 1373, réimprimé en partie par M. le comte de Luçay, Paris, Dumoulin, 1878, in-8°: — 48°, fief de toutes les terres qui furent à

qui distingue les Sorel d'Ugny [1], c'est : 1° qu'ils n'ont jamais quitté le comté de Clermont en Beauvaisis; 2° qu'ils ont toujours affirmé leur parenté vraie ou fausse avec Agnès Sorel, dont la famille directe quitta le pays et s'éteignit assez rapidement. C'est donc probablement cette famille Sorel d'Ugny qui a sinon créé, du moins conservé la légende d'Agnès Sorel, et qui a transmis au romancier Charles Sorel les faits cités par lui.

1° On connaît l'histoire du roi François Ier, inscrivant des devises au bas des dessins de Mme de Boisy, et improvisant le quatrain à « la gentille Agnès. » Charles Sorel prétend avoir vu le recueil de crayons de Mme de Boisy « dans un cabinet curieux [2]. » En tout cas, c'est lui qui le premier, en 1640, a mis en circulation l'anecdote du roi François Ier. Que cette anecdote soit vraie ou fausse, il est permis de supposer que Charles Sorel la tenait des Sorel d'Ugny, lesquels étaient alliés et amis de la famille de Mme de Boisy, née d'Hangest [3].

2° Sorel a plusieurs fois cité une longue pièce, connue du

Henri de Sorel, écuyer, tenu par Charles Sorel, *d'argent à l'arbre à trois branches de sinople*, au taureau de gueules sur le tout.

(1) Cabinet des titres, *Dossier* 60,485, pièces 15 et suivantes : Généalogie des Sorel, seigneurs d'Ugny le Guay, du Plessis-Godin, etc., qui portent de gueules aux deux léopards d'argent posés l'un sur l'autre. — Cette généalogie va sans interruption depuis Aubert de Sorel, 1418, jusqu'aux seigneurs et aux dames du XVIIe siècle, avec lesquels le romancier Charles Sorel fut en relation. — Dans son *Histoire de Charles VII*, tome III, p. 11 et 190, Vallet de Viriville a déjà cité Aubert de Sorel comme l'homonyme, le voisin et l'allié des parents d'Agnès Sorel ; il ignorait que cette famille Sorel d'Ugny s'était perpétuée jusqu'au XVIIe siècle, et qu'elle conservait encore à ce moment la légende de la Dame de Beauté, comme on l'a vu dans les ouvrages de Charles Sorel, cités chapitre I.

(2) Sorel, *la Solitude et l'amour philosophique de Cléomède*, 1640, p. 327. L'anecdote a été reproduite par P. de Saint-Romuald, *Trésor chronologique*, 1647, tome III, p. 303 — On n'a pu retrouver jusqu'ici le Recueil indiqué par Sorel. Le Recueil A du cabinet des Estampes, et le Recueil de la Bibliothèque Méjanes, publié par M. Rouard, en 1863, lesquels ont passé successivement pour l'album de Mme de Boisy, ne se composent que de médiocres copies. (Voir les *Portraits au crayon des XVIe et XVIIe siècles* par M. H. Bouchot, attaché au Cabinet des Estampes, Paris, Oudin, 1884, in-8°.

(3) Sur les relations des familles d'Hangest et Sorel d'Ugny, voir Vallet de Viriville, *Histoire de Charles VII*, tome III, p. 190.

reste, que le poète Baïf a composée en l'honneur de la Dame de Beauté, et qu'il a dédiée à un de ses descendants, le seigneur Sorel d'Ugny. La pièce de Baïf (1573), qui raconte les mêmes faits que l'histoire de du Haillan, lui est antérieure au moins de trois ans [1]; ce serait donc le poète et non l'historien qui aurait inventé la légende d'Agnès Sorel, et l'on voit, en relisant les vers de Baïf, qu'il n'en est rien. Baïf se borne à féliciter la famille qui conserve précieusement ces souvenirs, et qui les conservait encore au XVIIe siècle, comme on l'a vu précédemment.

Avant les Sorel d'Ugny, d'autres parents d'Agnès Sorel avaient déjà cherché à relever la favorite des accusations portées contre elle par tous les historiens contemporains. Au témoignage de Baïf il convient d'ajouter le texte souvent cité du *Roman de Jouvencel* [2]; si la description suivante, qui a passé inaperçue depuis le XVIIIe siècle, est exacte, la légende d'Agnès Sorel a pu commencer du vivant même de la favorite. Un des compilateurs de la *Bibliothèque des Romans*, (que ce titre ne nous arrête pas), après avoir critiqué toutes les histoires connues d'Agnès Sorel, ajoute ceci :

« Nous trouverions plutôt des ressources pour faire ce portrait, dans une suite de peintures à fresque que nous avons vues dans un château situé en Touraine, le château de la Guerche appartenant à M. le marquis de Voyer d'Argenson (de Paulmy,) qui a appartenu autrefois aux parents d'Agnès Sorel. Cette belle personne y est représentée au milieu de différents ornements et figures allégoriques relatifs aux différentes situations de sa vie; d'abord méprisant et rejetant des trésors et jusqu'à des sceptres et des couronnes que l'on met à ses pieds [3], ensuite on voit qu'elle se rend à

---

[1] *Histoire de France* par du Haillan, 1re édition, 1576, in-folio, p. 1253. — *OEuvres de Baïf*, édition Marty-Laveaux, tome II, p. 92 — Charles Sorel prétendait que la pièce de Baïf avait été remise à son grand-oncle, le prévôt de Sézanne ; elle était dédiée en réalité au chef de la famille Sorel d'Ugny, Antoine de Sorel, époux d'Antoinette de Montmorency, ou à son frère Pierre de Sorel, tué en 1569 à Montcontour.

[2] *Le Roman du Jouvencel* par Jean de Bueil, édition Favre et Lecestre, in-8°, 1887, Introduction.

[3] Comparer la pièce de Baïf.

l'amour d'un prince qu'elle croit sincère ; elle paraît enlevée par un aigle comme Ganymède, et par une devise latine elle se vante de ne s'être rendue qu'au Roi des Oiseaux. Quoique les traits de la figure principale de toutes ces peintures soient un peu effacés, on voit qu'ils représentent une personne d'une assez grande taille, parfaitement bien faite ; ses cheveux sont blonds, ses traits réguliers et sa physionomie douce et spirituelle [1]. »

La description précitée n'est point à dédaigner, si l'on se rappelle que la *Bibliothèque des Romans* a été faite presque exclusivement avec les livres du marquis de Paulmy, que cette *Bibliothèque* est son œuvre, et qu'il a eu pour collaborateurs des érudits tels que Legrand d'Aussy. L'article sur Agnès Sorel a certainement passé sous ses yeux : c'est un des premiers et des plus soignés de la publication. D'autre part, les fresques décrites semblent bien remonter au XVe siècle [2] ; on y remarque le même étalage d'érudition que dans l'épitaphe d'Agnès Sorel par Jacques Milet :

Fulgor Apollineus rutilantis, luxque Dianæ
  Quam jubaris radii clarificare solent
Nunc tegit Ops, et opem negat atrox Iridis arcus,
  Dum Furiæ primæ tela superveniunt...

Reste à chercher comment et par quel ordre ces fresques ont été exécutées. La question n'en était pas une, quand le

---

(1) *Bibliothèque universelle des Romans*, 1778, octobre, 2e volume, p. 129 à 130. Le texte a été oublié non-seulement par les historiens d'Agnès Sorel, mais même par les archéologues qui se sont spécialement occupés des châteaux de la Touraine. Ex: *Recherches historiques sur les châteaux de Touraine*, par Lambron de Lignin, Manuscrit de la bibliothèque de Tours, n° 1431. — Ibid. *Recherches sur les artistes tourangeaux*, legs Salmon, n° 1240 et 1241 — Ces documents nous ont été obligeamment indiqués par M. Dubos, conservateur de la bibliothèque de Tours, et par notre collègue, M. Belot.

(2) On trouve d'ailleurs souvent à cette époque des décorations empruntées à la mythologie. Voir la fable de Jason représentée (1453) au banquet du duc de Bourgogne, décrit par Olivier de la Marche, tome II, p. 357 — et *Comptes de la maison du Roi* (1491), cités par Monteil, *Histoire des Français*, tome IV, p. 514: « A Jacques Lasnier, pour avoir fabriqué la maison de Dédalus avec un Minotaure. » Quant à l'allégorie, qui consistait à faire du roi de France l'Aigle ou le Roi des oiseaux, le roi des *Moineaux francs*, elle est très ancienne et son souvenir s'est perpétué jusqu'au XVIIe siècle. Voir le *Roman des Oiseaux*, dédié au Roi, par Boucher, Paris, Lesselin. 1661, in-8°.

château de la Guerche passait, il n'y a pas si longtemps encore, pour avoir été donné par Charles VII à Agnès Sorel. On sait aujourd'hui qu'il n'a jamais appartenu à la favorite, et la liste de ses propriétaires successifs est connue : Jehan de Malestroit le vend, le 21 mai 1448, à Nicole Chambre[1], écuyer de Charles VII, lequel le revend le 19 octobre 1450, à André de Villequier, mari d'Antoinette de Maignelais. Il reste dans la maison de Villequier jusqu'en 1604, passe alors aux d'Aumont, et enfin aux Voyer d'Argenson [2].

Il convient cependant de ne pas négliger une vieille tradition. On ne voit pas comment les fresques en question auraient été commandées par Antoinette de Maignelais, femme d'André de Villequier, cousine d'Agnès Sorel, sa rivale et sa remplaçante auprès du roi, et de plus en puissance de mari. D'autre part, beaucoup de châteaux de la Touraine passent pour avoir appartenu à Agnès Sorel, tout simplement parce qu'ils ont reçu sa visite[3], et d'après une tradition constante, le château de la Guerche a servi de rendez-vous de chasse à Charles VII et à sa favorite[4]. Ne se pourrait-il faire que Nicole Chambre, le favori du roi, lui ait servi de prête-nom pour l'achat de la Guerche, et que ce Nicole Chambre ait voulu conserver le souvenir d'un des séjours de la favorite au château[5], en faisant exécuter les fresques que nous con-

---

(1) Sur Nicole Chambre ou Chambers, chef de la garde écossaise et favori du roi, voir l'*Histoire de Jacques Cœur* par Pierre Clément, tome II, p. 227, et l'*Histoire de Charles VII*, par M. de Beaucourt, tome III, p. 180, n° 6.

(2) *Dict. géog. et biog. d'Indre-et-Loire*, par M. Carré de Busserolles, Tours, 1880, tome III, p. 268, résumé des notes de Dom Housseau.

(3) Ex. Fontenailles, Eves le Moustier, Semblançay, les Roches Tranche-Lion, Cheillé, Champigny, etc., cités par M. R. de Croy, *Journal des Artistes*, 1831, in-8°, tome I, p. 216. Quand le roi séjournait dans un de ces châteaux, il payait les frais d'aménagement. Voir les comptes pour le château de Razilly pour l'année 1445-46, cités par M. de Beaucourt, *Histoire de Charles VII*, tome IV, ch. VI, p. 168, et t. III, p. 205, comptes du château de Bois-sir-Amé (1447).

(4) *Le Paradis Délicieux de la Touraine* par le R. M. Martin Marteau, Paris, 1661, p. 61.

(5) Pendant l'année 1449, Agnès Sorel réside à Loches, qui est à quelques lieues du château de la Guerche. (*Histoire de Charles VII*, tome IV, p. 217, note 2).

naissons ? C'est la conjecture qui paraît la plus probable, en attendant un supplément d'informations [1].

Dans un album conservé à la Bibliothèque de l'Arsenal, le marquis de Paulmy a dessiné de sa main un grand nombre de ses propriétés et des châteaux de la Tourraine [2]. La Guerche ne figure pas dans ce recueil qui est peut-être incomplet. Actuellement les peintures de la Guerche consacrées à Agnès Sorel sont détruites ou recouvertes par une couche de badigeon. Les érudits tourangeaux qui ont visité et décrit le château au commencement de ce siècle, ont encore constaté des vestiges de fresques fort détériorées, « qui représentaient des sujets de chasse ; les figures étaient de grandeur naturelle et la draperie des habillements dorée [3]. » Il faut donc supposer, ou bien que ces archéologues, qui ne connaissaient pas le texte de la *Bibliothèque des Romans*, ont pris les peintures allégoriques d'Agnès Sorel pour une chasse à l'oiseau, au faucon, ou bien que ces peintures formaient une suite distincte, qui a disparu, soit pendant la Révolution [4], soit pendant les restaurations successives du château [5].

(1) M. Léon Palustre, président de la Société d'archéologie de France, a bien voulu nous promettre de s'occuper de la question.
(2) *Œuvres topographiques de M. le Marquis d'Argenson*, manuscrit n° 6164 de la Bibliothèque de l'Arsenal. Cet album n'a qu'un volume, qui nous a été indiqué par notre ami, M. le bibliothécaire Bonnefon.
(3) *Dictionnaire historique*, etc. *du département d'Indre-et-Loire*, par Dufour de Tours, 1814, p. 271 et suiv. — Même description, mais déjà plus vague dans l'*Histoire de Touraine* (1828) par Chalmel, tome III, p. 114 et suiv. — et dans les *Études statistiques sur le département d'Indre-et-Loire* (1838), p. 218 à 219, par M. R. C. de Croy, propriétaire du château de la Guerche.
(4 et 5) Voir Dufour, ouvrage précité.

N° V

(Se rapporte à la page 35 du chapitre III et à la page 61 du chapitre IV).

BIBLIOGRAPHIE ET BIOGRAPHIE DU COMÉDIEN NORMAND NICOLAS MOULINET, SIEUR DU PARC.

Voici les ouvrages du sieur Moulinet, que nous avons pu consulter :

1. 1612. — *Idée du jardin du monde de Thomas Thomasey, médecin de Ravenne, traduit d'italien en français*, par Me Nicolas le Moulinet, avocat au Parlement de Rouen; Paris, Jean de Bordeaux, 1612. B. Ste-Geneviève. T. 60.
1648. — Id. Rouen, Paris, Eustache Daubin, 1648, in-12.
B. Sainte-Geneviève. T. 60 ².

2. 1612. — *Apologie à la Reine Marguerite* (de Valois) *en faveur de l'auteur de Guérin*, par Nicolas le Moulinet, sieur du Parc; Paris, 1612, in-8° de 24 pages. B. P.

3. 1612. — *Facétieux devis et plaisants contes*, par le sieur Moulinet, comédien; Paris, Jean Millot, 1 vol. in-16, vers 1612. B. N.

4. 1613. — *Les Amours de Floris et de Cléonthe*, par le sieur du Parc; Paris, Jacques de Sanlecque, 1613, 1 vol. in-12. B. de l'Arsenal. B.L. 15,804.
(En tête, une dédicace à Mlle de Médavy, signée le Moulinet du Parc, et un éloge en vers de Moulinet par l'avocat N. le Hayet. — L'auteur a placé la scène de son roman dans son pays natal ; il parle des prairies d'Arc, du petit village de Chamfleur, de la ville d'Argentan, etc.)

5. 1613 (sic). — *Les Agréables diversités d'amour sur les aventures de Chrisaure et de Phinimène*, par N. le Moulinet, sieur du Parc, de Seez; Paris, Jean Millot, 1 vol. in-12, 1613 (Privilège du 11 mai 1612, accordé à Jean de Bordeaux et à Jean Millot). B. de l'Arsenal. B.L. 15,087.

6. 1614. — *Les Fidèles affections*, roman attribué à Moulinet, par Sorel dans l'avertissement de l'édition du *Francion* de 1634. (Edit. Colombey, p. 14).

De ces livres et des documents qui nous ont été communiqués par M. Durat, conservateur des archives de l'Orne, il ressort que Nicolas le Moulinet est né à Séez, sur la fin du XVIe siècle, et qu'il appartenait à une ancienne famille de l'Alençonnois[1]. En s'attachant au barreau de Rouen, il a pris, suivant l'usage, le nom d'une terre paternelle, celui de la ferme de la Haye du Parc, située à Saint-Aubin, non loin des châteaux d'Alménèches et de Médavy. Moulinet est venu plus tard à Paris et s'est lié avec les comédiens, comme le prouvent le titre qu'il a pris dans les *Facétieux devis* et surtout son *Apologie à la reine Marguerite* ; il semble avoir fait partie de la troupe de l'hôtel de Bourgogne. Sa mort est certainement antérieure à 1625 ; car, à cette date, il ne figure pas sur l'acte de partage des biens de son père, Pierre le Moulinet, sieur de Hardemare, ancien élu en l'élection d'Alençon et fermier de François d'O, gouverneur du château de Caen.

Les faits précédents expliquent les supercheries littéraires de Moulinet et celles de Sorel lui-même. Normand d'origine, Moulinet a copié dans ses rarissimes *Facétieux devis* la moitié du Recueil normand, plus rare encore que le sien, la *Nouvelle fabrique des excellents traits de vérité ;* il y a ajouté des pages assez libres, pour que Sorel ait pu lui attribuer sans invraisemblance l'*Histoire comique de Francion*. Pour prouver que Moulinet a travaillé longtemps à ce roman, Sorel fait remarquer que le nom de Francion figure déjà dans les *Amours de Floris (*1613)[2] ; il y figure en effet, mais c'est le nom d'un écuyer quelconque, qui occupe juste une

---

(1) Comparer d'Orville, *Recherches historiques sur la ville de Séez*, 1829, in-8°. — *Armorial général* de P. d'Hozier, t. II, p. 411, 415 ; — Dossier de la famille Moulinet, aux archives de l'Orne. — Le représentant le plus connu de cette famille Moulinet est Claude du Moulinet, abbé des Thuileries, qui vint s'établir à Paris vers la fin du XVIIe siècle, et s'y fit un certain renom comme historien, (*Bibl. hist.* du père Le Long, tome III.)

(2) *Les Amours de Floris et de Cléonthe*, p. 444.

ligne. « Moulinet, continue Sorel [1], écrivit donc les aventures de ce cavalier, auxquelles il donna le titre d'*Histoire comique* et ce fut à l'envi de du Souhait, Champenois, et comme pour le braver, à cause qu'auparavant du Souhait avait donné le même titre à quelques contes qu'il avait ramassés. » Le libraire Toussainct du Bray [2] a en effet publié, en 1612, un recueil de petites histoires fort lestes, composé par du Souhait; mais ce fut précisément pour faire concurrence à ce Recueil, que le libraire Jean Millot, l'éditeur ordinaire du sieur Moulinet, lui demanda d'écrire un livret analogue, les *Facétieux devis*.

De tous ces faits, il résulte que Moulinet n'a jamais écrit d'*Histoire comique*. Sorel a compté sur la précision de ses renseignements et sur la rareté de quelques livres, introuvables dès le XVIIe siècle, pour donner le change aux bibliographes, et il y a assez bien réussi.

N° VI.

Se rapporte à la page 257 du Chap. IX.

Eloges de Molière, de l'abbé de Pure, de Corneille et de Racine, par l'actrice italienne, Brigida Bianchi ou Aurelia Fedeli.
Aurelia Fedeli, cómica italiana, *I Rifiouti di Pindo*, poesie; Paris, Charles Cherrault, 1666, in-8°.   B. N. Y. 4061.

Al signor Molière, p. 83.

Moliere homai ti mostri
Miracol de le Scene,
S'à tuoi purgati inchiostri
Spettatrice l'Invidia anco diuiene,

---

(1) Sorel, avis aux lecteurs de l'édition du *Francion* de 1633, édit. Colombey, p. 14.

(2) *Histoires comiques ou entretiens facétieux*, à Troyes, et se vendent à Paris, chez Toussainct du Bray, rue Saint-Jacques, 1612, petit in-12. Privilège du 26 août 1611, servant pour les *Histoires comiques* et pour le *Roman d'Anacrine*, autre œuvre de du Souhait.

Ogn'lingua t'honora,
Ogni Spirto t'adora;
Quindi t'aplaudo anch'io;
Mà sò che de tuoi pregi
   Spiego una parte à pena,
Che d'uuopo mi fatebbé
Voce di Cigno, e canto di Sirena.

Al signor Abbate di Puro, p. 84.

Qual Angelico spirto
Ti fe scotta in Parnaso
Onde si aventuroso
Corresti a dissetar tutto Hippocrene
A li beate arene
Oh come teco anch'io
Fatei dolce passaggio
Mà poiche basso stil non mel consente
Ti seguira da longi il mio desio
Tu conadimini un raggio
De la tua bella Clio
Che la mia cetra non e in Pindo avezza
Ne tien ali il pensier pel tant altezza.

Al signor di Corneille, p. 82.

Fauola fù, ch' Atlante
Sostenesse l'Olimpo, e al vasto incarco
Per cui già vacillava il Mauro annoso
Accorresse in soccorso il forte Alcide;
Mà è ben uer, che si uide
O gran Corneille il tuo saper Gigante
Regger un Orbe assai più glorioso
Se d'applausi ogn' hor carco,
Per render immortali i tuoi trofei
Del Poetico Ciel l'Hercol tu sei.

Al signor Racine [1]. p. 82.

S'io canto tua virtute
M'ispira i carmi, e sono
Oggetti del mio stil tue glorie altere ;
Or se le uie tenute
Del tuo dotto sapere
Tento passar, non mi negar perdono ;
Nasce de la tua lode il mio desio
Eco de la tua cetra è il canto mio.

(1) On se rappelle que Racine eut l'idée de donner la comédie des *Plaideurs* aux comédiens Italiens.

Vu et lu,
En Sorbonne, le 7 octobre 1889,
Par le Doyen de la Faculté des Lettres de Paris,
A. HIMLY.

Vu et permis d'imprimer :
Le vice-recteur de l'Académie de Paris,
GRÉARD.

CORRECTIONS ET ADDITIONS

Page 32, ligne 4, *au lieu de* raffollent, *lire* raffolent.
Page 52, note 1, *au lieu de* p. 214, *lire* p. 222.
Page 61, ligne 12, *au lieu de* normand, *lire* Normand.
Page 70, ligne 2, *au lieu de* Amadis de Gaule, *lire* Amadis de Gaule.
Page 78, note 2 : ajouter : Sur Clérante, voir la note 2, p. 2, chap. 1.
Page 82, ligne 21, *au lieu de* père, *lire* Père.
Page 85, ligne 12, *au lieu de* commencé, *lire* recommencé.
Page 92, note 1, ligne 11, *au lieu de* Sermaize, *lire* Somaize.
Page 96, ligne 19, *au lieu de* calembourgs, *lire* calembours.
Page 98, ligne 24, *au lieu de* occurence, *lire* occurrence.
Page 118, note 4, La *Fille du Cid*. — Ce titre est celui d'un romancero espagnol.
Page 125, ligne 5, *au lieu de* Grieslidis, *lire* Griselidis.
Page 127, note 1, ligne 5, *au lieu de* Histoire secrète, *lire* Histoire.
Page 129, ligne 26, *au lieu de* mi-jambes, *lire* mi-jambe.
Page 157, note 1, *lire* : *Berger extravagant*, livre III, p. 204.
Page 161, note 3, ligne 4, *au lieu de* rassassié, *lire* rassasié.
Page 167, note 1, ajouter : Sorel parodie une ancienne pièce de Hardy, le *Ravissement de Proserpine*. Voir le chapitre XII, p. 368. — La *Troade ou le Ravissement d'Hélène*, de Sallebray, citée plus loin p. 169, note 2, est de 1640 et non de 1639.
Page 181, note 1, ligne 2, *au lieu de* Madilin, *lire* Manilia.
Page 182, note 1, *au lieu de* ses *Bibliothèques*, *lire* sa *Bibliothèque*.
Page 203, note, ligne 1, *au lieu de* le Moine, *lire* Le Moyne.
Page 218, ligne 17, *au lieu de* accomodements, *lire* accommodements.
Page 219, note 1, *au lieu de* (Molière), t. V, *lire* Molière, éd. P. Mesnard, t. V.
Page 241, note 1, ligne 1, *au lieu de* Maison de Jeux, *lire* Maison des Jeux.
Page 263, ligne 24 et p. 294, note 1, l. 7, *lire* carrosse *au lieu de* carosse, ancienne orthographe ; it. p. 288, note 1, ligne 23, cabale *au lieu de* caballe.
Page 268, note 1, ligne 27, *au lieu de* L'*École des Femmes*, Arnolphe : *lire* l'*Étourdi*, acte II, scène IV. Anselme :
Page 272, intervertir l'ordre des deux notes.
Page 305, ligne 10, *au lieu de* avce, *lire* avec.
Page 347, ligne 18, *au lieu de* Duchesne, *lire* du Chesne.
Page 364, ligne 5, *au lieu de* Polyeucte, *lire* Polyeucte.
Page 364, note 1, ligne 19, *au lieu de* a fait, *lire* avait fait.
Page 365, note 2, ligne 6, *au lieu de* N· 8844, *lire* 8944.
Page 381, ligne 6, et p. 383, ligne 5, *au lieu de* Ciron, *lire* ciron.
Page 432, appendice, n· VI, *au lieu de* page 257, *lire* pages 267, 268 et 269, note.

1· Le conte des chiens (*Francion*, livre X, p. 408), cité au chapitre IV, p. 71, note 4, se retrouve avec quelques changements dans les *Mémoires* du comédien Fleury, chap. 30.

2· L'allusion au squelette qui figure dans le banquet du *Francion*, et que nous avons citée chapitre IV, p. 78, doit être prise dans le *Traité des mœurs des Egyptiens*, ou dans le *Banquet des sept sages*, de Plutarque. Sorel cite souvent les *Œuvres morales* de Plutarque, mais il n'est pas certain qu'il ait lu Pétrone.

3· Le voyage de Balzac en Hollande (chapitre IV, p. 85, note 3), doit être de 1613 ou de 1614, et non de 1617. Les *Harangues panégyriques* sont donc seulement son second ouvrage ; mais elles complètent sa biographie sur plusieurs points, et seront réimprimées prochainement.

4· Chap. V, p. 118, note 3, *Réponse du Berger à la Bergère*. Il est possible que cette expression vienne, non pas des *Lettres de Mayolas*, mais du jeu d'Echecs, où un coup s'appelle le *coup du Berger*. Nous n'avons pu vérifier cette expression dans les traités d'Echecs du XVII° siècle ; mais il est certain que les précieuses ont fait plusieurs innovations dans les jeux de cartes ou dans les jeux de tables en général. Un *traité de Trictrac* de 1656, Paris, Estienne Loyson, in-12, souvent réimprimé, recommande au joueur « de manier avec précaution les dames de bois pour s'habituer à la douceur envers les véritables ; » il conseille encore « de laisser aux dames les tables ou les dames noires, pour leur permettre de montrer la blancheur de leurs mains, » etc.

5· La scène de Caritidès, dans les *Fâcheux*, est tirée, comme on l'a vu (chapitre V, p. 153 à 155), du *Rôle des Présentations* de Sorel. La marquise ridicule, requérant dans le même *Rôle* la suppression des mots ambigus, a évidemment inspiré les plaisanteries semblables de la *Critique de l'École des Femmes*, de *la comtesse d'Escarbagnas* et des *Femmes savantes*, sur « le retranchement des syllabes sales. »

6· Dans le chapitre IX, p. 251 à 252, nous avons cité plusieurs exemples de proverbes jadis élégants, et plus tard « traînés dans les ruisseaux des Halles », comme dit Molière, qui emprunte encore cette expression aux *Lois de la galanterie*, art. XVI. Voici un dernier exemple de ce changement : C'est un valet et une servante qui *rompent la paille* dans le *Dépit amoureux*, acte IV, scène IV ; dans l'*Astrée*, ce sont des amants de haute condition.— *Astrée*, 2° partie, livre I, Histoire de Thamyre, Calydon et Célidée : « A ces mots elle tire de son col une chaine de paille que je lui avais donnée, elle me la présente, et moi sans y penser, je la tiens d'une main. Alors la tirant avec violence : «Soit ainsi notre amour, dit-elle, comme cette chaine qui en était le symbole, et que j'eus de toi. » Elle fuit à l'instant, et me laisse interdit. »

7· Comparer au « *Conseiller des grâces* » des Précieuses ridicules, ce vers de La Fontaine :

Les conseillers muets dont se servent nos dames.

8· Voici encore un exemple de la manière dont les précieux copient les expressions saillantes des anciens. (Voir chap. X, p. 379, note 3). Un personnage du *Panégyrique de l'École des Femmes*, critique tous les plagiats de Molière, et conclut ainsi : « On ne peut pas dire que Molière soit une source vive, mais seulement un bassin qui reçoit ses eaux d'ailleurs, pour ne point le traiter plus mal. » C'est exactement, prise à rebours, la phrase de Quintilien sur Cicéron : « Non enim pluvias, ut ait Pindarus, aquas colligit, sed vivo gurgite exundat. » *Institution oratoire*, livre X, chap. I.

9· Chap. XII, p. 393, note 1. Dans son Etude sur *Guy Patin, sa vie, son œuvre*, Paris, Picard, 1889, in-4°, p. 124, M. le D' Larrieu a reproduit le *Procès-verbal de saisie des livres de contrebande sur les sieurs Guy et Charles Patin*. — Cette saisie, opérée à la requête de Denys Thierry et de F. Léonard, montre que Charles Patin causait un réel préjudice aux libraires de Paris, en faisant le commerce des éditions de Hollande, mais elle n'explique pas la sévérité de la condamnation.

TABLE DES MATIÈRES

                                                                                                Pages

Avant-Propos. . . . . I à   II

PREMIÈRE PARTIE
SOREL ROMANCIER

CHAPITRE PREMIER

La famille de Charles Sorel et ses prétentions nobiliaires. — La légende d'Agnès Sorel au XVIIe siècle. — Comment Charles Sorel savait falsifier les textes. — Il descendait en réalité d'une famille de petits magistrats champenois. — L'homme et l'écrivain. — Variété de son œuvre. — Divisions de cette étude. . . . . p. 1 à   16

CHAPITRE II

Comment Charles Sorel est devenu romancier sur les bancs du collège. — La vie de collège, au commencement du XVIIe siècle, d'après les ouvrages de Sorel. — Le collège de Lisieux, les écoliers, les correspondants, les régents. — L'enseignement des lettres. — Du rôle joué par les Recueils de citations. — Ce que sont devenues quelques-unes des citations classiques. — L'enseignement de la philosophie et des sciences. — Les goûts et les plaisirs des écoliers ; la passion du théâtre et des romans. . . . . p. 17 à   33

CHAPITRE III

Les premières œuvres de Sorel, les Romans romanesques et les Nouvelles. — *Les Amours de Cléagénor et de Doristée*, imitées par Rotrou. — *Le Palais d'Angélie*. — La Nouvelle de Charis. — Charis et Célimène. — Analogie de la Nouvelle d'Olynthe et de l'*Amour médecin* de Molière.

Pages

— Cette analogie s'explique, si l'on admet que la troupe italienne de J. B. Andreini jouait, dès 1621, des canevas semblables au *Médecin volant* et à l'*Amour médecin*. — Preuves à l'appui de cette conjecture. — Les emprunts de Molière aux Italiens, à Cyrano de Bergerac et à Sorel. — *Les Nouvelles Françaises* de Sorel. — *La Maison des Jeux*. — Une version perdue du *Vilain mire*. — La Nouvelle de Drogon et *Georges Dandin*. — La Nouvelle des deux sœurs et l'*Ecole des Maris*. — Les protecteurs et les amis de Sorel. — Les premiers cercles rivaux de l'Hôtel de Rambouillet. . . . . p. 34 à 59

CHAPITRE IV

L'histoire comique de Francion, ou le roman de *Gil-Blas* en 1623. — Les diverses éditions du *Francion*. — Dans quelles circonstances Sorel a écrit ce livre : son but et ses modèles. — Sorel imite les romanciers picaresques, les conteurs français et les farceurs du Pont-Neuf. — La littérature et la langue populaires dans le *Francion*. — Les souvenirs personnels de l'auteur. — Originalité du roman. — La peinture des mœurs : les nobles, les bourgeois, les gens de lettres. — La querelle de Sorel et de Balzac. — Défauts et qualités du *Francion*.

Les imitateurs de Sorel. — Les emprunts de Furetière à Sorel. — Les emprunts de Molière pour *Sganarelle* et pour l'*Avare*. — Les emprunts de Chappuzeau et la date des *Précieuses ridicules*. — Sorel se prépare à continuer sa campagne contre les romans romanesques. . . . p. 60 à 112

CHAPITRE V

Le *Berger extravagant*, satire générale des romans et de la poésie. — Défaut du livre de Sorel : au lieu de borner ses attaques à l'*Astrée*, il parodie tous les romans du XVIIe siècle. — Analyse et appréciation du *Berger extravagant*. — Les emprunts de Molière pour *Sganarelle*, le *Misanthrope*, le *Bourgeois gentilhomme*, le *Remerciment au Roi* et les *Fâcheux*.

Les *Remarques* ou le commentaire du *Berger extravagant* ; utilité de ces *Remarques*. — Les théories littéraires de Sorel. — La critique des mots nouveaux. — La critique du langage de la galanterie. — La critique de la poésie. — Les boutades

TABLE DES MATIÈRES 439

Pages

de Sorel sur la poésie, et les Pensées analogues de Pascal. — La critique de la mythologie. — Sorel imite, avant Scarron, les Espagnols et les Italiens, et fait des pièces burlesques dès 1627. — *Le Banquet des Dieux, les Amours de* Vénus, *l'Enlèvement de Proserpine, Orphée aux enfers.* — Sorel combat la mythologie au nom de la science et de la religion chrétienne. — La querelle des anciens et des modernes en 1627. — Conclusion. . . . . p. 113 à 173

CHAPITRE VI

Les occupations diverses de Sorel ; il revient au roman romanesque. — La seconde édition de l'*Orphyse de Chrysante*. — La *Suite de la Polyxène* et son histoire ; les noms de Polyxène et d'Aminthe dans les *Précieuses ridicules*. — Les romans romanesques finissent par ennuyer Sorel : il retourne encore une fois au roman comique. . . p. 174 à 180

CHAPITRE VII

Polyandre, histoire comique, 1648. — Les défauts et les qualités de ce roman inachevé. — Comment on le jugeait au XVIIe et au XVIIIe siècle. — Analyse du roman. — La clef du roman. — Les comparses : Neufgermain et Claude de l'Estoile. — Les personnages principaux : le pédant Montmaur, le financier Emery, son fils, le président de Toré, et sa bru, Geneviève Le Cogneux, Madame Pilou, Madame Cornuel, Sarasin. — Les emprunts de Molière à Sorel. — Origine du *Mariage forcé.* — Origine de *Monsieur de Pourceaugnac*. — L'exposition et les principaux personnages du *Tartuffe* dans le *Polyandre*. — Comment Molière imite Sorel. — Madame Ragonde et Madame Pernelle. — Tartuffe et Polyandre. — Le nom, le costume et le caractère de Tartuffe. — Conclusion sur les emprunts de Molière à Sorel. . . . . p. 181 à 221

CHAPITRE VIII

CHAPTRE VIII. — Le roman de mœurs ou le « roman comique » au XVIIe siècle. — Rareté de ces romans. — Ce qui en tenait lieu. — Les idées des lettrés du XVIIe siècle sur le roman. — Pourquoi le roman comique, le genre préféré de Sorel, n'a jamais été qu'une exception. . . . . p. 222 à 231

DEUXIÈME PARTIE

SOREL ÉCRIVAIN PRÉCIEUX

CHAPITRE IX

Pages

Les jeux d'esprit et de société des précieux. — Sorel écrivain précieux et adversaire des précieux. — Ses amis. — Son recueil de jeux. — Intérêt qu'offrent les jeux pour l'histoire des mœurs et pour l'histoire littéraire. — Comment les petits jeux, d'abord simples et plus tard maniérés, suivent les évolutions de la société précieuse. — Les petits jeux au commencement du XVIIe siècle. — Les *Jeux académiques* ou les jeux compliqués des Italiens, adoptés seulement par les derniers précieux. — Le jeu de la *Perte du cœur*. — La *Chasse d'amour*. — Les *Loteries* et les *Gazettes*. — Origine italienne de la *Gazette de Tendre*. — Comment les précieux ont raffiné les petits jeux français. — Le jeu des *Maximes*. — De la mauvaise foi des précieux attaquant les *Maximes du mariage* de Molière. — Le jeu des *Proverbes* et le jeu des *Mariages*. — Du rôle des proverbes dans la littérature du XVIIe siècle. — La *Comédie des proverbes* et la *Comédie de chansons*. — Le *Ballet des Incompatibles*. — Le jeu des *Bêtes* et le jeu du *Corbillon*. — Les petits vers précieux et les pastiches en vieux langage. — Les pièces de Sorel imitées par La Fontaine et par Scarron. — La satire de la société précieuse par Sorel. — Les *Lois de la galanterie*. — Emprunts faits à cette pièce par Molière, 1º Pour les *Précieuses ridicules*, 2º pour l'*Ecole des Maris*, 3º pour le *Bourgeois gentilhomme*. — La date des *Précieuses ridicules*. — Des attaques contre les précieuses, qui ont précédé la comédie de Molière. — Pourquoi Sorel n'a pas compris la portée des *Précieuses ridicules*. . p. 236 à **272**

CHAPITRE X

La langue des *Précieuses ridicules* étudiée à l'aide des ouvrages de Sorel. — La parodie du langage précieux dans les *Précieuses ridicules*. — Pourquoi il est difficile de faire la part de la réalité et celle de l'exagération comique dans la pièce de Molière. — Tout ridicule naît d'une comparaison, et ici les éléments de la comparaison nous échappent en partie : nous voyons que Cathos et Magdelon abusent des *métaphores* et des *périphrases*, mais l'abus qu'elles font des *mots à la mode*, nous ne le saisissons pas, et cet abus, aussi comique que les deux autres, doit être étudié le premier.

1º Les mots. — Nécessité d'oublier la valeur actuelle des mots, et de rechercher les *mots à la mode* en 1659. — Les Dictionnaires ou Recueils des mots nouveaux ou précieux ; pourquoi celui de Sorel est supérieur aux autres. — Etude des mots et des tours précieux dans la pièce de Molière. — Le vocabulaire précieux comprend à la fois des mots anciens et des expressions nouvelles. — Les mots comiques sur les lèvres de Cathos et de Magdelon sont en général des mots très simples, inventés par les précieuses de l'aristocratie, propagés par Mlle de Scudéry, employés par Molière lui-même dans toutes ses comédies, sans intention comique. — Par quels procédés Molière a-t-il rendu ces mots comiques dans le cas particulier des *Précieuses ridicules* ? — 1º Par l'Abus des mots à la mode ; 2º par la Répétition ; 3º par l'Accumulation ; 4º par les Phrases artificielles.

2º Les métaphores. — Des quelques expressions nouvelles créées par les Précieuses ridicules de Molière. — La métaphore dans les phrases, défaut général des précieux. — Combien il est facile de retrouver dans la réalité les métaphores burlesques de la comédie des *Précieuses*. — Sorel prétend avec raison avoir vu les mêmes métaphores dans sa jeunesse : la préciosité de 1659 n'est qu'un recommencement.

3º Les périphrases dans le style. — Comment sont-elles venues à la mode ? — Longue influence de Balzac. — Origine grecque ou latine des périphrases les plus bizarres de Somaize. — Les périphrases dans la conversation des précieuses.

En résumé, la pièce de Molière a frappé tous les précieux de 1659, sans aucune distinction. — Le jargon des précieuses comparé à l'argot des voleurs et des pédants. — Conclusion . . . . p. 273 à 326

TROISIÈME PARTIE

SOREL POLYGRAPHE

CHAPITRE XI

Pages

Sorel historien. — Comment il a voulu renouveler l'histoire de France. — Originalité de l'*Avertissement* qu'il a publié à ce sujet en 1628. — Des reproches qu'il adresse aux anciens historiens français. — Les antiquités troyennes et gauloises. — La critique des légendes. — Le costume dans l'ancienne histoire. — L'orthographe des noms mérovingiens. — La royauté chez les Francs. — Le sujet et les limites de l'histoire nouvelle. — Du style qui convient à l'histoire et de la suppression des discours artificiels. — Des obstacles et des préjugés qui ont empêché Sorel de réaliser ses projets. — Sorel historiographe. — Nullité de ses ouvrages. — Il a continué cependant ses recherches historiques, comme en témoigne la *Bibliothèque française*. — Il propose la création d'une Académie d'histoire, mais ne tarde pas à perdre sa pension d'historiographe. — Y a-t-il lieu, comme Sorel le prétendait, de faire une distinction entre le titre d'historiographe du roi et celui d'historiographe de France?. . . . . p. 329 à 351

CHAPITRE XII

Sorel polygraphe. — Sa querelle avec Furetière. — Les derniers amis et les derniers livres de Sorel. — Variété de leurs sujets, et services qu'ils peuvent rendre. — 1º Les traités de bibliographie et les mémoires manuscrits de Sorel. — Anecdotes sur le théâtre qui sont sorties de ces manuscrits perdus. — Sorel auteur probable du *Jugement du Cid, composé par un bourgeois de Paris, marguillier de sa paroisse*. — Le *Cid* et l'*Amour tyrannique*. — Les dates de *Polyeucte*, du *Menteur* et de la *Suite du Menteur*. — Sorel combat la règle des trois unités et finit par attaquer les tragédies de Corneille. — Ses préférences pour la comédie, et ses opinions comparées à celles de Molière. — Ce qu'il dit de Molière. — 2º Les ouvrages de pédagogie et de sciences. — La *Science universelle* et le *Traité de la*

	Pages

perfection de l'homme. — Une préface de Sorel comparée à la préface du *Traité du vide* de Pascal. — La comparaison du ciron chez Pascal, chez Cyrano de Bergerac et chez Sorel. — Les emprunts de Cyrano de Bergerac à Sorel. — 3º Les ouvrages de morale. — Les emprunts de La Bruyère à Sorel. — Les dernières années de Sorel . . . p. 353 à 394

CONCLUSION . . . . , ... p. 395 à 399

APPENDICE

Nº I. — Liste des principaux articles consacrés à Sorel. p. 401 à 402
Nº II. — Bibliographie des ouvrages de Sorel. . . p. 403 à 415
Nº III. — Bibliographie des ouvrages qui peuvent être attribués à Sorel. . . . . p. 416 à 424
Nº IV. — L'origine de la légende d'Agnès Sorel et les fresques allégoriques du château de la Guerche en Touraine. p. 424 à 429
Nº V. — Bibliographie et Biographie du comédien normand Nicolas Moulinet, sieur du Parc . . . , . . p. 430 à 432
Nº VI. — Eloges de Molière, de l'abbé de Pure, de Corneille et de Racine, par l'actrice Italienne Brigida Bianchi ou Aurelia Fedeli . . . . p. 432 à 434

CORRECTIONS ET ADDITIONS . . . . p. 434 à 436

Nancy, imprimerie A. Nicolle, 85, rue de la Pépinière.

www.ingramcontent.com/pod-product-compliance
Lightning Source LLC
Chambersburg PA
CBHW051826230426
43671CB00008B/855